U0920612

石家庄统计年鉴

SHIJIAZHUANG STATISTICAL YEARBOOK

2011

石 家 庄 市 统 计 局
国家统计局石家庄调查队 编

（京）新登字 041 号

图书在版编目（CIP）数据

石家庄统计年鉴. 2011/石家庄市统计局，国家统计局石家庄调查队编．—北京：中国统计出版社，2011. 9

ISBN 978 - 7 - 5037 - 6334 - 2

Ⅰ. ①石… Ⅱ. ①石… ②国… Ⅲ. ①统计资料—石家庄市—2011—年鉴 Ⅳ. ①C832. 221 - 54

中国版本图书馆 CIP 数据核字（2011）第 169526 号

石家庄统计年鉴—2011

作　　者/ 石家庄市统计局　国家统计局石家庄调查队
责任编辑/ 陈越月
E-mail：yearbook@ stats. gov. cn
封面设计/ 朱　帅
出版发行/ 中国统计出版社
通信地址/ 北京市西城区三里河月坛南街 75 号
邮　　编/ 100826
办公地址/ 北京市丰台区西三环南路甲 6 号
电　　话/（010）63376898、63376907（发行部）
印　　刷/ 河北天普润印刷厂
经　　销/ 新华书店
开　　本/ 890 × 1240mm　1/16
字　　数/ 660 万字
印　　张/ 34.625
印　　数/ 1—545 册
版　　别/ 2011 年 8 月第 1 版
版　　次/ 2011 年 8 月第 1 次印刷
书　　号/ ISBN 978 - 7 - 5037 - 6334 - 2/C · 2552
定　　价/ 300. 00 元

《石家庄统计年鉴—2011》

编委会

闫纯锴	石家庄市卫生局局长
李志宏	石家庄市人口和计划生育委员会主任
齐惠明	石家庄市审计局局长
张　炬	石家庄市环境保护局局长
唐　青	石家庄市体育局局长
杨建秋	石家庄市林业局局长
朱猷军	石家庄市粮食局局长
赵俊芳	石家庄市旅游局局长

《石家庄统计年鉴—2011》

编辑部

总　　编： 徐拥政

副 总 编： 郄瑞山　戴贻辉　刘建强　赵继林　杨进喜　杨建波　徐惠珍　闫丽君　温朝中　魏　伟　聂宝军　王志强　冯铁炮

执行总编： 刘德忠　赵进军

编　　辑：（以姓氏笔划为序）

王瑞生　刘　晋　刘银玲　李西林　李红梅　张　瑜　张春丽　张　超　郝秀梅　费文涛　钱湘云　郭社发　梁桂英　甄月华　魏利兴

编 辑 说 明

一、《石家庄统计年鉴——2011》是一部大型统计信息资料工具书，是《石家庄统计年鉴》创刊以来的第15卷。本书系统收录了2010年石家庄市经济、社会各方面的统计数据，以及1995年来分县区主要统计数据，是一部全面反映石家庄市经济和社会发展的资料性年刊。随着国家统计方法制度的改革，本刊在指标口径和范围上做了相应的调整，但尽量在版本内容、指标体系等方面与前几年保持连贯性。

二、本年鉴内容包括：综合、从业人员及劳动报酬、固定资产投资及建筑业、能源消费、财政和金融、物价、居民生活、城市公用设施、农村经济、工业、贸易和外经、教育科技文化、体育卫生民政和附录等14部分内容。

三、本年鉴中使用的度量衡单位均采用国际统一标准计量单位。

《石家庄统计年鉴》多年来承蒙社会各界的厚爱，对此我们深表感谢，欢迎广大读者继续使用《石家庄统计年鉴》，同时欢迎对我们的编辑内容及排版提出宝贵的意见，以利于我们进一步提高《石家庄统计年鉴》的编辑水平，更好地服务于广大读者。

《石家庄统计年鉴》编辑部

2011年8月

地区生产总值(亿元)

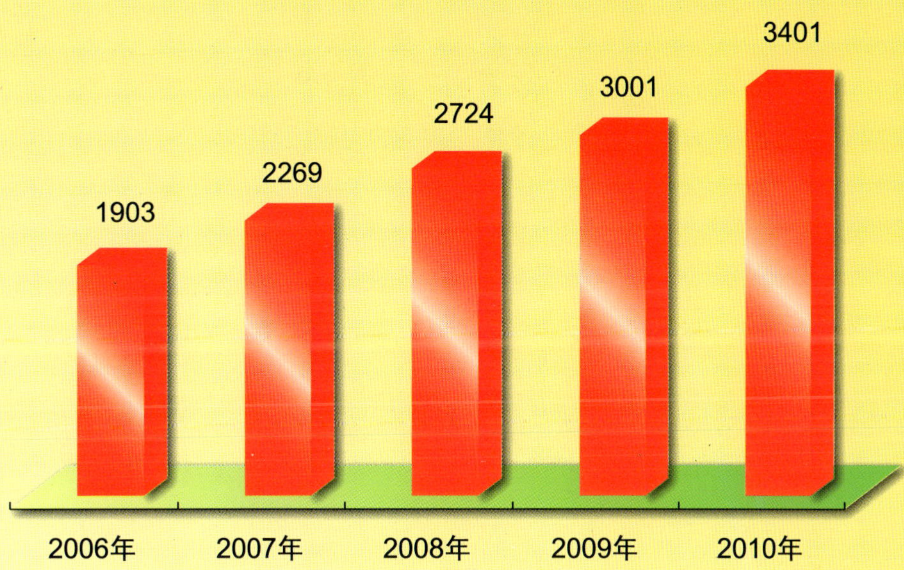

地区生产总值增长速度(%)

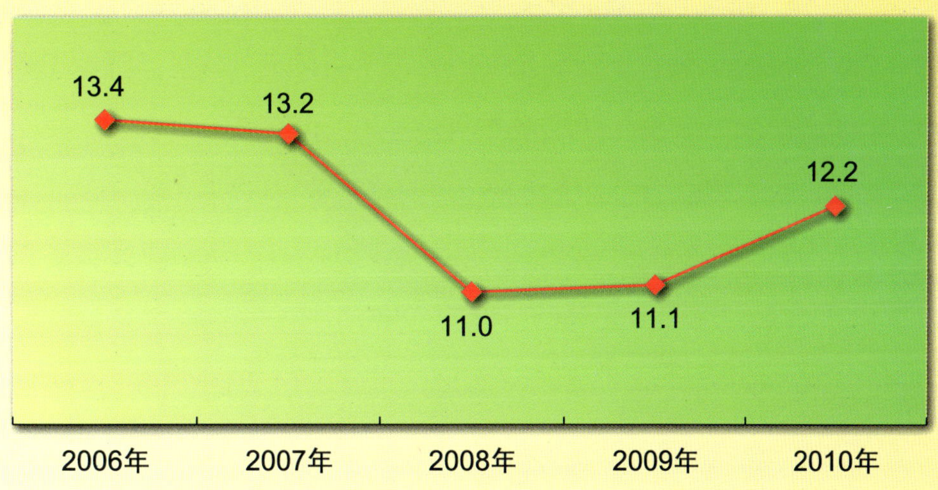

2009年三次产业构成　　2010年三次产业构成

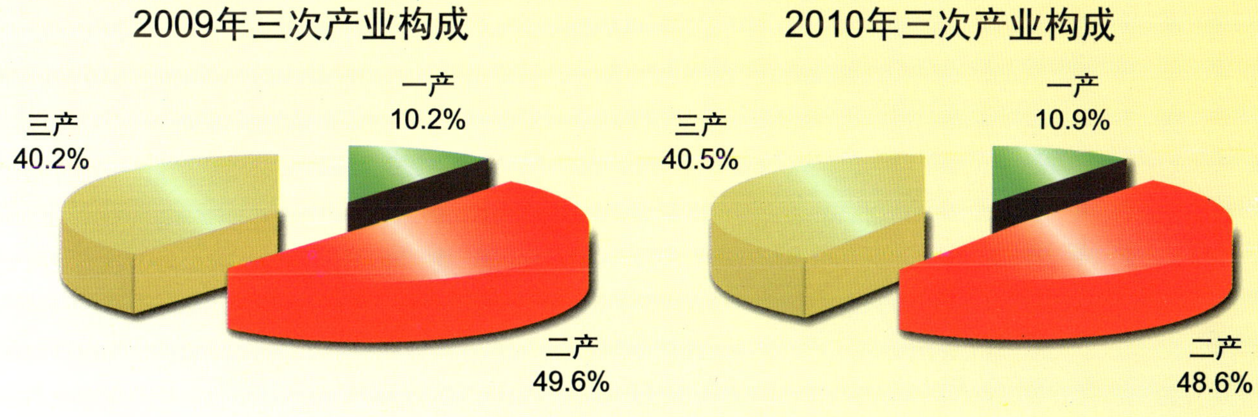

财政收入(亿元)

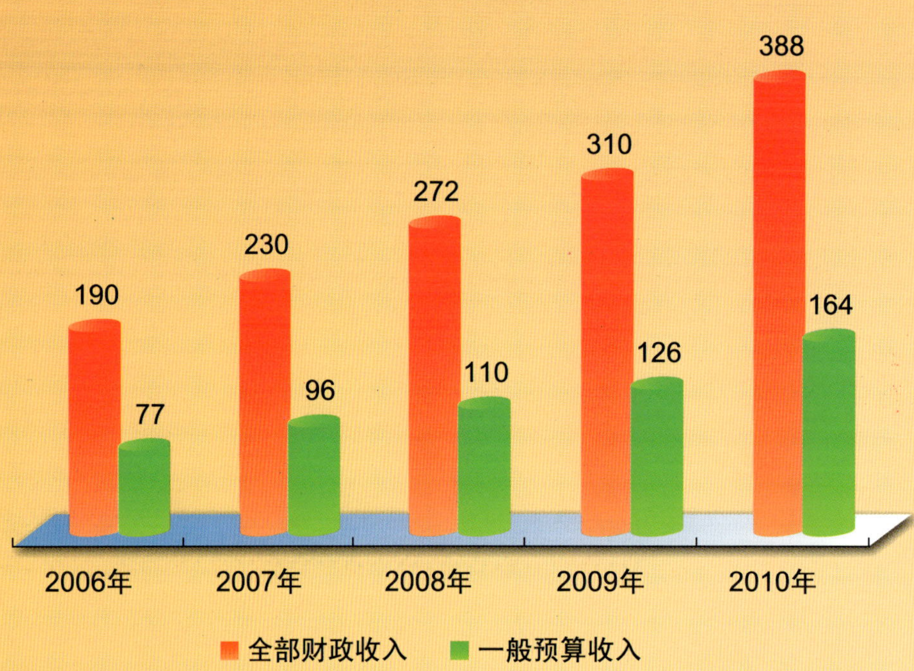

财政收入增长速度(%)

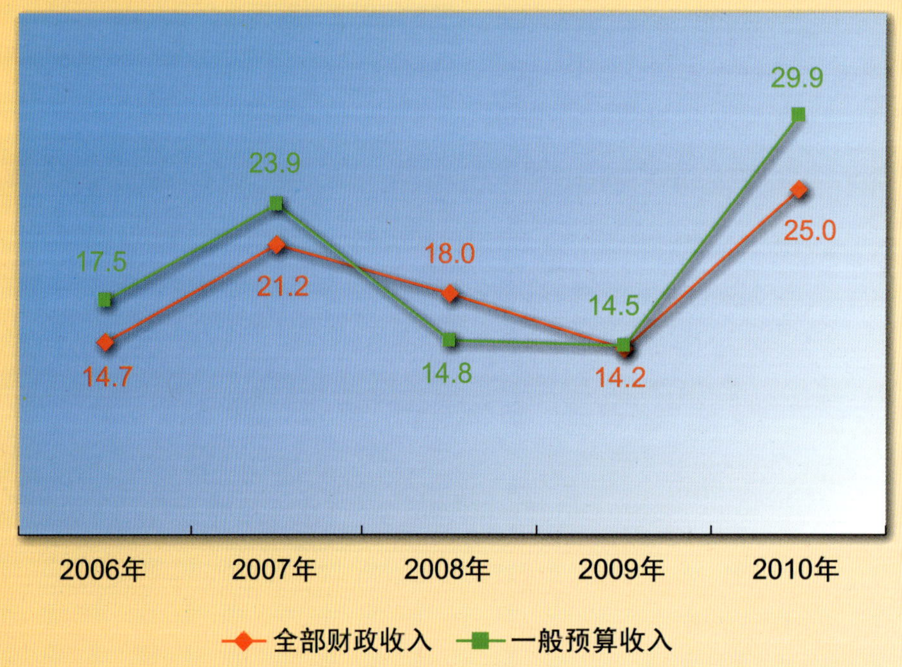

农林牧渔业总产值与增加值(亿元)

2009年农林牧渔各业构成(按总产值计算)

2010年农林牧渔各业构成(按总产值计算)

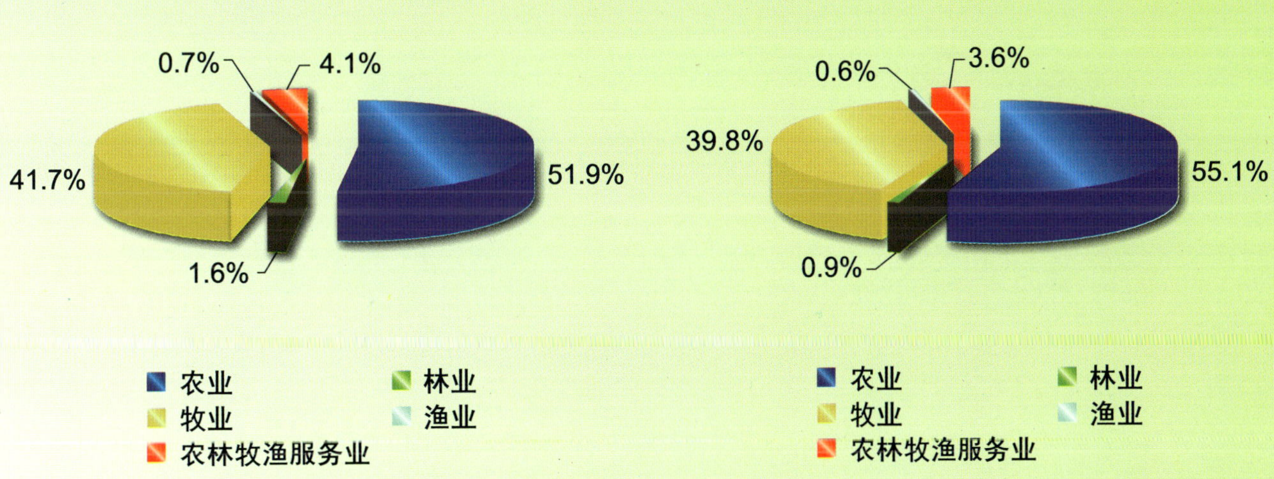

规模以上工业总产值与增加值(亿元)

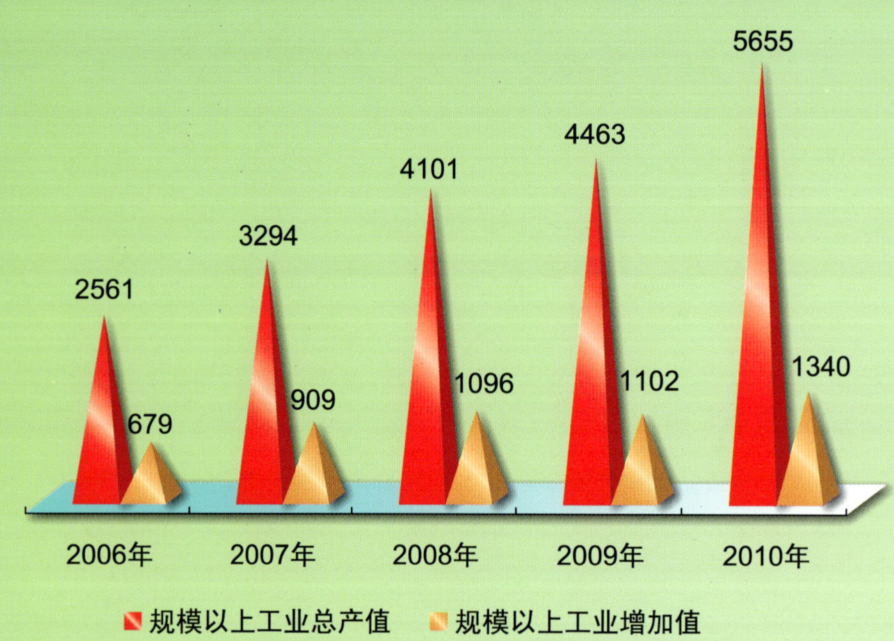

2009年规模以上工业增加值分行业比重

11.3%
8.6%
8.2%
8.1%
6.8%
5.6%
7.0%
4.7%
4.8%
3.1%
31.8%

- 皮革、毛皮、羽毛(绒)及其制品业
- 黑色金属冶炼及压延加工业
- 医药制造业
- 非金属矿物制品业
- 农副食品加工业
- 纺织业
- 化学原料及化学制品制造业
- 石油加工、炼焦及核燃料加工业
- 通用设备制造业
- 金属制品业
- 其他

2010年规模以上工业增加值分行业比重

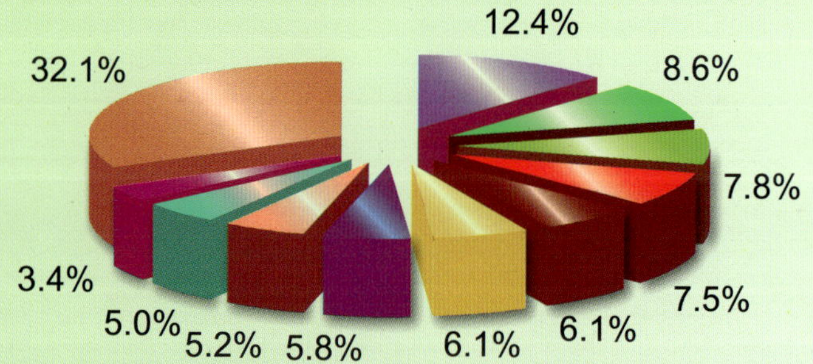

- 皮革、毛皮、羽毛(绒)及其制品业
- 黑色金属冶炼及压延加工业
- 医药制造业
- 非金属矿物制品业
- 农副食品加工业
- 纺织业
- 化学原料及化学制品制造业
- 石油加工、炼焦及核燃料加工业
- 通用设备制造业
- 金属制品业
- 其他

规模以上工业利税与利润(亿元)

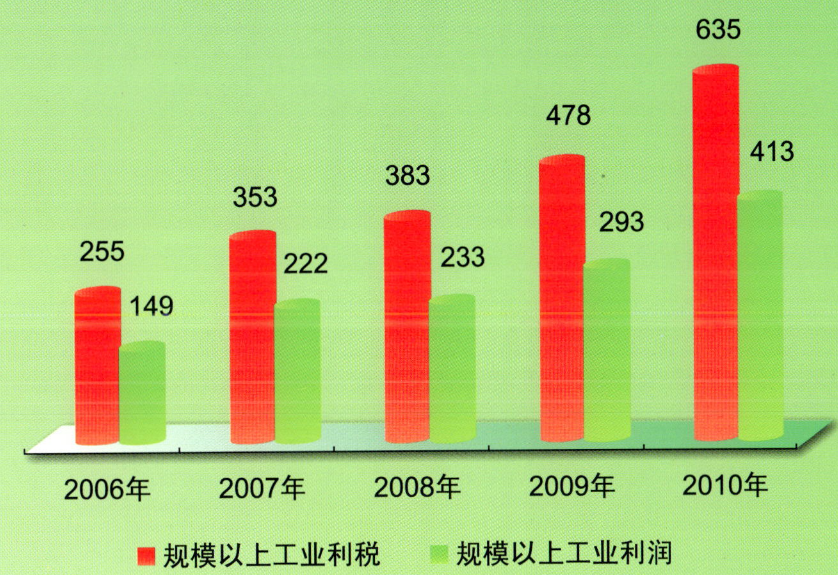

社会消费品零售总额(亿元)

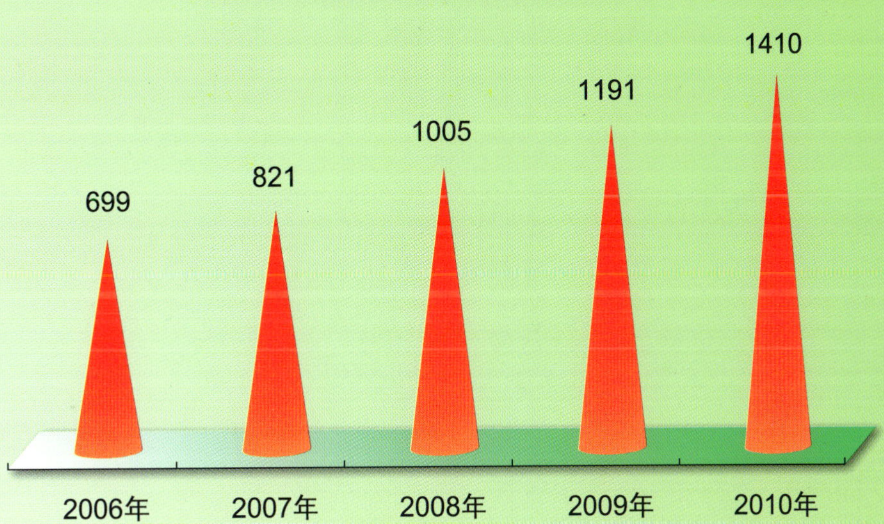

全社会固定资产投资与城镇固定资产投资(亿元)

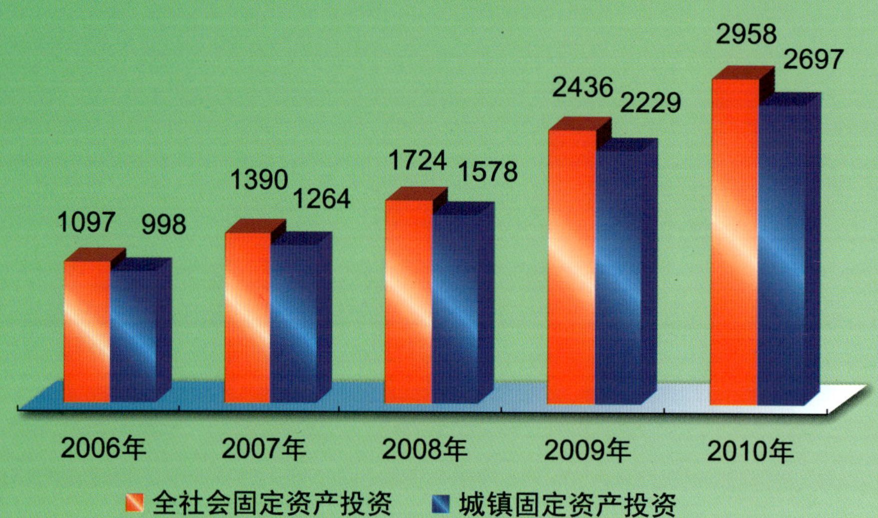

实际利用外资(亿美元)

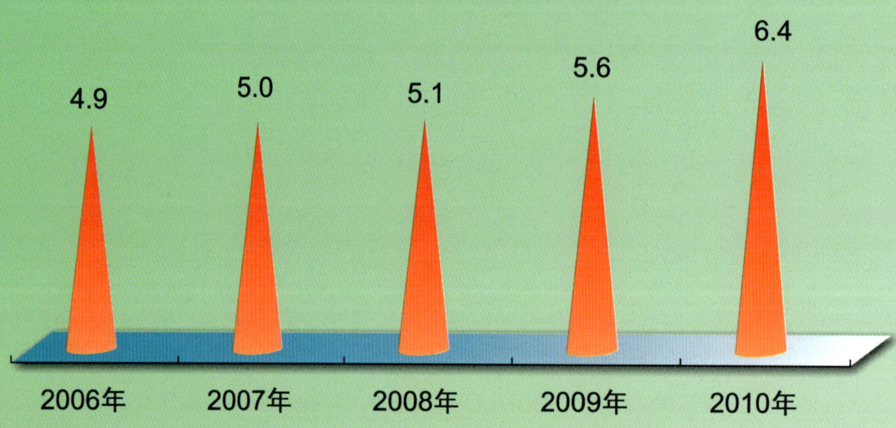

进出口总值与出口总值(亿美元)

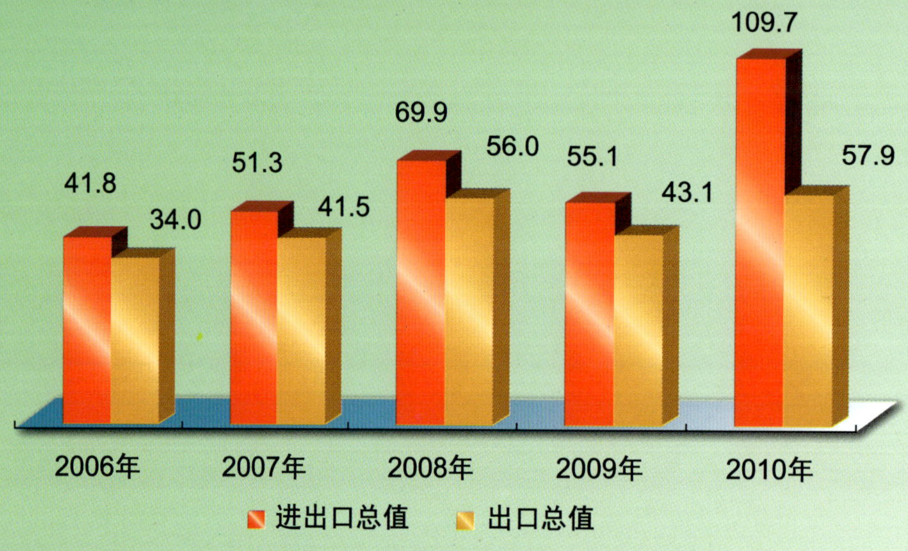

城市居民人均可支配收入与农民人均纯收入(元)

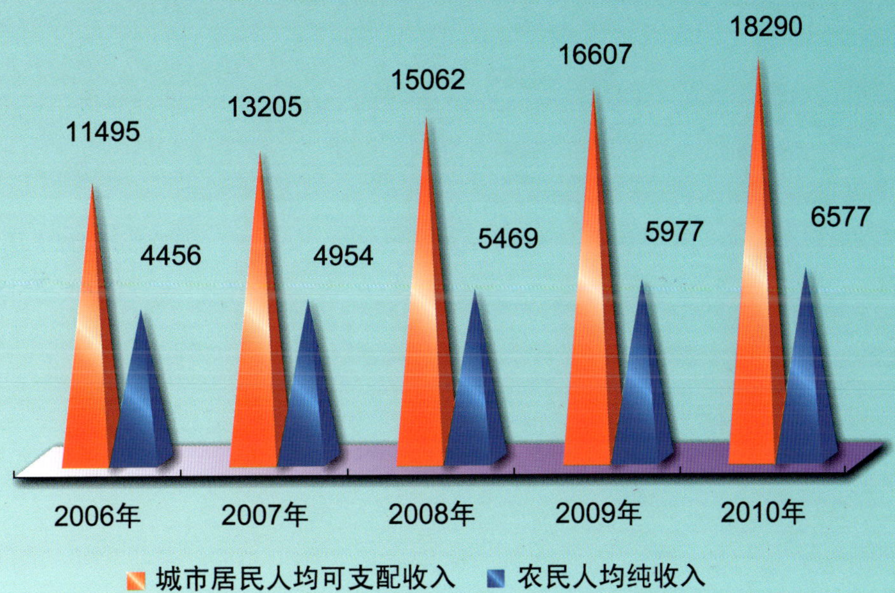

城市居民与农村居民人均消费支出(元)

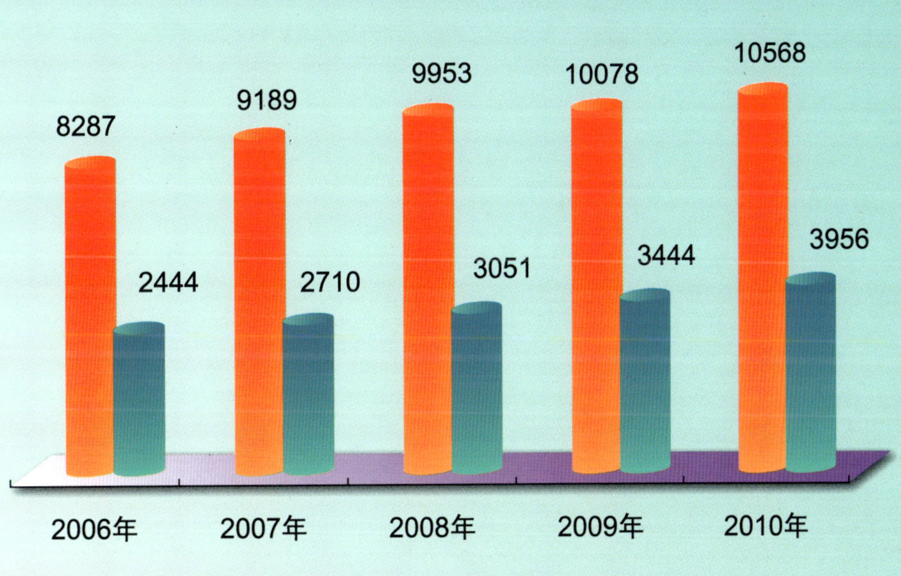

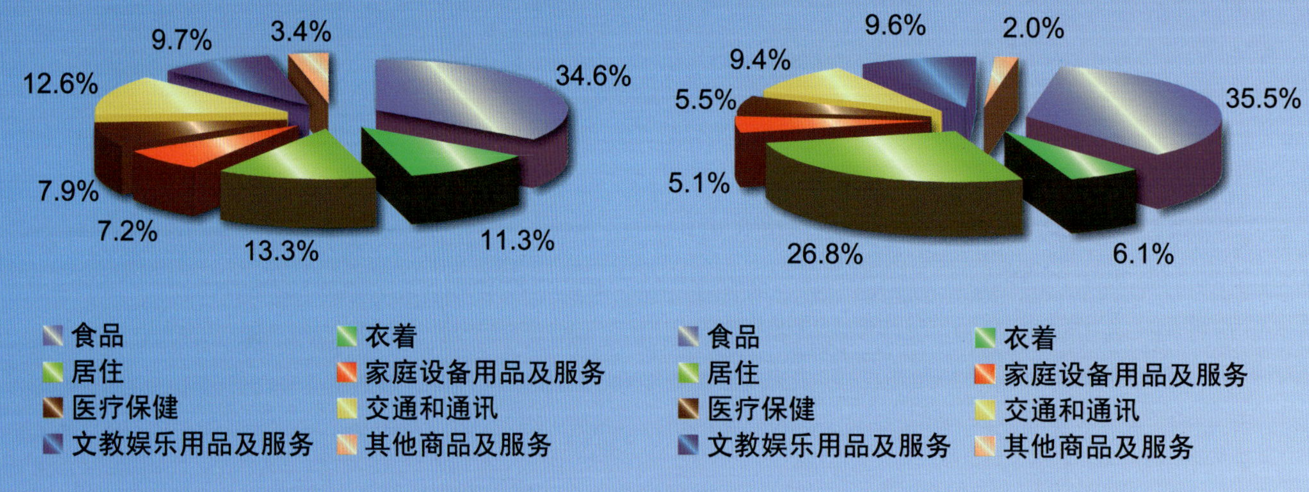
2010年城市居民消费支出构成
9.7%
3.4%
12.6%
34.6%
7.9%
7.2%
13.3%
11.3%
食品
衣着
居住
家庭设备用品及服务
医疗保健
交通和通讯
文教娱乐用品及服务
其他商品及服务
2010年农村居民消费支出构成
9.6%
2.0%
9.4%
5.5%
35.5%
5.1%
26.8%
6.1%
食品
衣着
居住
家庭设备用品及服务
医疗保健
交通和通讯
文教娱乐用品及服务
其他商品及服务

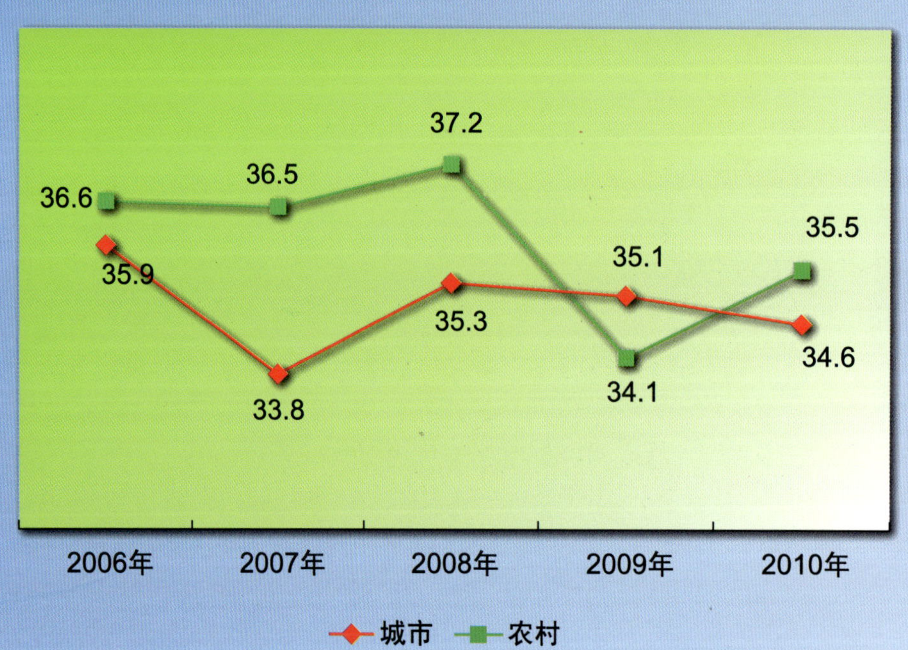
恩格尔系数(%)
36.6
36.5
37.2
35.9
35.1
35.5
35.3
33.8
34.1
34.6
2006年
2007年
2008年
2009年
2010年
城市
农村

目　　录

四、能源消费

五、财政 金融

六、物价

七、居民生活

八、城市公用设施

九、农村经济

十二、教育　科技　文化

十三、体育　卫生　民政

附录　1995—2010 年分县（市）区主要经济指标

石家庄市 2010 年
国民经济和社会发展统计公报

石　家　庄　市　统　计　局
国家统计局石家庄调查队

2011 年 3 月 20 日

2010 年，面对复杂多变的国内外形势，市委、市政府团结带领全市人民，以邓小平理论和“三个代表”重要思想为指导，深入贯彻落实科学发展观，以加快转变经济发展方式为主线，保持经济平稳较快增长为核心，以“三年大变样”工作为重点，着力于保增长、调结构、促改革、惠民生，全力以赴抓推进、抓落实，全年经济运行呈现出平稳较快发展的良好态势，各项社会事业取得新的进步。

一、综　　合

全市经济平稳较快发展。初步核算，2010 年全市实现生产总值 3401. 0 亿元，比上年增长 12. 2%。其中，第一产业增加值 370. 0 亿元，增长 2. 7%；第二产业增加值 1653. 8 亿元，增长 13. 1%；第三产业增加值 1377. 2 亿元，增长 13. 1%。三次产业结构比例为 10. 9∶48. 6∶40. 5。

地区生产总值(亿元)

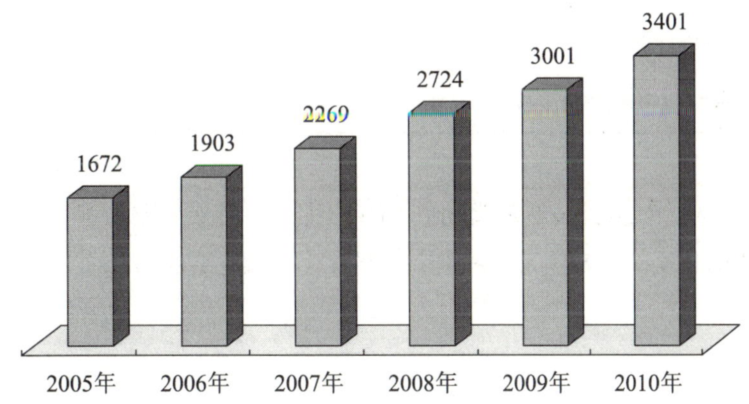

物价总水平呈上涨态势。全年市区居民消费价格指数比上年上涨 3. 0%，其中食品价格上涨 5. 4%。全年全市工业品出厂价格指数比上年上涨 8. 0%，原材料、燃料、动力购进价格指数比上年上涨 10. 7%。

市区居民消费价格涨跌幅度(%)

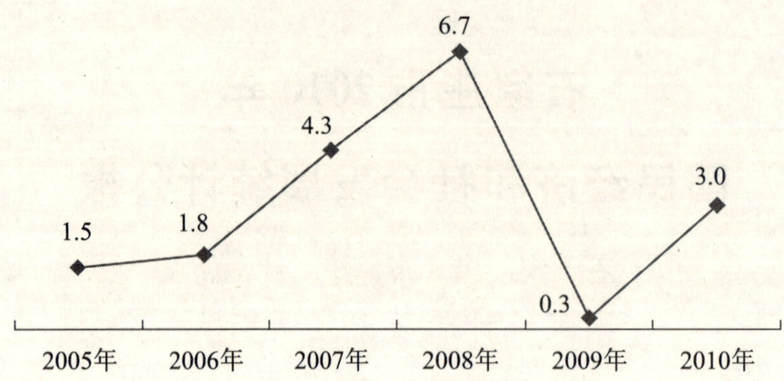

各类价格指数（以上年同期为100）如下：

指　标	全　市	市　区
居民消费价格总指数		103.0
#食品		105.4
烟酒及用品		100.1
衣着		102.9
家庭设备用品及维修服务		99.3
医疗保健和个人用品		104.2
交通和通信		99.1
娱乐教育文化用品及服务		100.5
居住		104.9
工业品出厂价格指数	108.0	
原材料、燃料、动力购进价格指数	110.7	

民营经济快速发展。全年民营经济实现增加值1947.8亿元，比上年增长14.2%，占全市GDP的比重为57.3%；民营经济上缴税金176.8亿元，占全市全部财政收入的比重为45.6%。

二、农　业

农村经济平稳增长。全市农林牧渔业总产值651.6亿元，比上年增长3.1%，其中农业产值358.8亿元，增长1.4%，畜牧业产值259.7亿元，增长5.0%。农林牧渔业增加值369.6亿元，比上年增长2.7%。

农林牧渔业总产值和增加值(亿元)

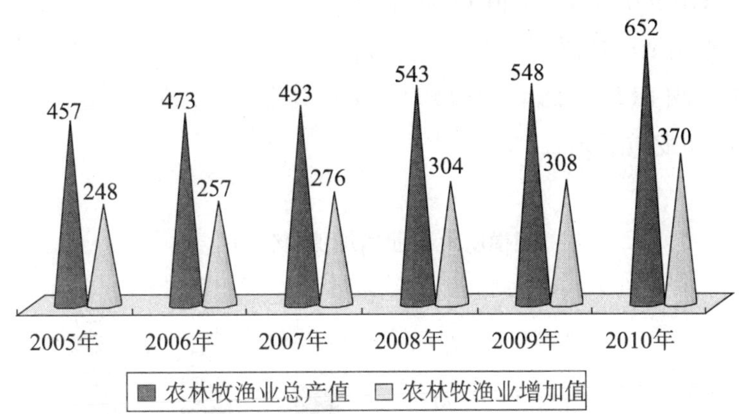

全年粮食播种面积77.3万公顷，比上年增加1.7万公顷，增长2.2%；粮食总产量507.9万吨，增长2.0%。因受雪灾、春季气温低等不良气候条件的影响，夏粮总产235.6万吨，下降5.1%；秋粮总产272.4万吨，增长9.0%。

主要农产品产量如下：

产品名称	单位	2010 年	增长%
粮食	万吨	507.9	2.0
油料	万吨	21.3	2.4
棉花	万吨	1.4	-3.5
蔬菜	万吨	1200.2	3.1
园林水果	万吨	210.7	-5.6
肉类总产量	万吨	74.8	4.9
#猪肉	万吨	42.8	6.0
禽蛋	万吨	103.9	4.5
奶类	万吨	113.9	6.7
水产品总产量	万吨	3.4	-0.7

农业生产条件不断完善、提高。年末全市农用机械总动力为1959.7万千瓦，比上年增长1.4%。农用运输车47.7万辆，增长3.2%；大中型拖拉机2.5万台，增长7.8%。当年机耕面积53.5万公顷，增长1.4%；机播面积66.5万公顷，增长1.1%；机收面积46.9万公顷，增长11.8%。农村用电量71.3亿千瓦时，增长10.1%。农用化肥施用量（折纯）48.4万吨，增长1.0%。

三、工业和建筑业

工业生产运行良好。全市规模以上工业企业2537个，实现工业增加值1340.1亿元，比上年增长16.5%。

分轻重工业看，轻工业实现增加值651.6亿元，增长16.8%，重工业实现增加值688.5亿元，增长

16.2%。

分主要行业看，装备制造业实现增加值197.6亿元，增长20.3%，医药工业实现增加值104.4亿元，增长18.0%；纺织服装业实现增加值277.7亿元，增长17.3%；钢铁工业实现增加值127.9亿元，增长15.2%；食品工业实现增加值151.7亿元，增长11.3%；石化工业实现增加值163.5亿元，增长10.6%；建材工业实现增加值107.6亿元，增长10.2%。

规模以上工业增加值(亿元)

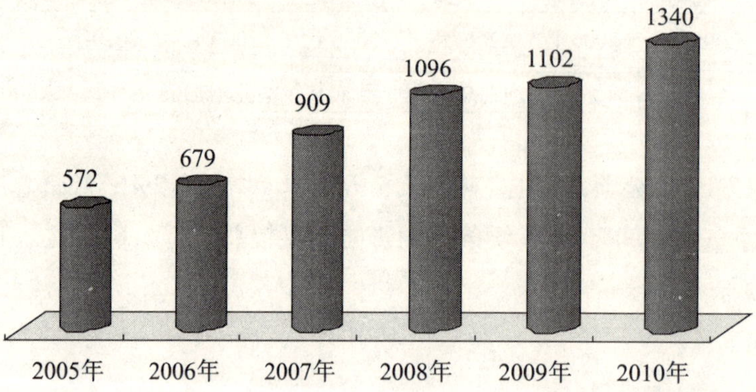

年份	2005年	2006年	2007年	2008年	2009年	2010年
亿元	572	679	909	1096	1102	1340

规模以上工业企业主要工业产品产量如下：

产品名称	单位	2010年	增长%
原油加工量	万吨	420.1	18.2
原煤	万吨	122.4	95.7
焦炭	万吨	285.1	29.0
发电量	亿千瓦时	384.0	13.1
合成氨	万吨	129.3	-3.4
水泥	万吨	4798.9	28.8
生铁	万吨	747.1	-8.7
钢材	万吨	856.2	21.1
机制纸及纸板	万吨	82.9	5.1
化学药品原药	万吨	17.0	-1.6
服装	万件	15066	29.8
纱	万吨	49.2	36.8
棉布	万米	325053	50.1
乳制品	万吨	53.6	21.8
卷烟	亿支	232.5	4.5
交流电动机	万千瓦	440.0	48.6
泵	万台	1.1	20.7
人造板	万立方米	630.5	22.6

工业效益大幅提高。规模以上工业实现主营业务收入5821.1亿元，比上年增长33.3%；实现利税659.8亿元，增长37.1%；其中利润427.1亿元，增长44.7%。

规模以上工业利税和利润(亿元)

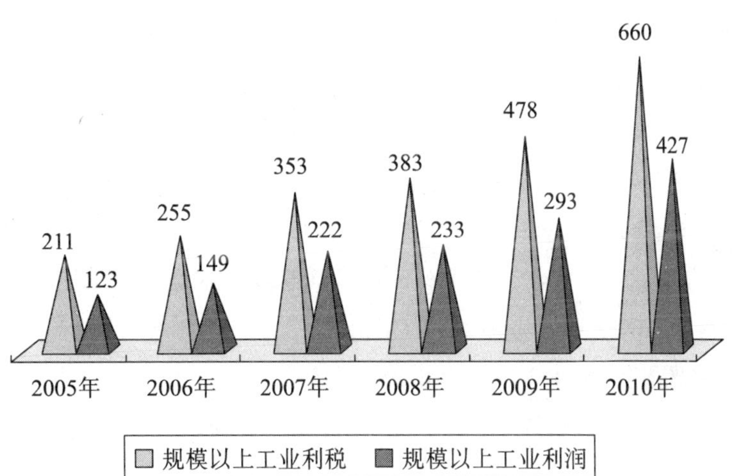

年末资质等级以上建筑企业249个，全年完成建筑业总产值552.8亿元，比上年增长20.7%，其中建筑工程产值435.8亿元，增长26.4%。

四、固定资产投资

固定资产投资较快增长。2010年全社会固定资产投资2958.0亿元，比上年增长21.4%，其中城镇固定资产投资2696.8亿元，增长21.0%。

在城镇投资中，第一产业投资61.6亿元，比上年增长21.1%，第二产业投资1048.0亿元，增长15.3%，第三产业投资1587.2亿元，增长25.1%。

建设项目投资完成2158.8亿元，比上年增长16.4%；新增固定资产1555.1亿元，增长11.9%；施工项目个数7443个，其中新开工项目6246个。房地产开发完成投资538.0亿元，比上年增长43.9%，施工面积4237.7万平方米，增长84.9%；竣工面积499.1万平方米，增长71.2%。

全社会固定资产投资和城镇固定资产投资(亿元)

929
794
1097
998
1390
1264
1724
1578
2436
2229
2958
2697
2005年
2006年
2007年
2008年
2009年
2010年
全社会固定资产投资
城镇固定资产投资

五、国内贸易

消费品市场稳步增长。全市实现社会消费品零售总额 1409. 9 亿元，比上年增长 18. 4%。

分区域看，城镇消费品零售额完成 1097. 2 亿元，增长 19. 0%；乡村消费品零售额完成 312. 7 亿元，增长 16. 4%。

分行业看，批发零售业实现零售额 1245. 5 亿元，增长 18. 5%；住宿餐饮业实现零售额 145. 6 亿元，增长 19. 6%。

分类别看，限额以上批发零售贸易企业实现商品零售额 362. 5 亿元，比上年增长 25. 4%。其中，汽车类实现零售额 90. 0 亿元，增长 28. 9%；服装鞋帽针纺织品类实现零售额 61. 0 亿元，增长 28. 6%；石油及制品类实现零售额 43. 8 亿元，增长 28. 4%；家用电器及音像器材类实现零售额 43. 3 亿元，增长 31. 4%；粮油、食品饮料烟酒类实现零售额 40. 5 亿元，增长 21. 0%；金银珠宝类实现零售额 12. 4 亿元，增长 30. 0%；日用品类实现零售额 11. 1 亿元，增长 24. 1%。

全市商品交易市场 714 个，其中消费品市场 660 个，生产资料市场 54 个，全年商品交易市场成交额达 1659. 9 亿元，比上年增长 2. 7%。

社会消费品零售总额（亿元）

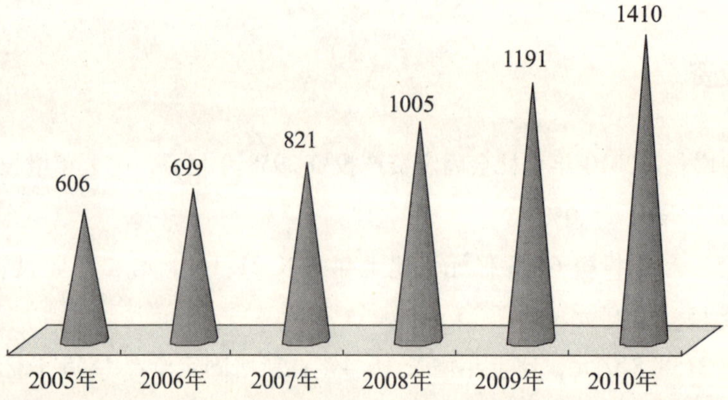

2005年	2006年	2007年	2008年	2009年	2010年
606	699	821	1005	1191	1410

六、对外开放和旅游

进出口快速增长。据石家庄海关统计，进出口总值首次突破百亿美元大关，全年实现 109. 7 亿美元，比上年增长 99. 3%。其中进口总值实现 51. 8 亿美元，增长 3. 3 倍；出口总值实现 57. 9 亿美元，增长 34. 6%。

在出口中，私营企业出口 32. 4 亿美元，比上年增长 43. 3%，占出口总值的比重为 56. 0%；外商投资企业出口 14. 0 亿美元，增长 5. 1%；国有企业出口 9. 2 亿美元，增长 62. 0%。

进出口总值和出口总值(亿美元)

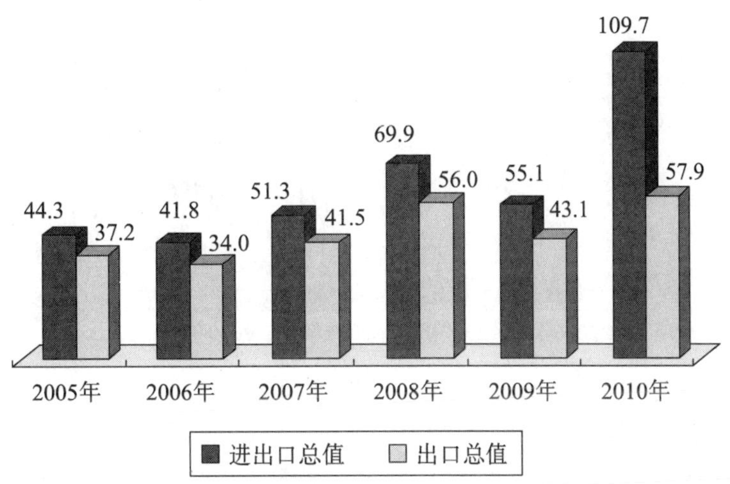

实际利用外资保持增长态势。全市实际利用外资 6.4 亿美元，比上年增长 12.9%，其中外商直接投资 2.4 亿美元。年内新批准设立外商投资企业 32 个，新增合同总金额 6.4 亿美元，合同外资额 2.4 亿美元。

实际利用外资(亿美元)

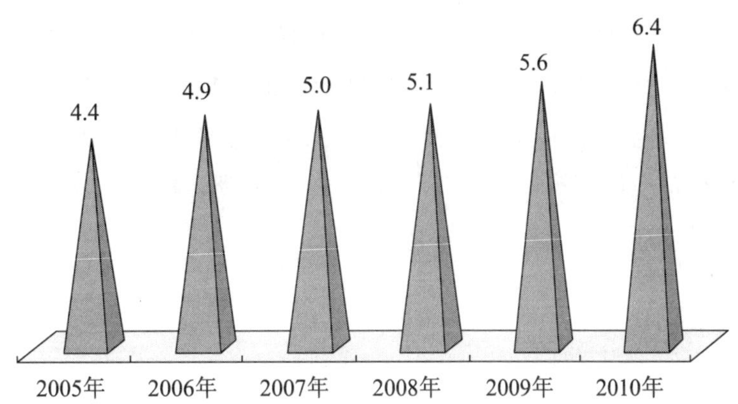

旅游业得到发展。全年共接待入境游客人数 11.7 万人次，其中外国人 10.0 万人次。国际旅游创汇收入 4383.9 万美元，比上年增加 383.9 万美元；全年接待国内游客人数 2350.5 万人次，国内旅游收入 129.4 亿元。全年实现旅游总收入 132.3 亿元，比上年增长 31.4%。

七、财政、金融

财政收入快速增长。2010 年全市全部财政收入 387.9 亿元，比上年增长 25.0 %，其中一般预算收入 163.6 亿元，增长 29.9%。在全部税收中，增值税 109.6 亿元，增长 13.8%；营业税 68.4 亿元，增长 32.2%；企业所得税 63.9 亿元，增长 20.5%。全市一般预算支出 290.5 亿元，增长 20.6%，其中环境保护支出 8.6 亿元，增长 8.4%；医疗卫生支出 27.3 亿元，增长 32.1%；教育支出 68.0 亿元，增长 11.0%；农林水事务支出 24.4 亿元，增长 8.1%；社会保障和就业支出 23.0 亿元，增长 11.4%。

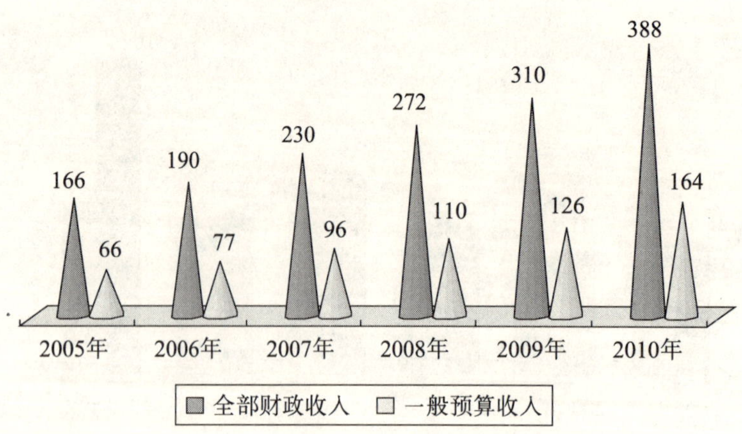

金融机构存贷款余额较快增长。年末全市金融机构本币存款余额6115.5亿元，比年初增加954.4亿元，比年初增长18.5%；其中储蓄存款余额2920.4亿元，比年初增加353.0亿元，比年初增长13.7%。金融机构本币贷款余额3272.1亿元，比年初增加385.5亿元，比年初增长13.4%。

八、科学技术和教育

科技事业得到发展。全年取得科技成果276项，其中达到国际领先水平6项，达到国际先进水平46项。全年申请专利3305项，授权2299项，分别增长28.1%和45.8%。

全市普通中学437所，招生17.1万人，在校生52.5万人，毕业生20.2万人；中等职业学校166所，招生9.1万人，在校生26.2万人，毕业生8.2万人；小学1750所，招生12.6万人，在校生67.2万人，毕业生9.8万人。全市幼儿园698所，在园人数19.1万人。

九、文化、卫生和体育

文化建设稳步发展。年末共有艺术表演团体26个，艺术表演场所20个，文化馆、群艺馆25个，公共图书馆26个。广播综合覆盖率99.4%，电视综合覆盖率99.4%。

医疗卫生事业平稳发展。全市共有医疗卫生机构（含诊所）2414个，比上年增加71个，其中医院174个。疾病预防控制中心（防疫站）25个，妇幼保健院（所、站）25个。年末卫生机构实有床位4.4万张，比上年增加0.7万张，其中医院拥有床位3.0万张。全市拥有卫生技术人员4.7万人，比上年增加0.4万人，其中执业医师1.8万人。

体育事业得到发展。全市举办、承办市级以上运动会28项，参加运动会的运动员4400人次。我市选手在省级以上比赛中共获金牌196枚，银牌147枚，铜牌136枚。

十、城市建设和环境保护

在“三年大变样”工作推动下，城市建设取得明显成效。年末城市道路总长度1475.2公里，比上年增加159公里；道路面积4146.8万平方米，比上年增加334万平方米；排水管道长度达2074公里，比上年增加 213 公里。我市有水厂 9 座，日产水能力 67.6 万立方米，全年供水量 2.76 亿立方米。

城市公用事业快速发展。年内天然气新增用户 19.95 万户，总用户达 61.3 万户。供热管道总长度 858 公里，比上年增加 148 公里，城市集中供热面积达 8031 万平方米，比上年增加了 1283 万平方米。城市公共汽车营运线路达 166 条，比上年增加 31 条；营运车辆 3160 辆，比上年增加 151 辆；年客运总量 5.13 亿人次，比上年增长 21.6%。

环境质量取得新突破。市区优良天气达 319 天，比上年增加 2 天。年末全市有环境监测站 24 个，城市水环境功能区水质达标率达到 100%，全市工业二氧化硫排放达标率 99.3%，全市工业烟尘排放达标率 100%，全市工业企业废水排放达标率 99.3%，全市工业固体废物处置利用率 97.7%。

城市市容市貌继续改善。年末城市公园 41 个，公园面积 1112 公顷；城市园林绿地面积 8862 公顷，园林绿化覆盖面积 9762 公顷，分别增加 635 公顷和 842 公顷；人均公共绿地面积 14.4 平方米，比上年增加 2.9 平方米。

十一、人民生活和社会保障

城乡居民收入稳定增长。全市城市居民人均可支配收入 18290 元，比上年增长 10.1%，农民人均纯收入为 6577 元，增长 10.0%；城市居民人均消费支出 10568 元，增长 4.9%，农村居民人均生活消费支出 3956 元，增长 14.9%。

居民生活质量明显提高，家庭耐用品拥有量继续增加。居民住户抽样调查显示，2010 年末，市区居民家庭每百户拥有家用汽车 11 辆，彩电 120 台，洗衣机 97 台，空调 136 台，电冰箱、冰柜 102 台，家用电脑 77 台，移动电话 180 部；农村居民百户拥有彩电 118 台，洗衣机 88 台，空调 35 台，电冰箱 55 台，电脑 15 台，移动电话 134 部，电动自行车 52 辆。

居住环境进一步改善。抽样调查数据显示，城市居民人均建筑面积为 29.4 平方米；农民人均住房面积 40.0 平方米。

城市居民人均可支配收入与农民人均纯收入(元)

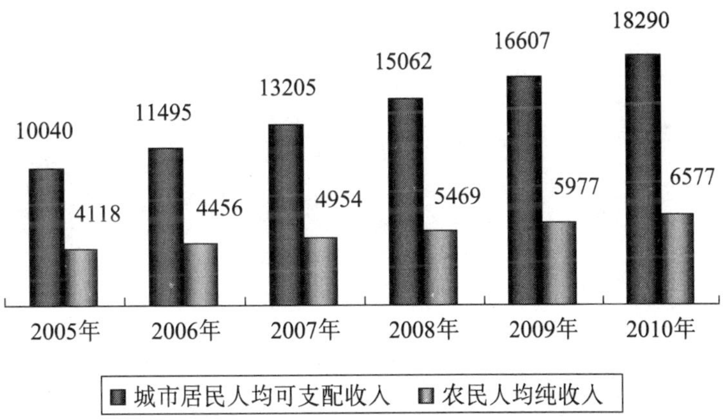

社会保障体系进一步加强。年末全市各类企业在职职工及个体工商户共有 102.2 万人参加基本养老保险，29.9 万名离退休人员参加基本养老保险社会统筹。年末全市机关事业单位共有 18.7 万人参加基本养老保险，4 万名离退休人员参加基本养老保险社会统筹。城镇职工失业保险参保人数达 89.6 万人。全市 127 万人参加了职工医疗保险。年末全市共有 57628 人享受城镇居民最低生活保障。

注：1. 本统计公报 2010 年数据为年快报数。

2. 公报中全市生产总值、各产业增加值绝对值按现行价格计算，增长速度按可比价格计算。

一、综　　合

行政组织机构及土地面积

1—1　　(2010年)

行政单位	镇政府(个)	乡政府(个)	街道办事处(个)	居民委员会(个)	村民委员会(个)	土地面积(平方公里)
石家庄市	**124**	**97**	**52**	**535**	**4380**	**15848**
市区合计	10	3	51	404	79	456
#长安区	3		8	61	33	
桥东区	1		9	67		
桥西区			12	80	15	
新华区	2	2	11	69	25	
裕华区	2	1	9	75	6	
矿 区	2		2	52		
井陉县	10	7		4	318	1381
正定县	4	5		14	174	470
栾城县	5	3		6	173	345
行唐县	4	11		8	322	1025
灵寿县	6	9		3	279	1546
高邑县	3	2		9	107	211
深泽县	2	4		3	125	286
赞皇县	2	9		8	212	1210
无极县	6	5		4	213	524
平山县	12	11		7	717	2951
元氏县	6	9		4	208	849
赵 县	7	4		9	281	714
辛集市	8	7		15	344	1100
藁城市	13	1		6	236	836
晋州市	9	1		10	224	716
新乐市	8	3	1	10	160	625
鹿泉市	9	3		11	208	603

全市常住人口基本情况

1—2　　(2010 年)　　计量单位：人

行政单位	年末常住人口	年平均人口
石家庄市	**10175231**	**10028166**
长 安 区	480333	454109
桥 东 区	410466	395698
桥 西 区	596829	559671
新 华 区	625726	562078
裕 华 区	494332	455448
高 新 区	161883	149149
矿　 区	95181	96789
井 陉 县	310103	320920
正 定 县	467453	465606
栾 城 县	329360	324404
行 唐 县	407108	425442
灵 寿 县	333880	332038
高 邑 县	186710	186429
深 泽 县	250511	254137
赞 皇 县	245061	247714
无 极 县	503267	504763
平 山 县	434100	457329
元 氏 县	418937	418903
赵　 县	571724	580804
辛 集 市	616380	621029
藁 城 市	775945	778678
晋 州 市	538322	538550
新 乐 市	488218	489490
鹿 泉 市	433402	408988

注：全市人口出生率为 12.78‰、死亡率为 6.05‰、自然增长率为 6.73‰。

地区生产总值构成项目

1—3　　　　（2010年）　　　　计量单位：万元

行业名称	增加值	劳动者报酬	生产税净额	固定资产折　旧	营业盈余
地区生产总值	**34010186**	**15799060**	**4598162**	**4423040**	**9189924**
第一产业	3696054	3580386	－15909	131577	
农业	2312677	2246256	－15909	82330	
林业	45756	44127		1629	
畜牧业	1202594	1159783		42811	
渔业	21112	20360		752	
农林牧渔服务业	113915	109860		4055	
第二产业	16537569	6622496	3305946	1695671	4913456
工业	14698827	5718411	2928598	1531658	4520160
采掘业	398967	145310	84092	29547	140018
制造业	12946141	4460858	2693850	1090543	4700890
电力、煤气及水的生产和供应业	1353719	1112243	150656	411568	－320748
建筑业	1838742	904085	377348	164013	393296
房屋和土木工程建筑业	1572795	790762	324434	139007	318592
建筑安装业	120514	58356	21878	8745	31535
建筑装饰业	119869	44172	27083	12706	35908
其他建筑业	25564	10795	3953	3555	7261
第三产业	13776563	5596178	1308125	2595792	4276468
交通运输、仓储及邮政业	3177071	841176	406105	435964	1493826
铁路运输业	296677	92409	77901	46394	79973
道路运输业	2394206	486762	308738	321933	1276773
城市公共交通业	161802	125394	－5500	22680	19228

1—3 续表1　　（2010年）　　计量单位：万元

行业名称	增加值	劳动者报酬	生产税净额	固定资产折　旧	营业盈余
航空运输业	93534	16382	4747	8790	63615
装卸搬运和其他运输服务业	88902	53458	9347	6956	19141
仓储业	78590	23491	6376	14209	34514
邮政业	63360	43280	4496	15002	582
信息传输、计算机服务和软件业	549403	133426	35082	279000	101895
电信和其他信息传输服务业	495418	112911	30922	272304	79281
计算机服务业	21074	9761	2150	3973	5190
软件业	32911	10754	2010	2723	17424
批发和零售业	2714115	1005448	318094	453021	937552
批发业	1296512	524495	155208	302284	314525
零售业	1417603	480953	162886	150737	623027
住宿和餐饮业	538082	182745	60127	68121	227089
住宿业	103390	41255	12208	23776	26151
餐饮业	434692	141490	47919	44345	200938
金融业	1423731	551169	184777	65043	622742
银行业	1150465	320546	146331	53017	630571
证券业	131381	44150	8833	4999	73399
保险业	116902	183117	27800	6927	-100942
其他金融活动	24983	3356	1813	100	19714
房地产业	1053099	100982	144842	847890	-40615
房地产开发经营	154869	57908	132065	12450	-47554
物业管理业	40848	30245	5379	3474	1750
房地产中介服务	7404	6447	1303	1187	-1533
其他房地产活动	27165	6382	6095	7966	6722
居民自有住房服务	822813			822813	
租赁和商务服务业	525345	112493	59402	68170	285280

1—3 续表 2　　(2010 年)　　计量单位：万元

行业名称	增加值	劳动者报酬	生产税净额	固定资产折旧	营业盈余
租赁业	132574	33110	43368	19520	36576
商务服务业	392771	79383	16034	48650	248704
科学研究、技术服务和地质勘查业	394059	237091	19465	34010	103493
研究与试验发展	222896	122769	3493	15794	80840
专业技术服务业	133348	90810	13036	12628	16874
科技交流和推广服务业	15880	8846	849	3977	2208
地质勘查业	21935	14666	2087	1611	3571
水利、环境和公共设施管理业	145169	65668	5610	27273	46618
水利管理业	56550	19983	784	19206	16577
环境管理业	18064	16585	71	665	743
公共设施管理业	70555	29100	4755	7402	29298
居民服务和其他服务业	521050	161546	38714	38863	281927
居民服务业	374593	100436	24828	28898	220431
其他服务业	146457	61110	13886	9965	61496
教育	847751	712352	1364	72540	61495
卫生、社会保障和社会福利业	555141	390005	10136	89386	65614
卫生	406004	316819	5201	38522	45462
社会保障业	28335	23106		195	5034
社会福利业	120802	50080	4935	50669	15118
文化、体育和娱乐业	249392	159705	23501	46676	19510
新闻出版业	82257	49357	8196	14336	10368
广播、电视、电影和音像业	36604	17792	4735	8642	5435
文化艺术业	53799	43955	2110	4048	3686
体育	11155	9007	215	1310	623
娱乐业	65577	39594	8245	18340	-602
公共管理和社会组织	1083155	942372	906	69835	70042

总产出、地区生产总值

1—4　　(2010 年)　　计量单位：万元、%

行业名称	总产出		地区生产总值	
	绝对值	发展速度（以上年为 100）	绝对值	发展速度（以上年为 100）
总　计	**101877943**	**113.1**	**34010186**	**112.2**
第一产业	6515543	103.1	3696054	102.7
农业	3588328	101.5	2312677	101.5
林业	57285	87.7	45756	87.7
畜牧业	2597043	105.0	1202594	105.0
渔业	38350	99.5	21112	99.5
农林牧渔服务业	234537	108.0	113915	108.0
第二产业	70750326	113.7	16537569	113.1
工业	63095257	114.5	14698827	113.4
采掘业	2217865	111.0	398967	108.7
制造业	57366947	114.7	12946141	113.4
电力、煤气及水的生产和供应业	3510445	112.4	1353719	115.1
建筑业	7655069	107.2	1838742	110.4
房屋和土木工程建筑业	6520210	101.9	1572795	116.8
建筑安装业	771435	158.2	120514	60.8
建筑装饰业	277960	128.8	119869	127.4
其他建筑业	85464	192.0	25564	93.5
第三产业	24612074	113.7	13776563	113.1
交通运输、仓储及邮政业	7108382	112.9	3177071	117.9
铁路运输业	473396	115.0	296677	115.0
道路运输业	4994191	118.3	2394206	117.8
城市公共交通业	231972	75.6	161802	113.5

1—4 续表 1　　（2010 年）　　计量单位：万元、%

行业名称	总产出		地区生产总值	
	绝对值	发展速度（以上年为 100）	绝对值	发展速度（以上年为 100）
航空运输业	165640	78.5	93534	109.2
装卸搬运和其他运输服务业	206750	110.8	88902	162.2
仓储业	760684	106.5	78590	106.5
邮政业	275749	128.7	63360	129.7
信息传输、计算机服务和软件业	1119828	111.4	549403	110.9
电信和其他信息传输服务业	962911	110.0	495418	110.0
计算机服务业	46842	120.5	21074	119.6
软件业	110075	121.5	32911	121.4
批发和零售业	3767617	117.1	2714115	113.5
批发业	1998878	120.0	1296512	118.4
零售业	1768739	113.9	1417603	109.3
住宿和餐饮业	1195738	116.9	538082	111.1
住宿业	229756	116.0	103390	113.7
餐饮业	965982	117.2	434692	110.3
金融业	2471095	130.5	1423731	128.1
银行业	1796050	137.4	1150465	133.5
证券业	169643	95.6	131381	92.8
保险业	473384	124.3	116902	122.3
其他金融活动	32018	120.2	24983	210.7
房地产业	1400490	124.0	1053099	112.3
房地产开发经营	367164	125.0	154869	84.6
物业管理业	88608	149.9	40848	150.0
房地产中介服务	16466	148.1	7404	148.1
其他房地产活动	45618	148.1	27165	148.1
居民自有住房服务	882634	120.0	822813	119.6
租赁和商务服务业	1066586	118.7	525345	117.7

1—4 续表 2 (2010 年) 计量单位：万元、%

行业名称	总产出		地区生产总值	
	绝对值	发展速度（以上年为 100）	绝对值	发展速度（以上年为 100）
租赁业	196139	107.1	132574	107.1
商务服务业	870447	121.7	392771	121.8
科学研究、技术服务和地质勘查业	777750	105.0	394059	105.4
研究与试验发展	409873	108.6	222896	108.6
专业技术服务业	301456	100.1	133348	100.1
科技交流和推广服务业	27589	113.7	15880	113.7
地质勘查业	38832	101.7	21935	101.7
水利、环境和公共设施管理业	189254	101.9	145169	100.9
水利管理业	71733	93.6	56550	93.6
环境管理业	25111	119.6	18064	112.1
公共设施管理业	92410	104.9	70555	104.8
居民服务和其他服务业	1170796	110.2	521050	104.0
居民服务业	733551	109.3	374593	105.1
其他服务业	437245	111.7	146457	101.3
教育	1120591	97.6	847751	103.2
卫生、社会保障和社会福利业	1104678	105.2	555141	105.4
卫生	890947	105.6	406004	106.1
社会保障业	40221	103.7	28335	103.7
社会福利业	173510	103.7	120802	103.6
文化、体育和娱乐业	525073	102.6	249392	104.6
新闻出版业	242759	103.3	82257	103.4
广播、电视、电影和音像业	69236	101.5	36604	102.9
文化艺术业	74527	109.0	53799	109.0
体育	15415	103.8	11155	106.7
娱乐业	123136	98.3	65577	103.2
公共管理和社会组织	1594196	111.2	1083155	110.0

分县（市）地区生产总值

1—5 （2010年） 计量单位：万元、%

行政单位	地区生产总值	发展速度（以上年为100）	第一产业		第二产业	
			绝对值	发展速度（以上年为100）	绝对值	发展速度（以上年为100）
石家庄市	**34010186**	**112.2**	**3696054**	**102.7**	**16537569**	**113.1**
市 区	12397815	112.9	77091	96.1	3615224	110.4
井陉县	1050009	111.8	84564	102.8	535719	109.9
正定县	1696041	112.0	235116	99.5	808411	115.6
栾城县	1194625	112.5	239354	102.3	670599	114.8
行唐县	879739	113.6	182936	102.7	502561	116.5
灵寿县	664665	114.0	111703	106.4	375135	115.8
高邑县	408798	114.4	78818	103.7	209401	117.7
深泽县	542272	111.7	101724	103.9	314128	113.5
赞皇县	547670	113.8	109766	103.1	325249	117.8
无极县	1147490	111.6	194738	100.7	634864	113.5
平山县	1560146	113.0	180363	104.3	1018722	114.2
元氏县	1021089	113.4	171207	102.8	504036	116.1
赵 县	1360688	112.3	265062	101.0	814818	115.3
辛集市	2541378	113.2	382433	103.6	1547819	115.8
藁城市	3140236	112.0	490392	101.3	1868505	115.1
晋州市	1421442	113.0	211225	103.6	702519	114.5
新乐市	1242114	111.7	208487	101.3	674842	113.9
鹿泉市	2085460	112.4	175295	100.7	1230142	112.7

1—5 续表　　(2010 年)　　计量单位：万元、%

行政单位	工业增加值		第三产业		人均地区生产总值（元）	
	绝对值	发展速度（以上年为 100）	绝对值	发展速度（以上年为 100）	绝对值	比上年（±元）
石家庄市	**14698827**	**113.4**	**13776563**	**113.1**	**33915**	**3487**
市　区	2656743	110.0	8705500	114.2		
井陉县	486719	109.2	429726	115.8	31973	1351
正定县	739611	115.4	652514	111.1	36600	5744
栾城县	606583	114.9	284672	114.2	37426	3817
行唐县	477561	116.6	194242	113.5	19904	402
灵寿县	327435	114.8	177827	113.9	20172	1898
高邑县	171001	116.1	120579	113.6	21931	1961
深泽县	266328	116.4	126420	112.3	22270	2495
赞皇县	285949	119.3	112655	112.5	21673	3378
无极县	601664	114.3	317888	113.5	22700	2512
平山县	968522	115.6	361061	112.6	32666	2875
元氏县	460014	115.4	345846	113.9	24208	2771
赵　县	776818	115.3	280808	114.0	23224	3977
辛集市	1477819	116.5	611126	112.0	40944	7421
藁城市	1797304	115.0	781339	110.2	40239	6221
晋州市	657119	114.3	507698	114.0	26554	2224
新乐市	606642	114.5	358785	112.2	25432	2207
鹿泉市	1152142	113.1	680023	114.1	54465	3996

历年地区生产总值指数

1—6　　（上年 = 100）　　计量单位：%

年　份	地区生产总值	第一产业	第二产业	第三产业
1953	122. 8	98. 7	194. 9	101. 2
1954	109. 1	95. 3	128. 5	98. 8
1955	115. 9	120. 6	120. 6	104. 9
1956	103. 1	90. 6	107. 4	108. 2
1957	108. 3	116. 2	106. 9	104. 3
1958	152. 2	112. 8	209. 0	108. 6
1959	123. 9	95. 8	138. 3	113. 7
1960	83. 2	88. 6	79. 7	90. 7
1961	70. 4	86. 2	63. 4	77. 4
1962	86. 4	102. 1	79. 1	89. 0
1963	95. 5	73. 7	102. 1	106. 8
1964	119. 4	138. 4	115. 7	111. 6
1965	125. 5	128. 2	130. 3	111. 5
1966	111. 9	104. 2	114. 6	114. 0

1—6 续表 1　　（上年 =100）　　计量单位:%

年　份	地区生产总值	第一产业	第二产业	第三产业
1967	98.8	97.4	92.3	118.0
1968	120.3	113.3	129.1	108.0
1969	111.5	99.7	116.0	111.3
1970	103.2	113.1	100.5	101.4
1971	104.3	102.3	103.8	107.7
1972	98.7	101.7	95.7	103.6
1973	109.7	111.4	111.5	103.7
1974	108.5	115.5	106.5	106.0
1975	108.0	100.2	108.1	116.9
1976	104.8	99.1	107.0	105.2
1977	109.9	97.0	109.7	122.9
1978	104.7	121.6	100.4	101.5
1979	106.7	101.5	105.0	115.4
1980	108.2	103.5	103.2	121.9
1981	104.1	106.0	104.8	100.8

1—6 续表2　　（上年=100）　　计量单位:%

年　份	地区生产总值	第一产业	第二产业	第三产业
1982	111.6	109.0	115.4	106.9
1983	118.9	128.6	107.0	133.7
1984	111.5	114.0	113.1	106.1
1985	106.8	102.6	112.0	101.9
1986	109.7	106.2	109.3	114.7
1987	113.5	103.3	124.7	102.9
1988	115.5	106.4	123.2	107.3
1989	100.8	105.0	102.0	92.9
1990	104.5	107.0	101.7	109.7
1991	109.8	103.5	110.2	116.6
1992	119.0	104.5	125.1	123.3
1993	120.5	105.7	131.7	112.5
1994	114.6	107.4	117.6	114.2
1995	121.8	110.1	125.8	122.3

1—6 续表 3　　（上年 =100）　　计量单位:%

年　份	地区生产总值	第一产业	第二产业	第三产业
1996	114.8	107.9	116.1	116.7
1997	114.9	110.9	115.3	116.6
1998	112.8	104.8	114.1	115.1
1999	109.8	103.7	111.0	110.6
2000	109.8	104.2	110.4	111.3
2001	108.5	103.4	108.5	110.2
2002	109.2	103.4	110.3	109.9
2003	111.1	104.1	114.4	109.6
2004	113.3	105.5	116.5	112.1
2005	113.8	104.3	118.3	110.9
2006	113.4	100.9	115.6	114.6
2007	113.2	102.2	115.7	113.1
2008	111.0	103.9	110.8	112.9
2009	111.1	100.2	111.0	113.8
2010	112.2	102.7	113.1	113.1

二、单位从业人员和劳动报酬

全市单位从业人员和劳动报酬

2—1 （2010 年） 计量单位：人、千元、个、元

行业名称	年末单位从业人员	# 女性	1. 在岗职工	2. 其他从业人员	离开本单位仍保留劳动关系的职工
总　计	**841470**	**341033**	**805015**	**36455**	**83153**
# 国有控股	329869	115808	315860	14009	54803
一、按企业、事业、机关分组					
（一）企业	504724	187073	477959	26765	77156
（二）事业	237226	127254	231125	6101	1906
（三）机关	99520	26706	95931	3589	4091
二、按国民经济行业分组					
（一）农、林、牧、渔业	4060	1412	4057	3	248
（二）采矿业	6707	1320	6707		287
（三）制造业	232797	94954	228827	3970	39326
（四）电力、煤气及水的生产和供应业	26550	8455	24999	1551	1123
（五）建筑业	45015	8027	41161	3854	6975
（六）交通运输、仓储和邮政业	56674	15091	53800	2874	5155
（七）信息传输、计算机服务和软件	9068	3834	7912	1156	654
（八）批发和零售业	60931	26824	60418	513	16862
（九）住宿和餐饮业	12799	6139	12453	346	1789
（十）金融业	44412	18960	33426	10986	2984
（十一）房地产业	4158	1378	4097	61	254
（十二）租赁和商务服务业	8501	2534	7774	727	1527
（十三）科研、技术服务和地质勘查业	22336	6367	20644	1692	561
（十四）水利、环境和公共设施管理业	16888	6728	15900	988	175
（十五）居民服务和其他服务业	3163	1179	3112	51	57
（十六）教育	123431	77873	121112	2319	321
（十七）卫生、社会保障和社会福利业	39107	23872	38159	948	218
（十八）文化、体育和娱乐业	14179	6153	13594	585	291
（十九）公共管理和社会组织	110694	29933	106863	3831	4346

2—1 续表 1　　(2010 年)　　计量单位：人、千元、个、元

行业名称	单位从业人员平均人数	# 在岗职工	其他从业人员	离开本单位仍保留劳动关系的职工平均人数
总　计	**842118**	**807258**	**34860**	**82255**
# 国有控股	333501	319890	13611	54689
一、按企业、事业、机关分组				
（一）企业	507359	482094	25265	76166
（二）事业	236278	230277	6001	2004
（三）机关	98481	94887	3594	4085
二、按国民经济行业分组				
（一）农、林、牧、渔业	4054	3983	71	245
（二）采矿业	6426	6426		288
（三）制造业	234026	230547	3479	38789
（四）电力、煤气及水的生产和供应业	26240	25260	980	839
（五）建筑业	44230	40744	3486	7267
（六）交通运输、仓储和邮政业	56178	53330	2848	6255
（七）信息传输、计算机服务和软件	9203	7896	1307	661
（八）批发和零售业	64753	64246	507	16059
（九）住宿和餐饮业	12913	12561	352	905
（十）金融业	43692	32858	10834	3039
（十一）房地产业	4191	4126	65	286
（十二）租赁和商务服务业	8482	7786	696	1615
（十三）科研、技术服务和地质勘查业	22173	20656	1517	565
（十四）水利、环境和公共设施管理业	16893	15939	954	217
（十五）居民服务和其他服务业	3069	3018	51	57
（十六）教育	123230	120882	2348	308
（十七）卫生、社会保障和社会福利业	38573	37628	945	215
（十八）文化、体育和娱乐业	14195	13611	584	298
（十九）公共管理和社会组织	109597	105761	3836	4347

2—1 续表2　　（2010年）　　计量单位：人、千元、个、元

行业名称	单位从业人员劳动报酬	在岗职工工资总额	其他从业人员劳动报酬	离开本单位仍保留劳动关系职工的生活费	单位数
总　计	**26135002**	**25396667**	**738335**	**798771**	**9180**
# 国有控股	10177369	9870459	306910	537624	1470
一、按企业、事业、机关分组					
（一）企业	14022204	13436328	585876	631321	2871
（二）事业	8622628	8514516	108112	36246	4434
（三）机关	3490170	3445823	44347	131204	1875
二、按国民经济行业分组					
（一）农、林、牧、渔业	81552	80932	620	1006	183
（二）采矿业	108017	108017		1000	6
（三）制造业	5370597	5258167	112430	253918	750
（四）电力、煤气及水的生产和供应业	1119269	1103091	16178	9177	53
（五）建筑业	1101478	1018763	82715	32478	102
（六）交通运输、仓储和邮政业	1998143	1957238	40905	114573	220
（七）信息传输、计算机服务和软件	520915	498531	22384	13251	61
（八）批发和零售业	1214973	1208893	6080	111751	1025
（九）住宿和餐饮业	205221	193361	11860	8476	94
（十）金融业	2113067	1848229	264838	80220	425
（十一）房地产业	146717	144851	1866	4219	89
（十二）租赁和商务服务业	184596	178715	5881	5011	171
（十三）科研、技术服务和地质勘查业	1027349	989417	37932	5073	266
（十四）水利、环境和公共设施管理业	414313	403485	10828	3228	222
（十五）居民服务和其他服务业	66648	66091	557	349	74
（十六）教育	4656960	4613596	43364	7606	2458
（十七）卫生、社会保障和社会福利业	1495841	1473525	22316	3928	467
（十八）文化、体育和娱乐业	466963	457596	9367	5441	278
（十九）公共管理和社会组织	3842383	3794169	48214	138066	2236

2—1 续表 3　　(2010 年)　　计量单位：人、千元、个、元

行业名称	职　工	# 中专及以上学历人员	单位从业人员平均报酬	# 在岗职工平均工资	其他从业人员平均报酬
总　计	**888168**	**534788**	**31035**	**31460**	**21180**
# 国有控股	370663	176423	30517	30856	22549
一、按企业、事业、机关分组					
（一）企业	555115	248368	27638	27871	23189
（二）事业	233031	200632	36494	36975	18016
（三）机关	100022	85788	35440	36315	12339
二、按国民经济行业分组					
（一）农、林、牧、渔业	4305	3016	20116	20319	8732
（二）采矿业	6994	2213	16809	16809	
（三）制造业	268153	104018	22949	22807	32317
（四）电力、煤气及水的生产和供应业	26122	15348	42655	43669	16508
（五）建筑业	48136	22431	24903	25004	23728
（六）交通运输、仓储和邮政业	58955	30058	35568	36701	14363
（七）信息传输、计算机服务和软件	8566	5872	56603	63137	17126
（八）批发和零售业	77280	28972	18763	18817	11992
（九）住宿和餐饮业	14242	6926	15893	15394	33693
（十）金融业	36410	27321	48363	56249	24445
（十一）房地产业	4351	2814	35008	35107	28708
（十二）租赁和商务服务业	9301	4952	21763	22953	8450
（十三）科研、技术服务和地质勘查业	21205	18490	46333	47900	25005
（十四）水利、环境和公共设施管理业	16075	6979	24526	25314	11350
（十五）居民服务和其他服务业	3169	2576	21717	21899	10922
（十六）教育	121433	113248	37791	38166	18468
（十七）卫生、社会保障和社会福利业	38377	34435	38779	39160	23615
（十八）文化、体育和娱乐业	13885	10185	32896	33620	16039
（十九）公共管理和社会组织	111209	94934	35059	35875	12569

全市国有单位从业人员和劳动报酬

2—2 （2010年） 计量单位：人、千元、个、元

行业名称	年末单位从业人员	#女性	1. 在岗职工	2. 其他从业人员	离开本单位仍保留劳动关系的职工
总　计	**585305**	**236773**	**563898**	**21407**	**50877**
一、按隶属关系分组					
1. 中央	107660	29396	98772	8888	9709
2. 地方	477645	207377	465126	12519	41168
二、按企业、事业、机关分组					
（一）企业	254866	85581	242904	11962	44944
1. 中央	92580	24868	84399	8181	9494
2. 地方	162286	60713	158505	3781	35450
（二）事业	231298	124556	225442	5856	1845
1. 中央	10062	2972	9423	639	71
2. 地方	221236	121584	216019	5217	1774
（三）机关	99141	26636	95552	3589	4088
1. 中央	5018	1556	4950	68	144
2. 地方	94123	25080	90602	3521	3944
三、按国民经济行业分组					
（一）农、林、牧、渔业	3894	1393	3891	3	248
（二）采矿业	6550	1299	6550		287
（三）制造业	91804	32220	89623	2181	21806
（四）电力、煤气及水的生产和供应业	17038	5821	16072	966	866
（五）建筑业	27927	5773	24724	3203	4213
（六）交通运输、仓储和邮政业	50356	12836	47581	2775	4139
（七）信息传输、计算机服务和软件	7374	3076	6257	1117	532
（八）批发和零售业	37926	18551	37584	342	10502
（九）住宿和餐饮业	9188	4757	9100	88	1458
（十）金融业	2683	903	2516	167	33
（十一）房地产业	3318	1069	3271	47	188
（十二）租赁和商务服务业	5322	1016	4872	450	691
（十三）科研、技术服务和地质勘查业	21908	6179	20246	1662	557
（十四）水利、环境和公共设施管理业	15570	6105	14730	840	175
（十五）居民服务和其他服务业	1810	522	1780	30	52
（十六）教育	122169	77014	119918	2251	321
（十七）卫生、社会保障和社会福利业	36647	22578	35777	870	213
（十八）文化、体育和娱乐业	13574	5810	12990	584	259
（十九）公共管理和社会组织	110247	29851	106416	3831	4337

2—2 续表 1　　(2010 年)　　计量单位：人、千元、个、元

行业名称	单位从业人员平均人数	#在岗职工	其他从业人员	离开本单位仍保留劳动关系的职工平均人数
总　计	**586334**	**565746**	**20588**	**50601**
一、按隶属关系分组				
1. 中央	107603	98917	8686	9829
2. 地方	478731	466829	11902	40772
二、按企业、事业、机关分组				
（一）企业	257667	246427	11240	44558
1. 中央	92693	84547	8146	9618
2. 地方	164974	161880	3094	34940
（二）事业	230564	224810	5754	1961
1. 中央	9899	9430	469	74
2. 地方	220665	215380	5285	1887
（三）机关	98103	94509	3594	4082
1. 中央	5011	4940	71	137
2. 地方	93092	89569	3523	3945
三、按国民经济行业分组				
（一）农、林、牧、渔业	3886	3815	71	245
（二）采矿业	6269	6269		288
（三）制造业	91360	89613	1747	21124
（四）电力、煤气及水的生产和供应业	16961	16276	685	634
（五）建筑业	27951	24820	3131	4440
（六）交通运输、仓储和邮政业	49869	47116	2753	5224
（七）信息传输、计算机服务和软件	7506	6238	1268	539
（八）批发和零售业	42007	41672	335	10442
（九）住宿和餐饮业	9330	9235	95	682
（十）金融业	2607	2439	168	35
（十一）房地产业	3306	3256	50	217
（十二）租赁和商务服务业	5213	4815	398	779
（十三）科研、技术服务和地质勘查业	21747	20260	1487	561
（十四）水利、环境和公共设施管理业	15582	14776	806	217
（十五）居民服务和其他服务业	1722	1692	30	52
（十六）教育	121963	119686	2277	308
（十七）卫生、社会保障和社会福利业	36314	35446	868	210
（十八）文化、体育和娱乐业	13590	13007	583	266
（十九）公共管理和社会组织	109151	105315	3836	4338

2—2 续表2 (2010年) 计量单位：人、千元、个、元

行业名称	单位从业人员劳动报酬	在岗职工工资总额	其他从业人员劳动报酬	离开本单位仍保留劳动关系职工的生活费	单位数
总　计	**19729510**	**19330189**	**399321**	**580036**	**7264**
一、按隶属关系分组					
1. 中央	4749733	4564689	185044	205560	235
2. 地方	14979777	14765500	214277	374476	7029
二、按企业、事业、机关分组					
（一）企业	7740155	7490803	249352	412921	1165
1. 中央	4002779	3830381	172398	200764	146
2. 地方	3737376	3660422	76954	212157	1019
（二）事业	8510731	8405109	105622	35923	4233
1. 中央	568433	556570	11863	1010	48
2. 地方	7942298	7848539	93759	34913	4185
（三）机关	3478624	3434277	44347	131192	1866
1. 中央	178521	177738	783	3786	41
2. 地方	3300103	3256539	43564	127406	1825
三、按国民经济行业分组					
（一）农、林、牧、渔业	79827	79207	620	1006	163
（二）采矿业	106515	106515		1000	4
（三）制造业	2467023	2405574	61449	168197	175
（四）电力、煤气及水的生产和供应业	706637	694975	11662	5751	37
（五）建筑业	896544	817464	79080	26119	41
（六）交通运输、仓储和邮政业	1799707	1760267	39440	111193	167
（七）信息传输、计算机服务和软件	448774	427166	21608	11735	48
（八）批发和零售业	863956	859323	4633	78304	568
（九）住宿和餐饮业	144019	139811	4208	7101	57
（十）金融业	154957	152088	2869	573	50
（十一）房地产业	123571	121903	1668	3745	59
（十二）租赁和商务服务业	133984	130112	3872	2000	115
（十三）科研、技术服务和地质勘查业	1016390	978754	37636	5033	251
（十四）水利、环境和公共设施管理业	394907	385348	9559	3228	202
（十五）居民服务和其他服务业	38953	38557	396	345	53
（十六）教育	4621457	4579520	41937	7606	2448
（十七）卫生、社会保障和社会福利业	1448642	1427511	21131	3810	341
（十八）文化、体育和娱乐业	454376	445037	9339	5429	263
（十九）公共管理和社会组织	3829271	3781057	48214	137861	2222

2—2 续表 3　　(2010 年)　　计量单位：人、千元、个、元

行业名称	职　　工	# 中专及以上学历人员	单位从业人员平均报酬	# 在岗职工平均工资	其他从业人员平均报酬
总　　计	**614775**	**418542**	**33649**	**34168**	**19396**
一、按隶属关系分组					
1. 中央	108481	64506	44141	46147	21304
2. 地方	506294	354036	31291	31629	18003
二、按企业、事业、机关分组					
（一）企业	287848	136280	30039	30398	22184
1. 中央	93893	52613	43183	45305	21164
2. 地方	193955	83667	22654	22612	24872
（二）事业	227287	196769	36913	37388	18356
1. 中央	9494	7352	57423	59021	25294
2. 地方	217793	189417	35993	36440	17741
（三）机关	99640	85493	35459	36338	12339
1. 中央	5094	4541	35626	35979	11028
2. 地方	94546	80952	35450	36358	12366
三、按国民经济行业分组					
（一）农、林、牧、渔业	4139	2936	20542	20762	8732
（二）采矿业	6837	2183	16991	16991	
（三）制造业	111429	45461	27003	26844	35174
（四）电力、煤气及水的生产和供应业	16938	11278	41662	42699	17025
（五）建筑业	28937	15342	32076	32936	25257
（六）交通运输、仓储和邮政业	51720	27217	36089	37360	14326
（七）信息传输、计算机服务和软件	6789	5445	59789	68478	17041
（八）批发和零售业	48086	20426	20567	20621	13830
（九）住宿和餐饮业	10558	5267	15436	15139	44295
（十）金融业	2549	2316	59439	62357	17077
（十一）房地产业	3459	2108	37378	37439	33360
（十二）租赁和商务服务业	5563	3344	25702	27022	9729
（十三）科研、技术服务和地质勘查业	20803	18130	46737	48310	25310
（十四）水利、环境和公共设施管理业	14905	6753	25344	26079	11860
（十五）居民服务和其他服务业	1832	1335	22621	22788	13200
（十六）教育	120239	112260	37892	38263	18418
（十七）卫生、社会保障和社会福利业	35990	32395	39892	40273	24344
（十八）文化、体育和娱乐业	13249	9758	33435	34215	16019
（十九）公共管理和社会组织	110753	94588	35082	35902	12569

全市城镇集体单位从业人员和劳动报酬

2—3 （2010 年） 计量单位：人、千元、个、元

行业名称	年末单位从业人员	# 女性	1. 在岗职工	2. 其他从业人员	离开本单位仍保留劳动关系的职工
总　计	**50668**	**20322**	**50232**	**436**	**13249**
一、按企业、事业、机关分组					
1. 企业	45748	17944	45409	339	13185
2. 事业	4541	2308	4444	97	61
3. 机关	379	70	379		3
二、按国民经济行业分组					
（一）农、林、牧、渔业	160	18	160		
（二）采矿业					
（三）制造业	17817	7867	17700	117	6538
（四）电力、煤气及水的生产和供应业	182	32	182		
（五）建筑业	5133	651	5131	2	63
（六）交通运输、仓储和邮政业	2450	677	2410	40	823
（七）信息传输、计算机服务和软件	79	27	79		
（八）批发和零售业	10024	4001	9883	141	4641
（九）住宿和餐饮业	1352	465	1352		173
（十）金融业	5585	2804	5575	10	276
（十　）房地产业	35	10	35		28
（十二）租赁和商务服务业	1713	721	1713		656
（十三）科研、技术服务和地质勘查业	65	23	65		
（十四）水利、环境和公共设施管理业	451	149	451		
（十五）居民服务和其他服务业	1327	646	1306	21	5
（十六）教育	788	514	762	26	
（十七）卫生、社会保障和社会福利业	2460	1294	2382	78	5
（十八）文化、体育和娱乐业	600	341	599	1	32
（十九）公共管理和社会组织	447	82	447		9

2—3 续表 1　　(2010 年)　　计量单位：人、千元、个、元

行业名称	单位从业人员平均人数	# 在岗职工	其他从业人员	离开本单位仍保留劳动关系的职工平均人数
总　计	**50418**	**49989**	**429**	**12567**
一、按企业、事业、机关分组				
1. 企业	45693	45363	330	12521
2. 事业	4347	4248	99	43
3. 机关	378	378		3
二、按国民经济行业分组				
（一）农、林、牧、渔业	162	162		
（二）采矿业				
（三）制造业	17865	17747	118	6588
（四）电力、煤气及水的生产和供应业	182	182		
（五）建筑业	4927	4923	4	63
（六）交通运输、仓储和邮政业	2469	2429	40	838
（七）信息传输、计算机服务和软件	79	79		
（八）批发和零售业	10023	9884	139	3891
（九）住宿和餐饮业	1354	1354		174
（十）金融业	5591	5591		277
（十一）房地产业	35	35		28
（十二）租赁和商务服务业	1797	1797		657
（十三）科研、技术服务和地质勘查业	65	65		
（十四）水利、环境和公共设施管理业	450	450		
（十五）居民服务和其他服务业	1321	1300	21	5
（十六）教育	793	764	29	
（十七）卫生、社会保障和社会福利业	2259	2182	77	5
（十八）文化、体育和娱乐业	600	599	1	32
（十九）公共管理和社会组织	446	446		9

2—3 续表 2　　　　(2010 年)　　　　计量单位：人、千元、个、元

行业名称	单位从业人员劳动报酬	在岗职工工资总额	其他从业人员劳动报酬	离开本单位仍保留劳动关系职工的生活费	单位数
总　计	**892506**	**888283**	**4223**	**37370**	**1081**
一、按企业、事业、机关分组					
1. 企业	791621	788619	3002	37035	877
2. 事业	89339	88118	1221	323	195
3. 机关	11546	11546		12	9
二、按国民经济行业分组					
（一）农、林、牧、渔业	1697	1697			19
（二）采矿业					
（三）制造业	259677	258603	1074	21520	268
（四）电力、煤气及水的生产和供应业	1750	1750			1
（五）建筑业	55949	55929	20	136	21
（六）交通运输、仓储和邮政业	40968	40704	264	2456	37
（七）信息传输、计算机服务和软件	1388	1388			2
（八）批发和零售业	138840	137696	1144	4911	377
（九）住宿和餐饮业	16605	16605		798	23
（十）金融业	215609	215609		4273	78
（十一）房地产业	384	384		172	3
（十二）租赁和商务服务业	30602	30602		2765	49
（十三）科研、技术服务和地质勘查业	824	824			7
（十四）水利、环境和公共设施管理业	9462	9462			17
（十五）居民服务和其他服务业	26831	26670	161	4	19
（十六）教育	19052	18705	347		6
（十七）卫生、社会保障和社会福利业	47199	46014	1185	118	126
（十八）文化、体育和娱乐业	12557	12529	28	12	14
（十九）公共管理和社会组织	13112	13112		205	14

2—3 续表 3　　(2010 年)　　计量单位：人、千元、个、元

行业名称	职　　工	# 中专及以上学历人员	单位从业人员平均报酬	# 在岗职工平均工资	其他从业人员平均报酬
总　　计	**63481**	**26225**	**17702**	**17770**	**9844**
一、按企业、事业、机关分组					
1. 企业	58594	22619	17325	17385	9097
2. 事业	4505	3311	20552	20743	12333
3. 机关	382	295	30545	30545	
二、按国民经济行业分组					
（一）农、林、牧、渔业	160	74	10475	10475	
（二）采矿业					
（三）制造业	24238	7697	14536	14572	9102
（四）电力、煤气及水的生产和供应业	182	96	9615	9615	
（五）建筑业	5194	2494	11356	11361	5000
（六）交通运输、仓储和邮政业	3233	851	16593	16758	6600
（七）信息传输、计算机服务和软件	79	62	17570	17570	
（八）批发和零售业	14524	4837	13852	13931	8230
（九）住宿和餐饮业	1525	462	12264	12264	
（十）金融业	5851	4031	38564	38564	
（十一）房地产业	63	27	10971	10971	
（十二）租赁和商务服务业	2369	723	17029	17029	
（十三）科研、技术服务和地质勘查业	65	61	12677	12677	
（十四）水利、环境和公共设施管理业	451	171	21027	21027	
（十五）居民服务和其他服务业	1311	1223	20311	20515	7667
（十六）教育	762	608	24025	24483	11966
（十七）卫生、社会保障和社会福利业	2387	2040	20894	21088	15390
（十八）文化、体育和娱乐业	631	422	20928	20917	28000
（十九）公共管理和社会组织	456	346	29399	29399	

全市城镇其他单位从业人员和劳动报酬

2—4 （2010年） 计量单位：人、千元、个、元

行业名称	年末单位从业人员	# 女性	1. 在岗职工	2. 其他从业人员	离开本单位仍保留劳动关系的职工
总　　计	**205497**	**83938**	**190885**	**14612**	**19027**
一、按经济注册类型分组					
（一）内资	166977	64097	152981	13996	17881
1. 股份合作	5990	2386	5921	69	568
2. 联营	289	111	289		
其中：国有联营	142	40	142		
3. 有限责任公司	60468	20511	58510	1958	10082
其中：国有独资	14540	4770	13535	1005	4164
4. 股份有限公司	99642	40590	87673	11969	7160
5. 其他	588	499	588		71
（二）港澳台投资经济	19015	9792	18947	68	710
（三）外商投资	19505	10049	18957	548	436
二、按国民经济行业分组					
（一）农、林、牧、渔业	6	1	6		
（二）采矿业	157	21	157		
（三）制造业	123176	54867	121504	1672	10982
（四）电力、煤气及水的生产和供应业	9330	2602	8745	585	257
（五）建筑业	11955	1603	11306	649	2699
（六）交通运输、仓储和邮政业	3868	1578	3809	59	193
（七）信息传输、计算机服务和软件	1615	731	1576	39	122
（八）批发和零售业	12981	4272	12951	30	1719
（九）住宿和餐饮业	2259	917	2001	258	158
（十）金融业	36144	15253	25335	10809	2675
（十一）房地产业	805	299	791	14	38
（十二）租赁和商务服务业	1466	797	1189	277	180
（十三）科研、技术服务和地质勘查业	363	165	333	30	4
（十四）水利、环境和公共设施管理业	867	474	719	148	
（十五）居民服务和其他服务业	26	11	26		
（十六）教育	474	345	432	42	
（十七）卫生、社会保障和社会福利业					
（十八）文化、体育和娱乐业	5	2	5		
（十九）公共管理和社会组织					

2—4 续表 1 (2010 年) 计量单位：人、千元、个、元

行业名称	单位从业人员平均人数	# 在岗职工	其他从业人员	离开本单位仍保留劳动关系的职工平均人数
总　计	**205366**	**191523**	**13843**	**19087**
一、按经济注册类型分组				
（一）内资	166922	153675	13247	18163
1. 股份合作	5988	5914	74	575
2. 联营	371	371		
其中：国有联营	224	224		
3. 有限责任公司	61284	59772	1512	10332
其中：国有独资	15013	14276	737	4391
4. 股份有限公司	98659	86998	11661	7185
5. 其他	620	620		71
（二）港澳台投资经济	19462	19395	67	708
（三）外商投资	18982	18453	529	216
二、按国民经济行业分组				
（一）农、林、牧、渔业	6	6		
（二）采矿业	157	157		
（三）制造业	124801	123187	1614	11077
（四）电力、煤气及水的生产和供应业	9097	8802	295	205
（五）建筑业	11352	11001	351	2764
（六）交通运输、仓储和邮政业	3840	3785	55	193
（七）信息传输、计算机服务和软件	1618	1579	39	122
（八）批发和零售业	12723	12690	33	1726
（九）住宿和餐饮业	2229	1972	257	49
（十）金融业	35494	24828	10666	2727
（十一）房地产业	850	835	15	41
（十二）租赁和商务服务业	1472	1174	298	179
（十三）科研、技术服务和地质勘查业	361	331	30	4
（十四）水利、环境和公共设施管理业	861	713	148	
（十五）居民服务和其他服务业	26	26		
（十六）教育	474	432	42	
（十七）卫生、社会保障和社会福利业				
（十八）文化、体育和娱乐业	5	5		
（十九）公共管理和社会组织				

2—4 续表2 （2010年） 计量单位：人、千元、个、元

行业名称	单位从业人员劳动报酬	在岗职工工资总额	其他从业人员劳动报酬	离开本单位仍保留劳动关系职工的生活费	单位数
总　计	**5512986**	**5178195**	**334791**	**181365**	**835**
一、按经济注册类型分组					
（一）内资	4540340	4218249	322091	173229	707
1. 股份合作	129708	128909	799	3730	57
2. 联营	33591	33591			3
其中：国有联营	30882	30882			1
3. 有限责任公司	1525039	1503794	21245	50098	289
其中：国有独资	484377	477063	7314	21323	21
4. 股份有限公司	2837505	2537458	300047	119165	355
5. 其他	14497	14497		236	3
（二）港澳台投资经济	492747	490394	2353	6828	55
（三）外商投资	479899	469552	10347	1308	73
二、按国民经济行业分组					
（一）农、林、牧、渔业	28	28			1
（二）采矿业	1502	1502			2
（三）制造业	2643897	2593990	49907	64201	307
（四）电力、煤气及水的生产和供应业	410882	406366	4516	3426	15
（五）建筑业	148985	145370	3615	6223	40
（六）交通运输、仓储和邮政业	157468	156267	1201	924	16
（七）信息传输、计算机服务和软件	70753	69977	776	1516	11
（八）批发和零售业	212177	211874	303	28536	80
（九）住宿和餐饮业	44597	36945	7652	577	14
（十）金融业	1742501	1480532	261969	75374	297
（十一）房地产业	22762	22564	198	302	27
（十二）租赁和商务服务业	20010	18001	2009	246	7
（十三）科研、技术服务和地质勘查业	10135	9839	296	40	8
（十四）水利、环境和公共设施管理业	9944	8675	1269		3
（十五）居民服务和其他服务业	864	864			2
（十六）教育	16451	15371	1080		4
（十七）卫生、社会保障和社会福利业					
（十八）文化、体育和娱乐业	30	30			1
（十九）公共管理和社会组织					

2—4 续表 3　　(2010 年)　　计量单位：人、千元、个、元

行业名称	职　工	# 中专及以上学历人员	单位从业人员平均报酬	# 在岗职工平均工资	其他从业人员平均报酬
总　计	**209912**	**90021**	**26845**	**27037**	**24185**
一、按经济注册类型分组					
（一）内资	170862	69208	27200	27449	24314
1. 股份合作	6489	3240	21661	21797	10797
2. 联营	289	181	90542	90542	
其中：国有联营	142	125	137866	137866	
3. 有限责任公司	68592	25970	24885	25159	14051
其中：国有独资	17699	7259	32264	33417	9924
4. 股份有限公司	94833	39235	28761	29167	25731
5. 其他	659	582	23382	23382	
（二）港澳台投资经济	19657	11881	25318	25285	35119
（三）外商投资	19393	8932	25282	25446	19560
二、按国民经济行业分组					
（一）农、林、牧、渔业	6	6	4667	4667	
（二）采矿业	157	30	9567	9567	
（三）制造业	132486	50860	21185	21057	30921
（四）电力、煤气及水的生产和供应业	9002	3974	45167	46167	15308
（五）建筑业	14005	4595	13124	13214	10299
（六）交通运输、仓储和邮政业	4002	1990	41007	41286	21836
（七）信息传输、计算机服务和软件	1698	365	43729	44317	19897
（八）批发和零售业	14670	3709	16677	16696	9182
（九）住宿和餐饮业	2159	1197	20008	18735	29774
（十）金融业	28010	20974	49093	59632	24561
（十一）房地产业	829	679	26779	27023	13200
（十二）租赁和商务服务业	1369	885	13594	15333	6742
（十三）科研、技术服务和地质勘查业	337	299	28075	29725	9867
（十四）水利、环境和公共设施管理业	719	55	11549	12167	8574
（十五）居民服务和其他服务业	26	18	33231	33231	
（十六）教育	432	380	34707	35581	25714
（十七）卫生、社会保障和社会福利业					
（十八）文化、体育和娱乐业	5	5	6000	6000	
（十九）公共管理和社会组织					

市区单位从业人员和劳动报酬

2—5　　（2010 年）　　计量单位：人、千元、个、元

行业名称	年末单位从业人员	# 女性	1. 在岗职工	2. 其他从业人员	离开本单位仍保留劳动关系的职工
总　　计	**534126**	**210726**	**503368**	**30758**	**67659**
# 国有控股	255899	88913	245068	10831	47559
一、按企业、事业、机关分组					
（一）企业	371422	138664	349352	22070	65216
（二）事业	116955	59782	111283	5672	1027
（三）机关	45749	12280	42733	3016	1416
二、按国民经济行业分组					
（一）农、林、牧、渔业	1932	688	1932		41
（二）采矿业	6550	1299	6550		287
（三）制造业	152851	63540	149876	2975	34810
（四）电力、煤气及水的生产和供应业	20264	6580	18882	1382	1111
（五）建筑业	30707	6492	27528	3179	6841
（六）交通运输、仓储和邮政业	48045	12522	45793	2252	4852
（七）信息传输、计算机服务和软件	7477	3223	6529	948	542
（八）批发和零售业	49004	22038	48591	413	11265
（九）住宿和餐饮业	10843	5096	10498	345	1755
（十）金融业	32352	13583	22885	9467	1965
（十一）房地产业	3252	1047	3201	51	237
（十二）租赁和商务服务业	6545	2116	6243	302	1416
（十三）科研、技术服务和地质勘查业	20305	5567	18624	1681	513
（十四）水利、环境和公共设施管理业	10815	4606	9975	840	72
（十五）居民服务和其他服务业	2277	953	2226	51	40
（十六）教育	47868	29766	45571	2297	176
（十七）卫生、社会保障和社会福利业	19667	12578	18802	865	129
（十八）文化、体育和娱乐业	11254	4816	10688	566	185
（十九）公共管理和社会组织	52118	14216	48974	3144	1422

2—5 续表 1　　(2010 年)　　计量单位：人、千元、个、元

行业名称	单位从业人员平均人数	# 在岗职工	其他从业人员	离开本单位仍保留劳动关系的职工平均人数
总　计	**537785**	**508223**	**29562**	**68081**
# 国有控股	260464	249942	10522	47941
一、按企业、事业、机关分组				
（一）企业	375891	354921	20970	65531
（二）事业	116554	110977	5577	1124
（三）机关	45340	42325	3015	1426
二、按国民经济行业分组				
（一）农、林、牧、渔业	1918	1850	68	41
（二）采矿业	6269	6269		288
（三）制造业	154835	152406	2429	34663
（四）电力、煤气及水的生产和供应业	19977	19075	902	827
（五）建筑业	30784	27671	3113	7110
（六）交通运输、仓储和邮政业	47582	45355	2227	5975
（七）信息传输、计算机服务和软件	7610	6511	1099	547
（八）批发和零售业	52850	52443	407	11378
（九）住宿和餐饮业	11012	10661	351	871
（十）金融业	31626	22300	9326	1977
（十一）房地产业	3298	3243	55	269
（十二）租赁和商务服务业	6641	6317	324	1585
（十三）科研、技术服务和地质勘查业	20144	18638	1506	517
（十四）水利、环境和公共设施管理业	10803	9997	806	77
（十五）居民服务和其他服务业	2191	2140	51	40
（十六）教育	47745	45419	2326	161
（十七）卫生、社会保障和社会福利业	19579	18716	863	130
（十八）文化、体育和娱乐业	11273	10708	565	185
（十九）公共管理和社会组织	51648	48504	3144	1440

2—5 续表 2　　（2010 年）　　计量单位：人、千元、个、元

行业名称	单位从业人员劳动报酬	在岗职工工资总额	其他从业人员劳动报酬	离开本单位仍保留劳动关系职工的生活费	单位数
总　计	**18732938**	**18062660**	**670278**	**633788**	**3300**
# 国有控股	8530361	8266161	264200	475314	748
一、按企业、事业、机关分组					
（一）企业	11381703	10853108	528595	560807	1512
（二）事业	5280313	5176739	103574	17402	1212
（三）机关	2070922	2032813	38109	55579	576
二、按国民经济行业分组					
（一）农、林、牧、渔业	45538	45002	536	64	46
（二）采矿业	106515	106515		1000	4
（三）制造业	3940486	3842883	97603	228347	526
（四）电力、煤气及水的生产和供应业	875447	860039	15408	9116	12
（五）建筑业	927227	848487	78740	31764	51
（六）交通运输、仓储和邮政业	1809067	1779163	29904	111563	88
（七）信息传输、计算机服务和软件	461168	441162	20006	10939	38
（八）批发和零售业	1063896	1059096	4800	102769	384
（九）住宿和餐饮业	179685	167840	11845	8286	63
（十）金融业	1651900	1406982	244918	50031	192
（十一）房地产业	129608	127832	1776	4067	56
（十二）租赁和商务服务业	154055	151664	2391	4416	124
（十三）科研、技术服务和地质勘查业	974016	936184	37832	4453	170
（十四）水利、环境和公共设施管理业	300820	291261	9559	1555	84
（十五）居民服务和其他服务业	47383	46826	557	4	47
（十六）教育	2348152	2304940	43212	2563	375
（十七）卫生、社会保障和社会福利业	1007776	986472	21304	3011	144
（十八）文化、体育和娱乐业	403856	394639	9217	3808	154
（十九）公共管理和社会组织	2306343	2265673	40670	56032	742

2—5 续表 3　　(2010 年)　　计量单位：人、千元、个、元

行业名称	职　工	# 中专及以上学历人员	单位从业人员平均报酬	# 在岗职工平均工资	其他从业人员平均报酬
总　计	**571027**	**324599**	**34834**	**35541**	**22674**
# 国有控股	292627	144882	32751	33072	25109
一、按企业、事业、机关分组					
（一）企业	414568	193592	30279	30579	25207
（二）事业	112310	93387	45304	46647	18572
（三）机关	44149	37620	45675	48029	12640
二、按国民经济行业分组					
（一）农、林、牧、渔业	1973	1467	23742	24325	7882
（二）采矿业	6837	2183	16991	16991	
（三）制造业	184686	75593	25450	25215	40182
（四）电力、煤气及水的生产和供应业	19993	11857	43823	45087	17082
（五）建筑业	34369	17274	30120	30663	25294
（六）交通运输、仓储和邮政业	50645	25019	38020	39227	13428
（七）信息传输、计算机服务和软件	7071	4753	60600	67756	18204
（八）批发和零售业	59856	24443	20130	20195	11794
（九）住宿和餐饮业	12253	6119	16317	15743	33746
（十）金融业	24850	18333	52232	63093	26262
（十一）房地产业	3438	2141	39299	39418	32291
（十二）租赁和商务服务业	7659	4177	23198	24009	7380
（十三）科研、技术服务和地质勘查业	19137	16771	48353	50230	25121
（十四）水利、环境和公共设施管理业	10047	3772	27846	29135	11860
（十五）居民服务和其他服务业	2266	1997	21626	21881	10922
（十六）教育	45747	40096	49181	50748	18578
（十七）卫生、社会保障和社会福利业	18931	17280	51472	52707	24686
（十八）文化、体育和娱乐业	10873	8255	35825	36855	16313
（十九）公共管理和社会组织	50396	43069	44655	46711	12936

市区国有单位从业人员和劳动报酬

2—6 （2010 年） 计量单位：人、千元、个、元

行业名称	年末单位从业人员	# 女性	1. 在岗职工	2. 其他从业人员	离开本单位仍保留劳动关系的职工
总　　计	**370598**	**139499**	**351999**	**18599**	**42265**
一、按隶属关系分组					
1. 中央	91776	23494	83897	7879	9283
2. 地方	278822	116005	268102	10720	32982
二、按企业、事业、机关分组					
（一）企业	210117	68855	200110	10007	39845
1. 中央	79865	19849	72611	7254	9149
2. 地方	130252	49006	127499	2753	30696
（二）事业	114878	58396	109302	5576	1004
1. 中央	9050	2603	8425	625	49
2. 地方	105828	55793	100877	4951	955
（三）机关	45603	12248	42587	3016	1416
1. 中央	2861	1042	2861		85
2. 地方	42742	11206	39726	3016	1331
三、按国民经济行业分组					
（一）农、林、牧、渔业	1932	688	1932		41
（二）采矿业	6550	1299	6550		287
（三）制造业	64357	21971	62644	1713	19349
（四）电力、煤气及水的生产和供应业	14616	5037	13819	797	854
（五）建筑业	27380	5670	24203	3177	4190
（六）交通运输、仓储和邮政业	43464	10774	41295	2169	3932
（七）信息传输、计算机服务和软件	6059	2551	5113	946	444
（八）批发和零售业	31232	15810	30980	252	8420
（九）住宿和餐饮业	7578	3876	7491	87	1436
（十）金融业	1773	607	1635	138	30
（十一）房地产业	2567	806	2530	37	171
（十二）租赁和商务服务业	3448	618	3423	25	588
（十三）科研、技术服务和地质勘查业	20006	5455	18344	1662	509
（十四）水利、环境和公共设施管理业	9964	4068	9124	840	72
（十五）居民服务和其他服务业	996	309	966	30	35
（十六）教育	47127	29261	44898	2229	176
（十七）卫生、社会保障和社会福利业	18790	11983	18003	787	124
（十八）文化、体育和娱乐业	10794	4535	10228	566	185
（十九）公共管理和社会组织	51965	14181	48821	3144	1422

2—6 续表 1　　(2010 年)　　计量单位：人、千元、个、元

行业名称	单位从业人员平均人数	# 在岗职工	其他从业人员	离开本单位仍保留劳动关系的职工平均人数
总　计	**373131**	**355292**	**17839**	**42244**
一、按隶属关系分组				
1. 中央	91439	83833	7606	9388
2. 地方	281692	271459	10233	32856
二、按企业、事业、机关分组				
(一) 企业	213455	204110	9345	39699
1. 中央	79702	72552	7150	9247
2. 地方	133753	131558	2195	30452
(二) 事业	114481	109002	5479	1119
1. 中央	8885	8429	456	52
2. 地方	105596	100573	5023	1067
(三) 机关	45195	42180	3015	1426
1. 中央	2852	2852		89
2. 地方	42343	39328	3015	1337
三、按国民经济行业分组				
(一) 农、林、牧、渔业	1918	1850	68	41
(二) 采矿业	6269	6269		288
(三) 制造业	64379	63188	1191	18746
(四) 电力、煤气及水的生产和供应业	14505	13898	607	622
(五) 建筑业	27410	24299	3111	4417
(六) 交通运输、仓储和邮政业	43009	40861	2148	5016
(七) 信息传输、计算机服务和软件	6189	5092	1097	449
(八) 批发和零售业	35275	35030	245	8480
(九) 住宿和餐饮业	7726	7632	94	660
(十) 金融业	1691	1552	139	32
(十一) 房地产业	2565	2525	40	200
(十二) 租赁和商务服务业	3454	3428	26	757
(十三) 科研、技术服务和地质勘查业	19847	18360	1487	513
(十四) 水利、环境和公共设施管理业	9959	9153	806	77
(十五) 居民服务和其他服务业	916	886	30	35
(十六) 教育	46999	44744	2255	161
(十七) 卫生、社会保障和社会福利业	18711	17925	786	125
(十八) 文化、体育和娱乐业	10813	10248	565	185
(十九) 公共管理和社会组织	51496	48352	3144	1440

2—6 续表 2　　(2010 年)　　计量单位：人、千元、个、元

行业名称	单位从业人员劳动报酬	在岗职工工资总额	其他从业人员劳动报酬	离开本单位仍保留劳动关系职工的生活费	单位数
总　计	**14187099**	**13822449**	**364650**	**459191**	**2313**
一、按隶属关系分组					
1. 中央	4340743	4171485	169258	197998	132
2. 地方	9846356	9650964	195392	261193	2181
二、按企业、事业、机关分组					
(一) 企业	6902730	6678570	224160	386328	602
1. 中央	3695899	3538302	157597	195520	91
2. 地方	3206831	3140268	66563	190808	511
(二) 事业	5220561	5118180	102381	17284	1136
1. 中央	532927	521266	11661	571	25
2. 地方	4687634	4596914	90720	16713	1111
(三) 机关	2063808	2025699	38109	55579	575
1. 中央	111917	111917		1907	16
2. 地方	1951891	1913782	38109	53672	559
三、按国民经济行业分组					
(一) 农、林、牧、渔业	45538	45002	536	64	46
(二) 采矿业	106515	106515		1000	4
(三) 制造业	1947109	1892685	54424	154075	127
(四) 电力、煤气及水的生产和供应业	643310	632418	10892	5690	9
(五) 建筑业	886912	808192	78720	26041	31
(六) 交通运输、仓储和邮政业	1640829	1612182	28647	108269	66
(七) 信息传输、计算机服务和软件	400020	380079	19941	9887	29
(八) 批发和零售业	779696	776290	3406	70336	230
(九) 住宿和餐饮业	121996	117803	4193	6912	33
(十) 金融业	125779	123230	2549	508	17
(十一) 房地产业	109048	107470	1578	3593	33
(十二) 租赁和商务服务业	105261	104879	382	1552	73
(十三) 科研、技术服务和地质勘查业	965787	928151	37636	4413	161
(十四) 水利、环境和公共设施管理业	288562	279003	9559	1555	72
(十五) 居民服务和其他服务业	20983	20587	396		29
(十六) 教育	2321717	2279932	41785	2563	368
(十七) 卫生、社会保障和社会福利业	985575	965456	20119	2893	98
(十八) 文化、体育和娱乐业	393295	384078	9217	3808	147
(十九) 公共管理和社会组织	2299167	2258497	40670	56032	740

2—6 续表 3　　(2010 年)　　计量单位：人、千元、个、元

行业名称	职　工	# 中专及以上学历人员	单位从业人员平均报酬	# 在岗职工平均工资	其他从业人员平均报酬
总　计	**394264**	**246635**	**38022**	**38904**	**20441**
一、按隶属关系分组					
1. 中央	93180	55387	47471	49759	22253
2. 地方	301084	191248	34954	35552	19094
二、按企业、事业、机关分组					
（一）企业	239955	117268	32338	32720	23987
1. 中央	81760	46095	46371	48769	22042
2. 地方	158195	71173	23976	23870	30325
（二）事业	110306	91887	45602	46955	18686
1. 中央	8474	6550	59981	61842	25572
2. 地方	101832	85337	44392	45707	18061
（三）机关	44003	37480	45665	48025	12640
1. 中央	2946	2742	39242	39242	
2. 地方	41057	34738	46097	48662	12640
三、按国民经济行业分组					
（一）农、林、牧、渔业	1973	1467	23742	24325	7882
（二）采矿业	6837	2183	16991	16991	
（三）制造业	81993	34386	30244	29953	45696
（四）电力、煤气及水的生产和供应业	14673	10220	44351	45504	17944
（五）建筑业	28393	15128	32357	33260	25304
（六）交通运输、仓储和邮政业	45227	22784	38151	39455	13337
（七）信息传输、计算机服务和软件	5557	4505	64634	74642	18178
（八）批发和零售业	39400	17615	22103	22161	13902
（九）住宿和餐饮业	8927	4606	15790	15435	44606
（十）金融业	1665	1567	74381	79401	18338
（十一）房地产业	2701	1571	42514	42562	39450
（十二）租赁和商务服务业	4011	2630	30475	30595	14692
（十三）科研、技术服务和地质勘查业	18853	16519	48662	50553	25310
（十四）水利、环境和公共设施管理业	9196	3706	28975	30482	11860
（十五）居民服务和其他服务业	1001	809	22907	23236	13200
（十六）教育	45074	39514	49399	50955	18530
（十七）卫生、社会保障和社会福利业	18127	16616	52674	53861	25597
（十八）文化、体育和娱乐业	10413	7887	36372	37478	16313
（十九）公共管理和社会组织	50243	42922	44647	46709	12936

市区城镇集体单位从业人员和劳动报酬

2—7　　(2010年)　　计量单位：人、千元、个、元

行业名称	年末单位从业人员	# 女性	1. 在岗职工	2. 其他从业人员	离开本单位仍保留劳动关系的职工
总　计	**30104**	**13714**	**29705**	**399**	**9393**
一、按企业、事业、机关分组					
1. 企业	28203	12597	27900	303	9370
2. 事业	1755	1085	1659	96	23
3. 机关	146	32	146		
二、按国民经济行业分组					
（一）农、林、牧、渔业					
（二）采矿业					
（三）制造业	15880	7314	15763	117	6473
（四）电力、煤气及水的生产和供应业					
（五）建筑业	367	111	365	2	36
（六）交通运输、仓储和邮政业	1335	463	1311	24	727
（七）信息传输、计算机服务和软件	79	27	79		
（八）批发和零售业	5455	2197	5324	131	1208
（九）住宿和餐饮业	1232	424	1232		161
（十）金融业	798	651	798		102
（十一）房地产业	35	10	35		28
（十二）租赁和商务服务业	1631	701	1631		648
（十三）科研、技术服务和地质勘查业	52	19	52		
（十四）水利、环境和公共设施管理业	163	74	163		
（十五）居民服务和其他服务业	1255	633	1234	21	5
（十六）教育	332	179	306	26	
（十七）卫生、社会保障和社会福利业	877	595	799	78	5
（十八）文化、体育和娱乐业	460	281	460		
（十九）公共管理和社会组织	153	35	153		

2—7 续表 1　　(2010 年)　　计量单位：人、千元、个、元

行业名称	单位从业人员平均人数	# 在岗职工	其他从业人员	离开本单位仍保留劳动关系的职工平均人数
总　计	**30320**	**29920**	**400**	**9523**
一、按企业、事业、机关分组				
1. 企业	28424	28122	302	9518
2. 事业	1751	1653	98	5
3. 机关	145	145		
二、按国民经济行业分组				
（一）农、林、牧、渔业				
（二）采矿业				
（三）制造业	15954	15836	118	6516
（四）电力、煤气及水的生产和供应业				
（五）建筑业	368	366	2	36
（六）交通运输、仓储和邮政业	1352	1328	24	766
（七）信息传输、计算机服务和软件	79	79		
（八）批发和零售业	5505	5376	129	1254
（九）住宿和餐饮业	1234	1234		162
（十）金融业	798	798		102
（十一）房地产业	35	35		28
（十二）租赁和商务服务业	1715	1715		649
（十三）科研、技术服务和地质勘查业	52	52		
（十四）水利、环境和公共设施管理业	162	162		
（十五）居民服务和其他服务业	1249	1228	21	5
（十六）教育	337	308	29	
（十七）卫生、社会保障和社会福利业	868	791	77	5
（十八）文化、体育和娱乐业	460	460		
（十九）公共管理和社会组织	152	152		

2—7 续表 2　　(2010 年)　　计量单位：人、千元、个、元

行业名称	单位从业人员劳动报酬	在岗职工工资总额	其他从业人员劳动报酬	离开本单位仍保留劳动关系职工的生活费	单位数
总　　计	**490701**	**486767**	**3934**	**32197**	**529**
一、按企业、事业、机关分组					
1. 企业	436852	434111	2741	32079	454
2. 事业	46735	45542	1193	118	74
3. 机关	7114	7114			1
二、按国民经济行业分组					
（一）农、林、牧、渔业					
（二）采矿业					
（三）制造业	234616	233542	1074	21147	238
（四）电力、煤气及水的生产和供应业					
（五）建筑业	4718	4698	20	76	8
（六）交通运输、仓储和邮政业	24778	24722	56	2370	12
（七）信息传输、计算机服务和软件	1388	1388			2
（八）批发和零售业	80051	78960	1091	3939	111
（九）住宿和餐饮业	15753	15753		797	20
（十）金融业	19008	19008		956	1
（十一）房地产业	384	384		172	3
（十二）租赁和商务服务业	28784	28784		2618	44
（十三）科研、技术服务和地质勘查业	488	488			5
（十四）水利、环境和公共设施管理业	4112	4112			10
（十五）居民服务和其他服务业	25536	25375	161	4	16
（十六）教育	11147	10800	347		4
（十七）卫生、社会保障和社会福利业	22201	21016	1185	118	46
（十八）文化、体育和娱乐业	10561	10561			7
（十九）公共管理和社会组织	7176	7176			2

2—7 续表 3　　(2010 年)　　计量单位：人、千元、个、元

行业名称	职　工	# 中专及以上学历人员	单位从业人员平均报酬	# 在岗职工平均工资	其他从业人员平均报酬
总　计	**39098**	**14881**	**16184**	**16269**	**9835**
一、按企业、事业、机关分组					
1. 企业	37270	13563	15369	15437	9076
2. 事业	1682	1178	26690	27551	12173
3. 机关	146	140	49062	49062	
二、按国民经济行业分组					
（一）农、林、牧、渔业					
（二）采矿业					
（三）制造业	22236	6843	14706	14748	9102
（四）电力、煤气及水的生产和供应业					
（五）建筑业	401	290	12821	12836	10000
（六）交通运输、仓储和邮政业	2038	553	18327	18616	2333
（七）信息传输、计算机服务和软件	79	62	17570	17570	
（八）批发和零售业	6532	3365	14542	14688	8457
（九）住宿和餐饮业	1393	425	12766	12766	
（十）金融业	900		23820	23820	
（十一）房地产业	63	27	10971	10971	
（十二）租赁和商务服务业	2279	662	16784	16784	
（十三）科研、技术服务和地质勘查业	52	52	9385	9385	
（十四）水利、环境和公共设施管理业	163	36	25383	25383	
（十五）居民服务和其他服务业	1239	1170	20445	20664	7667
（十六）教育	306	217	33077	35065	11966
（十七）卫生、社会保障和社会福利业	804	664	25577	26569	15390
（十八）文化、体育和娱乐业	460	368	22959	22959	
（十九）公共管理和社会组织	153	147	47211	47211	

市区城镇其他单位从业人员和劳动报酬

2—8 (2010年) 计量单位：人、千元、个、元

行业名称	年末单位从业人员	# 女性	1. 在岗职工	2. 其他从业人员	离开本单位仍保留劳动关系的职工
总　计	**133424**	**57513**	**121664**	**11760**	**16001**
一、按经济注册类型分组					
（一）内资	109978	45487	98629	11349	15181
1. 股份合作	3414	1695	3353	61	474
2. 联营	289	111	289		
其中：国有联营	142	40	142		
3. 有限责任公司	30436	10894	29338	1098	8834
其中：国有独资	12056	4041	11101	955	4164
4. 股份有限公司	75251	32288	65061	10190	5802
5. 其他	588	499	588		71
（二）港澳台投资经济	14862	8218	14799	63	596
（三）外商投资	8584	3808	8236	348	224
二、按国民经济行业分组					
（一）农、林、牧、渔业					
（二）采矿业					
（三）制造业	72614	34255	71469	1145	8988
（四）电力、煤气及水的生产和供应业	5648	1543	5063	585	257
（五）建筑业	2960	711	2960		2615
（六）交通运输、仓储和邮政业	3246	1285	3187	59	193
（七）信息传输、计算机服务和软件	1339	645	1337	2	98
（八）批发和零售业	12317	4031	12287	30	1637
（九）住宿和餐饮业	2033	796	1775	258	158
（十）金融业	29781	12325	20452	9329	1833
（十一）房地产业	650	231	636	14	38
（十二）租赁和商务服务业	1466	797	1189	277	180
（十三）科研、技术服务和地质勘查业	247	93	228	19	4
（十四）水利、环境和公共设施管理业	688	464	688		
（十五）居民服务和其他服务业	26	11	26		
（十六）教育	409	326	367	42	
（十七）卫生、社会保障和社会福利业					
（十八）文化、体育和娱乐业					
（十九）公共管理和社会组织					

2—8 续表 1　　(2010 年)　　计量单位：人、千元、个、元

行业名称	单位从业人员平均人数	# 在岗职工	其他从业人员	离开本单位仍保留劳动关系的职工平均人数
总　计	**134334**	**123011**	**11323**	**16314**
一、按经济注册类型分组				
(一) 内资	110675	99762	10913	15594
1. 股份合作	3447	3384	63	481
2. 联营	371	371		
其中：国有联营	224	224		
3. 有限责任公司	31511	30672	839	9206
其中：国有独资	12771	12084	687	4391
4. 股份有限公司	74726	64715	10011	5836
5. 其他	620	620		71
(二) 港澳台投资经济	15035	14973	62	603
(三) 外商投资	8624	8276	348	117
二、按国民经济行业分组				
(一) 农、林、牧、渔业				
(二) 采矿业				
(三) 制造业	74502	73382	1120	9401
(四) 电力、煤气及水的生产和供应业	5472	5177	295	205
(五) 建筑业	3006	3006		2657
(六) 交通运输、仓储和邮政业	3221	3166	55	193
(七) 信息传输、计算机服务和软件	1342	1340	2	98
(八) 批发和零售业	12070	12037	33	1644
(九) 住宿和餐饮业	2052	1795	257	49
(十) 金融业	29137	19950	9187	1843
(十一) 房地产业	698	683	15	41
(十二) 租赁和商务服务业	1472	1174	298	179
(十三) 科研、技术服务和地质勘查业	245	226	19	4
(十四) 水利、环境和公共设施管理业	682	682		
(十五) 居民服务和其他服务业	26	26		
(十六) 教育	409	367	42	
(十七) 卫生、社会保障和社会福利业				
(十八) 文化、体育和娱乐业				
(十九) 公共管理和社会组织				

2—8 续表 2 (2010 年) 计量单位：人、千元、个、元

行业名称	单位从业人员劳动报酬	在岗职工工资总额	其他从业人员劳动报酬	离开本单位仍保留劳动关系职工的生活费	单位数
总　计	**4055138**	**3753444**	**301694**	**142400**	**458**
一、按经济注册类型分组					
（一）内资	3338287	3046704	291583	135416	375
1. 股份合作	84965	84299	666	3093	21
2. 联营	33591	33591			3
其中：国有联营	30882	30882			1
3. 有限责任公司	894190	881005	13185	40786	165
其中：国有独资	372326	365553	6773	21323	14
4. 股份有限公司	2311044	2033312	277732	91301	183
5. 其他	14497	14497		236	3
（二）港澳台投资经济	406827	404642	2185	5813	40
（三）外商投资	310024	302098	7926	1171	43
二、按国民经济行业分组					
（一）农、林、牧、渔业					
（二）采矿业					
（三）制造业	1758761	1716656	42105	53125	161
（四）电力、煤气及水的生产和供应业	232137	227621	4516	3426	3
（五）建筑业	35597	35597		5647	12
（六）交通运输、仓储和邮政业	143460	142259	1201	924	10
（七）信息传输、计算机服务和软件	59760	59695	65	1052	7
（八）批发和零售业	204149	203846	303	28494	43
（九）住宿和餐饮业	41936	34284	7652	577	10
（十）金融业	1507113	1264744	242369	48567	174
（十一）房地产业	20176	19978	198	302	20
（十二）租赁和商务服务业	20010	18001	2009	246	7
（十三）科研、技术服务和地质勘查业	7741	7545	196	40	4
（十四）水利、环境和公共设施管理业	8146	8146			2
（十五）居民服务和其他服务业	864	864			2
（十六）教育	15288	14208	1080		3
（十七）卫生、社会保障和社会福利业					
（十八）文化、体育和娱乐业					
（十九）公共管理和社会组织					

2—8 续表 3　　(2010 年)　　计量单位：人、千元、个、元

行业名称	职　工	# 中专及以上学历人员	单位从业人员平均报酬	# 在岗职工平均工资	其他从业人员平均报酬
总　计	**137665**	**63083**	**30187**	**30513**	**26644**
一、按经济注册类型分组					
（一）内资	113810	48503	30163	30540	26719
1. 股份合作	3827	2309	24649	24911	10571
2. 联营	289	181	90542	90542	
其中：国有联营	142	125	137866	137866	
3. 有限责任公司	38172	14922	28377	28723	15715
其中：国有独资	15265	5518	29154	30251	9859
4. 股份有限公司	70863	30509	30927	31419	27743
5. 其他	659	582	23382	23382	
（二）港澳台投资经济	15395	10371	27059	27025	35242
（三）外商投资	8460	4209	35949	36503	22776
二、按国民经济行业分组					
（一）农、林、牧、渔业					
（二）采矿业					
（三）制造业	80457	34364	23607	23393	37594
（四）电力、煤气及水的生产和供应业	5320	1637	42423	43968	15308
（五）建筑业	5575	1856	11842	11842	
（六）交通运输、仓储和邮政业	3380	1682	44539	44933	21836
（七）信息传输、计算机服务和软件	1435	186	44531	44549	32500
（八）批发和零售业	13924	3463	16914	16935	9182
（九）住宿和餐饮业	1933	1088	20437	19100	29774
（十）金融业	22285	16766	51725	63396	26382
（十一）房地产业	674	543	28905	29250	13200
（十二）租赁和商务服务业	1369	885	13594	15333	6742
（十三）科研、技术服务和地质勘查业	232	200	31596	33385	10316
（十四）水利、环境和公共设施管理业	688	30	11944	11944	
（十五）居民服务和其他服务业	26	18	33231	33231	
（十六）教育	367	365	37379	38714	25714
（十七）卫生、社会保障和社会福利业					
（十八）文化、体育和娱乐业					
（十九）公共管理和社会组织					

分县（市）区单位从业人员和劳动报酬

2—9　　(2010 年)　　计量单位：人、千元、个、元

行政单位	年末单位从业人员	# 在岗职工	单位从业人员年平均人数	# 在岗职工	单位从业人员劳动报酬	# 在岗职工工资
全市总计	**841470**	**805015**	**842118**	**807258**	**26135002**	**25396667**
市区合计	534126	503368	537785	508223	18732938	18062660
# 长安区	14974	14683	15099	14804	453603	449914
桥东区	9514	9055	9567	9112	396366	390421
桥西区	12357	11198	11956	10808	567445	544120
新华区	15100	14974	15113	14987	554401	551797
裕华区	9130	8415	9142	8425	348812	341337
矿　区	6410	6345	6183	6119	152607	151049
高新区	8929	8539	8885	8494	234944	227758
井陉县	25789	25154	25568	24981	633254	625461
正定县	24423	23665	24273	23537	619515	612254
栾城县	19354	19197	18749	18603	452410	449754
行唐县	13047	12909	13026	12888	287738	285362
灵寿县	14160	14066	14210	14111	330581	329494
高邑县	9712	9570	9607	9476	184204	182989
深泽县	7109	6907	7093	6891	145242	142690
赞皇县	12948	12897	12886	12835	229980	229336
无极县	15895	15486	15867	15462	340195	331264
平山县	18913	18879	18925	18890	564531	563854
元氏县	15531	15303	15328	15100	344122	342568
赵　县	15939	15780	15619	15460	379234	377212
辛集市	25776	24993	25595	24963	594958	588497
藁城市	29224	28851	28284	27884	786921	781454
晋州市	16637	16526	16584	16471	380113	377563
新乐市	15945	15359	16017	15576	372521	368467
鹿泉市	26942	26105	26702	25907	756545	745788

2—9 续表 (2010 年) 计量单位：人、千元、个、元

行政单位	单位数	职　工	# 中专及以上学历人员	单位从业人员平均报酬	# 在岗职工平均工资
全市总计	**9180**	**888168**	**534788**	**31035**	**31460**
市区合计	3300	571027	324599	34834	35541
#长安区	197	17523	7911	30042	30391
桥东区	156	9163	5357	41431	42847
桥西区	268	12212	7580	47461	50344
新华区	229	15097	11120	36684	36818
裕华区	137	9252	5293	38155	40515
矿　区	118	6388	3735	24682	24685
高新区	43	9283	8197	26443	26814
井陉县	269	26561	13096	24767	25037
正定县	451	24504	16787	25523	26012
栾城县	292	19549	14353	24130	24176
行唐县	309	13176	10256	22090	22142
灵寿县	386	14826	9454	23264	23350
高邑县	226	9995	5568	19174	19311
深泽县	212	6975	5822	20477	20707
赞皇县	257	12973	8116	17847	17868
无极县	308	16311	13290	21440	21424
平山县	405	19860	13383	29830	29849
元氏县	403	16063	10596	22451	22687
赵　县	346	16357	12760	24280	24399
辛集市	502	26466	15958	23245	23575
藁城市	431	30561	18232	27822	28025
晋州市	447	19535	11775	22920	22923
新乐市	386	16602	11944	23258	23656
鹿泉市	250	26827	18799	28333	28787

三、固定资产投资　建筑业

全市全社会固定资产投资

3—1　　　　(2010 年)　　　　计量单位：万元

指标名称	全社会固定资产投资	一、城镇固定资产投资			二、农村投资	
		合计	建设项目投资	房地产开发	农村非农户	农村个人
投资总额	**29579966**	**26968136**	**21588142**	**5379994**	**2075182**	**536648**
1. 按经济类型分						
国有经济	5323175	5323175	5373549	147688		
集体经济	4598412	3545371	3612966	53738	1053041	
私营个体经济	11243023	9948983	6877314	3071669	757392	536648
股份合作	121333	121333	121333			
联营经济	22601	10869	10869		11732	
股份制经济	6350731	6303137	4637493	1665644	47594	
外商投资	328272	328272	91854	236418		
港澳台投资	157550	157550	127223	30327		
其他	1434869	1229446	1054936	174510	205423	
2. 按构成分						
建筑工程	15014373	13966604	10302881	3663723	1047769	
安装工程	2418666	2227659	1878544	349115	191007	
设备工器具购置	7338073	6807555	6691496	116059	530518	
其他费用	4272206	3966318	2715221	1251097	305888	
3. 本年新增固定资产	21628130	19093807	16163405	2930402	1997675	536648
4. 按资金来源分						
资金来源合计	40322539	37654334	25697451	11956883	2131557	536648
上年末结余资金	1489955	1465502	498255	967247	24453	
本年资金来源小计	38832584	36188832	25199196	10989636	2107104	536648
国家预算内资金	1356634	1343658	1343658		12976	
国内贷款	2727376	2680809	1907646	773163	46567	
债券	4885	4885	4885			
利用外资	60242	59832	34832	25000	410	
# 外商直接投资	3900	3900	3900			
自筹资金	30413266	28029335	20372285	7657050	1847283	536648
其他资金来源	4270181	4070313	1535890	2534423	199868	
5. 按三次产业分						
* 三次产业小计	29043318	26968136	21588142	5379994	2075182	
第一产业	985505	534337	534337		451168	
第二产业	10987318	10282978	10282978		704340	
第三产业	17070495	16150821	10770827	5379994	919674	

注：* 三次产业小计不包含农村个人投资。

分县（市）区全社会固定资产投资

3—2　　（2010 年）　　计量单位：万元

行政单位	全社会固定资产投资	一、城镇固定资产投资			二、农村投资		
		合　计	建设项目投资	房地产开发	合　计	农村非农户	农村个人
全市总计	**29579966**	**26968136**	**21588142**	**5379994**	**2611830**	**2075182**	**536648**
市区合计	11926594	11919374	7426797	4492577	7220	5230	1990
#长安区	2141700	2141700	727442	1414258			
桥东区	2077199	2077199	931185	1146014			
桥西区	1965056	1965056	1503931	461125			
新华区	2094888	2094888	1798637	296251			
裕华区	2215612	2215612	1189666	1025946			
矿　区	334188	326968	326968		7220	5230	1990
高新区	1097951	1097951	948968	148983			
井陉县	1478696	1292980	1292980		185716	177722	7994
正定县	1238041	1173481	1129424	44057	64560	54402	10158
栾城县	954894	809434	656408	153026	145460	122386	23074
行唐县	950213	768576	767876	700	181637	132002	49635
灵寿县	632039	534790	517390	17400	97249	77925	19324
高邑县	351994	282172	282172		69822	48490	21332
深泽县	365150	306446	306446		58704	46201	12503
赞皇县	815226	588485	588485		226741	207888	18853
无极县	773069	496387	492764	3623	276682	227725	48957
平山县	977739	715914	712142	3772	261825	223364	38461
元氏县	1020913	847834	777834	70000	173079	122297	50782
赵　县	872221	829392	829392		42829	28025	14804
辛集市	1431710	1338991	1243839	95152	92719	65895	26824
藁城市	1727410	1578653	1575973	2680	148757	79018	69739
晋州市	1243694	1063859	930109	133750	179835	127719	52116
新乐市	1254122	945701	801841	143860	308421	246650	61771
鹿泉市	1566241	1475667	1256270	219397	90574	82243	8331

全市及市区建设项目投资情况

3—3　　(2010 年)　　计量单位：万元

项目名称	建设项目投资	# 市区	地方建设项目投资	# 市区
本年完成投资	**23663324**	**7662555**	**22641953**	**6971403**
#住宅	1996122	1598054	1993142	1595074
1. 建筑工程	11400451	4855574	10930600	4573331
2. 安装工程	2078393	589655	1982230	514797
3. 设备工器具购置	7218192	1008993	6924686	830300
4. 其他费用	2966398	1208333	2804547	1052975
本年新增固定资产	17459786	3957951	17039204	3671602
本年施工房屋面积（平方米）	47145679	23424194	46656958	23024473
# 住宅（平方米）	15118936	10849802	15113836	10844702
本年竣工房屋面积（平方米）	19527115	5283817	19341974	5178676
# 住宅（平方米）	4534511	2099052	4529411	2093952
本年竣工房屋价值	3026055	1390932	2990818	1364395
# 住宅	850469	563486	847489	560506
施工项目个数（个）	9424	1257	9357	1205
# 本年新开工（个）	8002	990	7959	953
本年投产项目个数（个）	8190	970	8143	932
本年实际征用和购置土地面积（平方米）	11672355	3424115	8889229	640989
本年实际征用和购置土地成交价款	171024	80277	129356	38609
本年资金来源合计	27855719	8683047	26644323	7952795
1. 上年末结余资金	522921	368825	521299	368825
2. 本年资金来源小计	27332798	8314222	26123024	7583970
（1）国家预算内资金	1282523	1060079	1259337	1036993
（2）国内贷款	1954113	428813	1646407	363892
（3）债券	5085	470	5085	470
（4）利用外资	31942	3080	31942	3080
# 外商直接投资	3900		3900	
（5）自筹资金	22362521	6165847	21602113	5642076
# 企事业单位自有资金	4250619	813111	3942591	670017
（6）其他资金来源	1696614	655933	1578140	537459
本年各项应付款合计	582882	425135	433905	276461

注：建设项目投资包括城镇投资和农村非农户投资。

3—3 续表 1　　(2010 年)　　计量单位：万元

项目名称	建设项目投资	# 市区	地方建设项目投资	# 市区
# 工程款	293926	226847	168719	101640
总计中按登记注册类型分:				
内资企业	23190469	7523840	22172096	6835686
国有企业	4980687	2602609	4344101	2191544
集体企业	4615971	2717302	4613611	2714942
股份合作企业	121333	23440	121333	23440
联营企业	23577	4100	23577	4100
国有联营企业	1300		1300	
国有与集体联营企业	580		580	
其他联营企业	21697	4100	21697	4100
有限责任公司	2211729	701402	2100136	615809
国有独资公司	179262	153262	148669	148669
其他有限责任公司	2032467	548140	1951467	467140
股份有限公司	2409213	847242	2141379	658106
私营企业	7523015	288387	7523015	288387
其他企业	1304944	339358	1304944	339358
港、澳、台商投资企业	181747	94623	181747	94623
合资经营企业（港或澳、台资）	84799	70609	84799	70609
合作经营企业（港或澳、台资）	3500		3500	
港、澳、台商独资经营企业	39648	24014	39648	24014
港、澳、台商投资股份有限公司	53800		53800	
外商投资企业	92006	16266	89008	13268
中外合资经营企业	47987	4307	47987	4307
中外合作经营企业	7490		7490	
外资企业	18627	3357	18627	3357
外商投资股份有限公司	17902	8602	14904	5604
个体经营	199102	27826	199102	27826
个体户	97258	22159	97258	22159
个人合伙	101844	5667	101844	5667
总计中按隶属关系分:				
中央	1021371	691152		

3—3 续表 2　　（2010 年）　　计量单位：万元

项目名称	建设项目投资	# 市区	地方建设项目投资	# 市区
地方	22641953	6971403	22641953	6971403
省	1089923	668489	1089923	668489
市	2069142	1889756	2069142	1889756
县（县级市）	3151825	616580	3151825	616580
其他	16331063	3796578	16331063	3796578
总计中按建设性质分：				
新建	13458109	5762966	12792529	5215954
扩建	4515495	250353	4322799	240637
改建	4667617	1137707	4609156	1081614
单纯建造生活设施	164866	28855	164866	28855
迁建	175120	17681	149120	17681
恢复	108956	71896	108956	71896
单纯购置	573161	393097	494527	314766
总计中按建设阶段分：				
筹建				
本年正式施工	23072253	7258256	22137346	6653265
本年收尾	17910	11202	10080	3372
单纯购置	573161	393097	494527	314766
总计中按控股情况分：				
国有控股	5734526	3151065	4718065	2464823
集体控股	5287404	3121601	5285044	3119241
私人控股	11714264	1149434	11714264	1149434
港澳台商控股	102614	84030	102614	84030
外商控股	109360	8114	109360	8114
总计中按建设状态分：				
在建	8948731	4727845	8190258	4207852
全部投产	14714593	2934710	14451695	2763551
总计中按开发区级别式分：				
国务院批准的	960084	936282	834631	826921
省批准的	1112396	191515	740575	17094
省以下批准的	609828	224735	609828	224735
不属于开发区的项目	20981016	6310023	20456919	5902653
总计中按行业分：				

3—3 续表 3　　(2010 年)　　计量单位：万元

项目名称	建设项目投资	# 市区	地方建设项目投资	# 市区
农、林、牧、渔业	1037532	20236	1037332	20236
农业	298426	1890	298426	1890
林业	154798	8000	154798	8000
畜牧业	339708		339708	
渔业	10978		10978	
农、林、牧、渔服务业	233622	10346	233422	10346
采矿业	602662	61460	602662	61460
煤炭开采和洗选业	249914	61460	249914	61460
黑色金属矿采选业	110810		110810	
有色金属矿采选业	6800		6800	
非金属矿采选业	233638		233638	
其他采矿业	1500		1500	
制造业	9424222	760169	9282528	661346
农副食品加工业	489639	5399	489639	5399
食品制造业	264269	3807	264269	3807
饮料制造业	77571	1850	77571	1850
烟草制品业	23856		23856	
纺织业	775644	6561	775644	6561
纺织服装、鞋、帽制造业	134811	6557	134508	6557
皮革、毛皮、羽毛（绒）及其制品业	238858		238858	
木材加工及木、竹、藤、棕、草制品业	215716		215716	
家具制造业	264443	13036	264443	13036
造纸及纸制品业	178921	15993	178921	15993
印刷业和记录媒介的复制	50012	7010	44492	1490
文教体育用品制造业	10037		10037	
石油加工、炼焦及核燃料加工业	165391	114857	81919	31385
化学原料及化学制品制造业	1491312	61511	1491312	61511
医药制造业	644692	114073	644212	114073
化学纤维制造业	64306	790	64306	790
橡胶制品业	117665	3310	117665	3310
塑料制品业	236380	4700	236380	4700
非金属矿物制品业	1465090	121327	1465090	121327
黑色金属冶炼及压延加工业	312576	24753	312576	24753
有色金属冶炼及压延加工业	156094		156094	

3—3 续表 4　　(2010 年)　　计量单位：万元

项目名称	建设项目投资	# 市区	地方建设项目投资	# 市区
金属制品业	405451	12054	405451	12054
通用设备制造业	377296	25113	375628	23613
专用设备制造业	317649	69443	316489	68283
交通运输设备制造业	277087	40791	249285	38989
电气机械及器材制造业	346321	44134	346321	44134
通信设备、计算机及其他电子设备制造业	218909	48380	197620	43011
仪器仪表及文化、办公用机械制造业	22856	11540	22856	11540
工艺品及其他制造业	62161	3180	62161	3180
废弃资源和废旧材料回收加工业	19209		19209	
电力、燃气及水的生产和供应业	784257	91767	510572	81188
电力、热力的生产和供应业	532313	75950	278128	65371
燃气生产和供应业	101401	4680	81901	4680
水的生产和供应业	150543	11137	150543	11137
建筑业	48041	21331	48041	21331
交通运输、仓储和邮政业	1949019	733799	1668296	471718
信息传输、计算机服务和软件业	27671	16108	24673	13110
批发和零售业	1397269	410194	1364307	377232
住宿和餐饮业	329988	139930	327628	137570
金融业	81397	80824	73998	73425
房地产业	3691253	2946945	3592508	2851600
租赁和商务服务业	351619	337746	351619	337746
科学研究、技术服务和地质勘查业	109721	85732	99688	77699
水利、环境和公共设施管理业	2117547	1141374	1951791	975618
水利管理业	197965	64200	197965	64200
环境管理业	333085	238873	333085	238873
公共设施管理业	1586497	838301	1420741	672545
居民服务和其他服务业	233333	24484	233333	24484
教育	256654	166666	253241	163253
卫生、社会保障和社会福利业	227625	124445	226222	123042
文化、体育和娱乐业	430965	156600	430965	156600
公共管理和社会组织	562549	342745	562549	342745

分县（市）区建设项目城镇投资情况

3—4　　(2010 年)　　计量单位：万元、平方米、个

指标名称	全　市	市　区	市　直	长安区	桥东区	桥西区
本年完成投资	**21588142**	**7657325**	**243494**	**823225**	**1076588**	**1514476**
#住宅	1909734	1598054		219550		256423
本年完成投资中：						
建筑工程	10356065	4855074	220853	556341	522304	1141706
安装工程	1887581	589455		64184	95399	35203
设备工器具购置	6682552	1007193		139562	211254	51591
本年新增固定资产	15461572	3952721	144404	635717	514129	771588
本年施工房屋面积	43239803	23424194		2672505	734150	5721385
#住宅	14170409	10849802		2027288		1203181
本年竣工房屋面积	16127321	5283817		936283	177407	1772168
#住宅	3753640	2099052		595847		747106
本年竣工房屋价值	2708797	1390932		227450	49869	570187
#住宅	771439	563486		142960		221661
施工项目个数	7398	1256	40	85	105	157
#本年新开工	6195	989	40	61	98	108
本年投产项目个数	6261	969	27	59	87	95
规划用地面积	112959545	54394337	1745791	20626971	9130474	3556069
本年实际征用和购置土地面积	10526816	3424115	1745791	1409828		59840
本年实际征用和购置土地成交价款	160672	80277	20001	47198		1732
本年资金来源合计	25724573	8677817	203065	933410	1120237	1536509
1. 上年末结余资金	498468	368825		48967	4793	73708
2. 本年资金来源小计	25226105	8308992	203065	884443	1115444	1462801
（1）国家预算内资金	1269547	1060079		353686	250707	264976
（2）国内贷款	1907546	428813		171644		14000
（3）债券	5085	470				470
（4）利用外资	31532	3080		600		
（5）自筹资金	20515649	6160617	104735	314710	683937	1162313
（6）其他资金来源	1496746	655933	98330	43803	180800	21042

3—4 续表 1　　（2010 年）　　计量单位：万元、平方米、个

指标名称	新华区	裕华区	矿　区	开发区	井陉县
本年完成投资	**1607900**	**1161441**	**326968**	**903233**	**1292980**
# 住宅	460094	630800	24680	6507	15520
本年完成投资中：					
建筑工程	1064362	897567	35792	416149	324896
安装工程	151066	133443	18987	91173	136342
设备工器具购置	251815	22660	110149	220162	682133
本年新增固定资产	823029	356513	223820	483521	1375935
本年施工房屋面积	7162682	5192250	246900	1694322	283702
# 住宅	4382587	3008246	204500	24000	93212
本年竣工房屋面积	876720	600520	224900	695819	249340
# 住宅	237570	300029	194500	24000	62200
本年竣工房屋价值	190048	159793	32580	161005	42241
# 住宅	94694	73784	23880	6507	11050
施工项目个数	381	71	65	352	685
# 本年新开工	295	20	51	316	679
本年投产项目个数	317	28	45	311	682
规划用地面积	10333509	4722645	806508	3472370	693777
本年实际征用和购置土地面积				208656	466021
本年实际征用和购置土地成交价款				11346	2490
本年资金来源合计	2065717	1498168	329706	991005	1298630
1. 上年末结余资金	169789			71568	
2. 本年资金来源小计	1895928	1498168	329706	919437	1298630
（1）国家预算内资金	85390	103410		1910	4011
（2）国内贷款	178069	47000		18100	177940
（3）债券					
（4）利用外资		2480			2900
（5）自筹资金	1496861	1278278	329706	790077	1071791
（6）其他资金来源	135608	67000		109350	41988

3—4 续表 2　　(2010 年)　　计量单位：万元、平方米、个

指标名称	正定县	栾城县	行唐县	灵寿县
本年完成投资	**1071077**	**626408**	**767876**	**517390**
# 住宅	3550	4000	8513	13072
本年完成投资中：				
建筑工程	259835	300033	356120	221272
安装工程	29510	75590	109136	59625
设备工器具购置	612790	177146	222263	96996
本年新增固定资产	739416	425174	750015	475633
本年施工房屋面积	2269495	610335	63450	408234
# 住宅	27390	23000	39750	378120
本年竣工房屋面积	723159	280800	44050	224679
# 住宅	27390		20350	198120
本年竣工房屋价值	90183	45370	9749	24826
# 住宅	2890		4670	20503
施工项目个数	488	327	477	211
# 本年新开工	350	194	435	181
本年投产项目个数	371	274	445	188
规划用地面积		610017	9488149	2584295
本年实际征用和购置土地面积		120480	623667	589395
本年实际征用和购置土地成交价款		4123	4004	3943
本年资金来源合计	1071319	650410	792601	562747
1. 上年末结余资金		16688		29896
2. 本年资金来源小计	1071319	633722	792601	532851
(1) 国家预算内资金	6774	1717	16739	7123
(2) 国内贷款		62785		7400
(3) 债券				
(4) 利用外资				
(5) 自筹资金	1057630	567162	275110	493511
(6) 其他资金来源	6915	2058	500752	24817

3—4 续表 3　　(2010 年)　　计量单位：万元、平方米、个

指标名称	高邑县	深泽县	赞皇县	无极县
本年完成投资	**282172**	**306446**	**561320**	**492764**
# 住宅	5540	21470	25654	786
本年完成投资中：				
建筑工程	107472	76233	255862	186247
安装工程	20729	26739	37912	47920
设备工器具购置	140200	169223	214979	198706
本年新增固定资产	209506	310013	512075	405486
本年施工房屋面积	228360	1558163	1147568	1287174
# 住宅	27700	400301	202105	27006
本年竣工房屋面积	191810	302537	607994	864823
# 住宅	27700	88041	92385	27006
本年竣工房屋价值	40164	32905	76818	123024
# 住宅	5540	12596	17388	4430
施工项目个数	96	162	280	270
# 本年新开工	87	134	169	259
本年投产项目个数	86	136	205	252
规划用地面积	5828174	5359462		631216
本年实际征用和购置土地面积		712322		24342
本年实际征用和购置土地成交价款		4812		400
本年资金来源合计	284512	677769	561320	532869
1. 上年末结余资金				120
2. 本年资金来源小计	284512	677769	561320	532749
（1）国家预算内资金	935	20406	3697	5185
（2）国内贷款	19400	74400	32647	
（3）债券		220	2825	
（4）利用外资				
（5）自筹资金	264177	554188	441774	527164
（6）其他资金来源		28555	80377	400

3—4 续表 4　　(2010 年)　　计量单位：万元、平方米、个

指标名称	平山县	元氏县	赵　县	辛集市
本年完成投资	**721862**	**777834**	**829392**	**1243839**
#住宅	65527	10849	42010	4610
本年完成投资中：				
建筑工程	404685	313234	301513	669702
安装工程	57748	103754	85586	121381
设备工器具购置	185267	196180	355399	424554
本年新增固定资产	694387	622815	586960	957516
本年施工房屋面积	909327	338502	1672977	1333417
#住宅	618889	51020	211810	50000
本年竣工房屋面积	593527	321477	774212	832459
#住宅	399389	51020	1210	
本年竣工房屋价值	67527	45434	121933	109983
#住宅	37847	16778	150	
施工项目个数	155	358	243	330
#本年新开工	112	334	183	307
本年投产项目个数	91	315	180	285
规划用地面积	7488682	1636313	4463015	486194
本年实际征用和购置土地面积		1630449	80040	130010
本年实际征用和购置土地成交价款		24523	960	2410
本年资金来源合计	699525	2139987	1213100	1250465
1. 上年末结余资金			200	
2. 本年资金来源小计	699525	2139987	1212900	1250465
(1) 国家预算内资金	68232	3496	25862	3010
(2) 国内贷款	5850	549939	12237	
(3) 债券				
(4) 利用外资	3000	2980	16972	
(5) 自筹资金	616040	1501685	1129910	1245857
(6) 其他资金来源	6403	81887	27919	1598

3—4 续表 5　　（2010 年）　　计量单位：万元、平方米、个

指标名称	藁城市	晋州市	新乐市	鹿泉市
本年完成投资	**1575973**	**930109**	**801841**	**1131534**
# 住宅	26067	2765	26217	35530
本年完成投资中：				
建筑工程	606404	160775	401456	555252
安装工程	142373	66894	91739	85148
设备工器具购置	714260	679526	262028	343709
本年新增固定资产	850161	872731	689325	1031703
本年施工房屋面积	3986071	1154485	946954	1617395
# 住宅	421957	18687	182600	547060
本年竣工房屋面积	2545079	563895	893985	829678
# 住宅	305630	18687	182600	152860
本年竣工房屋价值	207614	42708	139381	98005
# 住宅	23310	1409	26217	23175
施工项目个数	1004	430	191	435
# 本年新开工	959	394	181	248
本年投产项目个数	938	344	182	318
规划用地面积	7793079	4324360	1607704	5570771
本年实际征用和购置土地面积	1963573	525102	20300	217000
本年实际征用和购置土地成交价款	18985	4527	318	8900
本年资金来源合计	1986704	1081477	811416	1431905
1. 上年末结余资金	19944		3689	59106
2. 本年资金来源小计	1966760	1081477	807727	1372799
（1）国家预算内资金	13337	26270		2674
（2）国内贷款	403084	24564	3847	104640
（3）债券	200			1370
（4）利用外资	2600			
（5）自筹资金	1531450	1015483	803030	1259070
（6）其他资金来源	16089	15160	850	5045

分县（市）区建设项目农村非农户投资情况

3—5　　(2010 年)　　计量单位：万元、平方米、个

指标名称	全　市	市　区	矿　区	井陉县	正定县
本年完成投资	**2075182**	**5230**	**5230**	**177722**	**54402**
# 住宅	86388			9864	
本年完成投资中：					
建筑工程	1044386	500	500	84718	14912
安装工程	190812	200	200	15816	4910
设备工器具购置	535640	1800	1800	28366	19372
本年新增固定资产	1998214	5230	5230	164776	45977
本年施工房屋面积	3905876			154700	127526
# 住宅	948527			88220	
本年竣工房屋面积	3399794			107300	55976
# 住宅	780871			44620	
本年竣工房屋价值	317258			16805	4431
# 住宅	79030			6225	
施工项目个数	2026	1	1	303	84
# 本年新开工	1807	1	1	303	73
本年投产项目个数	1929	1	1	303	65
规划用地面积	30015632	12000	12000	893090	
本年实际征用和购置土地面积	1145539			73870	
本年实际征用和购置土地成交价款	10352			1211	
一、本年资金来源合计	2131146	5230	5230	177722	54402
1. 上年末结余资金	24453			1726	
2. 本年资金来源小计	2106693	5230	5230	175996	54402
（1）国家预算内资金	12976			340	
（2）国内贷款	46567			4173	
（3）利用外资	410			400	
（4）自筹资金	1846872	5230	5230	147626	52982
（5）其他资金来源	199868			23457	1420

3—5 续表 1　　　　　　　　　　（2010 年）　　　　　　　　　计量单位：万元、平方米、个

指标名称	栾城县	行唐县	灵寿县	高邑县	深泽县
本年完成投资	**122386**	**132002**	**77925**	**48490**	**46201**
# 住宅		810		6000	296
本年完成投资中：					
建筑工程	48046	83090	29920	22405	10598
安装工程	13616	14773	8160	586	7512
设备工器具购置	25899	14450	16865	17473	26365
本年新增固定资产	104863	130647	71025	50790	33539
本年施工房屋面积	97116	35200	19000	61440	140342
# 住宅		5200		30000	2950
本年竣工房屋面积	64574	33200	18000	60940	40653
# 住宅		5200		30000	2150
本年竣工房屋价值	17538	2380	3100	12254	4407
# 住宅		810		6000	116
施工项目个数	127	263	34	84	51
# 本年新开工	80	251	29	82	43
本年投产项目个数	127	259	34	84	34
规划用地面积	743490	2258733	258000	2711156	8228094
本年实际征用和购置土地面积	147600		253000		169100
本年实际征用和购置土地成交价款	3051		1923		470
一、本年资金来源合计	123902	132902	77975	48490	65746
1. 上年末结余资金	4700		1700		
2. 本年资金来源小计	119202	132902	76275	48490	65746
（1）国家预算内资金			500		
（2）国内贷款					1160
（3）利用外资					
（4）自筹资金	115722	30759	70325	48490	64586
（5）其他资金来源	3480	102143	5450		

3—5 续表 2　　(2010 年)　　计量单位：万元、平方米、个

指标名称	赞皇县	无极县	平山县	元氏县	赵　县
本年完成投资	**207888**	**227725**	**223364**	**122297**	**28025**
# 住宅	75	50	6630	2546	
本年完成投资中：					
建筑工程	150014	59164	163394	28841	10694
安装工程	7040	21717	6281	23505	3114
设备工器具购置	44654	126502	26520	29556	11568
本年新增固定资产	204140	217100	221149	111237	24625
本年施工房屋面积	50150	359755	170120	49494	47635
# 住宅	580	130	89320	38620	
本年竣工房屋面积	48250	309150	168120	47594	39335
# 住宅	580	130	89320	38620	
本年竣工房屋价值	4311	44391	19740	10034	8884
# 住宅	75	100	6570	2513	
施工项目个数	103	139	159	75	12
# 本年新开工	75	139	137	74	11
本年投产项目个数	98	134	138	70	8
规划用地面积		44690	11281726	253915	24139
本年实际征用和购置土地面积				214815	
本年实际征用和购置土地成交价款				1610	
一、本年资金来源合计	207888	234630	223364	123035	28025
1. 上年末结余资金					
2. 本年资金来源小计	207888	234630	223364	123035	28025
（1）国家预算内资金			11284		
（2）国内贷款			9070	21870	
（3）利用外资			10		
（4）自筹资金	179688	234630	197810	75877	28025
（5）其他资金来源	28200		5190	25288	

3—5 续表 3　（2010 年）　计量单位：万元、平方米、个

指标名称	辛集市	藁城市	晋州市	新乐市	鹿泉市
本年完成投资	**65895**	**79018**	**127719**	**246650**	**82243**
# 住宅		1661	13850	28430	16176
本年完成投资中：					
建筑工程	46345	36878	61288	148436	45143
安装工程	6129	5279	6948	39247	5979
设备工器具购置	8879	30216	52023	45791	9341
本年新增固定资产	65895	78826	119785	246650	101960
本年施工房屋面积	63694	1353862	380718	585996	209128
# 住宅		135500	123679	261800	172528
本年竣工房屋面积	63694	1337662	284022	585996	135328
# 住宅		135500	58423	261800	114528
本年竣工房屋价值	13033	34775	41757	58028	21390
# 住宅		6731	9750	28160	11980
施工项目个数	34	213	76	170	98
# 本年新开工	34	199	70	169	37
本年投产项目个数	34	212	73	169	86
规划用地面积		1546648	1088996	352615	318340
本年实际征用和购置土地面积		235820	30000	18834	2500
本年实际征用和购置土地成交价款		1147	650	200	90
一、本年资金来源合计	65895	83060	131985	247280	99615
1. 上年末结余资金				3354	12973
2. 本年资金来源小计	65895	83060	131985	243926	86642
（1）国家预算内资金		252			600
（2）国内贷款		107		8777	1410
（3）利用外资					
（4）自筹资金	65895	80309	131285	235001	82632
（5）其他资金来源		2392	700	148	2000

全市按经济类型分房地产开发完成情况

3—6　　　　（2010 年）　　　　计量单位：个、万元、平方米

项目名称	总　计	国有	集体	私营	港澳台商投　资	外商投资
项目个数	299	9	6	151	5	10
计划总投资	19070636	593077	235000	10271131	174988	920628
自开始建设累计完成投资	10512833	471107	126655	5839652	77327	536550
本年完成投资	5379994	147688	53738	3071669	30327	236418
其中：配套工程投资	17155		2000	7644		
按构成分						
建筑工程	3663723	117606	51012	2020260	24924	212775
安装工程	349115	21102	2369	189861	150	8024
设备工器具购置	116059	1725		73701	254	
其他费用	1251097	7255	357	787847	4999	15619
其中：旧建筑物购置费	79377			73987	400	
其中：土地购置费	718933		357	421807	900	2329
按工程用途分						
商品住宅	4122540	133425	52072	2435831	27976	143609
其中：90 平方米以下	1491890	60120	33265	964969	7544	82715
其中：140 平方米以上	637501	53521	16007	400381	6150	
其中：经济适用房	55492		500	2300		
其中：别墅、高档公寓	211562		1300	65469		
办公楼	229234			121615	50	
商业营业用房	816212	7898	416	406286	1378	92554
其他	212008	6365	1250	107937	923	255
本年新增固定资产	2930402	199954	18416	2057791		113043
一、本年资金来源合计	11956883	206978	330541	5543332	79321	524080
1、上年末结余资金	967247	23161	3117	576751	14760	85024
2、本年资金来源小计	10989636	183817	327424	4966581	64561	439056
（1）国内贷款	773163	8000	29000	547141	4500	
银行贷款	701463	8000	12000	497441	4500	
非银行金融机构贷款	71700		17000	49700		
（2）利用外资	25000					25000
其中：外商直接投资						

3—6 续表 1　　　　　　　　　　（2010 年）　　　　　　　　　　计量单位：万元、平方米

项目名称	总　计	国有	集体	私营	港澳台商投　资	外商投资
（3）自筹资金	7657050	87468	252000	3166173	53110	247358
其中：自有资金	4008017	28274		1037402	48620	161358
（4）其他资金来源	2534423	88349	46424	1253267	6951	166698
其中：定金及预收款	1411881	29016	13041	804127	551	131778
其中：个人按揭贷款	400500	21673	12382	168246		
二、本年各项应付款合计	847519	26403	68000	456036	8878	59322
其中：工程款	236501	3541	68000	62035	1026	22
待开发土地面积	3120859			523007	43331	
本年购置土地面积	9786056	5416		4707682		24514
本年土地成交价款	2644667	960		1255989		4658
其中：拆迁补偿费	2593			73		
土地使用权出让金	56719			56612		
契税	9172			7784		
1、房屋施工面积	42514832	1540476	430597	20272895	619812	1892393
住宅	34733328	1325208	423489	16606888	558883	1283120
90 平米以下住房	11565325	740823	227904	6345141	95234	242305
140 平米以上住房	5357334	377741	138836	2497058	346338	86472
经济适用房	271047		43200	35000		
别墅、高档公寓	886596		27920	144880		
办公楼	1296580			461367	657	3200
商业营业用房	4747679	70022	2688	2632913	26494	488538
其他房屋	1737245	145246	4420	571727	33778	117535
1. 1、其中：新开工面积	13080480	191114	165200	8320202	254712	384507
住宅	10724361	176743	165200	7022658	229007	359752
90 平米以下住房	3239160	48440	119300	2319434	23832	126175
140 平米以上住房	1939856	102400	33900	994780	137394	58736
经济适用房	12000					
别墅、高档公寓	450849			142612		
办公楼	262187			174780	657	
商业营业用房	1573118	11856		930931	9239	7737
其他房屋	520814	2515		191833	15809	17018

3—6 续表 2　　（2010 年）　　计量单位：万元、平方米

项目名称	总　计	国有	集体	私营	港澳台商投　资	外商投资
2、房屋竣工面积	5512196	608323		3578477		
住宅	4659533	466514		3046581		
90 平米以下住房	1327796	258805		593637		
140 平米以上住房	920921	164826		418666		
经济适用房						
别墅、高档公寓	269700					
办公楼	185037			103228		
商业营业用房	423900	17435		371822		
其他房屋	243726	124374		56846		
2.1、其中：不可销售面积	257895	29278		211317		
住宅	170430	1430		169000		
90 平米以下住房	1430	1430				
140 平米以上住房						
经济适用房						
别墅、高档公寓						
办公楼	43717			42317		
商业营业用房	5200					
其他房屋	38548	27848				
3、商品住宅竣工套数						
住宅	43373	5416		26667		
90 平米以下住房	17793	3922		6962		
140 平米以上住房	4606	1156		1834		
经济适用房						
别墅、高档公寓	1161					
4、竣工房屋价值	1439929	174658		902559		
住宅	1161657	139357		761999		
90 平米以下住房	384841	89252		190522		
140 平米以上住房	202615	31266		94207		
经济适用房						
别墅、高档公寓	61867					

3—6 续表 3　　　　（2010 年）　　　　计量单位：万元、平方米

项目名称	总　计	国有	集体	私营	港澳台商投　资	外商投资
办公楼	75741			38075		
商业营业用房	111980	9262		85588		
其他房屋	90551	26039		16897		
5、批准预售面积	4598561	97881	80277	2386555	63107	64000
住宅	3857952	93673	73169	1982760	63107	64000
90 平米以下住房	1487162		10904	945666		
140 平米以上住房	470289			122070	63107	64000
经济适用房	54775					
别墅、高档公寓	225398			123880		
办公楼	86369			32349		
商业营业用房	422799	800	2688	195237		
其他房屋	231441	3408	4420	176209		
6、批准预售住宅套数						
住宅	36588	879	748	20055	221	200
90 平米以下住房	17984		138	11660		
140 平米以上住房	2334			802	221	200
经济适用房	710					
别墅、高档公寓	2756			2362		
7、商品房销售面积	4693070	231692	65000	2780660	89371	56835
住宅	4464262	228728	65000	2677645	71402	56500
90 平米以下住房	1596529	40000	8000	1021531	71402	3533
140 平米以上住房	429233	100000		121939		27184
经济适用房	36114					
别墅、高档公寓	186896			122632		
办公楼	81492			24831		
商业营业用房	76397	2964		61873		335
其他房屋	70919			16311	17969	
7.1、其中：现房销售面积	905712	3156		523212		
住宅	839941	192		521779		
90 平米以下住房	155682			11079		

3—6 续表 4　　（2010 年）　　计量单位：万元、平方米

项目名称	总　计	国有	集体	私营	港澳台商投　资	外商投资
140 平米以上住房	4990			2527		
经济适用房						
别墅、高档公寓						
办公楼	45417					
商业营业用房	8079	2964		1433		
其他房屋	12275					
7.2、其中：期房销售面积	3787358	228536	65000	2257448	89371	56835
住宅	3624321	228536	65000	2155866	71402	56500
90 平米以下住房	1440847	40000	8000	1010452	71402	3533
140 平米以上住房	424243	100000		119412		27184
经济适用房	36114					
别墅、高档公寓	186896			122632		
办公楼	36075			24831		
商业营业用房	68318			60440		335
其他房屋	58644			16311	17969	
8、商品房销售额	1821596	124521	23741	1079103	32544	35844
住宅	1699674	120489	23741	1012772	23560	35601
90 平米以下住房	665035	18800	2922	454408	23560	1257
140 平米以上住房	202963	47000		48060		24773
经济适用房	5406					
别墅、高档公寓	112053			84408		
办公楼	40262			15112		
商业营业用房	55790	4032		46229		243
其他房屋	25870			4990	8984	
8.1、其中：现房销售额	306426	4139		147984		
住宅	273602	107		146264		
90 平米以下住房	64291			5613		
140 平米以上住房	3012			2076		
经济适用房						
别墅、高档公寓						

3—6 续表 5　　（2010 年）　　计量单位：万元、平方米

项目名称	总　计	国有	集体	私营	港澳台商投　资	外商投资
办公楼	20033					
商业营业用房	7377	4032		1720		
其他房屋	5414					
8.2、其中：期房销售额	1515170	120382	23741	931119	32544	35844
住宅	1426072	120382	23741	866508	23560	35601
90 平米以下住房	600744	18800	2922	448795	23560	1257
140 平米以上住房	199951	47000		45984		24773
经济适用房	5406					
别墅、高档公寓	112053			84408		
办公楼	20229			15112		
商业营业用房	48413			44509		243
其他房屋	20456			4990	8984	
9、商品住宅销售套数						
住宅	43811	1862	650	27135	890	401
90 平米以下住房	19711	450	110	12739	890	40
140 平米以上住房	2583	590		802		171
经济适用房	463					
别墅、高档公寓	2606			2355		
9.1、其中：现房销售套数						
住宅	217			77		
90 平米以下住房	77			77		
140 平米以上住房						
经济适用房						
别墅、高档公寓						
9.2、其中：期房销售套数						
住宅	35358	1855	650	22031	890	401
90 平米以下住房	17893	450	110	12598	890	40
140 平米以上住房	2553	590		786		171
经济适用房	463					
别墅、高档公寓	2606			2355		

3—6 续表 6　　　　（2010 年）　　　　计量单位：万元、平方米

项目名称	总　计	国有	集体	私营	港澳台商投　资	外商投资
10、待售面积	470820	9468		347971		
住宅	442768	2981		326406		
90 平米以下住房	13257	664		12593		
140 平米以上住房	10377			7663		
经济适用房						
别墅、高档公寓	1008					
办公楼	20995			20995		
商业营业用房	6487	6487				
其他房屋	570			570		
10.1、其中：待售 1－3 年面积	123672	9468		823		
住宅	117185	2981		823		
90 平米以下住房	1257	664		593		
140 平米以上住房	2944			230		
经济适用房						
别墅、高档公寓	1008					
办公楼						
商业营业用房	6487	6487				
其他房屋						
10.2、其中：待售 3 年以上面积	12000			12000		
住宅	12000			12000		
90 平米以下住房	12000			12000		
140 平米以上住房						
经济适用房						
别墅、高档公寓						
办公楼						
商业营业用房						
其他房屋						

全市按隶属关系分房地产开发完成情况

3—7　　　　（2010年）　　　　计量单位：个、万元、平方米

项目名称	总　计	地方	省	市	县
项目个数	299	297	4	23	21
计划总投资	19070636	19006241	317244	1321018	344659
自开始建设累计完成投资	10512833	10443833	186545	816686	167227
本年完成投资	5379994	5340553	54515	492813	109793
其中：配套工程投资	17155	17155			2629
按构成分					
建筑工程	3663723	3633532	54515	344016	81557
安装工程	349115	339865		44955	7003
设备工器具购置	116059	116059		2428	208
其他费用	1251097	1251097		101414	21025
其中：旧建筑物购置费	79377	79377			
其中：土地购置费	718933	718933		87986	19991
按工程用途分					
商品住宅	4122540	4108540	41315	437829	71221
其中：90平方米以下	1491890	1490990	5821	109103	26981
其中：140平方米以上	637501	636301		89504	10240
其中：经济适用房	55492	55492		45191	7501
其中：别墅、高档公寓	211562	211562		87350	
办公楼	229234	225463		18944	801
商业营业用房	816212	796715	13200	22414	34839
其他	212008	209835		13626	2932
本年新增固定资产	2930402	2842676		82389	97729
一、本年资金来源合计	11956883	11888288	71332	587794	432488
1、上年末结余资金	967247	957784	23071	94814	24718
2、本年资金来源小计	10989636	10930504	48261	492980	407770
（1）国内贷款	773163	773163		106305	38810
银行贷款	701463	701463		92305	38810
非银行金融机构贷款	71700	71700		14000	
（2）利用外资	25000	25000			
其中：外商直接投资					

3—7 续表 1　　　　（2010 年）　　　　计量单位：万元、平方米

项目名称	总　计				
		地方	省	市	县
（3）自筹资金	7657050	7635050	36315	167659	131690
其中：自有资金	4008017	4008017	8315	22540	27721
（4）其他资金来源	2534423	2497291	11946	219016	237270
其中：定金及预收款	1411881	1374749	11946	62927	203983
其中：个人按揭贷款	400500	400500		24336	26862
二、本年各项应付款合计	847519	846666		75194	68756
其中：工程款	236501	235697		3500	50631
待开发土地面积	3120859	3120859			66000
本年购置土地面积	9786056	9786056		196151	698636
本年土地成交价款	2644667	2644667		99346	78542
其中：拆迁补偿费	2593	2593			
土地使用权出让金	56719	56719			
契税	9172	9172			1288
1、房屋施工面积	42514832	42337342	649691	2851601	1128543
住宅	34733328	34653328	589720	2339399	900301
90 平米以下住房	11565325	11532925	242760	698557	308524
140 平米以上住房	5357334	5342834	33294	756206	169621
经济适用房	271047	271047		132425	60422
别墅、高档公寓	886596	886596		263713	
办公楼	1296580	1240034		110151	5373
商业营业用房	4747679	4722185	59971	178582	172678
其他房屋	1737245	1721795		223469	50191
1.1、其中：新开工面积	13080480	12979364	54600	751085	432160
住宅	10724361	10644361		644909	387964
90 平米以下住房	3239160	3206760		121670	141850
140 平米以上住房	1939856	1925356		410582	77116
经济适用房	12000	12000		12000	
别墅、高档公寓	450849	450849		231276	
办公楼	262187	262187		38071	2300
商业营业用房	1573118	1552002	54600	44210	10401
其他房屋	520814	520814		23895	31495

3—7 续表2　　　　（2010年）　　　　计量单位：万元、平方米

项目名称	总　计	地方	省	市	县
2、房屋竣工面积	5512196	5371180		441152	70904
住宅	4659533	4612633		343795	65805
90平米以下住房	1327796	1295396		172172	11175
140平米以上住房	920921	906421		159303	3789
经济适用房					
别墅、高档公寓	269700	269700			
办公楼	185037	131017			
商业营业用房	423900	398406		7700	1652
其他房屋	243726	229124		89657	3447
2.1、其中：不可销售面积	257895	257895			
住宅	170430	170430			
90平米以下住房	1430	1430			
140平米以上住房					
经济适用房					
别墅、高档公寓					
办公楼	43717	43717			
商业营业用房	5200	5200			
其他房屋	38548	38548			
3、商品住宅竣工套数					
住宅	43373	42913		4194	656
90平米以下住房	17793	17433		2977	191
140平米以上住房	4606	4506		1129	21
经济适用房					
别墅、高档公寓	1161	1161			
4、竣工房屋价值	1439929	1374105		82389	15974
住宅	1161657	1141959		64703	14897
90平米以下住房	384841	371233		32424	2687
140平米以上住房	202615	196525		28522	873
经济适用房					
别墅、高档公寓	61867	61867			

3—7 续表 3　　（2010 年）　　计量单位：万元、平方米

项目名称	总　计	地方	省	市	县
办公楼	75741	51765			
商业营业用房	111980	96310		1474	480
其他房屋	90551	84071		16212	597
5、批准预售面积	4598561	4525561		82620	658233
住宅	3857952	3857952		82620	503879
90 平米以下住房	1487162	1487162		7958	187150
140 平米以上住房	470289	470289		10427	4863
经济适用房	54775	54775			54775
别墅、高档公寓	225398	225398			
办公楼	86369	32349			
商业营业用房	422799	418421			140256
其他房屋	231441	216839			14098
6、批准预售住宅套数					
住宅	36588	36588		778	5175
90 平米以下住房	17984	17984		92	2403
140 平米以上住房	2334	2334		60	28
经济适用房	710	710			710
别墅、高档公寓	2756	2756			
7、商品房销售面积	4693070	4631696		279287	416702
住宅	4464262	4464262		278487	397172
90 平米以下住房	1596529	1596529		53850	164150
140 平米以上住房	429233	429233		143954	2463
经济适用房	36114	36114			36114
别墅、高档公寓	186896	186896			
办公楼	81492	36075			
商业营业用房	76397	72715		800	1652
其他房屋	70919	58644			17878
7.1、其中：现房销售面积	905712	844338			42759
住宅	839941	839941			42759
90 平米以下住房	155682	155682			9916
140 平米以上住房	4990	4990			2463

3—7 续表 4　　　　（2010 年）　　　　计量单位：万元、平方米

项目名称	总　计	地方	省	市	县
经济适用房					
别墅、高档公寓					
办公楼	45417				
商业营业用房	8079	4397			
其他房屋	12275				
7.2、其中：期房销售面积	3787358	3787358		279287	373943
住宅	3624321	3624321		278487	354413
90 平米以下住房	1440847	1440847		53850	154234
140 平米以上住房	424243	424243		143954	
经济适用房	36114	36114			36114
别墅、高档公寓	186896	186896			
办公楼	36075	36075			
商业营业用房	68318	68318		800	1652
其他房屋	58644	58644			17878
8、商品房销售额	1821596	1794524		134563	129984
住宅	1699674	1699674		133163	124245
90 平米以下住房	665035	665035		25078	45063
140 平米以上住房	202963	202963		79067	936
经济适用房	5406	5406			5406
别墅、高档公寓	112053	112053			
办公楼	40262	20229			
商业营业用房	55790	54165		1400	480
其他房屋	25870	20456			5259
8.1、其中：现房销售额	306426	279354			16248
住宅	273602	273602			16248
90 平米以下住房	64291	64291			3768
140 平米以上住房	3012	3012			936
经济适用房					
别墅、高档公寓					

3—7 续表 5　　(2010 年)　　计量单位：万元、平方米

项目名称	总 计				
		地方	省	市	县
办公楼	20033				
商业营业用房	7377	5752			
其他房屋	5414				
8.2、其中：期房销售额	1515170	1515170		134563	113736
住宅	1426072	1426072		133163	107997
90 平米以下住房	600744	600744		25078	41295
140 平米以上住房	199951	199951		79067	
经济适用房	5406	5406			5406
别墅、高档公寓	112053	112053			
办公楼	20229	20229			
商业营业用房	48413	48413		1400	480
其他房屋	20456	20456			5259
9、商品住宅销售套数					
住宅	43811	43811		2323	4188
90 平米以下住房	19711	19711		619	2160
140 平米以上住房	2583	2583		892	14
经济适用房	463	463			463
别墅、高档公寓	2606	2606			
9.1、其中：现房销售套数					
住宅	217	217			
90 平米以下住房	77	77			
140 平米以上住房					
经济适用房					
别墅、高档公寓					
9.2、其中：期房销售套数					
住宅	35358	35358		2323	3718
90 平米以下住房	17893	17893		619	1983
140 平米以上住房	2553	2553		892	
经济适用房	463	463			463
别墅、高档公寓	2606	2606			

3—7 续表 6　　　　（2010 年）　　　　计量单位：万元、平方米

项目名称	总　计	地方	省	市	县
10、待售面积	470820	470820			3970
住宅	442768	442768			3970
90 平米以下住房	13257	13257			
140 平米以上住房	10377	10377			1326
经济适用房					
别墅、高档公寓	1008	1008			
办公楼	20995	20995			
商业营业用房	6487	6487			
其他房屋	570	570			
10.1、其中：待售 1－3 年面积	123672	123672			3970
住宅	117185	117185			3970
90 平米以下住房	1257	1257			
140 平米以上住房	2944	2944			1326
经济适用房					
别墅、高档公寓	1008	1008			
办公楼					
商业营业用房	6487	6487			
其他房屋					
10.2、其中：待售 3 年以上面积	12000	12000			
住宅	12000	12000			
90 平米以下住房	12000	12000			
140 平米以上住房					
经济适用房					
别墅、高档公寓					
办公楼					
商业营业用房					
其他房屋					

全市按资质等级分房地产开发完成情况

3—8　　　　(2010 年)　　　　计量单位：个、万元、平方米

项目名称	总　计	一级	二级	三级	四级
项目个数	299	6	34	60	88
计划总投资	19070636	756220	3823652	2936526	3683659
自开始建设累计完成投资	10512833	283087	2607016	1925193	2398437
本年完成投资	5379994	219942	1147747	740060	1162617
其中：配套工程投资	17155			200	2252
按构成分					
建筑工程	3663723	155372	856542	616882	790792
安装工程	349115	3570	57272	58820	130076
设备工器具购置	116059		12726	21783	27060
其他费用	1251097	61000	221207	42575	214689
其中：旧建筑物购置费	79377	7000	42700	190	3400
其中：土地购置费	718933	11500	131276	35162	148276
按工程用途分					
商品住宅	4122540	132579	869482	632595	830891
其中：90 平方米以下	1491890		299207	316032	305128
其中：140 平方米以上	637501		135347	144887	136084
其中：经济适用房	55492		2300	13050	
其中：别墅、高档公寓	211562			10968	24706
办公楼	229234	31000	42484	14508	111644
商业营业用房	816212	53243	215301	65908	119041
其他	212008	3120	20480	27049	101041
本年新增固定资产	2930402	26650	352323	314989	805562
一、本年资金来源合计	11956883	474802	2548575	1530390	3386949
1、上年末结余资金	967247	18024	405037	185198	159522
2、本年资金来源小计	10989636	456778	2143538	1345192	3227427
（1）国内贷款	773163	3000	288577	155200	144912
银行贷款	701463	3000	248577	146200	131212
非银行金融机构贷款	71700		40000	9000	13700
（2）利用外资	25000		25000		
其中：外商直接投资					

3—8 续表1　　　　(2010年)　　　　计量单位：万元、平方米

项目名称	总　计	一级	二级	三级	四级
(3) 自筹资金	7657050	319000	1190933	768893	2595651
其中：自有资金	4008017	27000	296778	429732	2313076
(4) 其他资金来源	2534423	134778	639028	421099	486864
其中：定金及预收款	1411881	131778	481168	275543	221023
其中：个人按揭贷款	400500		42940	25615	80514
二、本年各项应付款合计	847519	20000	213823	87054	211158
其中：工程款	236501		1687	35583	88850
待开发土地面积	3120859			6225	489400
本年购置土地面积	9786056	400000	1145033	358335	999219
本年土地成交价款	2644667	231600	421170	38961	284049
其中：拆迁补偿费	2593				2520
土地使用权出让金	56719	52000			107
契税	9172	7600	1288		100
1、房屋施工面积	42514832	624579	7634805	6773710	9111262
住宅	34733328	527363	5955022	5821894	7005422
90平米以下住房	11565325		1728843	2370268	2456751
140平米以上住房	5357334	19920	752245	1312243	1037686
经济适用房	271047		35000	180847	
别墅、高档公寓	886596			138228	241662
办公楼	1296580	27000	168154	143907	723036
商业营业用房	4747679	64999	1009533	530911	773724
其他房屋	1737245	5217	502096	276998	609080
1.1、其中：新开工面积	13080480	294000	2163549	1795923	1838057
住宅	10724361	214000	1981326	1512306	1403760
90平米以下住房	3239160		475112	352051	319138
140平米以上住房	1939856		414956	383841	105628
经济适用房	12000				
别墅、高档公寓	450849				
办公楼	262187	27000	72309	4641	64655
商业营业用房	1573118	50000	73770	219708	112556
其他房屋	520814	3000	36144	59268	257086

3—8 续表 2　　　　(2010 年)　　　　计量单位：万元、平方米

项目名称	总 计	一级	二级	三级	四级
2、房屋竣工面积	5512196		696538	939195	2285084
住宅	4659533		609177	905726	2080784
90 平米以下住房	1327796		56816	258528	670286
140 平米以上住房	920921			170763	452416
经济适用房					
别墅、高档公寓	269700			34806	234894
办公楼	185037		22517	4000	77237
商业营业用房	423900		51530	20168	23684
其他房屋	243726		13314	9301	103379
2.1、其中：不可销售面积	257895		191517		19800
住宅	170430		169000		
90 平米以下住房	1430				
140 平米以上住房					
经济适用房					
别墅、高档公寓					
办公楼	43717		22517		19800
商业营业用房	5200				
其他房屋	38548				
3、商品住宅竣工套数					
住宅	43373		5217	8209	21214
90 平米以下住房	17793		754	2960	10129
140 平米以上住房	4606			1011	2532
经济适用房					
别墅、高档公寓	1161			145	1016
4、竣工房屋价值	1439929		141737	263119	528411
住宅	1161657		121741	253080	462683
90 平米以下住房	384841		17838	83244	144570
140 平米以上住房	202615			55653	98036
经济适用房					
别墅、高档公寓	61867			10441	51426

3—8 续表 3　　　　（2010 年）　　　　计量单位：万元、平方米

项目名称	总　计	一级	二级	三级	四级
办公楼	75741		8708	920	38099
商业营业用房	111980		10056	6230	5299
其他房屋	90551		1232	2889	22330
5、批准预售面积	4598561	64000	1391521	799704	1232707
住宅	3857952	64000	1007612	667885	1120304
90 平米以下住房	1487162		425372	146435	478079
140 平米以上住房	470289	64000	59876	219485	41893
经济适用房	54775			54775	
别墅、高档公寓	225398			62569	2268
办公楼	86369		8500	23849	
商业营业用房	422799		278102	68048	51883
其他房屋	231441		97307	39922	60520
6、批准预售住宅套数					
住宅	36588	200	9572	5323	11292
90 平米以下住房	17984		5000	1726	5508
140 平米以上住房	2334	200	320	1040	320
经济适用房	710			710	
别墅、高档公寓	2756			254	10
7、商品房销售面积	4693070	56835	914822	898057	1921774
住宅	4464262	56500	873141	869128	1851726
90 平米以下住房	1596529	3533	423717	164514	579821
140 平米以上住房	429233	27184	52313	188727	105107
经济适用房	36114			36114	
别墅、高档公寓	186896		1020	46445	
办公楼	81492		5801	14307	15967
商业营业用房	76397	335	20225	8176	22828
其他房屋	70919		15655	6446	31253
7.1、其中：现房销售面积	905712			270367	554015
住宅	839941			268934	554015
90 平米以下住房	155682			3834	151848
140 平米以上住房	4990			2527	2463

3—8 续表 4　　(2010 年)　　计量单位：万元、平方米

项目名称	总　计				
		一级	二级	三级	四级
经济适用房					
别墅、高档公寓					
办公楼	45417				
商业营业用房	8079			1433	
其他房屋	12275				
7.2、其中：期房销售面积	3787358	56835	914822	627690	1367759
住宅	3624321	56500	873141	600194	1297711
90 平米以下住房	1440847	3533	423717	160680	427973
140 平米以上住房	424243	27184	52313	186200	102644
经济适用房	36114			36114	
别墅、高档公寓	186896		1020	46445	
办公楼	36075		5801	14307	15967
商业营业用房	68318	335	20225	6743	22828
其他房屋	58644		15655	6446	31253
8、商品房销售额	1821596	35844	345246	294714	659679
住宅	1699674	35601	327531	280406	625529
90 平米以下住房	665035	1257	154929	49943	215300
140 平米以上住房	202963	24773	19237	81603	55890
经济适用房	5406			5406	
别墅、高档公寓	112053		967	21251	
办公楼	40262		4013	9116	7100
商业营业用房	55790	243	8333	3981	14514
其他房屋	25870		5369	1211	12536
8.1、其中：现房销售额	306426			79071	189644
住宅	273602			77351	189644
90 平米以下住房	64291			2655	61636
140 平米以上住房	3012			2076	936
经济适用房					
别墅、高档公寓					

3—8 续表 5　　(2010 年)　　计量单位：万元、平方米

项目名称	总　计	一级	二级	三级	四级
办公楼	20033				
商业营业用房	7377			1720	
其他房屋	5414				
8.2、其中：期房销售额	1515170	35844	345246	215643	470035
住宅	1426072	35601	327531	203055	435885
90 平米以下住房	600744	1257	154929	47288	153664
140 平米以上住房	199951	24773	19237	79527	54954
经济适用房	5406			5406	
别墅、高档公寓	112053		967	21251	
办公楼	20229		4013	9116	7100
商业营业用房	48413	243	8333	2261	14514
其他房屋	20456		5369	1211	12536
9、商品住宅销售套数					
住宅	43811	401	8394	7763	18017
90 平米以下住房	19711	40	4822	1939	7020
140 平米以上住房	2583	171	344	1037	698
经济适用房	463			463	
别墅、高档公寓	2606		3	169	
9.1、其中：现房销售套数					
住宅	217				77
90 平米以下住房	77				77
140 平米以上住房					
经济适用房					
别墅、高档公寓					
9.2、其中：期房销售套数					
住宅	35358	401	8394	5077	12397
90 平米以下住房	17893	40	4822	1892	5249
140 平米以上住房	2553	171	344	1021	684
经济适用房	463			463	
别墅、高档公寓	2606		3	169	

3—8 续表 6　　(2010 年)　　计量单位：万元、平方米

项目名称	总 计	一级	二级	三级	四级
10、待售面积	470820		137466	380	61516
住宅	442768		137466	380	39951
90 平米以下住房	13257		593		12000
140 平米以上住房	10377		230	380	9767
经济适用房					
别墅、高档公寓	1008				1008
办公楼	20995				20995
商业营业用房	6487				
其他房屋	570				570
10.1、其中：待售 1 - 3 年面积	123672		110856	380	4978
住宅	117185		110856	380	4978
90 平米以下住房	1257		593		
140 平米以上住房	2944		230	380	2334
经济适用房					
别墅、高档公寓	1008				1008
办公楼					
商业营业用房	6487				
其他房屋					
10.2、其中：待售 3 年以上面积	12000				12000
住宅	12000				12000
90 平米以下住房	12000				12000
140 平米以上住房					
经济适用房					
别墅、高档公寓					
办公楼					
商业营业用房					
其他房屋					

全市建筑业企业生产情况

3—9　　(2010年)　　计量单位：台、千瓦、千元、平方米、人

项　　目	入统企业个　　数	签订的合同额	建筑业总产值	#装饰装修产　　值	在外省完成的　产　值
总　　计	**258**	**91504513**	**55864725**	**2260919**	**19085274**
#国有及国有控股企业	28	57398285	34521827	602549	14743219
一、按登记注册类型分组					
内资企业	255	90926572	55395581	2026794	19072317
国有企业	19	27464369	16178004	275362	7051258
集体企业	6	260236	271207		
有限责任公司	99	50036724	30561874	823145	10393269
股份有限公司	25	3359532	2379484	160941	1083074
港、澳、台商投资企业	2	257700	255625	234125	2215
二、按国民经济行业分组					
房屋和土木工程建筑业	159	79674747	47984680	1173454	15954993
建筑安装业	49	10109823	6600897	143391	2897153
建筑装饰业	37	1366406	995368	944074	172038
其它建筑业	13	353537	283780		61090
三、按企业资质等级分组					
施工总承包	162	88099616	53048458	1210285	18788819
特　级	3	29380182	16174631	344155	8791441
一　级	43	48696888	30410052	737619	9814643
二　级	67	8045660	4814870	124038	161186
三级及以下	49	1976886	1648905	4473	21549
专业承包	96	3404897	2816267	1050634	296455
一　级	22	2044369	1657458	844752	269956
二　级	39	906936	707453	101805	21951
三级及以下	35	453592	451356	104077	4548

3—9 续表 1 （2010 年） 计量单位：台、千瓦、千元、平方米、人

项目	按构成分的建筑业总产值			竣工产值
	建筑工程产值	安装工程产值	其他产值	
总计	**44219918**	**9034526**	**2610281**	**27328582**
#国有及国有控股企业	28937192	5164472	420163	12158606
一、按登记注册类型分组				
内资企业	44219918	8810957	2364706	27072458
国有企业	12600242	3302918	274844	7718700
集体企业	245121	26086		166423
有限责任公司	25218225	3590988	1752661	12531702
股份有限公司	1290918	1051687	36879	2072987
港、澳、台商投资企业		10050	245575	255625
二、按国民经济行业分组				
房屋和土木工程建筑业	41140146	5149918	1694616	23113503
建筑安装业	2729034	3709058	162805	3042328
建筑装饰业	188697	175550	631121	979969
其他建筑业	162041		121739	192782
三、按企业资质等级分组				
施工总承包	43449262	7904700	1694496	24800789
特级	14225523	1815909	133199	5880998
一级	23594688	5345455	1469909	14059084
二级	4110281	618101	86488	3804408
三级及以下	1518770	125235	4900	1056299
专业承包	770656	1129826	915785	2527793
一级	210926	688463	758069	1686590
二级	257796	319625	130032	499804
三级及以下	301934	121738	27684	341399

3—9 续表2　　(2010年)　　计量单位：台、千瓦、千元、平方米、人

项　目	房屋建筑施工面积	本年新开工	实行投标承包面积	# 本年新开工	年末自有机械设备净值
总　计	**38629956**	**19766394**	**31479008**	**18822416**	**2305036**
# 国有及国有控股企业	13079046	7350280	13047649	7319092	1122343
一、按登记注册类型分组					
内资企业	38629956	19766394	31479008	18822416	2302596
国有企业	4383841	2120398	4352444	2089210	781269
集体企业	299635	215383	271105	215383	28936
有限责任公司	20875376	11120559	18075705	10949004	961786
股份有限公司	2804412	1868345	2441740	1788923	85327
港、澳、台商投资企业					2440
二、按国民经济行业分组					
房屋和土木工程建筑业	36694779	18456784	29790669	17753079	2083778
建筑安装业	1891502	1280283	1667262	1056043	143962
建筑装饰业	43675	29327	21077	13294	17840
其他建筑业					59456
三、按企业资质等级分组					
施工总承包	38038317	19238725	31312731	18696022	2145578
特　级	11102219	5043447	8227521	5043447	286061
一　级	17727839	8093406	14956037	7934899	1291618
二　级	7181455	4632305	6332579	4340479	442428
三级及以下	2026804	1469567	1796594	1377197	125471
专业承包	591639	527669	166277	126394	159458
一　级	32134	17786	11036	3253	63567
二　级	420605	370983	42141	10041	73293
三级及以下	138900	138900	113100	113100	22598

3—9 续表 3　　　　（2010 年）　　　　计量单位：台、千瓦、千元、平方米、人

项　目	年末自有机械设备		劳动人员情况		
	总台数	总功率	计算劳动生产率的平均人数	期末从业人员	# 工程技术人员
总　计	**68149**	**1650478**	**147525**	**144943**	**29890**
# 国有及国有控股企业	26735	841045	41930	38603	10187
一、按登记注册类型分组					
内资企业	68075	1644052	146829	144217	29689
国有企业	17804	674621	27309	24169	6123
集体企业	794	8606	2815	2765	644
有限责任公司	26916	472448	65709	63822	13293
股份有限公司	5336	78935	10173	10909	1788
港、澳、台商投资企业	74	6426	530	545	173
二、按国民经济行业分组					
房屋和土木工程建筑业	59638	1471459	130674	128060	25677
建筑安装业	6197	108469	11736	11591	2870
建筑装饰业	1797	46935	3865	4076	988
其他建筑业	517	23615	1250	1216	355
三、按企业资质等级分组					
施工总承包	63465	1502325	132607	129046	26828
特　级	7458	128757	13824	11847	3232
一　级	28677	987155	62796	59036	13541
二　级	21499	285283	37502	37408	7237
三级及以下	5831	101130	18485	20755	2818
专业承包	4684	148153	14918	15897	3062
一　级	1819	59134	5296	5203	1148
二　级	1968	73256	5840	6351	1328
三级及以下	897	15763	3782	4343	586

市区建筑业企业生产情况

3—10　　　　(2010 年)　　　　计量单位：台、千瓦、千元、平方米、人

项　目	入统企业个　数	签订的合同额	建筑业总产值	# 装饰装修产　值	在外省完成的 产 值
总　计	**153**	**82175217**	**49946842**	**2091578**	**18947748**
# 国有及国有控股企业	22	57198299	34394138	602549	14743219
一、按登记注册类型分组					
内资企业	150	81597276	49477698	1857453	18934791
国有企业	16	27393732	16103315	275362	7051258
集体企业					
有限责任公司	67	45558541	28161574	822145	10393269
股份有限公司	7	2315203	1580224	155941	1083074
港、澳、台商投资企业	2	257700	255625	234125	2215
二、按国民经济行业分组					
房屋和土木工程建筑业	74	70675601	42394977	1008509	15817467
建筑安装业	35	9877371	6370445	143391	2897153
建筑装饰业	33	1358150	987082	939678	172038
其它建筑业	11	264095	194338		61090
三、按企业资质等级分组					
施工总承包	76	79329214	47613403	1139860	18651293
特　级	3	29380182	16174631	344155	8791441
一　级	39	46790243	29310126	737619	9814643
二　级	26	2925392	1925173	58086	23660
三级及以下	8	233397	203473		21549
专业承包	77	2846003	2333439	951718	296455
一　级	22	2044369	1657458	844752	269956
二　级	30	556326	430909	101019	21951
三级及以下	25	245308	245072	5947	4548

3—10 续表 1　　（2010 年）　　计量单位：台、千瓦、千元、平方米、人

项　目	按构成分的建筑业总产值			竣工产值
	建筑工程产值	安装工程产值	其他产值	
总　计	**38710689**	**8700342**	**2535811**	**23005301**
#国有及国有控股企业	28817003	5156972	420163	12038573
一、按登记注册类型分组				
内资企业	38710689	8476773	2290236	22749177
国有企业	12525553	3302918	274844	7646961
集体企业				
有限责任公司	22905045	3503868	1752661	10946299
股份有限公司	549738	1024107	6379	1424574
港、澳、台商投资企业		10050	245575	255625
二、按国民经济行业分组				
房屋和土木工程建筑业	35813415	4960286	1621276	18991090
建筑安装业	2641498	3566142	162805	2846766
建筑装饰业	183177	173914	629991	974663
其它建筑业	72599		121739	192782
三、按企业资质等级分组				
施工总承包	38286001	7667246	1660156	20899411
特　级	14225523	1815909	133199	5880998
一　级	22525802	5314415	1469909	13438300
二　级	1402421	465704	57048	1516321
三级及以下	132255	71218		63792
专业承包	424688	1033096	875655	2105890
一　级	210926	688463	758069	1686590
二　级	79594	260283	91032	179980
三级及以下	134168	84350	26554	239320

3—10 续表 2　　（2010 年）　　计量单位：台、千瓦、千元、平方米、人

项　　目	房屋建筑施工面积	本年新开工	实行投标承包面积	# 本年新开工	年末自有机械设备净值
总　　计	**29251302**	**13668106**	**23146996**	**13107139**	**1762749**
# 国有及国有控股企业	12895801	7199834	12895801	7199834	1112038
一、按登记注册类型分组					
内资企业	29251302	13668106	23146996	13107139	1760309
国有企业	4352444	2089210	4352444	2089210	772114
集体企业					
有限责任公司	17277805	9069959	14783231	8935304	805736
股份有限公司	935563	469496	935563	469496	31832
港、澳、台商投资企业					2440
二、按国民经济行业分组					
房屋和土木工程建筑业	27341125	12383496	21458657	12037802	1565046
建筑安装业	1866502	1255283	1667262	1056043	135602
建筑装饰业	43675	29327	21077	13294	17440
其它建筑业					44661
三、按企业资质等级分组					
施工总承包	28984082	13420087	23112919	13080845	1633372
特　级	11102219	5043447	8227521	5043447	286061
一　级	16190862	7205980	13452960	7047473	1245299
二　级	1634490	1144100	1427105	989925	98707
三级及以下	56511	26560	5333		3305
专业承包	267220	248019	34077	26294	129377
一　级	32134	17786	11036	3253	63567
二　级	221286	216433	10041	10041	49946
三级及以下	13800	13800	13000	13000	15864

3—10 续表 3　　（2010 年）　　计量单位：台、千瓦、千元、平方米、人

项　　目	年末自有机械设备		劳动人员情况		
	总台数	总功率	计算劳动生产率的平均人数	期末从业人　　员	#工程技术人员
总　　计	**41101**	**1325098**	**92919**	**86430**	**20766**
#国有及国有控股企业	25745	826655	40526	37201	10012
一、按登记注册类型分组					
内资企业	41027	1318672	92223	85704	20565
国有企业	17724	666631	26430	23292	6050
集体企业					
有限责任公司	18259	354558	46254	42493	9740
股份有限公司	1119	41445	2736	2660	812
港、澳、台商投资企业	74	6426	530	545	173
二、按国民经济行业分组					
房屋和土木工程建筑业	33130	1150143	77805	71253	16961
建筑安装业	5748	107467	10475	10362	2523
建筑装饰业	1772	46695	3535	3719	955
其它建筑业	451	20793	1104	1096	327
三、按企业资质等级分组					
施工总承包	37935	1221906	83274	76811	18538
特　级	7458	128757	13824	11847	3232
一　级	27701	972704	56406	52405	12439
二　级	2486	84592	10115	9458	2361
三级及以下	290	35853	2929	3101	506
专业承包	3166	103192	9645	9619	2228
一　级	1819	59134	5296	5203	1148
二　级	1016	30379	2579	2754	658
三级及以下	331	13679	1770	1662	422

全市建筑业企业财务状况

3—11　　　　（2010年）　　　　计量单位：千元

项　　目	流动资产小　计	长期投资	无形及递延资产小计	#无形资产	固定资产合　计	#固定资产原　价
总　　计	**27203856**	**708154**	**375485**	**375485**	**6303655**	**8322501**
#国有及国有控股企业	16277881	184451	136543	136543	3071075	4125524
一、按登记注册类型分组						
内资企业	26960169	706554	375485	375485	6286284	8288052
国有企业	9994404	162393	91922	91922	2025794	2590650
集体企业	39092	8421	708	708	50431	28901
股份合作企业	6000				4187	4000
有限责任公司	12009233	314158	232130	232130	2518599	3542861
股份有限公司	980552	32496	29787	29787	281996	387299
港、澳、台商投资企业	122154	1600			15283	30147
二、按国民经济行业分组						
房屋和土木工程建筑业	23700261	612999	262571	262571	5236078	7325846
建筑安装业	2724206	63233	99290	99290	844008	732570
建筑装饰业	660816	28412	4867	4867	105069	112935
其它建筑业	118573	3510	8757	8757	118500	151150
三、按企业资质等级分组						
施工总承包	25325664	629026	347580	347580	5778843	7679697
特　级	6587018	35417	2270	2270	735608	1184726
一　级	14791342	386530	312555	312555	3185858	4530137
二　级	2815284	187698	27129	27129	1291305	1446343
三级及以下	1132020	19381	5626	5626	566072	518491
专业承包	1878192	79128	27905	27905	524812	642804
一　级	829183	41053	20518	20518	201176	258395
二　级	630614	24969	6072	6072	197408	259018
三级及以下	418395	13106	1315	1315	126228	125391
四、按控股情况分						
国有控股	16277881	184451	136543	136543	3071075	4125524
集体控股	1257983	92835	73196	73196	273205	324960
私人控股	7582623	257007	126009	126009	2488210	3201025
港澳台商控股	122154	1600			15283	30147

3—11 续表 1　　　　(2010 年)　　　　计量单位：千元

项　　目	流动负债合计	长期负债合计	负债合计	所有者权益合计	# 实收资本
总　　计	**22664104**	**1958204**	**24622308**	**10730406**	**7214990**
# 国有及国有控股企业	14808715	1755107	16563822	3689028	2061393
一、按登记注册类型分组					
内资企业	22500311	1958204	24458515	10630805	7161730
国有企业	8588590	1654270	10242860	2267863	1321251
集体企业	25281	5000	30281	71876	56010
股份合作企业	4187		4187	6000	6000
有限责任公司	10845218	213075	11058293	4473419	3261748
股份有限公司	837735	3699	841434	494164	339851
港、澳、台商投资企业	90134		90134	49639	22660
二、按国民经济行业分组					
房屋和土木工程建筑业	20078372	1726075	21804447	8602908	5963878
建筑安装业	2205186	225942	2431128	1459597	739463
建筑装饰业	317420	6187	323607	478894	348690
其它建筑业	63126		63126	189007	162959
三、按企业资质等级分组					
施工总承包	21720692	1873659	23594351	9233041	6176714
特　级	6240982	235166	6476148	1033860	611925
一　级	12942549	1540563	14483112	4626952	3275202
二　级	1836122	50810	1886932	2479026	1738339
三级及以下	701039	47120	748159	1093203	551248
专业承包	943412	84545	1027957	1497365	1038276
一　级	433587	35408	468995	624698	429387
二　级	299934	14000	313934	556529	355034
三级及以下	209891	35137	245028	316138	253855
四、按控股情况分					
国有控股	14808715	1755107	16563822	3689028	2061393
集体控股	1144247	19000	1163247	549772	473001
私人控股	4990681	163835	5154516	5457304	3905507
港澳台商控股	90134		90134	49639	22660

3—11 续表 2　　　　(2010 年)　　　　计量单位：千元

项　目	所有者权益中：				工程结算收入
	实收资本中：				
	国家资本	集体资本	法人资本	个人资本	
总　计	**2066523**	**409755**	**1469103**	**3251883**	**48103182**
# 国有及国有控股企业	2049723			11670	27920001
一、按登记注册类型分组					
内资企业	2066523	409755	1433569	3251883	47683308
国有企业	1321251				13348917
集体企业		50510	5500		164702
股份合作企业		6000			11200
有限责任公司	718800	275540	981446	1285962	26402419
股份有限公司	26472	77705	58242	177432	2043031
港、澳、台商投资企业			5534		258696
二、按国民经济行业分组					
房屋和土木工程建筑业	1857097	402555	1068806	2634820	41805867
建筑安装业	196426	7200	179700	354070	5050319
建筑装饰业			166577	167054	970924
其它建筑业	13000		54020	95939	276072
三、按企业资质等级分组					
施工总承包	1999796	341755	1152823	2682340	45439462
特　级	610000		1925		12280056
一　级	1205649	232734	550282	1286537	27351679
二　级	78995	32690	528936	1097718	4350654
三级及以下	105152	76331	71680	298085	1457073
专业承包	66727	68000	316280	569543	2663720
一　级	49471		204653	160204	1594425
二　级	800	30000	76914	246720	657535
三级及以下	16456	38000	34713	162619	411760
四、按控股情况分					
国有控股	2049723			11670	27920001
集体控股		409755	5500	57746	2700182
私人控股	16800		743800	3144907	13341845
港澳台商控股			5534		258696

3—11 续表 3　　　　（2010 年）　　　　计量单位：千元

项　　目	工程结算成本	工程结算税金及附加	工程结算利润	管理费用	# 税金
总　　计	**44029264**	**1534685**	**2404891**	**1571619**	**39602**
# 国有及国有控股企业	25860831	843980	1154796	977863	16621
一、按登记注册类型分组					
内资企业	43676792	1523899	2348275	1549703	39220
国有企业	12138960	377442	774160	674246	13406
集体企业	145562	3651	15394	5958	317
股份合作企业	9102	598	1380	85	20
有限责任公司	24622707	880741	886394	596612	12968
股份有限公司	1789103	63436	153023	61566	4038
港、澳、台商投资企业	221692	6584	30420	12380	285
二、按国民经济行业分组					
房屋和土木工程建筑业	38463810	1379944	1903547	1281544	31306
建筑安装业	4500891	116047	361572	227500	6377
建筑装饰业	830664	29306	108511	44988	1590
其它建筑业	233899	9388	31261	17587	329
三、按企业资质等级分组					
施工总承包	41815443	1454475	2042015	1401470	35506
特　级	11516869	392143	371030	282288	3430
一　级	25283704	846411	1120678	886086	18688
二　级	3819885	159139	357097	164638	8464
三级及以下	1194985	56782	193210	68458	4924
专业承包	2213821	80210	362876	170149	4096
一　级	1333511	46171	212867	106575	1526
二　级	535625	19993	98411	38964	1308
三级及以下	344685	14046	51598	24610	1262
四、按控股情况分					
国有控股	25860831	843980	1154796	977863	16621
集体控股	2538162	87325	71052	58530	2975
私人控股	11939867	461588	871713	377426	16403
港澳台商控股	221692	6584	30420	12380	285

3—11 续表 4　　　　(2010 年)　　　　计量单位：千元

项　　目	财务费用	营业利润	利润总额	# 应交所得税	应付利润
总　　计	**111606**	**866386**	**780603**	**148777**	**342833**
# 国有及国有控股企业	57179	175911	73461	27359	35725
一、按登记注册类型分组					
内资企业	110594	831639	745645	141949	314981
国有企业	35345	123435	16559	13218	－12024
集体企业	286	10552	9572	947	7211
股份合作企业	20	1275	1275	120	1155
有限责任公司	45868	256297	289635	54066	162175
股份有限公司	10984	91234	95587	10180	46785
港、澳、台商投资企业	719	17306	17783	4434	13071
二、按国民经济行业分组					
房屋和土木工程建筑业	101875	656698	566907	110716	241891
建筑安装业	4488	133030	138081	25051	58845
建筑装饰业	5125	62609	62259	11300	35288
其它建筑业	118	14049	13356	1710	6809
三、按企业资质等级分组					
施工总承包	105009	673094	605254	116391	274145
特　级	26461	96418	81539	10339	35141
一　级	54499	262694	214921	64493	93660
二　级	9424	202113	202348	34362	116852
三级及以下	14625	111869	106446	7197	28492
专业承包	6597	193292	175349	32386	68688
一　级	4013	103444	105250	22193	31149
二　级	1536	62687	45752	5585	25504
三级及以下	1048	27161	24347	4608	12035
四、按控股情况分					
国有控股	57179	175911	73461	27359	35725
集体控股	2277	26091	23079	5517	20540
私人控股	41020	518198	532136	89866	230930
港澳台商控股	719	17306	17783	4434	13071

3—11 续表 5　　(2010 年)　　计量单位：千元

项　　目	本年应付工资总额	# 主营业务应付工资总额	本年应付福利费总额	主营业务应付福利费总额
总　　计	**2463015**	**2342995**	**110821**	**95078**
# 国有及国有控股企业	1048399	956834	36096	23630
一、按登记注册类型分组				
内资企业	2445188	2325476	109043	93309
国有企业	800284	730065	33084	21622
集体企业	10846	10070	910	181
股份合作企业	1898	1898	180	180
有限责任公司	775041	742969	27810	25907
股份有限公司	167998	162223	12081	11445
港、澳、台商投资企业	11905	11597	1216	1207
二、按国民经济行业分组				
房屋和土木工程建筑业	2124335	2022254	95403	81252
建筑安装业	266723	252263	10405	9076
建筑装饰业	53124	51536	3085	3066
其它建筑业	18833	16942	1928	1684
三、按企业资质等级分组				
施工总承包	2268874	2152205	99180	83951
特　级	207151	194321	14	14
一　级	1148460	1070278	55747	43718
二　级	685012	671145	33380	32247
三级及以下	228251	216461	10039	7972
专业承包	194141	190790	11641	11127
一　级	85107	83402	7063	7026
二　级	55732	55063	3021	2834
三级及以下	53302	52325	1557	1267
四、按控股情况分				
国有控股	1048399	956834	36096	23630
集体控股	99041	97230	6805	5994
私人控股	1098174	1072957	56059	53726
港澳台商控股	11905	11597	1216	1207

市区建筑业企业财务状况

3—12　　　　(2010 年)　　　　计量单位：千元

项　　目	流动资产小　　计	长期投资	无形及递延资产小计	# 无形资产	固定资产合　　计	# 固定资产原　　价
总　　计	**24721125**	**581666**	**339094**	**339094**	**4859202**	**6619689**
# 国有及国有控股企业	16190756	184451	135017	135017	3003867	4052279
一、按登记注册类型分组						
内资企业	24477438	580066	339094	339094	4841831	6585240
国有企业	9934210	162393	91095	91095	1991517	2556642
集体企业						
有限责任公司	10864179	234687	220820	220820	2166638	3069462
股份有限公司	724114	20000	19468	19468	84374	115981
港、澳、台商投资企业	122154	1600			15283	30147
二、按国民经济行业分组						
房屋和土木工程建筑业	21364144	486881	235885	235885	3918603	5771244
建筑安装业	2608352	63083	90756	90756	762980	641418
建筑装饰业	653050	28192	4867	4867	98683	106495
其他建筑业	95579	3510	7586	7586	78936	100532
三、按企业资质等级分组						
施工总承包	23146501	523069	313909	313909	4513636	6172300
特　级	6587018	35417	2270	2270	735608	1184726
一　级	14345829	321323	309955	309955	3093609	4396130
二　级	1577971	159046	188	188	572004	538509
三　级	635683	7283	1496	1496	112415	52935
专业承包	1574624	58597	25185	25185	345566	447389
一　级	829183	41053	20518	20518	201176	258395
二　级	426971	4498	4655	4655	93672	116160
三　级	318470	13046	12	12	50718	72834
四、按国有经济控股情况分组						
国有控股	16190756	184451	135017	135017	3003867	4052279
集体控股	899976	54179	71171	71171	97219	126282
私人控股	6002252	218420	93169	93169	1337961	1842031
港澳台商控股	122154	1600			15283	30147

3—12 续表 1　　（2010 年）　　计量单位：千元

项　　目	流动负债合计	长期负债合计	负债合计	所有者权益合计	# 实收资本
总　　计	**20897788**	**1833167**	**22730955**	**8518363**	**5445142**
# 国有及国有控股企业	14726939	1755107	16482046	3614945	1998256
一、按登记注册类型分组					
内资企业	20733995	1833167	22567162	8418762	5391882
国有企业	8514877	1654270	10169147	2246278	1306861
集体企业					
有限责任公司	10009240	160124	10169364	3773924	2696818
股份有限公司	647448	100	647548	211175	134670
港、澳、台商投资企业	90134		90134	49639	22660
二、按国民经济行业分组					
房屋和土木工程建筑业	18382428	1602138	19984566	6603192	4363327
建筑安装业	2161280	224942	2386222	1298937	618466
建筑装饰业	312728	6087	318815	469314	342390
其他建筑业	41352		41352	146920	120959
三、按企业资质等级分组					
施工总承包	20128678	1783729	21912407	7326854	4635434
特　级	6240982	235166	6476148	1033860	611925
一　级	12554498	1540563	14095061	4408938	3108318
二　级	951966	8000	959966	1393653	818322
三级及以下	381232		381232	490403	96869
专业承包	769110	49438	818548	1191509	809708
一　级	433587	35408	468995	624698	429387
二　级	173840		173840	358156	210323
三级及以下	161683	14030	175713	208655	169998
四、按国有经济控股情况分组					
国有控股	14726939	1755107	16482046	3614945	1998256
集体控股	846979		846979	287365	275900
私人控股	3993988	73798	4067786	3732655	2518003
港澳台商控股	90134		90134	49639	22660

3—12 续表 2 （2010 年） 计量单位：千元

项 目	所有者权益中：				工程结算收入
	实收资本中：				
	国家资本	集体资本	法人资本	个人资本	
总 计	**1997306**	**228404**	**1157977**	**2043729**	**42811715**
# 国有及国有控股企业	1993806			4450	27786296
一、按登记注册类型分组					
内资企业	1997306	228404	1122443	2043729	42391841
国有企业	1306861				13258652
集体企业					
有限责任公司	690445	203210	847892	955271	24289443
股份有限公司		25194	35570	73906	1342892
港、澳、台商投资企业			5534		258696
二、按国民经济行业分组					
房屋和土木工程建筑业	1803455	228404	769180	1561688	36815266
建筑安装业	193851		179200	243348	4844935
建筑装饰业			166577	160754	963344
其他建筑业			43020	77939	188170
三、按企业资质等级分组					
施工总承包	1933154	190404	843197	1668679	40594310
特 级	610000		1925		12280056
一 级	1205649	190404	491288	1220977	26491780
二 级	63635		327226	427461	1562603
三级及以下	53870		22758	20241	259871
专业承包	64152	38000	314780	375050	2217405
一 级	49471		204653	160204	1594425
二 级	800		75914	133009	414054
三级及以下	13881	38000	34213	81837	208926
四、按国有经济控股情况分组					
国有控股	1993806			4450	27786296
集体控股		228404		47496	2050780
私人控股	3500		542070	1972433	9701503
港澳台商控股			5534		258696

3—12 续表3　　（2010年）　　计量单位：千元

项　目	工程结算成本	工程结算税金及附加	工程结算利润	管理费用	#税金
总　计	**39400383**	**1342016**	**1964683**	**1424140**	**26407**
#国有及国有控股企业	25743484	838948	1143683	971230	16066
一、按登记注册类型分组					
内资企业	39047911	1331230	1908067	1402224	26025
国有企业	12061781	373944	764663	669075	13322
集体企业					
有限责任公司	22720498	810091	754466	545220	8925
股份有限公司	1190480	38329	82230	36305	482
港、澳、台商投资企业	221692	6584	30420	12380	285
二、按国民经济行业分组					
房屋和土木工程建筑业	34082970	1197208	1503570	1152888	19174
建筑安装业	4334100	109268	331239	212172	5458
建筑装饰业	826323	29106	105583	44560	1551
其他建筑业	156990	6434	24291	14520	224
三、按企业资质等级分组					
施工总承包	37568714	1276720	1649248	1265859	23187
特　级	11516869	392143	371030	282288	3430
一　级	24479423	822809	1090969	871326	17047
二　级	1354776	53475	153937	83981	2425
三级及以下	217646	8293	33312	28264	285
专业承包	1831669	65296	315435	158281	3220
一　级	1333511	46171	212867	106575	1526
二　级	328196	12836	69963	32383	1117
三级及以下	169962	6289	32605	19323	577
四、按国有经济控股情况分组					
国有控股	25743484	838948	1143683	971230	16066
集体控股	1957104	68421	25255	37592	859
私人控股	8777679	322253	557602	275872	7273
港澳台商控股	221692	6584	30420	12380	285

3—12 续表4　　　　（2010年）　　　　计量单位：千元

项　目	财务费用	营业利润	利润总额	# 应交所得税	应付利润
总　计	**83439**	**592144**	**524799**	**121521**	**233069**
# 国有及国有控股企业	57199	171305	69108	27001	34756
一、按登记注册类型分组					
内资企业	82427	557397	489841	114693	205217
国有企业	35319	119073	12179	12860	－12991
集体企业					
有限责任公司	42795	177116	211040	44126	131105
股份有限公司	3154	53348	58721	8245	40286
港、澳、台商投资企业	719	17306	17783	4434	13071
二、按国民经济行业分组					
房屋和土木工程建筑业	74579	405919	334318	86069	144511
建筑安装业	3889	116204	121393	22851	50666
建筑装饰业	4895	60326	60075	11109	35208
其他建筑业	76	9695	9013	1492	2684
三、按企业资质等级分组					
施工总承包	77830	434973	369051	91519	172778
特　级	26461	96418	81539	10339	35141
一　级	52423	249667	201916	61098	84580
二　级	－954	83506	84662	19307	50407
三级及以下	－100	5382	934	775	2650
专业承包	5609	157171	155748	30002	60291
一　级	4013	103444	105250	22193	31149
二　级	1315	40866	40421	5232	22521
三级及以下	281	12861	10077	2577	6621
四、按国有经济控股情况分组					
国有控股	57199	171305	69108	27001	34756
集体控股	－84	2001	50	4204	8710
私人控股	22744	316443	347271	67888	147567
港澳台商控股	719	17306	17783	4434	13071

3—12 续表 5　　(2010 年)　　计量单位：千元

项　目	本年应付工资总额	# 主营业务应付工资总额	本年应付福利费总额	# 主营业务应付福利费总额
总　计	**1738511**	**1627702**	**70667**	**56687**
# 国有及国有控股企业	1036299	944755	35615	23149
一、按登记注册类型分组				
内资企业	1720684	1610183	68889	54918
国有企业	792617	722419	33084	21622
集体企业				
有限责任公司	558306	529175	19630	18118
股份有限公司	59912	55459	1943	1493
港、澳、台商投资企业	11905	11597	1216	1207
二、按国民经济行业分组				
房屋和土木工程建筑业	1422073	1327109	56832	44206
建筑安装业	251833	238427	9204	7991
建筑装饰业	51071	49483	3023	3006
其他建筑业	13534	12683	1608	1484
三、按企业资质等级分组				
施工总承包	1600734	1492858	60875	47146
特　级	207151	194321	14	14
一　级	1108914	1030732	53806	41777
二　级	213962	206491	2710	2264
三级及以下	70707	61314	4345	3091
专业承包	137777	134844	9792	9541
一　级	85107	83402	7063	7026
二　级	30747	30238	2062	1897
三级及以下	21923	21204	667	618
四、按国有经济控股情况分组				
国有控股	1036299	944755	35615	23149
集体控股	38532	37497	3170	3088
私人控股	526608	509518	22339	20997
港澳台商控股	11905	11597	1216	1207

全市建筑业企业房屋建筑竣工面积情况

3—13　　　　(2010 年)　　　　计量单位：平方米

项　　目	总　　计	厂房、仓库	住　　宅	办公用房	批发和零售用　　房	住宿和餐饮用　　房
总　　计	**11556187**	**2299150**	**7203147**	**766068**	**326429**	**93291**
# 国有及国有控股企业	2851067	1447697	795798	282596	9406	10538
一、按登记注册类型分组						
内资企业	11556187	2299150	7203147	766068	326429	93291
国有企业	1162822	735772	205682	97699	9406	10538
集体企业	113946	41660	60120			
股份合作企业	16000		16000			
有限责任公司	5747048	1052091	3200233	416501	316431	78293
股份有限公司	1201660	199768	930366	38472	592	
二、按国民经济行业分组						
房屋和土木工程建筑业	11370118	2274150	7188103	744827	326429	62268
建筑安装业	143505	25000	15044	9700		
建筑装饰业	42564			11541		31023
三、按企业资质等级分组						
施工总承包	11275697	2254350	7010021	754527	326429	62268
特　级	1588387	731925	456200	202434		
一　级	5787507	1159789	3322627	393814	305499	47270
二　级	2892366	293522	2365619	155756	592	10538
三级及以下	1007437	69114	865575	2523	20338	4460
专业承包	280490	44800	193126	11541		31023
一　级	31023					31023
二　级	204667		193126	11541		
三级及以下	44800	44800				

3—13 续表　　　　(2010 年)　　　　计量单位：平方米

项　　目	居民服务业用　　房	教育用房	文化、体育和娱 乐 用 房	卫生医疗用　　房	科研用房	其他用房
总　　计	**66600**	**253308**	**24347**	**22110**		**501737**
# 国有及国有控股企业	42455	176666	19897			66014
一、按登记注册类型分组						
内资企业	66600	253308	24347	22110		501737
国有企业	13189	52147	5382			33007
集体企业		6366				5800
有限责任公司						
股份有限公司	33741	179505	16565	5214		448474
二、按国民经济行业分组	2968	5095		16896		7503
房屋和土木工程建筑业						
建筑安装业	53411	211125	18965	22110		468730
三、按企业资质等级分组	13189	42183	5382			33007
施工总承包						
特　级						
一　级	66600	253308	24347	22110		501737
二　级	29266	121040	14515			33007
三级及以下	33639	78619	5382	18596		422272

市区建筑业企业房屋建筑竣工面积情况

3—14　　(2010 年)　　计量单位：平方米

项　目	总　计	厂房、仓库	住　宅	办公用房	批发和零售用　房	住宿和餐饮用　房
总　计	**7741334**	**1965746**	**4149016**	**711852**	**305499**	**88831**
# 国有及国有控股企业	2787502	1447697	745118	282596		10538
一、按登记注册类型分组						
内资企业	7741334	1965746	4149016	711852	305499	88831
国有企业	1135326	735772	187592	97699		10538
有限责任公司						
股份有限公司	445340	37594	378022	2357		
二、按国民经济行业分组						
房屋和土木工程建筑业	7580265	1965746	4133972	690611	305499	57808
建筑安装业	118505		15044	9700		
建筑装饰业	42564			11541		31023
三、按企业资质等级分组						
施工总承包	7687276	1965746	4137522	700311	305499	57808
特　级	1588387	731925	456200	202434		
一　级	5342183	1159789	3130258	393814	305499	47270
二　级	732788	74032	527344	104063		10538
三级及以下	23918		23720			
专业承包	54058		11494	11541		31023
一　级	31023					31023
二　级	23035		11494	11541		
三级及以下						

3—14 续表　　(2010 年)　　计量单位：平方米

项　目	居民服务业用　房	教育用房	文化、体育和娱乐用房	卫生医疗用　房	科研用房	其他用房
总　计	**63103**	**209623**	**19897**	**18596**		**209171**
# 国有及国有控股企业	42455	173187	19897			66014
一、按登记注册类型分组						
内资企业	63103	209623	19897	18596		209171
国有企业	13189	52147	5382			33007
有限责任公司						
股份有限公司	2968			16896		7503
二、按国民经济行业分组						
房屋和土木工程建筑业	49914	167440	14515	18596		176164
建筑安装业	13189	42183	5382			33007
三、按企业资质等级分组						
施工总承包	63103	209623	19897	18596		209171
特　级	29266	121040	14515			33007
一　级	33639	78619	5382	18596		169317
二　级		9964				6847
三级及以下	198					

全市建筑业企业房屋建筑竣工造价情况

3—15　　　　（2010 年）　　　　计量单位：千元

项　目	总　计	厂房、仓库	住　宅	办公用房	批发和零售用　房	住宿和餐饮用　房
总　计	**14636884**	**4365782**	**7313957**	**1088224**	**63837**	**104753**
# 国有及国有控股企业	5862106	3697022	896741	433146	10347	10000
一、按登记注册类型分组						
内资企业	14636884	4365782	7313957	1088224	63837	104753
国有企业	2667229	1925702	270490	127735	10347	10000
集体企业	107837	34451	65254			
股份合作企业	11200		11200			
有限责任公司	7642949	2040170	3469662	697345	52780	90673
股份有限公司	1081830	128653	885183	31710	710	
二、按国民经济行业分组						
房屋和土木工程建筑业	14204787	4350776	7294191	1047884	63837	58218
建筑安装业	372492	15006	19766	27270		
建筑装饰业	59605			13070		46535
三、按企业资质等级分组						
施工总承包	14395077	4332971	7164566	1075154	63837	58218
特　级	3084899	1794320	524729	275990		
一　级	7790160	2272872	3721216	590125	44460	44138
二　级	2701211	215271	2210285	206658	710	10000
三级及以下	818807	50508	708336	2381	18667	4080
专业承包	241807	32811	149391	13070		46535
一　级	46535					46535
二　级	162461		149391	13070		
三级及以下	32811	32811				

3—15 续表　　　　（2010 年）　　　　计量单位：千元

项　目	居民服务业用　房	教育用房	文化、体育和娱乐用房	卫生医疗用　房	科研用房	其他用房
总　计	**85683**	**370994**	**44470**	**27627**		**1171557**
# 国有及国有控股企业	56620	241770	40240			476220
一、按登记注册类型分组						
内资企业	85683	370994	44470	27627		1171557
国有企业	13260	57715	13870			238110
集体企业		5350				2782
有限责任公司						
股份有限公司	45716	295666	27960	4977		918000
二、按国民经济行业分组	2489	4200		22650		6235
房屋和土木工程建筑业						
建筑安装业	72423	325784	30600	27627		933447
三、按企业资质等级分组	13260	45210	13870			238110
施工总承包						
特　级						
一　级	85683	370994	44470	27627		1171557
二　级	43360	182020	26370			238110
三级及以下	41197	140169	13870	24098		898015

市区建筑业企业房屋建筑竣工造价情况

3—16　　(2010 年)　　计量单位：千元

项　目	总　计	厂房、仓库	住　宅	办公用房	批发和零售用　房	住宿和餐饮用　房
总　计	**11164778**	**4138285**	**4653015**	**1040130**	**44460**	**100673**
# 国有及国有控股企业	5810573	3697022	857590	433146		10000
一、按登记注册类型分组						
内资企业	11164778	4138285	4653015	1040130	44460	100673
国有企业	2636490	1925702	250098	127735		10000
有限责任公司						
股份有限公司	515817	44853	437090	2500		
二、按国民经济行业分组						
房屋和土木工程建筑业	10747687	4138285	4633249	999790	44460	54138
建筑安装业	357486		19766	27270		
三、按企业资质等级分组						
施工总承包	11087932	4138285	4635774	1027060	44460	54138
特　级	3084899	1794320	524729	275990		
一　级	7169376	2272872	3540846	590125	44460	44138
二　级	818611	71093	555320	160945		10000
三级及以下	15046		14879			
专业承包	76846		17241	13070		46535
一　级	46535					46535
二　级	30311		17241	13070		
三级及以下						

3—16 续表　　(2010 年)　　计量单位：千元

项　目	居民服务业用　房	教育用房	文化、体育和娱乐用房	卫生医疗用　房	科研用房	其他用房
总　计	**84724**	**334694**	**40240**	**24098**		**704459**
# 国有及国有控股企业	56620	239735	40240			476220
一、按登记注册类型分组						
内资企业	84724	334694	40240	24098		704459
国有企业	13260	57715	13870			238110
有限责任公司						
股份有限公司	2489			22650		6235
二、按国民经济行业分组						
房屋和土木工程建筑业	71464	289484	26370	24098		466349
建筑安装业	13260	45210	13870			238110
三、按企业资质等级分组						
施工总承包	84724	334694	40240	24098		704459
特　级	43360	182020	26370			238110
一　级	41197	140169	13870	24098		457601
二　级		12505				8748
三级及以下	167					

分县（市）区建筑业企业主要指标情况

3—17　　（2010年）　　计量单位：个、千元、人

行政单位	企业个数	建筑业总产值	#装饰装修产值	建筑工程产值	期末从业人员
全市总计	**258**	**55864725**	**2260919**	**44219918**	**144900**
#长安区	33	8653962	212888	6747649	17632
桥东区	17	4598290	130019	3930582	14204
桥西区	35	10253288	910868	8973351	21183
新华区	31	18395371	758640	14689234	17633
裕华区	28	7543437	79163	3869634	13120
矿区	1	20847		20847	490
高新区	8	481647		479392	2161
井陉县	8	285886	6463	194802	3400
正定县	8	624781		578384	7484
栾城县	7	300575	3610	298595	2287
行唐县	1	86800	48620	64880	470
灵寿县	3	132880		132880	700
高邑县	3	136098		136098	1680
深泽县	5	456645	107862	374220	10701
赞皇县	6	261510		261510	2550
无极县	5	331370		300330	3660
平山县	5	131906		128406	4508
元氏县	2	110412		110412	1182
赵县	5	275952		263954	1881
辛集市	9	1227963	1000	1225463	5642
藁城市	7	540172		524672	4482
晋州市	3	126900	1000	126200	1210
新乐市	6	301571	786	300785	2848
鹿泉市	22	586462		487638	3792

3—17 续表　　(2010 年)　　计量单位：个、千元、人

行政单位	流动资产小计	固定资产合计	利润总额	本年应付工资总额
全市总计	**27181711**	**6287004**	**780345**	**2463015**
# 长安区	4414718	873673	32011	360269
桥东区	5374409	1030377	182251	314800
桥西区	4616563	1053861	120647	386623
新华区	6332070	817455	138221	248332
裕华区	3372371	970039	39014	397863
矿区	3789	2002		12
高新区	90463	66255	9603	39119
井陉县	90463	66255	9603	39119
正定县	368940	144929	18182	72274
栾城县	65082	102779	3801	52055
行唐县	22480	28400	3898	9170
灵寿县	17329	30150	1458	3840
高邑县	71426	30037	2536	19692
深泽县	237368	171161	14986	136396
赞皇县	43284	20851	36455	23907
无极县	62563	54459	14243	20197
平山县	116367	70553	13703	11856
元氏县	19612	51893	4451	16268
赵县	99925	112739	15077	27273
辛集市	590199	140161	12036	100636
藁城市	229172	26052	44135	84349
晋州市	58997	50183	1858	13851
新乐市	121613	151577	19681	46382
鹿泉市	253236	189030	39583	47239

四、能源消费

全市规模以上工业企业能源购进、消费及库存

4—1

（2010 年）

能源名称	计量单位	年初库存	购进量		消费量			年末库存
			实物量	金 额（万元）	合 计	1. 工 业生产消费	2. 非工业生产消费	
能源合计	**吨标准煤**				**53956409**	**53751835**	**204574**	
原煤	吨	1296718	45369929	27722900	44853180	44725943	127237	1906961
洗精煤	吨	154850	4772279	5742819	4740802	4740745	57	247427
其它洗煤	吨	1317	119424	50624	116454	116326	128	5406
型煤	吨		405	309	405	405		
焦炭	吨	109114	3161910	5720435	3763301	3763166	135	29469
其它焦化产品	吨	6494	95160	271462	94919	94919		8934
焦炉煤气	万立方米		10540	33326	34252	34252		
其他煤气	万立方米		1011	27927	58373	58373		
天然气	万立方米		7243	179518	7243	7081	162	
原油	吨	322780	4278906	19706918	4211186	4211186		410560
汽油	吨	971	58119	381683	60175	48412	11762	95
煤油	吨	127	1370	8962	1227	1200	27	275
柴油	吨	5790	81915	488183	87026	77804	9221	6102
燃料油	吨	143	328	997	328	328		143
液化石油气	吨	1	778	4042	779	779		
炼厂干气	吨		5000	12389	157195	157195		
其它石油制品	吨	121	174446	669921	402979	402979		80
热力	百万千焦		27578853	1280510	32465985	31433711	1032274	
电力	万千瓦时		2217886	13070860	2792432	2761135	31296	
其它燃料	吨标准煤	13	104718	75909	131071	131071		13

市区规模以上工业企业能源购进、消费及库存

4—2　　(2010 年)

能源名称	计量单位	年初库存	购进量		消费量			年末库存
			实物量	金额(万元)	合计	1. 工业生产消费	2. 非工业生产消费	
能源合计	**吨标准煤**				**22715228**	**22650391**	**64836**	
原煤	吨	404620	13936227	8832884	13805610	13791977	13632	521510
洗精煤	吨		2737411	3502862	2798511	2798511		
其它洗煤	吨		68278	18708	68278	68278		
型煤	吨		46	29	46	46		
焦炭	吨	5663	1014718	1720601	1015563	1015563		4725
其它焦化产品	吨	5714	95160	271462	94919	94919		8154
焦炉煤气	万立方米		10540	33326	10540	10540		
其他煤气	万立方米		1011	27927	15833	15833		
天然气	万立方米		6075	152745	6075	5933	142	
汽油	吨	63	5536	38857	5576	3990	1586	40
煤油	吨	2	150	1153	149	149		8
柴油	吨	1743	13855	89243	14033	12733	1299	1455
液化石油气	吨	1	547	3036	548	548		
热力	百万千焦		18274011	877803	21397455	20562996	834458	
电力	万千瓦时		538668	3078076	793069	776285	16784	

全市规模以上工业企业产值综合能耗

4—3 (2010 年)

行业名称	综合能源消费量（吨标准煤）		工业总产值（不变价）（万元）		产值能耗（吨标准煤/万元）	
	本年	去年同期	本年	去年同期	本年	去年同期
总　计	**28437443**	**26533666**	**59813063**	**44547717**	**0.48**	**0.60**
煤炭采选业	663446	609022	1747677	889386	0.38	0.68
食品制造业	175443	168767	829240	656429	0.21	0.26
饮料制造业	136994	134397	548471	420759	0.25	0.32
烟草制品业	9534	9767	437291	369069	0.02	0.03
纺织业	629346	566482	4273507	2952556	0.15	0.19
纺织服装、鞋、帽制造业	51098	48907	958310	775330	0.05	0.06
皮革、毛皮、羽毛（绒）及其制品业	379270	406254	5254134	3769183	0.07	0.11
木材加工及木、竹、藤、棕、草制品业	349026	320499	1386980	968691	0.25	0.33
造纸及纸制品业	244977	236269	906858	685665	0.27	0.34
石油加工、炼焦及核燃料加工业	1070673	847108	2898557	1905304	0.37	0.44
化学原料及化学制品制造业	3897564	4127605	5258337	4078743	0.74	1.01
医药制造业	993992	794894	3420084	2701237	0.29	0.29
化学纤维制造业	152377	155668	281473	199968	0.54	0.78
非金属矿物制品业	3257665	3218125	4423486	3566638	0.74	0.90
黑色金属冶炼及压延加工业	4797971	4512785	5852623	4225525	0.82	1.07
有色金属冶炼及压延加工业	83312	68571	363960	249487	0.23	0.27
通用设备制造业	495513	559172	2878536	2114927	0.17	0.26
专用设备制造业	192105	196799	1289087	986171	0.15	0.20
交通运输设备制造业	94350	102379	925179	726838	0.10	0.14
仪器仪表及文化、办公用机械制造业	27444	41522	202015	141694	0.14	0.29
电力、蒸汽、热水的生产和供应业	8657160	7268071	3150432	2628468	2.75	2.77
自来水的生产和供应业	7893	8263	63601	58430	0.12	0.14

全市主要能源调出调入情况

4—4　　(2010 年)　　计量单位：吨

能源名称	调出量	# 调出省外	调入量	# 省外调入
原　煤	2431260	2431260	48497457	48497457
洗精煤	198619	198619	3633115	3633115
其它洗煤			378015	286490
焦　炭	2498414	2498414	956276	956276
原　油	85327	85327	2651860	631844
汽　油	47508	47508	32333	32333
柴　油	72582	72582	311499	311499
天然气	2860	2860	2860	2860

市区主要能源调出调入情况

4—5　　(2010 年)　　计量单位：吨

能源名称	调出量	# 调出省外	调入量	# 省外调入
原　煤	1945008	1945008	38797965	38797965
洗精煤	158895	158895	2906492	2906492
其它洗煤			302412	229192
焦　炭	1998731	1998731	765021	765021
原　油	68261	68261	2121488	505475
汽　油	38006	38006	25866	25866
柴　油	58065	58065	249199	249199
天然气	2288	2288	2288	2288

全市规模以下工业企业主要能源消费情况

4—6　　(2010 年)

行业名称	原煤（吨）	焦炭（吨）	汽油（吨）	柴油（吨）	电　力（万千瓦时）
总　计	**12223322**	**815938**	**392344**	**295420**	**1411338**
轻工业	3661889	104741	217017	129448	752442
重工业	8561433	711197	175328	165972	658896
（一）采矿业	587680	426	8449	27658	48821
煤炭开采和洗选业	88252		49	509	5787
黑色金属矿采选业	4852		815	7831	16668
有色金属矿采选业	5295	289	72	1337	559
非金属矿采选业	468379	137	6910	16928	23087
其他采矿业	20901		603	1052	2719
（二）制造业	11630593	815512	382994	267044	1361864
农副食品加工业	535818	208	24800	20616	196949
食品制造业	216552	702	6940	10167	21384
饮料制造业	39630	611	1369	1405	21506
烟草制品业	2850	322	150	678	955
纺织业	346499	9922	17567	11176	97074
纺织服装、鞋、帽制造业	120334		93680	5461	118261
皮革、毛皮、羽毛（绒）及其制品业	376995	34	5945	9170	26631
木材加工及木、竹、藤、棕、草制品业	187406	32	1640	1872	17060
家具制造业	288937	4074	28991	35223	161158
造纸及纸制品业	371817	211	8813	2648	73729
印刷业和记录媒介的复制	11457	1620	1748	581	11318

4—6 续表　　(2010 年)

行业名称	原煤(吨)	焦炭(吨)	汽油(吨)	柴油(吨)	电　力(万千瓦时)
文教体育用品制造业	18253		282	27	5163
石油加工、炼焦及核燃料加工业	157299	2895	2102	1606	11898
化学原料及化学制品制造业	1565600	26246	84584	57735	157976
医药制造业	29397	197	1522	319	1878
化学纤维制造业	6206		487	343	969
橡胶制品业	27712	3021	639	403	5626
塑料制品业	348797	8013	8960	6436	46995
非金属矿物制品业	4715533	74172	24954	31938	130369
黑色金属冶炼及压延加工业	1000486	473632	16150	31616	91903
有色金属冶炼及压延加工业	110783	28445	4685	1966	16495
金属制品业	433754	96332	8058	4428	69493
通用设备制造业	293681	36644	16653	15493	20179
专用设备制造业	61957	10051	2152	1043	8420
交通运输设备制造业	16334	34	1411	1380	960
电气机械及器材制造业	14593	17360	167	129	536
通信设备、计算机及其他电子设备制造业	6454	10947	696	1926	2157
仪器仪表及文化、办公用机械制造业	1890		309	642	592
工艺品及其他制造业	190	437	1470	1699	7040
废弃资源和废旧材料回收加工业	323378	9351	16069	8920	37192
(三) 电力、燃气及水的生产和供应业	5049		901	719	653
电力、热力的生产和供应业	2663		901	719	653
燃气生产和供应业	899				
水的生产和供应业	1487				

市区规模以下工业企业主要能源消费情况

4—7　　(2010 年)

行业名称	原煤 (吨)	焦炭 (吨)	汽油 (吨)	柴油 (吨)	电　力 (万千瓦时)
总　计	**9778658**	**652751**	**313875**	**236336**	**1129070**
轻工业	2929511	83793	173613	103558	601953
重工业	6849147	568958	140262	132778	527117
(一) 采矿业	470144	341	6759	22126	39057
煤炭开采和洗选业	70602		39	407	4630
有色金属矿采选业	4236	231	57	1070	447
非金属矿采选业	374703	110	5528	13543	18470
其它矿采选业	16721		483	842	2176
(二) 制造业	9304475	652410	306395	213635	1089492
农副食品加工业	428655	166	19840	16493	157559
食品制造业	173241	562	5552	8133	17107
饮料制造业	31704	489	1095	1124	17205
烟草制品业	2280	257	120	542	764
纺织业	277199	7938	14054	8941	77659
纺织服装、鞋、帽制造业	96267		74944	4369	94609
皮革、毛皮、羽毛(绒)及其制品业	301596	27	4756	7336	21305
木材加工及木、竹、藤、棕、草制品业	149925	26	1312	1497	13648
家具制造业	231150	3260	23193	28178	128926
造纸及纸制品业	297454	168	7050	2118	58983
印刷业及记录媒介的复制	9165	1296	1398	464	9055
文教体育用品制造业	14603		225	21	4130
石油加工、炼焦及核燃料加工业	125839	2316	1682	1285	9519
化学原料及化学制品制造业	1252480	20997	67667	46188	126381
医药制造业	23518	157	1218	255	1503
化学纤维制造业	4965		390	274	775
橡胶制品业	22169	2417	511	322	4501
塑料制品业	279037	6410	7168	5149	37596
非金属矿物制品业	3772427	59338	19963	25551	104295
黑色金属冶炼及压延加工业	800389	378906	12920	25293	73522
有色金属冶炼及压延加工业	88626	22756	3748	1573	13196
金属制品业	347003	77065	6447	3543	55595
通用设备制造业	234945	29316	13323	12395	16143
专用设备制造业	49566	8041	1722	835	6736
交通运输设备制造业	13067	27	1129	1104	768
通信设备、计算机及其他电子设备制造业	5163	8758	557	1541	1725
仪器仪表及文化、办公用机械制造业	1512		247	513	474
工艺品及其他制造业	152	349	1176	1359	5632
废弃资源和废旧材料回收加工业	258702	7481	12855	7136	29754
(三) 电力及水的生产和供应业	4039		721	575	522
电力、蒸汽、热水的生产和供应业	2850		721	575	522
自来水的生产和供应业	1189				

全市有关行业能源消费量

4—8　　(2010年)

能源名称	计量单位	本年消费量	# 农林牧渔水利业	建筑业	批发零售贸易餐饮业	公路运输业
煤炭	吨	2364057	22523	44971	326994	80974
煤制品	吨	19005	470	85	1672	6
焦炭	吨	2157		545		
焦炉煤气	万立方米	103			98	
汽油	吨	316377	12072	20852	25508	17796
煤油	吨	5045	116	218	309	3136
柴油	吨	244710	1570	59572	15664	127506
燃料油	吨	13481	343	12433	88	
液化石油气	吨	7021	192	5249	710	353
热力	百万千焦	20294734	14893	377295	7190771	3795
电力	万千瓦时	1251474	45572	43831	176614	76851

市区有关行业能源消费量

4—9　　(2010年)

能源名称	计量单位	本年消费量	# 农林牧渔水利业	建筑业	批发零售贸易餐饮业	公路运输业
煤炭	吨	1891245	18019	35977	261595	64779
煤制品	吨	15204	376	68	1338	5
焦炭	吨	1725		436		
焦炉煤气	万立方米	82			78	
汽油	吨	253102	9658	16682	20406	14237
煤油	吨	4036	93	174	247	2509
柴油	吨	195768	1256	47657	12531	102005
燃料油	吨	10785	275	9946	71	
液化石油气	吨	5616	153	4199	568	283
热力	百万千焦	16235788	11915	301836	5752617	3036
电力	万千瓦时	1001179	36457	35065	141291	61481

全市行业用电分类情况

4—10 （2010 年） 计量单位：万千瓦时

指标名称	全 市	# 市区
全社会用电总计	**3835366**	**1346076**
A、全行业用电合计	3348306	1181770
第一产业	135328	12844
第二产业	2817402	887658
第三产业	395576	281268
B、城乡居民生活用电合计	487060	164306
城镇居民	228678	149209
乡村居民	258382	15097
全行业用电分类	3348306	1181770
一、农、林、牧、渔、水利业	135328	12844
1. 农业	20379	1387
2. 林业	483	148
3. 畜牧业	6705	1634
4. 渔业	177	28
5. 农、林、牧、渔服务业	107584	9647
# 排灌	95400	9304
二、工业	2783621	872859
1. 轻工业	697419	236849
2. 重工业	2086202	636010
（一）采矿业	62354	25515
1. 煤炭开采和洗选业	25659	24792
2. 石油和天然气开采业	3740	572
3. 黑色金属矿采选业	13154	13
4. 有色金属矿采选业	1668	28
5. 非金属矿采选业	16422	77
6. 其他采矿业	1711	33
（二）制造业	2148580	452704
1. 食品、饮料和烟草制造业	70015	6254
# 农副食品加工业	25360	2359
2. 纺织业（轻）	200899	39943
3. 服装鞋帽、皮革羽绒及其制品业	27842	2817
4. 木材加工及制品和家具制品业	32366	1990

4—10 续表 1　　(2010 年)　　计量单位：万千瓦时

指标名称	全　市	# 市区
# 轻工业	2930	951
5. 造纸及纸制品业	56849	2902
6. 印刷业和记录媒介的复制	3494	1902
7. 文体用品制造业	281	27
8. 石油加工、炼焦及核燃料加工业	39497	36915
9. 化学原料及化学制品制造业	403960	26325
# 轻工业	8353	1755
# 肥料制造	243211	8914
10. 医药制造业	227175	150554
11. 化学纤维制造业	37758	16478
12. 橡胶和塑料制品业	65387	5710
# 轻工业	16450	1336
13. 非金属矿物制品业	279756	8378
# 轻工业	19362	1232
# 水泥制造	152612	2480
14. 黑色金属冶炼及压延加工业	429483	102681
# 铁合金冶炼	35252	1028
15. 有色金属冶炼及压延加工业	44251	9702
# 铝冶炼	23313	140
16. 金属制品业	122992	8922
# 轻工业	6884	851
17. 通用及专用设备制造业	59067	14517
# 轻工业	2005	26
18. 交通运输、电气、电子设备制造业	39432	14184
# 轻工业	3567	2003
# 交通运输设备制造业	12187	4269
19. 工艺品及其他制造业（轻）	5735	2297
20. 废弃资源和废旧材料回收加工业	2341	206
（三）电力、燃汽及水的生产和供应业	572687	394640
1. 电力、热力的生产和供应业	546062	383525
# 电厂生产全部耗用电量	316582	281133
线路损失电量	212637	89831

4—10 续表2　　（2010 年）　　计量单位：万千瓦时

指标名称	全　市	# 市区
2. 燃气生产和供应业	5576	4200
3. 水的生产和供应业	21049	6915
# 轻工业	7820	5521
三、建筑业	33781	14799
四、交通运输、仓储和邮政业	95747	72197
1. 交通运输业	79737	69295
# 城市公共交通	398	300
管道运输业	5793	0
电气化铁路	40175	39683
2. 仓储业	14269	1954
3. 邮政业	1741	948
五、信息传输、计算机服务和软件业	25161	16533
1. 电信和其他信息传输服务业	24561	16117
2. 计算机服务和软件业	600	416
六、商业、住宿和餐饮业	97880	59055
1. 批发和零售业	74643	42704
2. 住宿和餐饮业	23237	16351
七、金融、房地产、商务及居民服务业	78246	63924
1. 金融业	8298	6350
2. 房地产业	40443	37665
3. 租赁和商务服务业、居民服务和其它服务	29505	19909
八、公共事业及管理组织	98542	69559
1. 科学研究、技术服务和地质勘查业	5993	5591
# 地质勘查业	298	148
2. 水利、环境和公共设施管理业	13514	7196
# 水利管理业	2216	810
# 公共照明	9135	6131
3. 教育、文化、体育和娱乐业	38268	27462
# 教育	28322	19966
4. 卫生、社会保障和社会福利业	16521	11940
5. 公共管理和社会组织、国际组织	24246	17370

分县（市）用电情况

4—11 计量单位：万千瓦时

行政单位	2006 年	2007 年	2008 年	2009 年	2010 年
全市总计	**2835596**	**3212588**	**3246087**	**3404834**	**3835366**
市区合计	1136665	1214163	1224331	1270267	1346076
井 陉 县	62603	66054	54796	47727	64289
正 定 县	130110	140602	146182	155718	182648
栾 城 县	88589	103145	101212	107413	118557
行 唐 县	28647	33845	33983	36337	46003
灵 寿 县	73178	81429	81614	83262	90719
高 邑 县	47447	60959	59904	67192	83258
深 泽 县	39508	46190	46494	49014	83258
赞 皇 县	37177	41138	45884	53910	67834
无 极 县	54310	61160	62778	70039	86889
平 山 县	156790	210096	248840	226256	268878
元 氏 县	82817	100776	115953	120923	137451
赵 县	96177	102583	97701	98862	123154
辛 集 市	162074	190741	200905	231405	288778
藁 城 市	168848	196527	192297	201419	263335
晋 州 市	165359	202470	191616	220207	238508
新 乐 市	70472	75231	82182	88362	94954
鹿 泉 市	234825	285479	259415	255410	278379

五、财政　金融

财政收入情况

5—1 （2010年） 计量单位：万元

行政单位	全部财政收入			
		#一般预算收入		
			#增值税	营业税
石家庄市	**3879254**	**1636303**	**159962**	**570422**
市区合计	2117388	1047751	85746	399443
#长安区	383751	177229	21375	87946
桥东区	326630	143757	7428	63833
桥西区	464768	196341	14391	90054
新华区	226798	125305	7084	63070
裕华区	238951	134342	8269	70187
矿 区	45387	17614	3739	4583
高新区	204555	71053	13736	19769
井陉县	106648	40167	6106	14035
正定县	80656	49990	3430	21994
栾城县	73518	36684	4703	9666
行唐县	24808	13478	1303	5389
灵寿县	25265	12033	1795	1934
高邑县	20438	12285	1148	5083
深泽县	24309	15365	948	5558
赞皇县	25060	12134	1600	3494
无极县	32573	16938	1822	6722
平山县	144176	59138	12321	13047
元氏县	55871	25034	3685	7097
赵 县	38039	18780	2635	4620
辛集市	110039	52813	7418	14022
藁城市	760892	96220	11874	17799
晋州市	63819	33565	4045	7439
新乐市	40475	23621	2312	7568
鹿泉市	135280	70307	7071	25512

5—1 续表　　　　(2010 年)　　　　计量单位：万元

行政单位	一般预算收入中：				
	企业所得税	个人所得税	城市维护建设税	耕地占用税	契　税
石家庄市	**125462**	**71113**	**106456**	**27569**	**141874**
市区合计	98442	56464	66547	6397	110369
#长安区	13478	9199	11704	173	
桥东区	27571	7341	10603	410	
桥西区	29576	12323	14732	1159	
新华区	6009	12739	8089	852	
裕华区	7549	8405	9266	1635	
矿　区	1082	677	1977	67	229
高新区	10185	5417	5655	1725	
井陉县	1530	928	1775	210	351
正定县	2088	1004	1861	3566	4478
栾城县	2180	477	1120	3879	2280
行唐县	672	494	378	17	331
灵寿县	525	299	265	432	721
高邑县	263	125	404	396	713
深泽县	386	842	487	170	213
赞皇县	805	139	243	1595	257
无极县	1003	527	607	347	208
平山县	2562	1657	3639	278	854
元氏县	2104	463	919	160	683
赵　县	725	525	940	19	373
辛集市	2981	1154	3357	1189	5652
藁城市	2984	3050	17811	4886	4778
晋州市	1269	874	2249	690	1815
新乐市	519	548	673	326	1089
鹿泉市	4424	1543	3181	3012	6709

财政支出情况

5—2　　　　　　　　　　　　（2010年）　　　　　　　　　　　计量单位：万元

行政单位	财政支出	#一般公共服务	公共安全	教　育	科学技术
石家庄市	**3051647**	**355122**	**217322**	**700086**	**45021**
市区合计	1494050	167589	127873	293521	30402
#长安区	67800	9407	3257	34720	1309
桥东区	75266	19387	2761	32793	982
桥西区	88602	12340	2532	33823	980
新华区	75838	16457	3258	39414	1202
裕华区	70539	16045	2444	29528	724
矿　区	30042	5636	2377	8912	415
高新区	62525	10565	1426	9403	5419
井陉县	82408	10030	4878	24442	929
正定县	96252	13462	7218	27009	1390
栾城县	74329	9334	4238	22184	1330
行唐县	79145	10022	4901	21475	521
灵寿县	80133	7931	4976	17823	620
高邑县	48134	6649	3136	11883	550
深泽县	49340	4781	3298	10577	556
赞皇县	73588	6144	4000	13279	518
无极县	68506	8994	4384	21572	571
平山县	145154	14487	5979	32518	1287
元氏县	74388	10134	4869	22304	670
赵　县	93579	9610	5030	28951	208
辛集市	126804	16647	6193	34205	940
藁城市	172697	16350	7189	38664	1119
晋州市	96280	17054	6189	25748	885
新乐市	75741	7873	4275	19507	1193
鹿泉市	121119	18031	8696	34424	1332

5—2 续表　　(2010 年)　　计量单位：万元

行政单位	财政支出中：				
	文化体育与传媒	社会保障和就业	医疗卫生	城乡社区事务	农林水事务
石家庄市	**37411**	**230813**	**275925**	**230965**	**246619**
市区合计	21702	92234	100540	161435	38353
#长安区	278	5971	4217	4682	1082
桥东区	176	5794	4081	4448	342
桥西区	169	6187	5188	5063	403
新华区	385	5696	2279	4691	577
裕华区	352	3248	6270	3012	628
矿　区	207	1906	2309	909	2891
高新区	138	1582	2045	17430	984
井陉县	961	5094	7036	4035	13610
正定县	1447	6865	8028	4036	10392
栾城县	430	6825	8026	2012	10303
行唐县	557	5439	8214	1662	13242
灵寿县	544	12754	9619	442	12052
高邑县	347	4800	5217	2511	4792
深泽县	309	3436	6382	1251	6338
赞皇县	504	3780	8371	1919	10793
无极县	597	5580	10107	454	8393
平山县	3949	16735	13606	14696	24828
元氏县	684	5243	9077	1594	8749
赵　县	1017	5877	13650	5546	11038
辛集市	811	10343	14231	3504	15212
藁城市	639	20989	19960	15294	21361
晋州市	872	5200	13484	3322	12556
新乐市	740	8884	8603	1704	8981
鹿泉市	1301	10735	11774	5548	15626

全市金融机构本外币信贷收支情况

5—3　　　　(2010 年)　　　　计量单位：万元

指标名称	本年度余额	比年初	
		今　年	去　年
一、各项存款	61703149	9728595	10553325
1. 企事业单位存款	17704284	2311172	4684010
（1）活期存款	14275005	2941851	3293310
（2）定期存款	3429280	-630679	1390700
2. 储蓄存款	29344804	3513183	3888890
（1）活期储蓄	9102429	1759579	1560983
（2）定期储蓄	20242375	1753604	2327906
3. 委托存款	619598	202921	159578
4. 其他存款	14034463	3701320	1820848
二、所有者权益	1576771	453668	206992
# 实收资本	717926	106833	125464
三、其他	-27207328	-6093046	-1729473
资金来源总计	36072592	4089237	9030845
一、各项贷款	32880460	3913780	8092813
1. 短期贷款	13249250	1459668	2914387
2. 中长期贷款	18283645	3187607	5264123
3. 委托贷款	227825	190209	16746
4. 其它贷款	55669	1625	10527
5. 票据融资	1030591	-932204	-116917
6. 各项垫款	33480	6875	3946
二、有价证券及投资	3192133	175457	938032
资金运用总计	36072592	4089237	9030845

全市金融机构人民币信贷收支情况

5—4　　(2010年)　　计量单位：万元

指标名称	本年余额	指标名称	本年余额
一、各项存款	61155028		
1. 企业存款	17342594	# 个人消费贷款	274603
(1) 活期存款	13914648	(2) 单位贷款及透支	10905367
(2) 定期存款	3427946	# 经营贷款	10600452
2. 财政存款	923151	固定资产贷款	297258
3. 机关团体存款	6923100	(3) 普通并购贷款	
4. 储蓄存款	29203989	(4) 银团贷款	133950
(1) 活期储蓄	9059780	(5) 贸易融资	563811
(2) 定期储蓄	20144209	2. 中长期贷款	18282776
5. 农业存款	35028	(1) 个人贷款	3841150
6. 委托存款	616479	# 个人消费贷款	3310788
7. 其他存款	6110686	(2) 单位贷款	13084907
二、金融债券	79422	(3) 银团贷款	1356719
三、应付及暂收款	849158	3. 委托贷款	227825
# 应付利息	496012	4. 票据融资	1030591
四、同业往来	1165535	5. 各项垫款	33480
五、各项准备	796508	二、有价证券及投资	3192133
# 贷款损失准备	752810	三、应收及预付款	241999
六、所有者权益	1569514	# 应收利息	84276
# 实收资本	717926	四、同业往来	153966
七、其他	-2385451	五、行内资金往来	26043137
资金来源总计	63229713	六、外汇占款	5068
一、各项贷款	32720979	七、固定资产	523566
1. 短期贷款	13146306	八、库存现金	348567
(1) 个人贷款及透支	1543179	资金运用总计	63229713

市区金融机构人民币信贷收支情况

5—5　　（2010 年）　　计量单位：万元

指标名称	本年余额	指标名称	本年余额
一、各项存款	42992706	# 个人消费贷款	173915
1. 企业存款	15019465	（2）单位贷款及透支	7944853
（1）活期存款	11985455	#经营贷款	7652549
（2）定期存款	3034010	固定资产贷款	284648
2. 财政存款	742596	（3）普通并购贷款	
3. 机关团体存款	4078917	（4）银团贷款	133950
4. 储蓄存款	16736357	（5）贸易融资	374237
（1）活期储蓄	5544281	2. 中长期贷款	16421604
（2）定期储蓄	11192076	（1）个人贷款	3138123
5. 农业存款	24256	# 个人消费贷款	2723236
6. 委托存款	613665	（2）单位贷款	11947447
7. 其他存款	5777449	（3）银团贷款	1336034
二、应付及暂收款	597350	3. 委托贷款	227825
# 应付利息	318049	4. 票据融资	607797
三、同业往来	1047790	5. 各项垫款	33201
四、各项准备	528439	二、有价证券及投资	2202669
# 贷款损失准备	486175	三、应收及预付款	205431
五、所有者权益	1090455	# 应收利息	69905
# 实收资本	365579	四、同业往来	138400
六、其他	-1068963	五、行内资金往来	15954260
资金来源总计	45267199	六、外汇占款	5068
一、各项贷款	26219403	七、固定资产	329252
1. 短期贷款	8928975	八、库存现金	212717
（1）个人贷款及透支	475935	资金运用总计	45267199

全市金融机构外汇信贷收支情况

5—6　　(2010年)　　计量单位：万美元

指标名称	本年余额	比年初	
		今　年	去　年
一、各项存款	82764	29544	3405
1. 单位活期存款余额	54412	36836	618
# 中资企业存款	31063	23928	1809
外商投资企业存款	6576	4354	-2615
2. 单位定期存款	201	-8083	987
# 中资企业存款	143	79	-87
3. 储蓄存款	21262	-1776	1582
# 定期存款	14823	-1723	681
4. 委托存款	471	-89	358
5. 其他类存款	6275	2655	-251
6. 境外存款	142	1	110
二、境外筹资	417	-107	-63
三、同业存放	259	-7	-204
四、应付及暂收款	8715		
# 应付及预提利息	96	7181	-1785
五、同业拆入		-78	-168
六、外汇买卖	776	334	173
# 结售汇	742	315	242
七、各项准备	149	81	-672
八、所有者权益	1096	562	-411
九、其他	8735	2543	-2541
资金来源总计	103631	39474	-722
一、各项贷款	24081	9292	3620
1. 短期贷款	15544	9051	5211
# 中资企业贷款	92	-2815	2752
2. 中长期贷款	131	-237	-3024
# 中资企业贷款		-62	-1924
3. 进出口贸易融资	6463	1560	2150
4. 境外筹资转贷款	1943	-1069	-603
二、应收及预付款	7724	6875	-1054
# 应收及预付利息	207	171	-38
三、存放同业	2954	2509	-264
四、存放境内联行	67868	20707	-2913
五、库存现金	1004	92	-78
资金运用总计	103631	39474	-722

分县（市）金融机构信贷情况

5—7　　（2010年）　　计量单位：万元

行政单位	各项存款	# 企业存款余额	# 活期存款余额	定期存款余额
全市总计	**61155028**	**17342594**	**13914648**	**3427946**
市区合计	42992706	15019465	11985455	3034010
井 陉 县	786016	107077	78805	28272
正 定 县	1800211	291961	239576	52385
栾 城 县	849075	200387	130264	70123
行 唐 县	591024	49470	43528	5941
灵 寿 县	582058	47443	44519	2924
高 邑 县	353955	52964	48882	4082
深 泽 县	566576	35514	32878	2636
赞 皇 县	387313	59479	58709	770
无 极 县	841076	71179	56373	14806
平 山 县	964011	120636	102386	18250
元 氏 县	686310	84552	80711	3841
赵 县	658086	71239	68739	2500
辛 集 市	1868340	189779	154833	34946
藁 城 市	1464389	237836	191444	46393
晋 州 市	1248525	149060	119806	29254
新 乐 市	701097	78476	58602	19874
鹿 泉 市	1489307	342356	286853	55503

5—7 续表 1　　(2010 年)　　计量单位：万元

行政单位	各项存款中：				
	储蓄存款余额	# 活期储蓄余额	定期储蓄余额	农业存款	其他存款
全市总计	**29203989**	**9059780**	**20144209**	**35028**	**6110686**
市区合计	16736357	5544281	11192076	24256	5777449
井 陉 县	611986	166733	445253	3083	34264
正 定 县	1301585	388787	912798	1079	24782
栾 城 县	550039	147770	402269	343	59001
行 唐 县	517478	131016	386462		200
灵 寿 县	479517	159882	319635	22	12407
高 邑 县	291375	79705	211670	1032	820
深 泽 县	487103	91050	396053	1	16190
赞 皇 县	301049	96716	204333	122	956
无 极 县	721112	181073	540039	256	5103
平 山 县	700174	219300	480875	285	53759
元 氏 县	543225	155476	387749	1895	6577
赵　 县	539746	146107	393639		5721
辛 集 市	1565905	407379	1158526	1340	9990
藁 城 市	1136136	292915	843221	486	26782
晋 州 市	1041133	272618	768516	799	30953
新 乐 市	600659	238325	362334	1	2064
鹿 泉 市	1018725	310699	708026	29	37905

5—7 续表2 （2010年） 计量单位：万元

行政单位	各项贷款	# 短期贷款		
			# 个人贷款及透支	单位贷款及透支
全市总计	**32720979**	**13146306**	**1543179**	**10905367**
市区合计	26219403	8928975	475935	7944853
井陉县	331011	202431	24236	160595
正定县	710170	373002	94347	274710
栾城县	314539	250221	62506	187715
行唐县	178851	148636	63258	84897
灵寿县	168737	119480	65361	52399
高邑县	142801	98797	20515	76712
深泽县	151307	123478	55245	68234
赞皇县	153612	121669	66254	44884
无极县	226115	189930	92709	96921
平山县	275416	178937	21708	156379
元氏县	251238	211131	69626	139931
赵　县	297605	196631	62583	129559
辛集市	553523	402747	60313	339664
藁城市	630210	462052	128325	324278
晋州市	441472	371980	49168	322812
新乐市	278099	223011	85613	137398
鹿泉市	808933	338021	44155	287926

5—7 续表 3　　(2010 年)　　计量单位：万元

行政单位	各项贷款中：			
	短期贷款中：		中长期贷款	
	银团贷款	贸易融资		# 个人贷款
全市总计	**133950**	**563811**	**18282776**	**3841150**
市区合计	133950	374237	16421604	3138123
井 陉 县		17600	7733	2984
正 定 县		3945	296425	103522
栾 城 县			60310	33389
行 唐 县		480	18300	6301
灵 寿 县		1720	34358	18283
高 邑 县		1570	35651	15302
深 泽 县			22314	8778
赞 皇 县		10530	30369	17369
无 极 县		300	36163	28372
平 山 县		850	85812	68327
元 氏 县		1575	31411	19717
赵　县		4490	46938	19756
辛 集 市		2770	89496	53717
藁 城 市		9449	121660	27636
晋 州 市			57824	29031
新 乐 市			52358	36210
鹿 泉 市		5940	451289	213058

六、物　价

居民消费价格指数

6—1　　(2010年)

类别及品名	以上年同期价格为100		
	全　市	城　市	农　村
居民消费价格总指数	**103.2**	**103.0**	**103.6**
一、食品	105.8	105.4	106.8
1. 粮食	108.0	107.4	109.6
2. 淀粉	114.1	120.3	101.6
3. 干豆类及豆制品	114.2	116.0	109.4
4. 油脂	102.1	101.6	103.7
5. 肉禽及其制品	101.1	101.3	100.6
6. 蛋	107.5	108.2	106.5
7. 水 产 品	101.0	101.8	99.1
8. 菜	109.2	105.4	120.0
9. 调 味 品	104.6	103.4	106.2
10. 糖	103.1	104.1	101.7
11. 茶及饮料	103.1	103.8	100.4
12. 干鲜瓜果	115.5	114.3	119.9
13. 糕点饼干	105.0	106.3	101.4
14. 液体乳及乳制品	102.7	102.8	102.1
15. 在外用膳食品	103.1	103.7	101.2
16. 其他食品	103.1	103.9	101.3
二、烟酒及用品	100.4	100.1	101.1
1. 烟 草	99.6	99.4	100.1
2. 酒	101.3	100.9	102.0
3. 吸烟、饮酒用品	99.6	99.3	100.7
三、衣着	102.8	102.9	102.6
1. 服 装	103.1	103.1	103.2

6—1 续表　　(2010 年)

类别及品名	以上年同期价格为 100		
	全　市	城　市	农　村
2. 衣着材料	100.8	99.3	102.9
3. 鞋 袜 帽	102.7	103.2	101.4
4. 衣着加工服务费	102.8	103.6	100.2
四、家庭设备用品及维修服务	99.5	99.3	100.4
1. 耐用消费品	97.5	97.0	99.4
2. 室内装饰品	100.1	100.0	100.6
3. 床上用品	101.0	100.8	102.1
4. 家庭日用杂品	101.0	101.0	100.8
5. 家庭服务及加工维修服务	109.3	110.2	105.0
五、医疗保健和个人用品	103.7	104.2	102.1
1. 医疗保健	105.2	105.8	103.0
2. 个人用品及服务	100.7	100.6	101.0
六、交通和通信	99.4	99.1	100.2
1. 交 通	101.1	101.2	100.8
2. 通 信	97.7	97.4	99.2
七、娱乐教育文化用品及服务	100.8	100.5	101.6
1. 文娱用耐用消费品及服务	94.8	93.9	97.5
2. 教 育	102.8	102.9	102.7
3. 文化娱乐类	99.2	99.0	100.3
4. 旅 游	102.3	102.6	99.4
八、居 住	104.8	104.9	104.6
1. 建房及装修材料	102.2	103.0	101.5
2. 租 房	101.7	101.9	100.3
3. 自有住房	101.4	101.9	100.0
4. 水、电、燃料	107.3	107.0	108.1

商品零售价格指数

6—2　　(2010 年)

类别及品名	以上年同期价格为 100		
	全　市	城　市	农　村
商品零售价格总指数	**103.7**	**103.4**	**104.2**
一、食品	106.4	105.6	107.5
1. 粮食	108.6	108.1	109.2
2. 淀粉	110.2	120.3	101.2
3. 干豆类及豆制品	117.3	118.4	115.6
4. 油脂	102.0	101.6	102.5
5. 肉禽及其制品	100.8	101.1	100.5
6. 蛋	107.2	108.0	106.7
7. 水产品	100.9	101.7	99.8
8. 菜	111.4	105.6	119.0
9. 调味品	104.7	103.4	105.8
10. 糖	102.6	103.0	102.3
11. 干鲜瓜果	119.6	114.6	127.8
12. 糕点饼干面包	104.6	106.4	101.8
13. 液体乳及乳制品	102.1	102.5	101.3
14. 在外用膳食品	102.7	103.7	101.0
15. 其他食品	102.6	103.9	101.5
二、饮料、烟酒	100.9	101.1	100.7
1. 茶及饮料	101.8	103.4	100.4
2. 烟草	99.8	99.4	100.1
3. 酒	101.1	100.9	101.3
三、服装、鞋帽	102.7	103.1	102.1
1. 服装	103.0	103.2	102.6
2. 鞋袜帽	102.3	103.2	101.2
3. 其他	99.6	100.0	99.0
四、纺织品	101.7	100.6	102.7
1. 衣着材料	102.0	99.3	103.3
2. 床上用品	101.6	101.1	102.2
五、家用电器及音像器材	95.8	94.6	98.1
1. 家庭设备	96.2	94.9	98.9
2. 文娱用耐用消费品	94.6	92.8	97.2

6—2 续表　　（2010 年）

类别及品名	以上年同期价格为 100		
	全　市	城　市	农　村
3. 音像器材	99.9	100.1	98.9
六、文化办公用品	99.3	98.7	100.0
七、日用品	100.0	99.3	100.8
1. 日用百货	99.9	98.3	101.2
2. 日用杂品	100.8	100.8	100.9
3. 洗涤用品	100.5	100.7	100.4
4. 其他日用品	99.1	98.3	100.6
八、体育娱乐用品	98.3	95.9	100.5
1. 体育用品	99.7	98.8	100.4
2. 娱乐用品	97.2	93.9	100.6
九、交通、通信用品	96.2	95.0	98.5
1. 交通运输机械	100.7	101.4	99.5
2. 通信器材	91.0	88.5	97.1
十、家具	101.8	102.9	100.5
十一、化妆品	99.9	99.2	100.8
十二、金银珠宝	113.4	113.3	113.8
十三、中西药品及医疗保健用品	105.2	106.0	103.7
1. 医疗器具及用品	106.8	106.2	109.1
2. 中药材及中成药	112.8	114.4	108.7
3. 西药	100.7	100.6	100.8
4. 保健品及器具	99.5	99.1	100.9
十四、书报杂志及电子出版物	106.6	106.1	107.4
1. 教材及参考书	112.9	111.5	115.2
2. 书报杂志	102.3	103.4	100.2
3. 电子音像制品	99.9	100.0	99.5
十五、燃料	114.4	115.6	113.0
1. 煤炭及制品	107.5	105.7	109.2
2. 石油及制品	118.7	120.3	116.6
十六、建筑材料及五金电料	102.9	103.8	102.4
1. 建筑装璜材料	103.4	104.3	102.9
2. 五金电料	101.2	102.0	100.9

农业生产资料价格指数

6—3　　　　(2010 年)

类别及品名	以上年同期价格为 100	类别及品名	以上年同期价格为 100
农业生产资料价格指数	**104. 3**		
一、农用手工工具	103. 6	1. 化学农药	101. 8
二、饲料	107. 5	2. 农药器械	99. 4
三、产品畜	94. 8	八、农用机油	117. 1
四、半机械化农具	100. 3	九、其他农业生产资料	106. 8
五、机械化农具	100. 3	1. 农用种子	108. 8
六、化学肥料	103. 4	2. 其他	104. 6
七、农药及农药械	101. 5	十、农业生产服务	103. 8

工业产品出厂价格指数

6—4　　　　(2010 年)

类别及品名	以上年同期为 100	类别及名称	以上年同期为 100
全部工业品	**108. 03**		
轻工业	105. 20	工业部门	
以农产品为原料	108. 83	冶金工业	113. 31
以非农产品为原料	100. 64	电力工业	102. 99
重工业	111. 70	煤炭及炼焦工业	113. 63
采掘	106. 35	石油工业	120. 84
原料	113. 71	化学工业	104. 90
加工	108. 89	机械工业	104. 61
生产资料	110. 02	建筑材料工业	101. 37
采掘	108. 59	森林工业	102. 65
原料	114. 39	食品工业	108. 52
加工	106. 88	纺织工业	114. 36
生活资料	102. 67	缝纫工业	103. 55
食品	107. 27	皮革工业	107. 62
衣着	102. 30	造纸工业	101. 81
一般日用品	97. 59	文教艺术用品工业	100. 60
耐用消费品	101. 02	其它工业	100. 22

工业企业原材料购进价格指数

6—5　　(2010年)

行业名称	以上年同期为100	行业名称	以上年同期为100
全部原材料	**110.74**	（四）化工原料类	113.09
（一）燃料、动力类	114.12	（五）木材及纸浆类	101.91
（二）黑色金属材料	106.43	（六）建筑材料及非金属矿类	102.12
#钢　材	104.31	（七）其它工业原材料及半成品类	108.78
其　它	114.04	（八）农副产品类	119.21
（三）有色金属材料和电线类	106.49	（九）纺织原料类	104.69

城市房地产价格指数

6—6　　(2010年)

项　目	以上年同期为100	项　目	以上年同期为100
土地交易价格指数	**100.1**	3. 高档住宅	106.9
一、居民住宅用地	100.1	#高档公寓	108.3
# 普通住宅用地	100.1	（二）非住宅	109.3
二、工业用地	100.0	# 商业营业用房	100.3
三、商业营业用地	100.2	二、二手房	104.3
四、其他用地	100.0	**房地产租赁价格指数**	**102.2**
房地产销售价格指数	**108.3**	一、住宅	102.0
一、新建房	110.1	#普通住宅	102.4
（一）住宅	110.2	高档住宅	100.6
1. 经济适用房	100.0	二、非住宅	102.3
2. 普通住宅	111.4	（一）办公楼	100.1
(1) 多层住宅	102.2	（二）商业营业用房	104.8
(2) 高层住宅	112.2	（三）其他	99.6

七、居民生活

城镇居民家庭基本情况

7—1 （2010 年）

指标名称	计量单位		总 计	按相对收入等距 5 组分组				
				低收入组	较 低 收入组	中 等 收入组	较 高 收入组	高收入组
调查户数	户		300	60	60	60	60	60
一、住房情况								
1. 家庭居住人口	人	户	2.66	3.25	3.00	2.58	2.37	2.08
2. 现住房总建筑面积	平方米	人	29.40	20.71	25.34	30.09	33.29	43.55
3. 房屋产权								
租赁公房	–	%	3.67	1.67	3.33	5.00	1.67	6.67
租赁私房	–	%	3.67	5.00		5.00	3.33	5.00
原有私房	–	%	9.00	10.00	13.33	3.33	10.00	8.33
房改私房	–	%	68.33	71.67	66.67	68.33	65.00	70.00
商品房	–	%	15.33	11.67	16.67	18.33	20.00	10.00
4. 住宅建筑式样								
四居室	–	%	5.00	5.00	8.33	3.33	1.67	6.67
三居室	–	%	31.00	23.33	18.33	35.00	26.67	51.67
二居室	–	%	59.00	60.00	68.33	61.67	66.67	38.33
一居室	–	%	5.00	11.67	5.00		5.00	3.33
平房及其它	–	%						
5. 建筑年份	–	户	19.19	21.07	17.63	18.98	18.18	20.07
6. 装修状况								
有装修	–	%	56.67	36.67	55.00	66.67	56.67	68.33
未装修	–	%	43.33	63.33	45.00	33.33	43.33	31.67
（1）如果装修过最近一次装修年份	年	户	5.07	3.38	4.85	6.50	4.12	6.52
（2）如果装修过最近一次装修花费	元	户	12830	4708	11547	17000	14868	16025

7—1 续表 1　　（2010 年）

指标名称	计量单位		总　计	按相对收入等距 5 组分组				
				低收入组	较低收入组	中等收入组	较高收入组	高收入组
7. 现有住房按市场价估计值	元	户	331587	281667	324600	333500	345167	373000
8. 租赁房房租	元	户	261	305	58	343	207	393
9. 自有房房租折算	元	户	7849	6835	7307	8366	8413	8323
10. 购房时间	年	户	10	10	9	10	10	10
11. 购房总金额	元	户	78603	61438	83722	96798	69529	81528
购房实际支出金额	元	户	72793	53288	76217	93138	60596	80726
12. 饮水情况								
自来水	–	%	98.67	98.33	96.67	98.33	100.00	100.00
13. 用水情况								
独用自来水	–	%	100	100	100	100	100	100
14. 卫生设备								
有厕所浴室	–	%	87.33	75.00	91.67	88.33	88.33	93.33
有厕所无浴室	–	%	12.67	25.00	8.33	11.67	11.67	6.67
15. 取暖设备								
无取暖设备	–	%	0.33	1.67				
暖气	–	%	99.33	98.33	98.33	100.00	100.00	100.00
16. 炊用燃料使用情况								
罐装液化石油气	–	%	35.33	43.33	40.00	33.33	25.00	35.00
管道天然气	–	%	64.67	56.67	60.00	66.67	75.00	65.00

7—1 续表 2　　(2010 年)

指标名称	计量单位		总　计	按相对收入等距 5 组分组				
				低收入组	较　低 收入组	中　等 收入组	较　高 收入组	高收入组
17. 除了现住房，还有几处其它住房	套	户	0.05	0.03	0.05	0.03	0.07	0.08
（1）出租房	套	户	0.04	0.03	0.02	0.02	0.05	0.07
# 建筑面积	平方米	户	2.62	1.82	2.20	1.50	2.90	4.67
（2）偶尔居住房	套	户	0.01		0.03	0.02		
# 建筑面积	平方米	户	0.97		2.87	2.00		
（3）其它用途房	套	户	0.01				0.02	0.02
# 建筑面积	平方米	户	0.70				1.50	2.00
二、人口就业情况								
（一）家庭人口数	人	户	2.67	3.25	3.01	2.58	2.38	2.11
1. 有收入者人数	人	户	2.13	2.09	2.22	2.19	2.13	2.00
（1）就业人口数	人	户	1.24	1.55	1.37	1.19	1.10	1.02
①国有经济单位职工人数	人	户	0.60	0.45	0.58	0.62	0.74	0.61
②城镇集体经济单位职工人数	人	户	0.07	0.17	0.07	0.05	0.05	0.02
③其它经济类型单位职工人数	人	户	0.15	0.27	0.18	0.17	0.08	0.07
④城镇个体或私营企业主人数	人	户	0.11	0.10	0.15	0.08	0.05	0.18
⑤城镇个体或私营企业被雇人数	人	户	0.18	0.35	0.27	0.17	0.08	0.03
⑥离退休再就业人数	人	户	0.02				0.03	0.05
⑦其它就业人数	人	户	0.11	0.22	0.12	0.10	0.07	0.07
（2）离退休人数	人	户	0.88	0.52	0.85	1.00	1.03	0.98
（3）其它有收入者人数	人	户	0.01	0.03				
2. 无收入者人数	人	户	0.54	1.16	0.79	0.39	0.25	0.11
（二）在外就学人数	人	户	0.04	0.03	0.03	0.05	0.02	0.05
（三）非家庭人口在家用餐	人次	户	1.98	1.02	0.85	1.37	2.84	3.79
（四）家庭人口在外用餐	人次	户	3.99	3.64	3.17	3.48	4.56	5.08

城镇居民家庭现金收支情况

7—2 （2010年） 计量单位：元/人

指标名称	总　计	按相对收入等距5组分组				
		低收入组	较低收入组	中等收入组	较高收入组	高收入组
一、期初手存现金	1691.87	1687.76	1426.24	1368.92	1452.20	2748.75
二、家庭总收入	19605.18	10845.23	15610.68	19645.45	24366.89	33400.60
#可支配收入	18289.95	9709.05	14556.03	18369.33	22653.31	31838.75
（一）工资性收入	10306.78	7060.07	9089.84	10505.72	12719.19	14085.61
1. 工资及补贴收入	10289.56	7031.09	9081.75	10505.72	12719.19	14032.89
2. 其它劳动收入	17.22	28.99	8.08			52.72
（二）经营性净收入	1256.49	755.75	1325.85	877.06	680.50	3046.28
（三）财产性收入	145.00	49.29	91.13	94.72	148.83	427.06
1. 利息收入	66.89	21.33	44.06	70.14	64.12	168.93
2. 股息与红利收入	0.12				0.65	
3. 出租房屋收入	73.50	27.96	47.07	24.58	84.06	229.63
（四）转移性收入	7896.90	2980.12	5103.86	8167.95	10818.36	15841.66
1. 养老金或离退休金	7476.33	2638.25	4732.59	7834.93	10511.25	14993.58
2. 社会救济收入	5.38	21.96	0.11			
#最低生活保障收入	5.38	21.96	0.11			
3. 保险收入						
4. 赡养收入	96.30	33.35	22.15	38.71	114.19	349.87
5. 捐赠收入	66.30	30.27	22.15	19.35	64.52	244.59
6. 记帐补贴	88.13	72.29	77.97	90.32	99.33	111.77
7. 其它转移性收入	147.33	184.00	248.89	184.64	3.15	62.69
三、出售财物收入	2.16	3.36	1.42	0.71	0.96	4.50
四、借贷收入	2476.58	1552.42	2224.49	2645.95	2017.59	4573.61
1. 提取储蓄存款	2462.82	1526.77	2224.49	2607.24	2017.59	4573.61
2. 借入款	13.76	25.65		38.71		
3. 收回借出款						

7—2 续表 (2010 年) 计量单位：元/人

指标名称	总　计	按相对收入等距 5 组分组				
		低收入组	较低收入组	中等收入组	较高收入组	高收入组
五、家庭总支出	13209.64	8483.03	11022.04	13370.67	14782.68	21654.23
（一）消费性支出	10568.49	6540.33	8850.39	10795.81	11609.47	17784.18
（二）财产性支出	13.65			5.16	41.72	32.94
（三）转移性支出	964.97	322.27	601.06	1049.62	1043.06	2284.66
1. 交纳所得税	65.21	7.81	42.92	20.56	123.35	174.69
2. 捐赠支出	482.25	197.23	313.27	541.30	533.36	1033.37
3. 购买彩票	1.62	0.36	3.28		4.23	0.24
4. 赡养支出	341.12	111.33	192.49	407.36	296.71	877.04
# 在外就学子女费用	132.57	82.60	47.07	150.97	91.07	356.20
5. 各种非储蓄性保险支出	46.13	2.15	42.78	31.26	37.27	147.03
# 车辆保险支出	23.27			19.35		123.52
6. 其它转移性支出	28.64	3.39	6.33	49.13	48.13	52.29
（四）社会保障支出	1161.89	1056.08	933.76	1165.23	1490.89	1275.41
1. 个人交纳的养老基金	526.31	619.62	492.61	481.57	562.52	444.48
2. 个人交纳的住房公积金	368.32	191.31	186.99	422.70	576.02	599.22
3. 个人交纳的医疗基金	243.56	227.72	232.71	232.80	314.48	216.56
4. 个人交纳的失业基金	22.47	16.75	20.11	27.77	36.18	12.63
5. 其它社会保障支出	1.24	0.69	1.34	0.39	1.68	2.51
六、借贷支出	7421.86	3779.90	5524.38	7170.96	9291.29	13948.69
1. 存入储蓄款	7329.84	3775.22	5500.62	7046.12	9099.49	13777.35
2. 借出款	1.38		4.98		1.42	
3. 归还借款						
4. 储蓄性保险支出	50.37	4.68	18.77	124.84	39.92	86.49
5. 其它投资支出						
七、期末手存现金	3115.89	1842.13	2614.67	3007.39	3838.56	5138.30

城镇居民家庭消费支出情况

7—3　　　　(2010 年)

指标名称	计量单位	总计	按相对收入等距5组分组				
			低收入组	较低收入组	中等收入组	较高收入组	高收入组
消费支出	元/人	10568.49	6540.33	8850.39	10795.81	11609.47	17784.18
# 服务性消费支出	元/人	2238.22	1291.93	2004.16	1988.69	2406.83	4148.43
通过互联网购买商品或服务支出	元/人	14.13		6.84	10.36	12.42	52.94
旅游人次	人次	0.93	0.32	0.53	0.53	0.90	2.35
旅游花费总额	元/人	264.64	69.21	125.04	269.86	376.33	633.10
一、食品	元/人	3660.85	2556.67	3196.46	3866.99	4043.16	5343.35
(一) 粮油类	元/人	593.08	499.29	570.04	623.33	607.12	717.72
1. 粮食	元/人	374.67	327.79	354.90	379.75	397.63	443.09
(1) 大米. 单价	元/千克	4.48	4.42	4.34	4.49	4.55	4.65
数量	千克/人	21.01	16.98	21.53	22.86	19.24	26.23
金额	元/人	94.21	75.12	93.49	102.54	87.49	122.05
(2) 面粉. 单价	元/千克	3.23	3.21	3.09	3.18	3.33	3.42
数量	千克/人	26.06	22.32	28.69	27.25	22.93	30.14
金额	元/人	84.18	71.61	88.59	86.69	76.46	102.93
(3) 其它粮食及制品	元/人	196.28	181.06	172.82	190.52	233.68	218.11
2. 淀粉及薯类	元/人	25.94	20.67	21.53	32.59	32.18	25.13
3. 干豆类及豆制品	元/人	72.55	57.42	63.40	86.39	70.71	94.04
4. 油脂类	元/人	119.92	93.41	130.21	124.59	106.59	155.47
(1) 食用植物油. 单价	元/千克	14.19	12.99	13.71	14.63	14.35	15.58
数量	千克/人	8.45	7.19	9.50	8.52	7.43	9.98
金额	元/人	119.92	93.41	130.18	124.59	106.59	155.47
(2) 食用动物油	元/人	0.01		0.03			
(二) 肉禽蛋水产品类	元/人	896.87	591.38	828.86	1000.10	983.58	1240.75
1. 肉类	元/人	532.67	342.78	494.14	582.49	603.06	740.09
(1) 猪肉. 单价	元/千克	19.40	18.80	19.15	19.33	19.40	20.31
数量	千克/人	13.88	10.36	13.16	15.17	15.24	17.25
金额	元/人	269.39	194.77	252.11	293.26	295.69	350.22
(2) 牛肉. 单价	元/千克	28.65	27.93	28.83	28.99	28.56	28.68
数量	千克/人	3.53	2.10	3.55	3.92	3.79	4.94
金额	元/人	101.13	58.53	102.45	113.68	108.11	141.73
(3) 羊肉. 单价	元/千克	29.28	28.77	29.67	29.77	29.25	28.99
数量	千克/人	1.58	1.04	1.42	1.46	1.72	2.62
金额	元/人	46.14	29.82	42.01	43.35	50.25	76.00
(4) 其它肉及制品	元/人	116.01	59.66	97.58	132.21	149.01	172.15
2. 禽类	元/人	129.86	82.97	121.55	158.72	133.15	174.95
(1) 鸡. 单价	元/千克	17.30	16.20	16.11	18.17	17.21	19.21
数量	千克/人	2.50	1.67	2.87	2.40	2.93	2.86
金额	元/人	43.19	27.07	46.31	43.62	50.40	54.92

7—3 续表1　　(2010年)

指标名称	计量单位		总计	按相对收入等距5组分组				
				低收入组	较低收入组	中等收入组	较高收入组	高收入组
(2) 鸭. 单价	元/千克		19.79	18.49	17.88	21.15	20.94	20.95
数量	千克	人	0.36	0.33	0.32	0.24	0.48	0.46
金额	元	人	7.1	6.17	5.76	4.99	10.12	9.63
(3) 其它禽类及制品	元	人	79.57	49.73	69.48	110.11	72.62	110.4
3. 蛋类	元	人	116.3	94.23	108.12	127.52	121.44	142.45
(1) 鲜蛋. 单价	元/千克		7.71	7.44	7.58	7.81	7.72	8.02
数量	千克	人	14.01	11.91	13.44	15.04	14.25	16.54
金额	元	人	107.97	88.57	101.91	117.41	110.08	132.58
(2) 蛋制品	元	人	8.33	5.66	6.2	10.11	11.36	9.88
4. 水产品类	元	人	118.04	71.41	105.05	131.37	125.94	183.26
(1) 鱼. 单价	元/千克		13.15	12.44	12.64	13.5	13.08	13.92
数量	千克	人	4.99	3.32	4.77	5.56	5.38	6.73
金额	元	人	65.6	41.24	60.36	75.04	70.41	93.66
(2) 虾. 单价	元/千克		33.15	31.08	32.3	31.95	33.8	35.19
数量	千克	人	1.19	0.72	0.99	1.18	1.33	2.09
金额	元	人	39.61	22.53	31.86	37.6	44.86	73.59
(3) 其它水产品及制品	元	人	12.83	7.64	12.84	18.73	10.66	16
(三) 蔬菜类	元	人	459.84	362.26	400.17	502.05	503.9	594.09
1. 鲜菜. 单价	元/千克		3.03	2.87	2.95	3.15	3	3.17
数量	千克	人	141.51	118.22	127.68	146.54	156.2	174.46
金额	元	人	428.21	339.78	376.4	461.4	468.7	552.21
2. 干菜	元	人	20.71	14.36	17.49	24.96	21.2	29.36
3. 菜制品	元	人	10.92	8.12	6.28	15.69	14	12.51
(四) 调味品	元	人	66.57	43.63	60.91	70.37	75.47	95.37
(五) 糖烟酒饮料类	元	人	408.82	295.35	358.37	429.27	465.31	567.12
1. 糖类	元	人	31.01	20.86	23.27	31.87	41.6	44.73
2. 烟草类	元	人	137.4	115.98	123.52	116.17	174.68	174.18
3. 酒类	元	人	151.19	98.14	136.28	178.23	160.65	210.48
(1) 白酒. 单价	元/千克		51.29	35.54	34.14	72.74	66.79	67.1
数量	千克	人	2.22	1.9	3	1.85	1.87	2.42
金额	元	人	113.64	67.47	102.54	134.64	124.92	162.25
(2) 果酒. 单价	元/千克		45.04	51.4	19.58	89.17	61.48	103.61
数量	千克	人	0.1	0.05	0.23	0.07	0.07	0.05
金额	元	人	4.43	2.64	4.5	6.04	4.52	5
(3) 啤酒. 单价	元/千克		4.75	4.64	4.47	4.75	4.97	4.93
数量	千克	人	4.88	3.38	4.84	5.23	4.89	6.81
金额	元	人	23.17	15.66	21.66	24.86	24.31	33.57
(4) 其它酒	元	人	9.95	12.37	7.59	12.7	6.9	9.66

7—3 续表 2 （2010 年）

指标名称	计量单位		总　计	按相对收入等距 5 组分组				
				低收入组	较低收入组	中等收入组	较高收入组	高收入组
4. 饮料	元	人	89.22	60.36	75.3	102.99	88.38	137.73
(1) 碳酸饮料．单价	元/千克	人	8.02	8	7.98	8.39	8.98	7.17
数量	千克	人	0.78	0.59	0.68	0.81	0.68	1.26
金额	元	人	6.23	4.73	5.46	6.84	6.09	9.03
(2) 瓶装饮用水．单价	元/千克		2.43	2.56	2.01	3.08	2.57	2.39
数量	千克	人	1.59	0.51	1.83	0.88	2.82	2.4
金额	元	人	3.87	1.3	3.67	2.7	7.24	5.74
(3) 茶叶．单价	元/千克		146.77	118.09	110.58	192.15	144.05	180.13
数量	千克	人	0.22	0.18	0.26	0.21	0.16	0.32
金额	元	人	32.91	21.51	29.27	40.54	23.71	56.75
(4) 其它饮料	元	人	46.22	32.82	36.89	52.92	51.33	66.21
(六) 干鲜瓜果类	元	人	310.66	192.22	248.32	336.41	359.85	495.32
1. 鲜果．单价	元/千克		4.79	4.39	4.56	4.89	4.92	5.08
数量	千克	人	40.6	27.64	35.75	41.96	44.66	61.25
金额	元	人	194.56	121.38	163.03	204.98	219.67	311.39
2. 鲜瓜．单价	元/千克		2.27	2.16	2.23	2.2	2.28	2.43
数量	千克	人	13.02	10.67	10.18	11.66	16.46	18.46
金额	元	人	29.51	22.99	22.73	25.68	37.57	44.87
3. 其它干鲜瓜果类及制品	元	人	86.58	47.84	62.56	105.75	102.62	139.07
(七) 糕点、奶及奶制品	元	人	294.61	229.48	262.16	286.58	346.06	393.17
1. 糕点．单价	元/千克		15.98	15.37	15.46	15.01	16.01	18.49
数量	千克	人	6.54	5.59	6.11	6.89	7.54	7.06
金额	元	人	104.45	85.89	94.37	103.45	120.61	130.47
2. 奶及奶制品	元	人	190.16	143.59	167.79	183.13	225.45	262.7
(1) 鲜乳品．单价	元/千克		5.54	5.24	5.89	5.42	5.32	5.88
数量	千克	人	20.59	16.06	17.5	20.33	26.44	25.69
金额	元	人	114.07	84.19	103.06	110.1	140.5	150.93
(2) 奶粉．单价	元/千克		93.02	158.44	82.93	51	59.99	70.02
数量	千克	人	0.06	0.07	0.05	0.01	0.1	0.09
金额	元	人	5.77	10.97	4.36	0.66	5.76	6.04
(3) 酸奶．单价	元/千克		6.01	6.31	6.09	6.8	5.83	5.45
数量	千克	人	9.84	6.22	8.18	8.49	11.98	17.05
金额	元	人	59.16	39.26	49.78	57.67	69.86	92.99
(4) 其它奶制品	元	人	11.16	9.17	10.59	14.7	9.33	12.74
(八) 其它食品	元	人	122.64	97.67	100.87	125.77	143.58	164.83
(九) 饮食服务	元	人	507.75	245.38	366.76	493.1	558.29	1074.97
1. 食品加工服务费	元	人	1.14	0.82	0.94	0.99	0.68	2.6
2. 在外饮食	元	人	506.62	244.56	365.82	492.12	557.61	1072.37

7—3 续表 3　　（2010 年）

指标名称	计量单位		总　计	按相对收入等距 5 组分组				
				低收入组	较低收入组	中等收入组	较高收入组	高收入组
二、衣着	元	人	1192.27	714.22	924.84	1367.74	1337.51	1932.72
（一）服装．单价	元/件		134.77	99.04	107.67	161.22	137.1	171.97
数量	件	人	6.18	4.76	6.21	5.96	6.85	7.84
金额	元	人	832.83	471.54	668.98	961.06	938.55	1347.66
（二）衣着材料	元	人	9.11	6.12	6.48	6.2	11.33	18.55
（三）鞋类．单价	元/双		122.22	94.62	102.12	134.62	125.55	155.44
数量	双	人	2.33	2.03	2.05	2.35	2.46	3.02
金额	元	人	284.77	192.23	209.23	316.15	308.71	470
（四）其它衣着用品	元	人	62.14	42.95	37.8	83.05	71.11	90.71
（五）衣着加工服务费	元	人	3.43	1.37	2.37	1.28	7.8	5.8
三、居住	元	人	1402.45	917.41	1163.89	1483.5	1503.16	2278.59
（一）住房	元	人	184.43	79.88	80.23	138.16	114.62	630.32
1. 租赁房房租	元	人	56.49	59.2	15.81	81.15	1.71	142.1
3. 住房装潢支出	元	人	87.04	4.26	1.22	8.88	70.05	452.52
4. 维修用建筑材料	元	人	15.23	8.82	28.65	10.32	16.2	10.86
5. 其它住房支出	元	人	25.67	7.6	34.55	37.81	26.65	24.85
（二）水电燃料及其它	元	人	1151.64	808.65	1027.24	1261.49	1311.56	1543.14
1. 水．单价	元/吨		3.25	3.08	3.22	3.3	3.49	3.16
数量	吨	人	31.45	22.07	24.88	40.96	33.28	41.58
金额	元	人	102.36	67.95	80.22	135.21	116.06	131.31
2. 电．单价	元/度		0.52	0.52	0.52	0.52	0.52	0.53
数量	度	人	617.13	392.11	500.46	711.28	768.5	844.5
金额	元	人	323.43	204.72	262.58	372.43	402.03	444.65
3. 燃料	元	人	150.68	136.58	143.48	158.51	146.03	178.4
（1）煤炭．单价	元/千克		0.5	0.5				
数量	千克	人	0.75	3.08				
金额	元	人	0.38	1.54				
（2）罐装液化石油气．单价	元/千克		5.7	5.77	5.64	5.62	5.8	5.76
数量	千克	人	5.44	3.92	6.51	6.56	4.32	6.13
金额	元	人	31.01	22.63	36.67	36.9	25.04	35.36
（3）管道煤气．单价	元/立方米		2.33			2.2		2.4
数量	立方米	人	0.06			0.1		0.24
金额	元	人	0.13			0.21		0.57
（4）管道天然气．单价	元/立方米		2.24	2.24	2.23	2.24	2.23	2.24
数量	立方米	人	53.31	50.27	47.94	54.16	54.14	63.69

7—3 续表 4　　(2010 年)

指标名称	计量单位		总　计	按相对收入等距 5 组分组				
				低收入组	较低收入组	中等收入组	较高收入组	高收入组
金额	元	人	119.17	112.41	106.81	121.4	120.98	142.48
(5) 其它燃料	元	人						
4. 取暖费	元	人	564.28	399.41	524.91	595.34	627.13	765.83
5. 其它相关支出	元	人	10.88		16.06		20.32	22.96
(三) 居住服务费	元	人	66.39	28.88	56.42	83.85	76.98	105.13
1. 物业管理费	元	人	43.96	22.21	30.97	60.07	68.22	48.9
2. 维修服务费	元	人	15.73	4.17	18.81	10.74	7.33	44.78
3. 其它居住服务费	元	人	6.7	2.5	6.64	13.05	1.44	11.44
四、家庭设备用品及服务	元	人	759.59	462.73	553.96	707.85	864.19	1456.82
(一) 耐用消费品	元	人	389.41	269.44	255.26	360.33	470.11	710.72
1. 家具	元	人	54.95	41.56	24.59	137.68	31.17	44.41
2. 家庭设备	元	人	334.45	227.88	230.68	222.65	438.95	666.32
(1) 洗衣机．单价	元/台		1748	1629.67	3700	1280	1378.5	1358
数量	台	百户	2.67	5	1.67	1.67	3.33	1.67
金额	元	人	17.49	25.08	20.49	8.26	19.31	10.75
(2) 电冰箱．单价	元/台		3138.43	2199	1923	2589	3759.71	3531.5
数量	台	百户	4.67	1.67	5	1.67	11.67	3.33
金额	元	人	54.95	11.28	31.95	16.7	184.36	55.91
(3) 微波炉．单价	元/台		455			419.25		598
数量	台	百户	1.67			6.67		1.67
金额	元	人	2.85			10.82		4.73
(4) 空调器．单价	元/台		2931.48	3752.5	3146.67	2490	2087.25	2959
数量	台	百户	8.33	6.67	5	3.33	6.67	20
金额	元	人	91.66	77.01	52.28	32.13	58.49	281.07
(5) 淋浴热水器．单价	元/台		1112.13	520	1263	998	1014	1362.67
数量	台	百户	2.67	1.67	1.67	1.67	3.33	5
金额	元	人	11.13	2.67	6.99	6.44	14.21	32.36
(6) 其它家庭设备	元	人	156.38	111.84	118.97	148.3	162.58	281.5
(二) 室内装饰品	元	人	5.22	0.38	6.42	6.89	2.91	11.51
(三) 床上用品	元	人	50.08	22.31	39.74	53.41	61.62	90.57
(四) 家庭日用杂品	元	人	249.06	165.25	217.6	254.8	295.17	364.17
(五) 家具材料	元	人	10.58	0.73	20.05	12.23		22.16
(六) 家庭服务	元	人	55.26	4.62	14.89	20.19	34.38	257.7
1. 家政服务	元	人	45.27	1.44	9.04	10.71	13.99	242.45
2. 加工维修服务费	元	人	9.98	3.18	5.85	9.48	20.39	15.24

7—3 续表5 (2010年)

指标名称	计量单位		总计	按相对收入等距5组分组				
				低收入组	较低收入组	中等收入组	较高收入组	高收入组
五、医疗保健	元	人	830.53	476.83	887.06	767.59	1096.04	1072.65
(一) 医疗器具	元	人	13.74	3.39	3.64	2.83	28.58	40.77
(二) 保健器具	元	人	29.79	6.03	42.74	37.68	22.56	46.44
(三) 药品费	元	人	428.07	294.76	467.18	408.97	507.27	511.79
(四) 滋补保健品	元	人	113.04	25.81	58.4	99.38	183.65	262.69
(五) 医疗费	元	人	216.17	135.46	284.95	156.85	325.33	191.83
(六) 其它医疗保健支出	元	人	29.72	11.38	30.15	61.88	28.64	19.12
六、交通和通讯	元	人	1335.98	476.45	820.31	1252.66	1350.08	3485.51
(一) 交通	元	人	755	125.96	234.45	695.39	661.56	2648.34
1. 家庭交通工具	元	人	439.73	52.71	22.8	400.92	268.45	1873.94
助力车．单价	元/辆		1813.75	1900	1550		1600	1860
数量	辆	百户	2.67	8.33	1.67		1.67	1.67
金额	元	人	18.15	48.74	8.58		11.21	14.72
2. 车辆用燃料及零配件	元	人	112.78	0.11	89.09	144.07	96.62	300.33
(1) 燃料	元	人	91.14		41.81	138.19	85.06	251.39
(2) 零配件	元	人	13.81	0.11	30.81	3.53	4.62	33.62
(3) 其它	元	人	7.84		16.47	2.35	6.94	15.32
3. 交通工具服务支出	元	人	58.12	4.68	22.19	38.76	38.32	238.02
(1) 维修费	元	人	21.33	4.67	20.07	9.73	26.11	57.69
(2) 车辆使用税费	元	人	30		0.58	29.03	10.5	141.59
(3) 其它车辆使用费用	元	人	6.78	0.02	1.54		1.71	38.75
4. 交通费	元	人	144.38	68.45	100.37	111.64	258.17	236.05
(1) 飞机	元	人	30.61	4.2			111.94	60.79
(2) 火车	元	人	48.36	16.3	40.39	56.16	61.38	84.97
(3) 长途汽车	元	人	8.1	9.16	4.02	6.65	8.28	13.9
(4) 市内公共交通	元	人	23.85	21.06	21.56	21.84	29.57	27.43
(5) 出租汽车费	元	人	27.9	16.77	24.02	26.38	42.93	35.47
(6) 其它交通费	元	人	5.55	0.96	10.38	0.61	4.06	13.5
(二) 通信	元	人	580.98	350.49	585.86	557.27	688.53	837.17
1. 通信工具	元	人	74.84	28.06	84.65	60.84	91.25	131.62
(1) 电话机．单价	元/部		406.33	571.8	272.33	1000	75	50
数量	部	百户	4	8.33	5	1.67	3.33	1.67
金额	元	人	6.1	14.67	4.52	6.45	1.05	0.4
(2) 移动电话．单价	元/部		813.48	435	723.45	701.67	919.71	1075.2
数量	部	百户	22.33	10	33.33	20	23.33	25
金额	元	人	68.16	13.39	80.12	54.32	90.2	127.66
(4) 其它通信工具	元	人	0.58			0.06		3.56

7—3 续表 6　　　　(2010 年)

指标名称	计量单位		总计	按相对收入等距 5 组分组				
				低收入组	较低收入组	中等收入组	较高收入组	高收入组
2. 通信服务	元	人	506.14	322.43	501.22	496.43	597.28	705.55
(1) 电信费	元	人	503.95	321.61	499.89	495.65	595.98	697.29
#上网费	元	人	107.07	51.2	117.64	107.7	142.55	137.29
(2) 邮费	元	人	1.46		0.22	0.14	0.42	8.26
(3) 其它通信服务费	元	人	0.73	0.82	1.11	0.65	0.87	
七、教育文化娱乐服务	元	人	1029.94	760.57	991.45	936.24	1038.6	1605.71
(一) 文化娱乐用品	元	人	288.58	230.95	264.44	270.05	388.88	321.38
1. 彩色电视机．单价	元/台		5230.89	4300	5950	7800	4999	4593
数量	台	百户	3	3.33	3.33	1.67	1.67	5
金额	元	人	58.88	44.12	65.9	50.32	35.02	109.07
2. 家用电脑	元	人	101.34	111.2	100.13	104.79	146.47	32.65
(1) 购买整机	元/台		4058	4487	5843	3183.4	4485	1855
数量	台	百户	6	6.67	5	8.33	6.67	3.33
金额	元	人	91.35	92.08	97.07	102.69	125.67	29.37
(2) 计算机外部设备	元	人	6.04	13.26	2.55	0.26	11.56	0.78
(3) 各种零配件及耗材	元	人	3.95	5.86	0.52	1.84	9.23	2.51
3. 组合音响．单价	元/台		500					500
数量	台	百户	0.33					1.67
金额	元	人	0.63					3.96
4. 摄像机．单价	元/架		1900		2300		1500	
数量	架	百户	0.67		1.67		1.67	
金额	元	人	4.75		12.74		10.51	
5. 照相机．单价	元/架		2434.29	1400	1680	2000	3925	2055
数量	架	百户	2.33	1.67	1.67	1.67	3.33	3.33
金额	元	人	21.31	7.18	9.3	12.9	54.99	32.53
6. 钢琴．单价	元/架							
数量	架	百户						
金额	元	人						
7. 其它中高档乐器．单价	元/件		1980		510		3450	
数量	件	百户	0.67		1.67		1.67	
金额	元	人	4.95		2.82		24.17	
8. 健身器材．单价	元/件		732.67			398	900	
数量	件	百户	1			1.67	3.33	
金额	元	人	2.75			2.57	12.61	
9. 音像制品及软件	元	人	0.82	1	0.19		2.7	0.28

7—3 续表 7　　　　(2010 年)

指标名称	计量单位		总　计	按相对收入等距 5 组分组				
				低收入组	较　低 收入组	中　等 收入组	较 . 高 收入组	高收入组
11. 体育用品	元	人	0.78	0.08	0.71	1.29	0.55	1.57
12. 书报杂志	元	人	38.28	25.22	35.84	43.17	34.18	60.54
13. 纸张文具	元	人	10	11.14	9.71	7.26	12.17	9.54
14. 其它文娱用品	元	人	44.1	31.01	27.1	47.76	55.51	71.23
(二) 文化娱乐服务	元	人	265.75	114.53	187.2	282.54	304.36	547.14
1. 参观游览	元	人	71.39	38.55	32.62	73.2	78.49	167.2
2. 健身活动	元	人	6.33	0.72	5.55	5.55	3.15	20.64
3. 团体旅游	元	人	67.13	7.7	38.48	88.65	87.43	150.48
4. 其它文娱活动	元	人	117.51	66.55	107.66	114.53	130.85	198.79
5. 文娱用品修理服务费	元	人	3.4	1.01	2.89	0.62	4.44	10.03
(三) 教育	元	人	475.6	415.09	539.81	383.64	345.37	737.18
1. 教材	元	人	29.59	44.26	23.34	32.74	15.74	27.68
(1) 课本及参考书	元	人	20.6	25.09	20.14	17.05	14.18	25.93
(2) 教育软件	元	人	5.24	12.98		10.71		
(3) 其它教材	元	人	3.76	6.19	3.2	4.99	1.57	1.76
2. 教育费用	元	人	446.01	370.83	516.47	350.9	329.63	709.5
(1) 非义务教育学杂费	元	人	111.32	85.95	121.19	24.06	63.71	297.2
(2) 义务教育学杂费	元	人	15.36	9.86	22.08	7.97	22.44	15.31
(3) 托幼费	元	人	68.3	54.29	132.71	31.13	77.36	33.2
(4) 成人教育费	元	人	25.48	52.02	3.9	47.58	10.94	4.67
(5) 家教费	元	人	27.63	8.11	48.36	20.1	25.22	40.07
(6) 培训班	元	人	132.49	119.41	110.78	159	67.22	224.96
(7) 学校住宿费	元	人	13.93	17.08		27.74	2.8	24.59
(8) 其它教育费用	元	人	51.51	24.11	77.45	33.31	59.94	69.51
八、其它商品和服务	元	人	356.89	175.46	312.42	413.25	376.71	608.84
(1) 其它商品	元	人	226.07	118.78	194.47	298.75	251.34	319.02
1. 金银珠宝饰品	元	人	49.17	10.07	46.85	95.93	72.2	29.42
2. 手表. 单价	元/只		442.18	2360	163.5	530	10	362.88
数量	只	人	0.02	0.01	0.02	0.02	0.01	0.06
金额	元	人	9.4	12.11	3.62	10.26	0.07	22.98
3. 理发美容用具	元	人	0.85	1.67	0.88	0.14	1.2	
4. 化妆品	元	人	93.61	46.37	76.03	136.24	94.36	138.48
5. 其它杂品	元	人	73.04	48.56	67.09	56.19	83.51	128.14
(二) 服务	元	人	130.82	56.68	117.95	114.49	125.37	289.82
1. 旅馆住宿费	元	人	8.69		17.26	9.03	3.91	14.84
2. 理发洗澡费	元	人	62.01	44.95	47.28	62.33	77.64	91.35
3. 美容费	元	人	35.33	6.08	30.16	27.79	13.65	121.61
4. 其它服务	元	人	24.79	5.65	23.25	15.34	30.17	62.01

城镇居民家庭非现金收入情况

7—4　　(2010年)　　计量单位：元/人

指标名称	总　计	按相对收入等距5组分组				
		低收入组	较低收入组	中等收入组	较高收入组	高收入组
非现金（实物与服务）收入总计	**123.68**	**31.4**	**77.98**	**123.65**	**229.68**	**211.64**
一、食品	67.16	21.99	28.32	43.43	142.9	135.88
（一）粮油类	15.64	7.96	6.76	8.96	39.52	21.4
（二）肉禽蛋水产品类	12.05	3.56	3.5	3.19	25.89	32.59
（三）蔬菜类	1.46		0.55	1.19	1.53	5.24
（四）糖烟酒饮料类	13.03	2.35	10.3	1.63	26.41	32.3
（五）干鲜瓜果类	7.25	4.27	0.86	4.45	13.97	16.78
（六）糕点、奶及奶制品	9.62	2.07	3.91	6.04	21.56	20.36
（七）其它食品	7.46	1.22	2.44	17.97	11.99	6.25
（八）饮食服务	0.65	0.56			2.03	0.95
二、衣着	3.55		4.82		2.53	12.73
三、居住						
四、家庭设备用品及服务	0.22				0.28	1.07
五、医疗保健	43.73	9.12	34.72	77.44	65.94	43.56
# 医疗基金	0.03		0.13			
（一）医疗器具	0.88					5.55
（二）保健用品	0.11				0.61	
（三）药品费	27.23	6.68	18.2	43.5	48.26	28.1
（四）滋补保健品	3.43	2.31	1.88	2.99	1.69	9.91
（五）医疗费	12.08	0.13	14.63	30.95	15.38	
六、交通和通讯						
七、教育文化娱乐服务						
（一）文化娱乐用品						
（二）文化娱乐服务						
八、其它商品和服务	0.16			0.65	0.21	

城镇居民每百户家庭耐用消费品拥有量

7—5　　(2010 年)

指标名称	计量单位	总　计	按相对收入等距 5 组分组				
			低收入组	较低收入组	中等收入组	较高收入组	高收入组
1. 摩托车	辆	5.33		10	3.33	6.67	6.67
2. 助力车	辆	39.33	53.33	41.67	35	31.67	35
3. 家用汽车	辆	11.33	1.67	6.67	16.67	16.67	15
4. 洗衣机	台	97.33	90	100	100	96.67	100
5. 电冰箱	台	101.67	96.67	100	103.33	98.33	110
6. 彩色电视机	台	120	106.67	120	130	120	123.33
7. 家用电脑	台	76.67	75	81.67	68.33	76.67	81.67
8. 组合音响	套	21.33	15	21.67	25	23.33	21.67
9. 摄像机	架	12.33	5	15	11.67	13.33	16.67
10. 照相机	架	49	26.67	55	51.67	45	66.67
11. 钢琴	架	2	1.67			1.67	6.67
12. 其它中高档乐器	件	3.33	3.33		1.67	5	6.67
13. 微波炉	台	76	61.67	76.67	75	81.67	85
14. 空调器	台	135.67	91.67	138.33	143.33	150	155
15. 淋浴热水器	台	87.33	75	91.67	88.33	88.33	93.33
16. 消毒碗柜	台	3.67		3.33	1.67	1.67	11.67
17. 洗碗机	台	2			1.67	3.33	5
18. 健身器材	套	3.67		3.33		6.67	8.33
19. 固定电话	部	70.33	50	73.33	73.33	75	80
20. 移动电话	部	180	173.33	190	191.67	168.33	176.67
21. 接入互联网的移动电话	部	17.33	16.67	10	10	21.67	28.33
22. 接入有线电视网络的电视机	台	82.33	71.67	75	93.33	88.33	83.33
23. 接入互联网的计算机	台	45	25	56.67	45	55	43.33

农村住户调查基本情况

7—6　　(2010 年)

指标名称	计量单位	全　市	矿　区	井陉县	正定县	栾城县
一、调查户数	户	1800	100	100	100	100
二、调查人口	人	7060	358	347	438	431
1. 整半劳动力数	人	5434	240	248	338	313
# 整劳动力	人	3231	156	138	210	201
2. 劳动力文化程度						
(1) 不识字或识字很少	人	43		2	10	5
(2) 小学程度	人	1024	86	20	31	40
(3) 初中程度	人	2659	68	138	158	158
(4) 高中程度	人	1374	61	64	100	80
(5) 中专以上	人	334	25	24	39	30
三、年末生产用固定资产原值	元/人	3391	1105	4401	6047	3516
农业	元/人	1437	92	850	858	1645
林业	元/人	7		21		
牧业	元/人	334	221	340	1114	693
采矿业	元/人	3		29		
制造业	元/人	478		265	251	141
建筑业	元/人	37		14	66	144
交通运输业、仓储和邮政业	元/人	650	557	2309	1718	797
批发和零售贸易业	元/人	167	30	163	701	97
住宿和餐饮业	元/人	65	147		582	
居民服务与其他服务业	元/人	60	58	345	18	
卫生、社会保障和福利业	元/人	63		66	505	
文化、体育和娱乐业	元/人	2				
其他	元/人	88			234	
四、年末拥有主要固定资产						
房屋及建筑物	平方米/人	41779	278	1592	5538	1637
小型和手扶拖拉机	台/人	662	8	27	2	63
五、经营耕地面积	亩/人	1		1	1	1
# 有效灌溉面积	亩/人	1			1	1
六、年内新建(购)房屋面积	平方米/人	1				
年末住房面积	平方米/人	40	48	43	33	52
年内新建(购)房屋价值	元/人	523		58	226	93
年末住房价值	元/人	11202	10286	11453	12082	12265

7—6 续表 1　　（2010 年）

指标名称	计量单位	行唐县	灵寿县	高邑县	深泽县	赞皇县
一、调查户数	户	100	100	100	100	100
二、调查人口	人	383	358	429	376	371
1. 整半劳动力数	人	331	277	310	295	300
# 整劳动力	人	185	155	205	146	191
2. 劳动力文化程度						
（1）不识字或识字很少	人			6		
（2）小学程度	人	49	97	51	24	74
（3）初中程度	人	57	128	180	159	169
（4）高中程度	人	217	41	60	88	49
（5）中专以上	人	8	11	13	24	8
三、年末生产用固定资产原值	元/人	3349	916	3567	6014	1414
农业	元/人	1408	586	3508	1352	1108
林业	元/人	8	3			
牧业	元/人	1087	128	17	79	118
采矿业	元/人	8	21			
制造业	元/人			21	2886	
建筑业	元/人		4		93	
交通运输业、仓储和邮政业	元/人	227	47	21	598	135
批发和零售贸易业	元/人	26	23		492	19
住宿和餐饮业	元/人		56			13
居民服务与其他服务业	元/人		15		380	8
卫生、社会保障和福利业	元/人		34			13
文化、体育和娱乐业	元/人					
其他	元/人	585			133	
四、年末拥有主要固定资产						
房屋及建筑物	平方米/人	6381	412	4022	4576	20
小型和手扶拖拉机	台/人	75	34	61	5	67
五、经营耕地面积	亩/人	2	1	1	1	1
# 有效灌溉面积	亩/人	2	1	1	1	1
六、年内新建房屋面积	平方米/人	2	1	2		1
年末住房面积	平方米/人	36	31	41	41	32
年内新建房屋价值	元/人	561	528	455	239	679
年末住房价值	元/人	7171	5961	10378	13908	7694

7—6 续表 2 （2010 年）

指标名称	计量单位	无极县	平山县	元氏县	赵　县	辛集市
一、调查户数	户	100	100	100	100	100
二、调查人口	人	419	380	400	437	360
1. 整半劳动力数	人	347	275	319	341	264
# 整劳动力	人	187	170	195	217	156
2. 劳动力文化程度						
（1）不识字或识字很少	人		11		5	2
（2）小学程度	人	68	37	50	46	26
（3）初中程度	人	172	162	203	192	165
（4）高中程度	人	82	50	50	77	57
（5）中专以上	人	25	15	16	21	14
三、年末生产用固定资产原值	元/人	3271	1975	3628	2351	2520
农业	元/人	1194	861	2403	1357	1736
林业	元/人					10
牧业	元/人	54	188	185	235	335
采矿业	元/人					
制造业	元/人	1410	100			
建筑业	元/人	10	75	24	18	8
交通运输业、仓储和邮政业	元/人	338	345	750	435	231
批发和零售贸易业	元/人	143	239	73	110	83
住宿和餐饮业	元/人	27	162			
居民服务与其他服务业	元/人	38	6	10	87	
卫生、社会保障和福利业	元/人	17			7	28
文化、体育和娱乐业	元/人	7				33
其他	元/人	33		184	102	56
四、年末拥有主要固定资产						
房屋及建筑物	平方米/人	1635	1514	1200	2778	1258
小型和手扶拖拉机	台/人	42	34	59	64	59
五、经营耕地面积	亩/人	1	1	1	1	2
# 有效灌溉面积	亩/人	1	1	1	1	2
六、年内新建房屋面积	平方米/人	2	1	4		1
年末住房面积	平方米/人	39	33	43	33	53
年内新建房屋价值	元/人	728	895	2000	183	444
年末住房价值	元/人	8662	8675	14240	9524	14240

7—6 续表3 (2010年)

指标名称	计量单位	藁城市	晋州市	新乐市	鹿泉市
一、调查户数	户	100	100	100	100
二、调查人口	人	366	395	396	416
1. 整半劳动力数	人	281	314	332	309
# 整劳动力	人	168	165	204	182
2. 劳动力文化程度					
（1）不识字或识字很少	人			2	
（2）小学程度	人	66	135	79	45
（3）初中程度	人	140	135	130	145
（4）高中程度	人	57	38	113	90
（5）中专以上	人	18	6	8	29
三、年末生产用固定资产原值	元/人	4972	5882	3700	1955
农业	元/人	1652	1587	2622	681
林业	元/人			88	
牧业	元/人	286		398	423
采矿业	元/人				7
制造业	元/人	248	2952		321
建筑业	元/人	52	30		111
交通运输业、仓储和邮政业	元/人	2519	585	58	202
批发和零售贸易业	元/人	156	357	240	10
住宿和餐饮业	元/人		15		108
居民服务与其他服务业	元/人	52		109	6
卫生、社会保障和福利业	元/人	3	224	184	
文化、体育和娱乐业	元/人				
其他	元/人	5	132		87
四、年末拥有主要固定资产					
房屋及建筑物	平方米/人	2778	2830	410	2920
小型和手扶拖拉机	台/人	17	11	8	26
五、经营耕地面积	亩/人	1	1	1	1
# 有效灌溉面积	亩/人	1	1	1	1
六、年内新建房屋面积	平方米/人	1	1		
年末住房面积	平方米/人	42	43	36	43
年内新建房屋价值	元/人	765	876		673
年末住房价值	元/人	12327	12816	10306	18912

农村居民每百户家庭耐用消费品拥有量

7—7　　(2010 年)

指标名称	计量单位	全　市	矿　区	井陉县	正定县	栾城县
洗衣机	件	88	105	87	115	114
电冰箱	台	55	51	63	103	81
空调机	台	35	24	23	88	58
抽油烟机	台	13	27	16	31	17
吸尘器	台	1			5	2
微波炉	台	12	2	9	28	17
热水器	台	35	52	39	65	78
# 太阳能热水器	台	29	35	32	58	75
自行车	辆	191	170	117	239	275
# 电动自行车	台	52	44	9	120	115
摩托车	台	60	85	54	72	38
汽车（生活用）	部	5	2		18	9
固定电话机	部	54	29	47	56	42
移动电话	台	134	191	176	228	217
# 接入互联网的	台	9	99	13	12	7
彩色电视机	台	118	113	126	151	161
# 接入有线电视网的	台	37	94	47	101	15
黑白电视机	台	8		5		3
摄像机	台	1	5		1	1
影碟机	台	35	29	44	78	53
照相机	台	7	7	9	15	10
家用计算机	台	15	27	18	31	27
# 接入互联网的	架	9	23	12	26	12
中高档乐器	台		1	2		

7—7 续表 1　　(2010 年)

指标名称	计量单位	行唐县	灵寿县	高邑县	深泽县	赞皇县
洗衣机	件	61	49	96	115	5
电冰箱	台	12	21	46	65	5
空调机	台	6	4	39	64	7
抽油烟机	台		2		27	
吸尘器	台					
微波炉	台	10	2	11	22	
热水器	台	7	10	10	55	4
# 太阳能热水器	台	5			55	2
自行车	辆	149	118	198	223	102
# 电动自行车	台	3	6	20	67	15
摩托车	台	46	52	92	53	63
汽车（生活用）	部	7		8		
固定电话机	部	61	51	90	69	23
移动电话	台	54	49	78	165	52
# 接入互联网的	台					
彩色电视机	台	84	77	104	119	100
# 接入有线电视网的	台	14	13	7	28	
黑白电视机	台	7	48	10		11
摄像机	台				5	
影碟机	台	11	10	29	27	24
照相机	台	1	5	6	7	
家用计算机	台	2	7	15	31	4
# 接入互联网的	架		6		8	
中高档乐器	台		1	1	1	

7—7 续表 2 （2010 年）

指标名称	计量单位	无极县	平山县	元氏县	赵 县	辛集市
洗衣机	件	104	63	83	88	103
电冰箱	台	65	40	6	39	74
空调机	台	29	3	5	14	38
抽油烟机	台	16	3	5	3	6
吸尘器	台	1			1	
微波炉	台	2	10		10	14
热水器	台	19	9	5	15	49
# 太阳能热水器	台	14	4		3	48
自行车	辆	201	138	172	195	270
# 电动自行车	台	53	16	40	43	66
摩托车	台	53	73	39	75	63
汽车（生活用）	部	1	1			6
固定电话机	部	68	40	56	77	42
移动电话	台	85	118	56	96	160
# 接入互联网的	台					7
彩色电视机	台	127	100	77	103	134
# 接入有线电视网的	台	46	12	12	5	69
黑白电视机	台	3	4	26	4	1
摄像机	台	1	2	1		
影碟机	台	16	27	11	34	42
照相机	台	10	4	7	5	6
家用计算机	台	9	1	4	3	31
# 接入互联网的	架	1			3	31
中高档乐器	台					1

7—7 续表 3　　(2010 年)

指标名称	计量单位	藁城市	晋州市	新乐市	鹿泉市
洗衣机	件	90	101	102	103
电冰箱	台	63	70	103	80
空调机	台	30	43	78	81
抽油烟机	台	8	3	35	37
吸尘器	台		3	5	9
微波炉	台	7	11	34	21
热水器	台	18	66	92	37
# 太阳能热水器	台	7	66	92	29
自行车	辆	202	255	164	251
# 电动自行车	台	38	85	99	89
摩托车	台	64	56	35	72
汽车（生活用）	部	3	8	14	19
固定电话机	部	65	93	26	40
移动电话	台	141	125	202	216
# 接入互联网的	台			12	13
彩色电视机	台	123	124	139	155
# 接入有线电视网的	台	80	21	39	58
黑白电视机	台	12			11
摄像机	台	2		4	4
影碟机	台	31	65	69	29
照相机	台	7	7	1	11
家用计算机	台	16	13	13	26
# 接入互联网的	架	7	11	11	15
中高档乐器	台				

农村住户粮食收支情况

7—8　　(2010 年)　　计量单位：千克/人

指标名称	全　市	矿　区	井陉县	正定县	栾城县
一、期初粮食结存	665	245	433	715	516
二、期内粮食收入合计	1062	1457	400	836	1267
（一）家庭经营生产粮食	889	106	296	796	1141
# 谷物	881	106	291	796	1141
（二）购入粮食	173	1351	101	34	123
# 谷物	171	1345	99	32	120
三、期内粮食支出合计	727	1410	385	592	813
（一）主食用粮	257	1309	212	248	152
# 谷物	255	1303	207	246	150
（三）出售粮食	372	10	142	314	544
# 谷物	370	10	142	314	544
（四）种籽用粮食	13	4	5	17	13
（五）饲料用粮食	84	88	26	14	103
四、期末粮食结存实际调查数	665	75	474	745	574

7—8 续表 1　　(2010 年)　　计量单位：千克/人

指标名称	行唐县	灵寿县	高邑县	深泽县	赞皇县
一、期初粮食结存	472	488	579	488	628
二、期内粮食收入合计	1282	531	1240	1092	684
（一）家庭经营生产粮食	1203	489	1211	1045	659
# 谷物	1126	485	1197	1045	621
（二）购入粮食	78	42	29	46	25
# 谷物	76	41	28	42	25
三、期内粮食支出合计	931	411	603	855	389
（一）主食用粮	242	222	281	241	186
# 谷物	240	221	280	236	185
（三）出售粮食	601	108	247	600	138
# 谷物	600	107	247	600	110
（四）种籽用粮食	14	6	15	13	9
（五）饲料用粮食	74	75	60	1	56
四、期末粮食结存实际调查数	472	489	497	493	576

7—8 续表 2　　（2010 年）　　计量单位：千克/人

指标名称	无极县	平山县	元氏县	赵　县	辛集市
一、期初粮食结存	1016	568	986	850	886
二、期内粮食收入合计	1009	414	1165	1294	2090
（一）家庭经营生产粮食	889	325	1096	1201	1376
# 谷物	888	319	1095	1201	1373
（二）购入粮食	120	89	69	94	713
# 谷物	117	89	68	92	711
三、期内粮食支出合计	702	461	541	1083	1501
（一）主食用粮	241	203	156	202	180
# 谷物	238	199	155	200	178
（三）出售粮食	350	148	330	827	632
# 谷物	350	148	330	827	631
（四）种籽用粮食	13	6	42	10	13
（五）饲料用粮食	98	104	13	45	675
四、期末粮食结存实际调查数	1016	569	993	1034	967

7—8 续表 3　　（2010 年）　　计量单位：千克/人

指标名称	藁城市	晋州市	新乐市	鹿泉市
一、期初粮食结存	762	749	1022	472
二、期内粮食收入合计	1224	1208	1026	853
（一）家庭经营生产粮食	1162	1046	958	790
# 谷物	1159	1046	958	789
（二）购入粮食	61	160	67	63
# 谷物	60	158	66	61
三、期内粮食支出合计	737	682	629	410
（一）主食用粮	166	222	114	140
# 谷物	165	220	113	138
（三）出售粮食	534	321	504	255
# 谷物	532	321	503	251
（四）种籽用粮食	22	17	9	11
（五）饲料用粮食	16	122	1	3
四、期末粮食结存实际调查数	750	815	783	513

农村住户收入情况

7—9　　(2010 年)　　计量单位：元/人

指标名称	全　市	矿　区	井陉县	正定县	栾城县
一、全年总收入	8873	9411	7935	13468	10198
（一）工资性收入	3417	6569	3335	5197	3532
1. 在非企业组织中劳动得到收入	344	1190	225	495	216
2. 在本乡地域内劳动得到收入	2490	5206	1521	3352	2362
3. 外出从业得到收入	583	174	1589	1351	954
（二）家庭经营收入	4967	1684	4098	7741	6285
1. 第一产业收入	3525	559	2030	3799	5349
# 农业收入	2264	233	718	1565	3377
牧业收入	1241	323	1304	2234	1903
2. 第二产业收入	400	144	534	241	546
（1）工业收入	305	52	534	133	176
（2）建筑业收入	95	92		108	370
3. 第三产业收入	1042	980	1534	3701	390
# 交通．运输．邮电业收入	338	477	616	819	130
批零贸易业．饮食业收入	412	403	301	2198	229
社会服务业收入	120	77	502	190	
（三）财产性收入	199	231	94	130	163
（四）转移性收入	290	928	408	401	217
二、全年纯收入	6577	8461	6006	8139	7938
（一）工资性收入	3417	6569	3335	5197	3532
（二）家庭经营纯收入	2685	737	2190	2481	4029
1. 第一产业纯收入	1951	138	769	1332	3294
# 农业收入	1613	142	477	1014	2563
牧业收入	326	-6	288	318	661
2. 非农产业纯收入	734	599	1420	1149	735
A. 第二产业纯收入	177	75	369	136	494
（1）工业收入	116	39	369	56	144
（2）建筑业收入	62	37	-1	80	350
B. 第三产业纯收入	557	524	1052	1013	241
（1）交通．运输．邮电业收入	172	302	274	201	37
（2）批零贸易业．饮食业收入	219	156	266	556	180
（3）社会服务业收入	61	49	463	94	
（4）文教卫生业收入	41	-3	48	177	
（5）其他行业收入	63	19		-16	23
（三）财产性纯收入	199	231	94	130	163
（四）转移性纯收入	277	925	388	330	214

7—9 续表 1　　（2010 年）　　计量单位：元/人

指标名称	行唐县	灵寿县	高邑县	深泽县	赞皇县
一、全年总收入	5450	4187	8383	7341	4465
（一）工资性收入	733	1110	3588	3086	1359
1. 在非企业组织中劳动得到收入	70	71	31	256	175
2. 在本乡地域内劳动得到收入	568	804	3398	1625	1024
3. 外出从业得到收入	95	234	159	1205	161
（二）家庭经营收入	4476	2795	4488	3648	2979
1. 第一产业收入	4278	2041	3633	2333	2498
# 农业收入	3039	1065	3063	2235	1757
牧业收入	1230	915	562	98	643
2. 第二产业收入	48	325	293	598	
（1）工业收入	3	298	202	535	
（2）建筑业收入	45	27	91	63	
3. 第三产业收入	150	428	563	717	481
# 交通．运输．邮电业收入	21	75	294	131	114
批零贸易业．饮食业收入	71	114	145	357	284
社会服务业收入	25	40	111	204	19
（三）财产性收入	34	138	170	86	30
（四）转移性收入	207	144	137	521	96
二、全年纯收入	3647	3167	6105	5745	3082
（一）工资性收入	733	1110	3588	3086	1359
（二）家庭经营纯收入	2678	1805	2212	2058	1597
1. 第一产业纯收入	2722	1230	2289	1578	1385
# 农业收入	2340	771	2352	1516	1248
牧业收入	383	404	-71	63	138
2. 非农产业纯收入	-44	575	-78	480	213
A. 第二产业纯收入	-17	240	-93	101	
（1）工业收入	-38	219	-160	68	
（2）建筑业收入	21	21	67	34	
B. 第三产业纯收入	-27	335	16	378	213
（1）交通．运输．邮电业收入	-18	53	99	49	45
（2）批零贸易业．饮食业收入	64	87	130	204	118
（3）社会服务业收入	-51	29	-219	113	10
（4）文教卫生业收入	9	159	-3		41
（5）其他行业收入	-31	7	8	11	
（三）财产性纯收入	34	138	170	86	30
（四）转移性纯收入	201	115	135	515	95

7—9 续表 2　　(2010 年)　　计量单位：元/人

指标名称	无极县	平山县	元氏县	赵　县	辛集市
一、全年总收入	9181	4891	8175	9145	12678
（一）工资性收入	2920	2264	3633	1782	2480
1. 在非企业组织中劳动得到收入	486	247	797	203	401
2. 在本乡地域内劳动得到收入	1278	1140	2630	1422	1313
3. 外出从业得到收入	1156	877	206	157	766
（二）家庭经营收入	5792	2317	4161	7025	9430
1. 第一产业收入	2815	1496	2600	5792	9059
# 农业收入	1759	1035	2139	4552	4576
牧业收入	1056	399	461	1239	4447
2. 第二产业收入	1326	206	194		23
（1）工业收入	1261		59		6
（2）建筑业收入	65	206	135		16
3. 第三产业收入	1650	614	1367	1234	348
# 交通．运输．邮电业收入	379	65	362	390	66
批零贸易业．饮食业收入	548	457	627	580	101
社会服务业收入	239	12	136	77	88
（三）财产性收入	291	77	208	89	334
（四）转移性收入	178	234	173	249	434
二、全年纯收入	6790	3681	6600	6815	7652
（一）工资性收入	2920	2264	3633	1782	2480
（二）家庭经营纯收入	3423	1120	2605	4696	4409
1. 第一产业纯收入	1507	819	1649	3767	4127
# 农业收入	1133	701	1438	3433	3183
牧业收入	374	63	211	334	914
2. 非农产业纯收入	1916	302	956	929	282
A. 第二产业纯收入	772	54	78	－1	19
（1）工业收入	737	－8	13		3
（2）建筑业收入	35	62	65	－1	16
B. 第三产业纯收入	1144	248	879	930	263
（1）交通．运输．邮电业收入	252	23	182	257	50
（2）批零贸易业．饮食业收入	392	148	471	476	68
（3）社会服务业收入	168	11	79	49	58
（4）文教卫生业收入	130		7	55	39
（5）其他行业收入	202	65	140	93	48
（三）财产性纯收入	291	77	208	89	334
（四）转移性纯收入	156	220	154	248	429

7—9 续表 3　　（2010 年）　　计量单位：元/人

指标名称	藁城市	晋州市	新乐市	鹿泉市
一、全年总收入	11417	11643	9296	11126
（一）工资性收入	3696	4114	5542	6133
1. 在非企业组织中劳动得到收入	423	286	308	354
2. 在本乡地域内劳动得到收入	2990	3828	4960	4962
3. 外出从业得到收入	283		274	816
（二）家庭经营收入	7017	6870	3198	4422
1. 第一产业收入	4379	3486	2843	3831
# 农业收入	2911	2639	1848	1681
牧业收入	1463	847	995	2151
2. 第二产业收入	360	2081		212
（1）工业收入	156	1970		80
（2）建筑业收入	204	111		132
3. 第三产业收入	2278	1303	355	378
# 交通．运输．邮电业收入	1149	594	85	304
批零贸易业．饮食业收入	192	343	195	
社会服务业收入	256	181	49	
（三）财产性收入	441	454	317	296
（四）转移性收入	263	205	239	275
二、全年纯收入	8603	8327	8169	8638
（一）工资性收入	3696	4114	5542	6133
（二）家庭经营纯收入	4237	3557	2064	1938
1. 第一产业纯收入	2483	2102	1809	1667
# 农业收入	2098	1814	1325	1057
牧业收入	382	288	490	609
2. 非农产业纯收入	1754	1456	255	271
A. 第二产业纯收入	210	638		88
（1）工业收入	73	568		11
（2）建筑业收入	137	70		77
B. 第三产业纯收入	1544	818	255	184
（1）交通．运输．邮电业收入	762	350	65	143
（2）批零贸易业．饮食业收入	147	228	156	-8
（3）社会服务业收入	160	129	24	
（4）文教卫生业收入	23	40	6	
（5）其他行业收入	452	71	3	49
（三）财产性纯收入	441	454	317	296
（四）转移性纯收入	229	201	246	271

农村住户现金收支情况

7—10　　（2010 年）　　计量单位：元/人

指标名称	全　市	矿　区	井陉县	正定县	栾城县
一、期内现金收入	7788	9238	7474	12565	8612
（一）工资性收入	3416	6568	3332	5196	3532
1. 在非企业组织中劳动得到收入	343	1190	224	494	216
2. 在本乡地域内劳动得到收入	2490	5204	1519	3351	2362
3. 外出从业得到收入	583	174	1589	1351	954
（二）家庭经营现金收入	3906	1512	3682	6916	4746
1. 第一产业现金收入	2464	387	1614	2975	3811
# 农业现金收入	1212	61	306	746	1843
牧业现金收入	1233	323	1300	2229	1898
2. 第二产业现金收入	400	144	534	241	544
（1）工业收入	305	52	534	133	174
（2）建筑业收入	95	92		108	370
3. 第三产业现金收入	1042	980	1534	3701	390
# 交通．运输．邮电业收入	338	477	616	819	130
批零贸易业．饮食业收入	412	403	301	2198	229
社会服务业收入	120	77	502	190	
（三）财产性收入	182	231	78	115	123
（四）转移性收入	284	928	383	338	211
# 粮食直接补贴收入	61	16	8	18	23
二、非收入现金所得	500	643	323	690	858
（一）非借贷性现金所得	140	48	202	462	470
（二）借贷性现金所得	360	595	121	228	389
三、期内现金支出	6003	8467	5798	9023	5707
（一）生产费用支出	2207	855	1719	4715	2026
#家庭经营费用支出	1982	855	1595	4701	1991
购置生产性固定资产支出	224		125	14	35
（二）税费支出	37	3	13	128	
（三）生活消费支出	3610	7500	3526	4117	3367
（四）财产性支出	5				30
（五）转移性支出	143	110	539	63	285
四、非消费性支出	887	2326	658	347	681
五、期末金融资产余额	9756	15667	5180	18637	6677

7—10 续表 1　　（2010 年）　　计量单位：元/人

指标名称	行唐县	灵寿县	高邑县	深泽县	赞皇县
一、期内现金收入	3734	3463	6524	6493	3267
（一）工资性收入	732	1110	3588	3086	1359
1. 在非企业组织中劳动得到收入	70	71	31	256	175
2. 在本乡地域内劳动得到收入	567	804	3398	1625	1024
3. 外出从业得到收入	95	234	159	1205	161
（二）家庭经营现金收入	2762	2070	2629	2804	1782
1. 第一产业现金收入	2564	1317	1773	1489	1302
# 农业现金收入	1345	340	1223	1392	576
牧业现金收入	1210	915	544	98	637
2. 第二产业现金收入	48	325	293	598	
（1）工业收入	3	298	202	535	
（2）建筑业收入	45	27	91	63	
3. 第三产业现金收入	150	428	563	717	481
# 交通．运输．邮电业收入	21	75	294	131	114
批零贸易业．饮食业收入	71	114	145	357	284
社会服务业收入	25	40	111	204	19
（三）财产性收入	34	138	170	81	30
（四）转移性收入	207	144	137	521	95
# 粮食直接补贴收入	118	7	105	94	61
二、非收入现金所得	90	54	34	863	120
（一）非借贷性现金所得	48	38	18	219	58
（二）借贷性现金所得	41	15	16	644	62
三、期内现金支出	4450	3502	5639	6653	4192
（一）生产费用支出	1625	832	2587	1379	1181
#家庭经营费用支出	1529	805	1946	1126	1163
购置生产性固定资产支出	80	27	641	254	18
（二）税费支出	3	7	3	63	16
（三）生活消费支出	2771	2597	3005	5058	2939
（四）财产性支出	2	3			
（五）转移性支出	48	64	44	153	56
四、非消费性支出	166	172	89	1836	119
五、期末金融资产余额	1924	2714	5949	18379	1702

7—10 续表2　　(2010年)　　计量单位：元/人

指标名称	无极县	平山县	元氏县	赵　县	辛集市
一、期内现金收入	8253	4221	6817	8089	11041
(一) 工资性收入	2920	2264	3633	1782	2478
1. 在非企业组织中劳动得到收入	486	247	797	203	398
2. 在本乡地域内劳动得到收入	1278	1140	2630	1422	1313
3. 外出从业得到收入	1156	877	206	157	766
(二) 家庭经营现金收入	4865	1673	2808	6023	7936
1. 第一产业现金收入	1889	853	1247	4789	7565
# 农业现金收入	832	441	815	3546	3086
牧业现金收入	1056	354	432	1243	4444
2. 第二产业现金收入	1326	206	194		23
(1) 工业收入	1261		59		6
(2) 建筑业收入	65	206	135		16
3. 第三产业现金收入	1650	614	1367	1234	348
# 交通．运输．邮电业收入	379	65	362	390	66
批零贸易业．饮食业收入	548	457	627	580	101
社会服务业收入	239	12	136	77	88
(三) 财产性收入	291	54	204	35	197
(四) 转移性收入	177	230	173	249	430
# 粮食直接补贴收入	14	45	110	24	26
二、非收入现金所得	1164	329	92	456	523
(一) 非借贷性现金所得	82	223	1	42	194
(二) 借贷性现金所得	1082	106	91	414	329
三、期内现金支出	6173	4240	4314	4512	8570
(一) 生产费用支出	2202	921	2082	2247	4906
#家庭经营费用支出	2083	873	1278	2145	4829
购置生产性固定资产支出	120	49	798	102	77
(二) 税费支出	53	27	36	20	15
(三) 生活消费支出	3785	3126	2131	2218	3105
(四) 财产性支出					54
(五) 转移性支出	132	165	66	27	489
四、非消费性支出	1944	900	235	1464	187
五、期末金融资产余额	6655	7783	7147	5997	11617

7—10 续表 3　　(2010 年)　　计量单位：元/人

指标名称	藁城市	晋州市	新乐市	鹿泉市
一、期内现金收入	10311	10406	8488	10100
（一）工资性收入	3696	4114	5542	6133
1. 在非企业组织中劳动得到收入	423	286	308	354
2. 在本乡地域内劳动得到收入	2990	3828	4960	4962
3. 外出从业得到收入	283		274	816
（二）家庭经营现金收入	5917	5639	2390	3404
1. 第一产业现金收入	3279	2255	2035	2813
# 农业现金收入	1815	1411	1040	659
牧业现金收入	1459	844	995	2148
2. 第二产业现金收入	360	2081		212
（1）工业收入	156	1970		80
（2）建筑业收入	204	111		132
3. 第三产业现金收入	2278	1303	355	378
# 交通．运输．邮电业收入	1149	594	85	304
批零贸易业．饮食业收入	192	343	195	
社会服务业收入	256	181	49	
（三）财产性收入	437	451	317	288
（四）转移性收入	260	203	239	275
# 粮食直接补贴收入	146	104	109	72
二、非收入现金所得	364	1628	499	166
（一）非借贷性现金所得	26	1	247	89
（二）借贷性现金所得	337	1627	252	77
三、期内现金支出	7226	6574	6071	6889
（一）生产费用支出	2354	3045	2189	2337
#家庭经营费用支出	2258	2824	883	2336
购置生产性固定资产支出	96	222	1306	
（二）税费支出	168	96	3	17
（三）生活消费支出	4616	3374	3849	4307
（四）财产性支出	4			
（五）转移性支出	84	58	30	229
四、非消费性支出	1037	3152	199	476
五、期末金融资产余额	15347	19563	8525	15617

农村住户支出情况

7—11 （2010年） 计量单位：元/人

指标名称	全市	矿区	井陉县	正定县	栾城县
总　支　出	**6386**	**8574**	**6144**	**9476**	**5988**
一、家庭经营费用支出	2018	855	1602	4728	2022
1. 第一产业生产费用支出	1450	385	1176	2332	1900
# 农业生产费用支出	551	70	181	491	705
牧业生产费用支出	892	315	994	1841	1195
2. 第二产业生产费用支出	180	69	144	73	32
（1）工业生产费用支出	150	13	144	51	22
（2）建筑业生产费用支出	30	56		22	10
3. 第三产业生产费用支出	388	401	282	2322	90
（1）交通运输邮电业生产费用支出	116	138	183	477	40
（2）批零贸易餐饮业生产费用支出	167	235	23	1487	43
（3）社会服务业生产费用支出	53	25	14	93	
（4）文教卫生业生产费用支出	28	3	62	266	
（5）其他行业生产费用支出	25	2			8
二、购置生产性固定资产支出	224		125	14	35
三、建造生产性固定资产雇工支出	1				
四、税费支出	38	18	13	128	
五、生活消费支出	3956	7591	3859	4543	3616
# 服务性支出	937	1897	1176	1349	865
1. 食品消费支出	1405	3486	1471	1441	1237
2. 衣着消费支出	241	576	248	309	219
3. 居住消费支出	1061	917	862	991	1131
4. 家庭设备．用品消费支出	201	364	260	194	258
5. 交通和通讯消费支出	371	598	280	704	284
6. 文化教育．娱乐消费支出	382	669	293	731	250
7. 医疗保健消费支出	216	806	385	99	174
8. 其他商品和服务消费支出	79	175	59	73	63
六、财产性支出	5				30
七、转移性支出	143	110	545	63	285

7—11 续表 1　　（2010 年）　　计量单位：元/人

指标名称	行唐县	灵寿县	高邑县	深泽县	赞皇县
总　支　出	**4974**	**4016**	**6286**	**7051**	**4646**
一、家庭经营费用支出	1571	922	2036	1126	1271
1. 第一产业生产费用支出	1389	761	1107	659	1032
# 农业生产费用支出	605	253	476	629	435
牧业生产费用支出	775	501	631	29	497
2. 第二产业生产费用支出	64	80	384	269	
（1）工业生产费用支出	41	75	360	247	
（2）建筑业生产费用支出	23	6	24	22	
3. 第三产业生产费用支出	118	80	545	197	240
（1）交通运输邮电业生产费用支出	23	19	194	35	58
（2）批零贸易餐饮业生产费用支出	5	21	15	98	158
（3）社会服务业生产费用支出	74	10	330	58	7
（4）文教卫生业生产费用支出		29	3		17
（5）其他行业生产费用支出	16	1	5	5	
二、购置生产性固定资产支出	80	27	641	254	18
三、建造生产性固定资产雇工支出	16				
四、税费支出	3	7	3	63	16
五、生活消费支出	3254	2993	3562	5456	3285
# 服务性支出	513	439	369	1948	594
1. 食品消费支出	1101	1134	1182	1721	1191
2. 衣着消费支出	147	113	203	400	134
3. 居住消费支出	1369	1091	1272	1010	1162
4. 家庭设备．用品消费支出	106	151	91	307	187
5. 交通和通讯消费支出	146	176	582	481	162
6. 文化教育．娱乐消费支出	297	211	195	1117	332
7. 医疗保健消费支出	64	77	19	299	72
8. 其他商品和服务消费支出	24	40	18	122	43
六、财产性支出	2	3			
七、转移性支出	48	64	44	153	56

7—11 续表 2　　　　(2010 年)　　　　计量单位：元/人

指标名称	无极县	平山县	元氏县	赵　县	辛集市
总　支　出	**6596**	**4904**	**4660**	**4824**	**8917**
一、家庭经营费用支出	2097	1038	1278	2152	4838
1. 第一产业生产费用支出	1223	607	778	1919	4792
# 农业生产费用支出	544	277	540	1029	1276
牧业生产费用支出	678	323	237	890	3511
2. 第二产业生产费用支出	434	137	113		
（1）工业生产费用支出	405	2	45		
（2）建筑业生产费用支出	29	136	68		
3. 第三产业生产费用支出	441	294	387	234	46
（1）交通运输邮电业生产费用支出	96	19	117	99	
（2）批零贸易餐饮业生产费用支出	137	260	141	90	14
（3）社会服务业生产费用支出	65		50	19	30
（4）文教卫生业生产费用支出	59			6	1
（5）其他行业生产费用支出	83	15	78	21	
二、购置生产性固定资产支出	120	49	798	102	77
三、建造生产性固定资产雇工支出			7		
四、税费支出	54	27	36	20	15
五、生活消费支出	4193	3626	2477	2523	3443
# 服务性支出	770	714	442	581	828
1. 食品消费支出	1564	1539	1018	1071	1060
2. 衣着消费支出	292	130	156	104	187
3. 居住消费支出	1464	1199	630	685	817
4. 家庭设备．用品消费支出	110	121	239	135	201
5. 交通和通讯消费支出	274	237	232	183	259
6. 文化教育．娱乐消费支出	242	282	119	248	223
7. 医疗保健消费支出	113	75	48	68	670
8. 其他商品和服务消费支出	134	41	33	28	27
六、财产性支出					54
七、转移性支出	132	165	66	27	490

7—11 续表3　　（2010 年）　　计量单位：元/人

指标名称	藁城市	晋州市	新乐市	鹿泉市
总　支　出	**7494**	**6943**	**6202**	**7177**
一、家庭经营费用支出	2281	2825	884	2336
1. 第一产业生产费用支出	1693	1278	827	2091
# 农业生产费用支出	642	719	349	578
牧业生产费用支出	1048	559	478	1513
2. 第二产业生产费用支出	119	1189		89
（1）工业生产费用支出	62	1151		45
（2）建筑业生产费用支出	57	38		44
3. 第三产业生产费用支出	469	358	58	156
（1）交通运输邮电业生产费用支出	185	191	15	137
（2）批零贸易餐饮业生产费用支出	33	73	22	
（3）社会服务业生产费用支出	80	49	17	
（4）文教卫生业生产费用支出	6	16	3	
（5）其他行业生产费用支出	165	29		18
二、购置生产性固定资产支出	96	222	1306	
三、建造生产性固定资产雇工支出				
四、税费支出	168	96	3	17
五、生活消费支出	4861	3741	3978	4594
# 服务性支出	1489	502	1309	1238
1. 食品消费支出	1459	1152	1050	1606
2. 衣着消费支出	315	253	289	285
3. 居住消费支出	1496	1347	682	981
4. 家庭设备．用品消费支出	183	161	248	332
5. 交通和通讯消费支出	400	556	604	453
6. 文化教育．娱乐消费支出	512	153	679	366
7. 医疗保健消费支出	164	53	336	499
8. 其他商品和服务消费支出	331	66	88	71
六、财产性支出	4			
七、转移性支出	84	59	30	229

分县（市）区农民人均纯收入

7—12 计量单位：元

行政单位	2006 年	2007 年	2008 年	2009 年	2010 年
石家庄市	**4456**	**4954**	**5469**	**5977**	**6577**
矿 区	5740	6328	7025	7657	8461
井 陉 县	3993	4527	5051	5557	6006
正 定 县	5253	5952	6726	7399	8139
栾 城 县	5006	5788	6541	7215	7938
行 唐 县	3076	3287	3468	3470	3647
灵 寿 县	2787	2898	2956	2960	3167
高 邑 县	4293	4551	4970	5448	6105
深 泽 县	4350	4611	4920	5316	5745
赞 皇 县	2584	2798	2886	2910	3082
无 极 县	4875	5321	5806	6272	6790
平 山 县	2588	2842	2945	3312	3681
元 氏 县	4076	4658	5226	5878	6600
赵 县	4282	5005	5553	6116	6815
辛 集 县	4874	5514	6291	6890	7652
藁 城 市	5465	6184	6990	7731	8603
晋 州 市	5320	6012	6794	7495	8327
新 乐 市	5391	5984	6642	7360	8169
鹿 泉 市	5866	6460	7106	7834	8638

八、城市公用设施

城市市政公用设施水平

8—1

指标名称	计量单位	2010 年	指标名称	计量单位	2010 年
人均日生活用水量	升	120.23	污水处理率	%	96.70
用水普及率	%	99.82	# 污水处理厂集中处理率	%	96.70
燃气普及率	%	98.11	人均公园绿地面积	平方米	12.44
每万人拥有公交车辆	标台	17.28	建成区绿化覆盖率	%	40.92
人均城市道路面积	平方米	17.35	建成区绿地率	%	36.04
排水管道密度	公里/平方公里	8.44	生活垃圾无害化处理率	%	63.96

城市建设用地情况

8—2

指标名称	计量单位	2010 年	指标名称	计量单位	2010 年
市区土地面积	平方公里	455.80	对外交通用地	平方公里	9.41
建成区土地面积	平方公里	202.90	道路广场用地	平方公里	20.94
城市建设用地面积	平方公里	206.19	市政公用设施用地	平方公里	11.23
# 居住用地	平方公里	58.75	绿地	平方公里	27.74
公共设施用地	平方公里	34.48	特殊用地	平方公里	4.64
工业用地	平方公里	31.13	本年征用土地面积	平方公里	2.38
仓储用地	平方公里	7.87	# 耕地	平方公里	2.38

城市供水情况

8—3

指标名称	计量单位	2010 年	指标名称	计量单位	2010 年
综合生产能力	万立方米/日	104	公共服务用水	万立方米	3954
# 地下水	万立方米/日	73	居民家庭用水	万立方米	6416
供水管道长度	公里	1426	用水户数	户	73230
供水总量	万立方米	27629	# 家庭用户	户	66456
# 生产运营用水	万立方米	10322	用水人口	万人	245

城市节约用水情况

8—4

指标名称	计量单位	2010 年	指标名称	计量单位	2010 年
实际用水量	万立方米	99721	重复利用量	万立方米	94580
# 工业	万立方米	99193	# 工业	万立方米	94580
新水取水量	万立方米	5141	节约用水量	万立方米	6500
# 工业	万立方米	4613	# 工业	万立方米	6500

城市燃气情况

8—5

指标名称	计量单位	2010 年	指标名称	计量单位	2010 年
一、人工煤气					
生产能力	万立方米/日	6.00	供气总量	万立方米	13373
储气能力	万立方米	2.50	# 家庭用量	万立方米	5541
供气管道长度	公里	9.80	用气户数	户	613100
购气量	万立方米	917	# 家庭用户	户	602400
供气总量	万立方米	1146	用气人口	万人	215
# 家庭用量	万立方米	231	三、液化石油气		
用气户数	户	11358	储气能力	吨	1095
# 家庭用户	户	11279	购气量	吨	14000
用气人口	万人	2.77	供气总量	吨	14106
二、天然气			# 家庭用量	吨	8619
储气能力	万立方米	25.20	用气户数	户	50000
供气管道长度	公里	1173.64	# 家庭用户	户	40000
购气量	万立方米	13387.22	用气人口	万人	27

城市集中供热情况

8—6

指标名称	计量单位	2010 年	指标名称	计量单位	2010 年
一、蒸汽			供热能力	兆瓦	2745
供热能力	吨/小时	3247	供热总量	万吉焦	1080
供热总量	万吉焦	3498	管道长度	公里	405
管道长度	公里	453	三、供热面积	万平方米	8031
二、热水			# 住宅	万平方米	5782

城市公共汽车和出租汽车情况

8—7

指标名称	计量单位	2010年	指标名称	计量单位	2010年
一、公共汽车			公交专用车道长度	公里	26.9
公共汽车数	辆	3160	客运总量	万人次	51266
# 天然气燃料车	辆	2002	二、出租汽车		
标准运营车数	标台	4032	出租车数量	辆	6710
运营线路网长度	公里	844	客运总量	万人次	20471

城市市政设施情况

8—8

指标名称	计量单位	2010年	指标名称	计量单位	2010年
道路长度	公里	2948	# 污水管道	公里	1309
道路面积	万平方米	7026	污水排放量	万立方米	41808
# 人行道面积	万平方米	1401	污水处理厂	座	24
桥梁数	座	420	污水处理能力	万立方米/日	186.5
# 立交桥	座	88	污水处理量	万立方米	40430
路灯盏数	千盏	157643	污水处理总量	万立方米	40430
安装路灯的道路长度	公里	2290	防洪堤长度	公里	142
排水管道长度	公里	3490	# 百年一遇	公里	31

城市园林绿化及风景名胜区情况

8—9

指标名称	计量单位	2010 年	指标名称	计量单位	2010 年
绿化覆盖面积	公顷	9762	公园个数	个	41
# 建成区	公顷	8731	公园面积	公顷	1112
园林绿地面积	公顷	8862	风景名胜区面积	平方公里	439
# 建成区	公顷	7908	# 可游览面积	平方公里	275
公园绿地面积	公顷	3530	游人量	万人次	369

城市市容环境卫生情况

8—10

指标名称	计量单位	2010 年	指标名称	计量单位	2010 年
道路清扫保洁面积	万平方米	3283	卫生填埋	吨/日	2000
# 机械化	万平方米	2474	无害化处理量	万吨	98
生活垃圾清运量	万吨	98	卫生填埋	万吨	47
无害化处理厂（场）数	座	3	粪便清运量	万吨	0.27
卫生填埋	座	1	公厕数	座	751
堆肥	座	1	市容环卫专用车辆总数	台	341
无害化处理能力	吨/日	3500			

全市工业污染排放及处理利用情况

8—11

指标名称	计量单位	2010 年
一、工业废水		
1. 工业废水治理设施	套	905
2. 工业废水治理设施处理能力	万吨/日	269.11
3. 工业用水重复利用率	%	95.36
4. 工业废水处理量	万吨	48317.16
5. 工业废水排放量	万吨	19254.09
# 排入污水处理厂的	万吨	12992.28
6. 工业废水排放达标量	万吨	19114.09
7. 工业废水排放达标率	%	99.27
8. 工业废水中污染物去除量		
(1) 化学需氧量	吨	179168.92
# 当年新增设施去除的	吨	455.42
(2) 氨氮	吨	11313.16
(3) 石油类	吨	14.57
(4) 挥发酚	吨	0.59
(5) 氰化物	吨	68.10
9. 工业废水中污染物排放量		
(1) 化学需氧量	吨	40855.15
(2) 氨氮	吨	4017.32
(3) 石油类	吨	10.30
(4) 挥发酚	吨	0.41
(5) 氰化物	吨	0.35
(6) 六价铬	吨	0.22
二、工业废气		
1. 工业废气排放总量	万标立方米	555040562
#燃料燃烧过程中排放量	万标立方米	535399399
生产工艺过程中排放量	万标立方米	19641163
2. 废气治理设施数	套	1540
# 脱硫设施数	套	368
3. 废气治理设施处理能力	万标立方米/小时	9200.65
4. 二氧化硫去除量	吨	371445.65
# 燃料燃烧过程中去除量	吨	364815.89
生产工艺过程中去除量	吨	
# 当年新增设施去除量	吨	29.00

8—11 续表

指标名称	计量单位	2010 年
5. 二氧化硫排放量	吨	137973.54
# 燃料燃烧过程中排放量	吨	129701.95
# 排放达标量	吨	128896.90
生产工艺过程中排放量	吨	8142.28
# 排放达标量	吨	8081.28
6. 烟尘去除量	吨	3823559.27
7. 烟尘排放量	吨	32630.61
# 排放达标量	吨	32630.61
8. 工业粉尘去除量	吨	52215.98
9. 工业粉尘排放量	吨	14104.00
# 排放达标量	吨	14073.70
三、工业固体废物		
1. 工业固体废物产生量	万吨	1567.62
（1）危险废物	吨	23316.40
（2）冶炼废渣	万吨	259.54
（3）粉煤灰	万吨	627.73
（4）炉渣	万吨	216.88
（5）煤矸石	万吨	3.15
（6）尾矿	万吨	34.67
（7）脱硫石膏	万吨	109.35
（8）其他废物	万吨	77.41
2. 工业固定废物综合利用量	万吨	1498.09
（1）危险废物	吨	110848.01
（2）冶炼废渣	万吨	259.54
（3）粉煤灰	万吨	587.76
（4）炉渣	万吨	195.09
（5）煤矸石	万吨	2.70
（6）尾矿	万吨	23.11
（7）脱硫石膏	万吨	142.55
（8）其他废物	万吨	69.93
3. 工业固体废物综合利用率	%	93.36
4. 工业固体废物贮存量	万吨	72.79
5. 工业固体废物处置量	万吨	33.73

全市危险物、污水及生活污染处理情况

8—12

指标名称	计量单位	2010 年
1. 危险废物实际处置能力	吨/日	8.5
2. 危险废物处置量	吨	3060
# 焚烧量	吨	3060
3. 焚烧残渣填埋量	吨	54
4. 污水处理厂处理能力	万吨/日	165
5. 污水处理量	万吨	42932
#处理工业废水量	万吨	12992
污水再生利用量	万吨	1088
6. 化学需氧量去除量	吨	157892
7. 氨氮去除量	吨	12810
8. 总磷去除量	吨	890
9. 污泥产生量	吨	312269
10. 污泥处置量	吨	287005
11. 污泥利用量	吨	25264
12. 城镇生活污水排放系数	千克/人.日	178
13. 城镇生活污水排放量	万吨	31153
14. 城镇生活污水处理量	万吨	29940
15. 城镇生活污水处理率	%	96
16. 城镇生活污水中氨氮产生量	吨	12224
17. 城镇生活污水中氨氮排放量	吨	5640
18. 生活及其他二氧化硫排放量	吨	38506
19. 生活及其他烟尘排放量	吨	22877

九、农村经济

农村基层组织和基础设施情况

9—1 (2010 年) 计量单位：个

行政单位	一、农村基层组织情况			二、农村基础设施		
	乡镇个数	# 镇个数	村委会个数	自来水受益村	通汽车村数	通电话村数
石家庄市	**221**	**124**	**4419**	**4016**	**4419**	**4418**
长 安 区	3	3	33	33	33	33
桥 东 区	1	1				
桥 西 区			15	15	15	15
新 华 区	4	2	25	25	25	25
裕 华 区	1	1	6	6	6	6
矿 区	3	2				
高 新 区	2	2	28	28	28	28
井 陉 县	17	10	318	273	318	317
正 定 县	9	4	174	174	174	174
栾 城 县	7	4	173	173	173	173
行 唐 县	15	4	330	256	330	330
灵 寿 县	15	6	279	153	279	279
高 邑 县	5	3	107	107	107	107
深 泽 县	6	2	125	125	125	125
赞 皇 县	11	2	212	133	212	212
无 极 县	11	6	213	213	213	213
平 山 县	23	12	717	690	717	717
元 氏 县	15	6	208	157	208	208
赵 县	11	7	281	281	281	281
辛 集 市	15	8	344	344	344	344
藁 城 市	14	13	239	239	239	239
晋 州 市	10	9	224	224	224	224
新 乐 市	11	8	160	160	160	160
鹿 泉 市	12	9	208	207	208	208

乡村人口与乡村从业人员情况

9—2　　(2010 年)　　计量单位：户、人

行政单位	一、乡村户数	二、乡村劳动力资源数	# 劳动年龄内人数	三、乡村从业人员	# 劳动年龄内从业人员数
石家庄市	**1780238**	**4020310**	**3762042**	**3685117**	**3532554**
长安区	27446	49378	49169	48884	47661
桥东区					
桥西区	9217	19868	18364	17377	16777
新华区	21502	51212	28130	36089	21341
裕华区	6460	14328	13476	13380	12817
矿　区					
高新区	18690	36450	35413	36229	35060
井陉县	81578	161654	150519	143381	136607
正定县	98723	242750	226719	224129	211844
栾城县	70993	175438	163643	161759	158244
行唐县	106575	189907	182633	187659	181945
灵寿县	72660	144445	135605	134400	130474
高邑县	43262	96054	93360	94515	92765
深泽县	60186	133176	129144	126797	122757
赞皇县	61085	129536	123661	122152	116127
无极县	115564	261793	260190	248228	237985
平山县	115330	256261	235596	234789	217693
元氏县	95491	280476	248213	235365	234233
赵　县	124342	307892	293566	286903	279498
辛集市	153572	336145	298900	301026	284098
藁城市	181424	429919	404931	394106	377883
晋州市	123988	277420	262945	259168	252118
新乐市	100280	229261	221070	212565	206340
鹿泉市	91870	196947	186795	166216	158287

9—2 续表1　　　　(2010年)　　　　计量单位：户、人

行政单位	三、乡村从业人员（续）					
	（一）按性别分		（二）按国民经济行业分			
	1. 男	2. 女	1. 农林牧渔业从业人员	# 农业	2. 工业从业人员	# 采矿业
石家庄市	**1952469**	**1732648**	**1455238**	**1243794**	**1057023**	**44500**
长安区	23758	25126	9854	8228	23563	15
桥东区						
桥西区	8307	9070	1887	1710	4174	
新华区	18503	17586	4421	1424	20702	
裕华区	6803	6577	4925	4471	4600	
矿区						
高新区	21061	15168	7286	7065	19780	
井陉县	78824	64557	60423	53398	40481	13876
正定县	116836	107293	69711	54509	52052	1497
栾城县	84770	76989	44972	42903	48682	35
行唐县	96047	91612	88317	73559	35656	4290
灵寿县	73781	60619	82953	59725	24163	2937
高邑县	49481	45034	45833	42390	21530	53
深泽县	66327	60470	49782	40713	38253	662
赞皇县	70892	51260	49472	32698	20457	3152
无极县	124306	123922	116487	93855	76416	
平山县	139353	95436	154625	139435	39362	9090
元氏县	125263	110102	156547	147730	24768	1502
赵县	149664	137239	102639	96850	87947	
辛集市	159501	141525	98766	89408	114371	
藁城市	207924	186182	82363	62628	137329	175
晋州市	136294	122874	97319	88779	103514	
新乐市	108325	104240	54000	42100	78275	380
鹿泉市	86449	79767	72656	60216	40948	6836

9—2 续表 2　　(2010 年)　　计量单位：户、人

行政单位	三、乡村从业人员（续）					
	（二）按国民经济行业分（续）					
	2. 工业从业人员（续）		3. 建筑业从业人员	4. 交通运输业、仓储业和邮电通讯业从业人员	5. 信息传输、计算机服务和软件业从业人员	6. 批发和零售业从业人员
	制造业	电力、煤气及水的生产和供应业				
石家庄市	**986405**	**26118**	**369649**	**213381**	**14154**	**248732**
长安区	23127	421	6787	1053	204	2726
桥东区						
桥西区	3115	1059	1782	986	141	2392
新华区	20702		1513	1154	12	2707
裕华区	4590	10	1386	565	35	833
矿　区						
高新区	19780		3215	1366		2231
井陉县	25830	775	9615	10502	300	5579
正定县	47611	2944	39286	16696	2001	15499
栾城县	47642	1005	24632	11967	321	13164
行唐县	30312	1054	20789	10795	266	9470
灵寿县	20873	353	5753	4411	4073	4165
高邑县	21178	299	7341	3936	255	5097
深泽县	36674	917	15655	7976	202	8534
赞皇县	17041	264	9894	11715	794	13858
无极县	75562	854	18484	8564	120	18241
平山县	28103	2169	10126	7931	296	10670
元氏县	22535	731	22794	7951	712	5689
赵　县	86280	1667	30077	19323	843	15668
辛集市	113493	878	34667	11821	602	13378
藁城市	134669	2485	51016	37719	1818	40273
晋州市	102410	1104	16596	11250	30	16877
新乐市	73420	4475	24216	14490	727	26715
鹿泉市	31458	2654	14025	11210	402	14966

9—2 续表 3 (2010 年) 计量单位：户、人

行政单位	三、乡村从业人员（续）					
	（二）按国民经济行业分（续）					
	7. 住宿和餐饮业从业人员	8. 金融业从业人员	9. 房地产业从业人员	10. 租赁和商务服务业从业人员	11. 科学研究、技术服务和地质勘查业从业人员	12. 水利、环境和公共设施管理业从业人员
石家庄市	**85759**	**12970**	**2563**	**33168**	**4855**	**5310**
长安区	2278	204	50	167	56	53
桥东区						
桥西区	593	122	117	703	12	143
新华区	1876	47	42	725		112
裕华区	117	29		40		14
矿区						
高新区	533	38	117	73	127	33
井陉县	2493	272	57	601	150	150
正定县	9329	615	269	3106	107	882
栾城县	3540	119		2253		21
行唐县	5389	817	78	1793	210	442
灵寿县	1261	347	30	223	20	619
高邑县	3667	512	7	257	43	87
深泽县	1763	370	15	328	44	40
赞皇县	9172	855	86	489	1432	98
无极县	1212	1183	50	600		104
平山县	711	583	458	2262	1179	173
元氏县	4524	444	521	7370	161	324
赵县	8081	1534		352	495	485
辛集市	2938	1408	292	1259	161	578
藁城市	15133	1325	65	8198	269	365
晋州市	3798	782		762	95	237
新乐市	4127	978	280	525	200	147
鹿泉市	3224	386	29	1082	94	203

9—2 续表 4　　(2010 年)　　计量单位：户、人

行政单位	三、乡村从业人员（续）					
	（二）按国民经济行业分（续）					（三）按文化程度分
	13. 居民服务和其他服务业从业人员	14. 教育从业人员	15. 卫生、社会保障和社会福利业从业人员	16. 文化、体育和娱乐业从业人员	17. 公共管理和社会组织从业人员	1. 文盲、半文盲从业人员
石家庄市	**82208**	**30079**	**23902**	**20386**	**25740**	**51231**
长安区	992	380	188	31	298	13
桥东区						
桥西区	3397	192	275	168	293	17
新华区	1173	442	72	50	1041	731
裕华区	632	102	45		57	2
矿　区						
高新区	754	198	305	39	134	
井陉县	6535	1041	973	2582	1627	4
正定县	3737	2531	3231	2444	2633	3642
栾城县	6056	2561	2117	580	774	
行唐县	7583	1564	1843	823	1824	207
灵寿县	3661	1136	720	483	382	4355
高邑县	4990	333	308	85	234	57
深泽县	1031	662	711	492	939	609
赞皇县	244	366	855	733	1632	2850
无极县	2836	100	300	1980	1551	9389
平山县	765	1501	2221	102	1824	15718
元氏县	542	1195	609	424	790	7100
赵　县	6665	3006	2719	4808	2261	2001
辛集市	14202	2569	1202	953	1859	1605
藁城市	7422	4336	1630	1468	3377	1528
晋州市	3248	1335	1279	1159	887	174
新乐市	1760	3635	1640	545	305	300
鹿泉市	3983	894	659	437	1018	929

9—2 续表 5　　(2010 年)　　计量单位：户、人

行政单位	三、乡村从业人员（续）（三）按文化程度分（续）				
	2. 小学文化程度从业人员	3. 初中文化程度从业人员	4. 高中文化程度从业人员	5. 中专文化程度从业人员	6. 大专及大专以上文化程度从业人员
石家庄市	**817340**	**1770207**	**852837**	**118971**	**74531**
长安区	6402	24607	13429	2912	1521
桥东区					
桥西区	1224	5654	5263	2801	2418
新华区	5317	14010	10371	4031	1629
裕华区	2691	5966	3738	678	305
矿区					
高新区	3397	14143	13642	3048	1999
井陉县	29605	70109	35638	5294	2731
正定县	45237	108077	52086	6708	8379
栾城县	25726	77640	41666	11185	5542
行唐县	41254	95177	48290	2011	720
灵寿县	40702	59542	26881	2097	823
高邑县	17313	38665	32293	4212	1975
深泽县	38317	60273	25609	1269	720
赞皇县	25686	72922	19026	1258	410
无极县	93859	96375	45052	2324	1229
平山县	49570	106033	40292	15978	7198
元氏县	62441	106352	43365	10623	5484
赵县	49694	165051	53576	8909	7672
辛集市	69451	152975	65820	7690	3485
藁城市	83973	205287	92000	7268	4050
晋州市	62082	125580	68558	2188	586
新乐市	33600	96870	67695	8100	6000
鹿泉市	29799	68899	48547	8387	9655

农业机械化情况

9—3　　(2010 年)

行政单位	农用机械总动力（千瓦）				一、拖拉机及配套农具	
	合计	1. 柴油发动机动力	2. 汽油发动机动力	3. 电动机动力	大中型拖拉机（台）	大中型拖拉机（千瓦）
石家庄市	**19597269**	**14352766**	**81341**	**5163162**	**25349**	**1140183**
长安区	19157	10577	2570	6010	66	1521
桥东区	7595	4316	379	2900	15	963
桥西区	18533	13670	145	4718	51	2028
新华区	30963	18103	465	12395	133	7362
裕华区	3141	99		3042	2	99
矿区	26413	19455	94	6864	115	4285
高新区	63717	46673	5790	11254	171	5454
井陉县	456358	353144	193	103021	513	11421
正定县	1439548	1005042	6350	428156	1870	79679
栾城县	597071	360752	1035	235284	1265	57890
行唐县	1352623	971131	899	380593	1364	71193
灵寿县	538257	437376	8037	92844	1073	40985
高邑县	390191	292460	180	97551	890	30385
深泽县	632464	543570		88894	862	37091
赞皇县	453234	409832		43402	1804	58781
无极县	968452	842324	1390	124738	1641	89651
平山县	940295	745609	9898	184788	1263	46932
元氏县	616163	520984	594	94585	1273	56423
赵县	2579933	1713632	3486	862815	1540	86865
辛集市	2008813	1499784	20192	488837	1537	71969
藁城市	2170435	1468569	11562	690304	2924	141881
晋州市	1360809	1086828	2302	271679	1381	63203
新乐市	2292349	1569464	5178	717707	2402	122180
鹿泉市	630755	419372	602	210781	1194	51942

9—3 续表 1　　(2010 年)

行政单位	一、拖拉机及配套农具（续）				二、农用排灌机械	
	小型拖拉机		大中型拖拉机配套农具	小型拖拉机配套农具	1. 农用排灌动力机械	
	（台）	（千瓦）	（台）	（台）	（台）	（千瓦）
石家庄市	**173727**	**1879987**	**56543**	**166460**	**235154**	**2433962**
长安区	174	879	50	60	585	3510
桥东区	150	1696	25	90	180	2430
桥西区	72	769	96	64	294	3506
新华区	235	2544	265	72	742	11140
裕华区					284	3000
矿区	736	7262	162	391	120	5089
高新区	301	4424	171	301	420	5450
井陉县	19125	157108	352	16892	2446	40157
正定县	7646	67341	3248	5925	17438	204851
栾城县	5962	69333	2318	13661	10968	110992
行唐县	5824	62899	4293	10848	10988	131523
灵寿县	7363	68691	1130	5199	7580	60572
高邑县	7600	111720	1217	6564	5986	66879
深泽县	2606	28666	3422	1635	4611	44266
赞皇县	16226	128123	2550	16620	3459	25992
无极县	11535	149955	2729	2454	12780	70290
平山县	9175	102459	8972	4630	11481	121372
元氏县	12631	132844	4785	13056	10583	77604
赵县	9488	126061	4431	32929	28724	333298
辛集市	17400	227179	3347	10070	20665	247992
藁城市	9015	105033	5063	4742	22610	258241
晋州市	17829	176859	2823	9409	12170	152720
新乐市	4800	65680	3120	5542	42201	365364
鹿泉市	7834	82462	1974	5306	7839	87724

9—3 续表 2　　(2010 年)

行政单位	二、农用排灌机械（续）					
	# （1）柴油机		# （2）电动机		2. 农用水泵	3. 节水灌溉机械
	（台）	（千瓦）	（台）	（千瓦）	（台）	（套）
石家庄市	**200844**	**2028288**	**235154**	**2433962**	**210528**	**7758**
长安区			585	3510	831	20
桥东区			180	2430	180	
桥西区			294	3506	297	7
新华区	7	70	742	11140	741	39
裕华区			284	3000	246	
矿　区	7	74	120	5089	120	
高新区	258	2846	420	5450	1024	6
井陉县	1277	11326	2446	40157	2146	134
正定县	14557	137095	17438	204851	14274	126
栾城县	6282	56815	10968	110992	6791	51
行唐县	10824	124476	10988	131523	14068	724
灵寿县	10190	91710	7580	60572	6050	15
高邑县	4629	61894	5986	66879	3664	
深泽县	3572	32148	4611	44266	5256	38
赞皇县	4670	31210	3459	25992	6750	
无极县	16825	195955	12780	70290	12780	
平山县	11033	116763	11481	121372	5195	52
元氏县	9937	87898	10583	77604	9086	124
赵　县	8781	93978	28724	333298	28775	4
辛集市	27291	313846	20665	247992	22959	19
藁城市	7000	77000	22610	258241	20982	6120
晋州市	9356	82277	12170	152720	11002	192
新乐市	53840	505485	42201	365364	32000	18
鹿泉市	508	5422	7839	87724	5311	69

9—3 续表3 （2010年）

行政单位	三、收获机械			五、农副产品加工机械动力
	机动喷雾（粉）机		机动脱粒机	
	（台）	（千瓦）	（台）	（千瓦）
石家庄市	**19395**	**912011**	**30557**	**3027822**
长安区	26	1475	5	1532
桥东区	11	721		258
桥西区	14	953	21	606
新华区	32	1969	52	1255
裕华区				
矿　区	113	1407	58	996
高新区	50	3084	143	3352
井陉县	361	783	6156	63506
正定县	1057	45843		240750
栾城县	908	43353	2910	126941
行唐县	1300	81404		260369
灵寿县	876	43568	485	32078
高邑县	601	33940		9621
深泽县	854	44899		43206
赞皇县	611	15288	3837	29535
无极县	1076	58601		32072
平山县	533	15044	6562	132978
元氏县	1566	65057		34214
赵　县	1686	37036	1155	607102
辛集市	1620	84526	3030	241255
藁城市	2014	112322	747	527556
晋州市	1417	76097		108943
新乐市	2027	113958	1210	419620
鹿泉市	642	30683	4186	110077

9—3 续表 4　　(2010 年)

行政单位	五、农用运输车（包括机动三轮车）		八、农业机械化项目水平（公顷）		
	（辆）	（千瓦）	（一）当年实际机耕地面积	（二）当年机械播种面积	（三）当年机械收获面积
石家庄市	**476699**	**7596013**	**534524**	**664554**	**468578**
长安区	404	5302	8232	8232	8232
桥东区	45	698	415	480	415
桥西区	134	7340	586	586	586
新华区	179	5514	3165	3165	1923
裕华区			1726	1720	865
矿区	267	5055	1040	1800	1200
高新区	2043	17579	5982	5982	5982
井陉县	8563	153035	12300	9000	4900
正定县	36533	631440	29770	42900	28010
栾城县	5066	110304	20000	28100	25520
行唐县	41211	550709	38860	45400	24400
灵寿县	17211	168520	15330	13680	9080
高邑县	2786	45141	16600	18400	10100
深泽县	18811	398062	7279	25739	24013
赞皇县	7103	151565	23160	22450	13567
无极县	28463	344153	33080	43670	30270
平山县	15046	377059	16000	20390	11800
元氏县	6643	156938	41039	40867	33912
赵县	63433	1286255	70920	53450	50830
辛集市	41276	751553	55935	90140	49014
藁城市	64020	881322	29333	62667	46667
晋州市	57800	680253	40500	51327	35594
新乐市	52082	645846	43934	43934	29000
鹿泉市	7580	222370	19338	30475	22698

农业主要能源及物资消耗情况

9—4　　(2010 年)

行政单位	一、农村用电量（万千瓦时）	二、农用化肥施用量（吨）				
		按实物量计算				
		合　计	氮肥	磷肥	钾肥	复合肥
石家庄市	**713490**	**1704437**	**933696**	**469153**	**57676**	**243912**
长 安 区	1412	15906	10236	3805	649	1216
桥 东 区	5109	545	296	81		168
桥 西 区	7419	981	460	134	85	302
新 华 区	9200	2942	1154	505	383	900
裕 华 区	875	2395	1022	440	232	701
矿　　区	14312	4903	3208	388	90	1217
高 新 区	6300	13310	5763	3281	607	3659
井 陉 县	16531	39693	21461	10773	672	6787
正 定 县	16975	167165	99032	39870	4066	24197
栾 城 县	14187	49498	21825	16984	1624	9065
行 唐 县	20242	100874	80114	7690	750	12320
灵 寿 县	26376	56244	32372	15384	855	7633
高 邑 县	12079	28229	11803	4659	1217	10550
深 泽 县	24515	50479	24698	13676	1154	10951
赞 皇 县	35828	35451	15322	6353		13776
无 极 县	34750	111639	63399	35810	2930	9500
平 山 县	12057	67314	40432	20026	24	6832
元 氏 县	17191	111133	53758	36058	2092	19225
赵　　县	44487	148746	68783	38482	12817	28664
辛 集 市	34970	223482	109216	85293	8360	20613
藁 城 市	106188	223414	121751	67697	8151	25815
晋 州 市	181216	105447	65269	22886	2316	14976
新 乐 市	20120	105695	62500	29500	6570	7125
鹿 泉 市	51151	38952	19822	9378	2032	7720

9—4 续表 1 (2010 年)

行政单位	二、农用化肥施用量（吨）（续）				
	按折纯法计算				
	合 计	氮肥	磷肥	钾肥	复合肥
石家庄市	**483537**	**267972**	**81421**	**26990**	**107154**
长安区	3566	1536	1140	310	580
桥东区	141	68	12		61
桥西区	371	139	26	42	164
新华区	1171	280	122	165	604
裕华区	801	314	93	94	300
矿 区	1480	960	80	3	437
高新区	5256	2314	886	165	1891
井陉县	11209	5150	2262	268	3529
正定县	44864	25373	6571	2120	10800
栾城县	16402	8257	3573	763	3809
行唐县	24115	16378	1157	380	6200
灵寿县	9971	6428	2019	292	1232
高邑县	11405	4381	829	426	5769
深泽县	15274	7804	1858	579	5033
赞皇县	12611	3829	1907		6875
无极县	28740	18122	5517	1405	3696
平山县	14425	8100	4143	13	2169
元氏县	31142	16138	7217	1061	6726
赵 县	58121	30559	9326	6219	12017
辛集市	63045	39356	12962	3196	7531
藁城市	58277	30438	10855	4076	12908
晋州市	32734	19752	3263	1116	8603
新乐市	24134	15188	3244	3206	2496
鹿泉市	14282	7108	2359	1091	3724

9—4 续表 2　　(2010 年)

行政单位	三、农用塑料薄膜使用情况			四、农用柴油消耗量（吨）	五、农药使用量（吨）
	塑料薄膜使用量（吨）	# 地膜使用量	地膜覆盖面积（公顷）		
石家庄市	**7451**	**3071**	**50666**	**399305**	**13800**
长安区	136	17	229	193	476
桥东区	8	2	32	40	17
桥西区	6	5	85	148	24
新华区	30	27	571	390	500
裕华区	4	4	56	103	9
矿　区	10	2	28	142	47
高新区	36	12	168	1493	41
井陉县	61	11	144	9610	204
正定县	791	259	3873	35162	506
栾城县	118	71	947	8735	290
行唐县	261	187	3998	78875	517
灵寿县	105	45	652	8480	142
高邑县	416	66	875	8030	300
深泽县	72	35	586	3471	225
赞皇县	345	136	1862	28232	396
无极县	470	125	2140	18396	584
平山县	140	136	2550	7121	208
元氏县	600	380	6445	64786	544
赵　县	184	73	1488	17093	2090
辛集市	1093	575	9879	38133	3673
藁城市	1010	334	5301	24937	583
晋州市	95	34	489	19148	1016
新乐市	600	500	7770	18590	675
鹿泉市	860	35	498	7997	733

农田水利建设情况

9—5　　(2010 年)

行政单位	一、有效灌溉面积（公顷）	二、旱涝保收面积（公顷）	三、机电排灌面积（公顷）	四、机电井年末达到数(眼)	# 已配套机电井
石家庄市	**480285**	**453710**	**446879**	**138145**	**137470**
长安区	4160	4160	4160	1457	1457
桥东区	377	377	377	151	151
桥西区	559	559	559	232	232
新华区	2180	2180	2180	640	640
裕华区	998	998	998	246	246
矿　区	1837	811	967	142	142
高新区	3570	3570	3570	1274	1274
井陉县	11998	8640	3964	611	559
正定县	29890	29890	29890	11002	11002
栾城县	23099	23009	23009	6193	6193
行唐县	28273	26267	26267	8925	8925
灵寿县	17830	8485	10299	2327	2200
高邑县	15859	15859	15859	3173	3173
深泽县	18833	18833	18833	6303	6303
赞皇县	9650	2800	7600	3056	2719
无极县	35192	35192	35192	10826	10826
平山县	17400	13500	8720	2784	2687
元氏县	26540	26540	26540	6035	6035
赵　县	48217	48217	48217	12575	12575
辛集市	51680	51680	51680	14637	14637
藁城市	53208	53208	53208	16090	16090
晋州市	27650	27650	27650	12024	12024
新乐市	27525	27525	28870	12418	12418
鹿泉市	23760	23760	18270	5024	4962

耕地情况

9—6　　(2010 年)　　计量单位：公顷

行政单位	一、年初耕地总资源	二、年内减少耕地面积	# 国家基建占地	三、年末耕地总资源	# 常用耕地	# 旱地
石家庄市	**582185**	**3349**	**3040**	**579035**	**539098**	**538702**
长安区	4420	60	53	4360	4360	4360
桥东区	517	24	17	493	377	377
桥西区	679	58	54	621	621	621
新华区	2419	94	94	2325	2181	2181
裕华区	1036	38	38	998	998	998
矿区	1977	24	23	1953	1837	1837
高新区	1765	94	89	1671	1671	1671
井陉县	23707	29	25	23680	22881	22876
正定县	30265	229	225	30041	29924	29924
栾城县	25044	165	115	24879	24879	24879
行唐县	45912	88	84	45851	35850	35509
灵寿县	31122	97	92	31025	22116	22066
高邑县	15958	99	98	15859	15859	15859
深泽县	18895	62	59	18833	18833	18833
赞皇县	20855	247	120	20608	20608	20608
无极县	36209	256	246	35972	35200	35200
平山县	41300	166	151	41158	30125	30125
元氏县	37798	377	376	37421	35056	35056
赵县	48308	91	88	48217	48217	48217
辛集市	55849	82	71	55767	55767	55767
藁城市	53444	252	212	53208	53208	53208
晋州市	27740	90	89	27650	27650	27650
新乐市	31918	81	78	31936	27525	27525
鹿泉市	25048	546	543	24509	23355	23355

农业主要产品生产情况

9—7 （2010年） 计量单位：公顷、公斤/公顷、吨

行政单位	农作物总播种面积	一、粮食作物合计			（一）夏收粮食		
		播种面积	单　产	总产量	播种面积	单　产	总产量
石家庄市	**1020557**	**772614**	**6574**	**5079153**	**380730**	**6187**	**2355605**
长安区	10846	8599	5793	49811	4064	5293	21512
桥东区	680	415	5576	2314	202	4941	998
桥西区	1534	538	5461	2938	309	4848	1498
新华区	4866	2950	5693	16794	1493	4215	6293
裕华区	2252	1802	5381	9696	985	3909	3850
矿　区	3008	2498	5412	13519	1038	4845	5029
高新区	7191	5891	5762	33943	3118	4936	15392
井陉县	1020557	25686	4118	105780	8732	3900	34055
正定县	10846	42726	7488	319915	21217	6765	143534
栾城县	680	34609	7552	261356	17882	6798	121569
行唐县	1534	46266	6552	303150	20000	5655	113100
灵寿县	4866	30669	4740	145377	12884	4507	58066
高邑县	31265	23268	6096	141833	11758	6563	77162
深泽县	34928	27254	6730	183416	12626	6807	85940
赞皇县	34603	25646	4883	125240	11445	4845	55451
无极县	64451	49262	7004	345009	25667	6225	159777
平山县	45631	36506	5750	209924	16609	5685	94422
元氏县	62466	52556	6022	316480	26433	5578	147436
赵　县	85715	71206	7521	535517	39225	7456	292468
辛集市	103375	76751	6657	510934	41238	6180	254848
藁城市	109260	71054	7489	532144	35503	6699	237817
晋州市	66443	56753	6788	385216	27498	6540	179837
新乐市	64932	44568	7244	322870	24265	6225	151050
鹿泉市	47805	35141	5861	205977	16539	5714	94501

9—7 续表 1　　（2010 年）　　计量单位：公顷、公斤/公顷、吨

行政单位	夏收粮食中：冬小麦			（二）秋收粮食		
	播种面积	单　产	总产量	播种面积	单　产	总产量
石家庄市	**379774**	**6195**	**2352737**	**391884**	**6950**	**2723548**
长 安 区	4064	5293	21512	4535	6240	28299
桥 东 区	201	4950	995	213	6178	1316
桥 西 区	309	4848	1498	229	6288	1440
新 华 区	1493	4215	6293	1457	7207	10501
裕 华 区	985	3909	3850	817	7155	5846
矿　　区	1038	4845	5029	1460	5815	8490
高 新 区	3118	4936	15392	2773	6690	18551
井 陉 县	8732	3900	34055	16954	4231	71725
正 定 县	21217	6765	143534	21509	8200	176381
栾 城 县	17731	6825	121014	16727	8357	139787
行 唐 县	20000	5655	113100	26266	7236	190050
灵 寿 县	12450	4590	57147	17785	4909	87311
高 邑 县	11758	6563	77162	11510	5619	64671
深 泽 县	12582	6817	85767	14628	6664	97476
赞 皇 县	11445	4845	55451	14201	4914	69789
无 极 县	25667	6225	159777	23595	7850	185232
平 山 县	16440	5715	93955	19897	5805	115502
元 氏 县	26400	5580	147312	26123	6471	169044
赵　　县	39173	7463	292331	31981	7600	243049
辛 集 市	41238	6180	254848	35513	7211	256086
藁 城 市	35437	6698	237343	35551	8279	294327
晋 州 市	27498	6540	179837	29255	7020	205379
新 乐 市	24265	6225	151050	20303	8463	171820
鹿 泉 市	16533	5715	94485	18602	5993	111476

9—7 续表 2　　　　(2010 年)　　　　计量单位：公顷、公斤/公顷、吨

行政单位	1. 秋收谷物			# (1) 玉米		
	播种面积	单　产	总产量	播种面积	单　产	总产量
石家庄市	**732814**	**6660**	**4880444**	**342077**	**7288**	**2493160**
长 安 区	8412	5883	49491	4348	6435	27979
桥 东 区	414	5582	2311	213	6178	1316
桥 西 区	486	5582	2713	177	6864	1215
新 华 区	2950	5693	16794	1457	7207	10501
裕 华 区	1802	5381	9696	817	7155	5846
矿　　区	2460	5427	13350	1422	5852	8321
高 新 区	5891	5762	33943	2773	6690	18551
井 陉 县	22415	4209	94344	12197	4706	57403
正 定 县	41421	7570	313546	20204	8415	170012
栾 城 县	34161	7616	260161	16430	8469	139147
行 唐 县	40282	6761	272344	19466	8076	157199
灵 寿 县	26765	4777	127857	13965	5002	69859
高 邑 县	22775	6150	140058	10967	5718	62711
深 泽 县	25732	6804	175086	12940	6844	88559
赞 皇 县	23376	4995	116756	11467	5249	60190
无 极 县	46951	7125	334510	20317	8453	171738
平 山 县	33531	5919	198482	15428	6571	101371
元 氏 县	49154	5932	291573	21334	6536	139444
赵　　县	70924	7523	533569	31751	7598	241238
辛 集 市	74203	6680	495670	31748	7416	235457
藁 城 市	68448	7548	516646	33011	8461	279303
晋 州 市	53565	6936	371502	24148	7570	182795
新 乐 市	43199	7231	312365	18934	8520	161315
鹿 泉 市	33497	5901	197677	16563	6140	101690

9—7 续表 3　　（2010 年）　　计量单位：公顷、公斤/公顷、吨

行政单位	（2）谷子			（3）高粱		
	播种面积	单　产	总产量	播种面积	单　产	总产量
石家庄市	**9761**	**3184**	**31080**	**346**	**3182**	**1101**
长 安 区						
桥 东 区						
桥 西 区						
新 华 区						
裕 华 区						
矿　区						
高 新 区						
井 陉 县	1332	1912	2547	22	1500	33
正 定 县						
栾 城 县						
行 唐 县	687	2358	1620	54	3852	208
灵 寿 县	279	2409	672			
高 邑 县	50	3700	185			
深 泽 县	210	3619	760			
赞 皇 县	333	3000	999	5	1200	6
无 极 县	917	3020	2769	20	2800	56
平 山 县	1226	1410	1729	66	2939	194
元 氏 县	1237	3375	4175	150	3453	518
赵　县						
辛 集 市	1217	4408	5365			
藁 城 市						
晋 州 市	1895	4641	8795	24	3125	75
新 乐 市						
鹿 泉 市	378	3873	1464	5	2200	11

9—7 续表 4 (2010 年) 计量单位：公顷、公斤/公顷、吨

行政单位	2. 秋收豆类			# 大豆		
	播种面积	单　产	总产量	播种面积	单　产	总产量
石家庄市	**16301**	**3339**	**54437**	**14567**	**3487**	**50798**
长安区	156	1128	176	156	1128	176
桥东区	1	3000	3			
桥西区	52	4327	225	52	4327	225
新华区						
裕华区						
矿　区	23	1957	45	5	2400	12
高新区						
井陉县	1881	1662	3126	1146	1722	1973
正定县	1022	3881	3966	1022	3877	3962
栾城县	442	2629	1162	297	2155	640
行唐县	562	3329	1871	538	3400	1829
灵寿县	120	2200	264	108	2204	238
高邑县	460	3237	1489	428	3292	1409
深泽县	954	3311	3159	860	3378	2905
赞皇县	670	1260	844	600	1300	780
无极县	1020	3310	3376	1020	3310	3376
平山县	603	2582	1557	521	2685	1399
元氏县	1139	3018	3437	980	3160	3097
赵　县	39	1615	63			
辛集市	1445	4269	6168	1445	4269	6168
藁城市	1711	4609	7886	1703	4616	7861
晋州市	2421	3759	9100	2285	3860	8820
新乐市	588	4571	2688	588	4571	2688
鹿泉市	992	3863	3832	813	3985	3240

9—7 续表 5　　(2010 年)　　计量单位：公顷、公斤/公顷、吨

行政单位	3. 秋收薯类			二、油料		
	播种面积	单　产	总产量	播种面积	单　产	总产量
石家庄市	**23499**	**6139**	**144272**	**61015**	**3496**	**213333**
长 安 区	31	4645	144	305	2987	911
桥 东 区						
桥 西 区						
新 华 区				46	4130	190
裕 华 区						
矿　区	15	8267	124	51	2176	111
高 新 区				1	3000	3
井 陉 县	1390	5978	8310	2654	2073	5503
正 定 县	283	8491	2403	4704	4132	19439
栾 城 县	6	5500	33	440	3411	1501
行 唐 县	5422	5337	28935	6296	3256	20500
灵 寿 县	3784	4560	17256	2478	2059	5102
高 邑 县	33	8667	286	1250	3756	4695
深 泽 县	568	9104	5171	1737	3824	6642
赞 皇 县	1600	4775	7640	6470	2189	14164
无 极 县	1291	5517	7123	4645	3520	16350
平 山 县	2372	4167	9885	3682	2400	8837
元 氏 县	2263	9487	21470	2827	2690	7604
赵　县	243	7757	1885	884	4305	3806
辛 集 市	1103	8247	9096	7911	4498	35580
藁 城 市	895	8505	7612	2408	4716	11355
晋 州 市	767	6016	4614	3075	3143	9664
新 乐 市	781	10009	7817	8000	4680	37440
鹿 泉 市	652	6853	4468	1151	3420	3936

9—7 续表 6　　(2010 年)　　计量单位：公顷、公斤/公顷、吨

行政单位	油料作物中：花生			三、棉花		
	播种面积	单　产	总产量	播种面积	单　产	总产量
石家庄市	**54415**	**3646**	**198394**	**13313**	**1051**	**13987**
长安区	156	4051	632	171	778	133
桥东区				13	1077	14
桥西区						
新华区	15	4533	68			
裕华区						
矿　区	11	2455	27			
高新区				3	1000	3
井陉县	712	2441	1738	152	757	115
正定县	4400	4198	18469	671	835	560
栾城县	194	4103	796	63	603	38
行唐县	6113	3285	20081	666	721	480
灵寿县	2384	2112	5034	237	717	170
高邑县	1210	3796	4593	93	1129	105
深泽县	1727	3827	6609	620	1005	623
赞皇县	5050	2250	11363	141	652	92
无极县	4645	3520	16350	370	676	250
平山县	2935	2378	6980	474	945	448
元氏县	2400	2833	6800	733	1049	769
赵　县	884	4305	3806	290	900	261
辛集市	7732	4535	35067	7743	1140	8827
藁城市	2408	4716	11355	280	1814	508
晋州市	3060	3153	9648	182	852	155
新乐市	8000	4680	37440	198	975	193
鹿泉市	379	4058	1538	213	1141	243

9—7 续表7　　(2010年)　　计量单位：公顷、公斤/公顷、吨

行政单位	四、蔬菜、瓜类			(一) 蔬菜（含菜用瓜）		
	播种面积	单　产	总产量	播种面积	单　产	总产量
石家庄市	**153600**	**78138**	**12002048**	**153600**	**78138**	**12002048**
长 安 区	1723	59800	103035	1723	59800	103035
桥 东 区	233	48579	11319	233	48579	11319
桥 西 区	996	63552	63298	996	63552	63298
新 华 区	1800	58191	104744	1800	58191	104744
裕 华 区	450	71164	32024	450	71164	32024
矿　　区	450	42711	19220	450	42711	19220
高 新 区	1296	90968	117894	1296	90968	117894
井 陉 县	3701	51098	189113	3701	51098	189113
正 定 县	7874	102818	809590	7874	102818	809590
栾 城 县	11822	98496	1164424	11822	98496	1164424
行 唐 县	4197	61456	257930	4197	61456	257930
灵 寿 县	2873	61229	175912	2873	61229	175912
高 邑 县	6235	70969	442494	6235	70969	442494
深 泽 县	5178	74067	383520	5178	74067	383520
赞 皇 县	1806	61775	111566	1806	61775	111566
无 极 县	9654	73123	705930	9654	73123	705930
平 山 县	4284	38250	163863	4284	38250	163863
元 氏 县	5525	70459	389288	5525	70459	389288
赵　　县	12167	75706	921115	12167	75706	921115
辛 集 市	10834	87733	950497	10834	87733	950497
藁 城 市	34886	79334	2767646	34886	79334	2767646
晋 州 市	6365	71372	454282	6365	71372	454282
新 乐 市	8296	97009	804790	8296	97009	804790
鹿 泉 市	10955	78371	858554	10955	78371	858554

9—7 续表 8　　(2010 年)　　计量单位：公顷、公斤/公顷、吨

行政单位	(二) 瓜类			瓜类中：西瓜		
	播种面积	单　产	总产量	播种面积	单　产	总产量
石家庄市	**10226**	**55050**	**562945**	**9029**	**58292**	**526317**
长 安 区	48	57375	2754	48	57375	2754
桥 东 区	19	40789	775	15	45000	675
桥 西 区						
新 华 区	70	52500	3675	70	52500	3675
裕 华 区						
矿　区						
高 新 区						
井 陉 县						
正 定 县	582	52943	30813	365	62912	22963
栾 城 县	293	57734	16916	179	65140	11660
行 唐 县	421	37435	15760	235	42043	9880
灵 寿 县	158	17842	2819	158	17842	2819
高 邑 县	419	67024	28083	419	67024	28083
深 泽 县	139	59770	8308	108	67972	7341
赞 皇 县	420	18660	7837	160	20388	3262
无 极 县	520	72000	37440	520	72000	37440
平 山 县	434	27242	11823	310	25645	7950
元 氏 县	815	45152	36799	600	50750	30450
赵　县	1075	59239	63682	1075	59239	63682
辛 集 市	36	50667	1824	21	62571	1314
藁 城 市	595	55739	33165	595	55739	33165
晋 州 市	68	33015	2245	44	26523	1167
新 乐 市	3870	63645	246308	3865	63689	246158
鹿 泉 市	244	48848	11919	242	49087	11879

9—7 续表 9　　(2010 年)　　计量单位：公顷、公斤/公顷、吨

行政单位	五、粮食作物占用耕地		六、蔬菜作物占用耕地
	面　积	单　产	
石家庄市	**421969**	**12037**	**76447**
长 安 区	4535	10984	720
桥 东 区	213	10864	118
桥 西 区	341	8616	996
新 华 区	1493	11248	720
裕 华 区	901	10761	150
矿　　区	1353	9992	287
高 新 区	3118	10886	518
井 陉 县	16954	6239	1860
正 定 县	21827	14657	3937
栾 城 县	17731	14740	4686
行 唐 县	23133	13105	2350
灵 寿 县	17785	8174	2798
高 邑 县	15828	8961	4241
深 泽 县	14116	12993	2589
赞 皇 县	14921	8394	903
无 极 县	26898	12827	5322
平 山 县	23920	8776	2392
元 氏 县	28944	10934	3634
赵　　县	39225	13652	6183
辛 集 市	38376	13314	5417
藁 城 市	35527	14979	15510
晋 州 市	34831	11060	3708
新 乐 市	22338	14454	3010
鹿 泉 市	17661	11663	4398

水果生产情况

9—8　　(2010 年)

行政单位	一、水果产量（不含果用瓜）（吨）	# 1. 苹果	红富士苹果	国光苹果	2. 梨
石家庄市	**2106614**	**332272**	**255972**	**22352**	**1359970**
长 安 区	2680				
桥 东 区	3045				3045
桥 西 区	137	65	65		
新 华 区	2587	549	459	90	1733
裕 华 区	50				
矿　 区	4600	4000	1900	450	100
高 新 区	495	420	420		
井 陉 县	35704	24096	22632	149	306
正 定 县	16238	8301	4000		6300
栾 城 县	1860	600	384		720
行 唐 县	68545	6000	5350	330	2000
灵 寿 县	20174	6100	3800		5800
高 邑 县	1592				660
深 泽 县	78979	53701	47264	1322	14934
赞 皇 县	103890	3300	2640	660	1800
无 极 县	35300	15000	15000		18000
平 山 县	53257	18290	12260	106	4130
元 氏 县	15120	7100	5400		5300
赵　 县	523052				523000
辛 集 市	464902	124813	99808	12477	260293
藁 城 市	190307	28387	13500	4200	149239
晋 州 市	416860	12160	9226		338442
新 乐 市	26000	1030	824	206	22600
鹿 泉 市	41240	18360	11040	2362	1568

9—8 续表 1 （2010 年）

行政单位	一、水果产量（吨）（续）				
	梨产量（续）		3. 桃	4. 葡萄	5. 红枣
	雪花梨	鸭梨			
石家庄市	**437026**	**598483**	**84857**	**93595**	**161363**
长安区			2680		
桥东区					
桥西区					72
新华区	1451	282	140	155	
裕华区				50	
矿区	60	40	110	10	15
高新区				75	
井陉县	193	83	670	69	2350
正定县			1153	133	351
栾城县	450	150	13	490	20
行唐县	1450	550	190	260	60000
灵寿县	3100		270	110	420
高邑县			150	80	340
深泽县	1640	417	1863	7495	230
赞皇县	1420	380	150	40	80000
无极县	9500	8500	1500	450	
平山县	1530	2600	5632	310	6260
元氏县	2700	2600	200	120	900
赵县	323000	200000	10	30	3
辛集市	13014	78086	59393	7282	1891
藁城市	56416	85707	5169	4936	1895
晋州市	14411	201615	3300	62890	28
新乐市	5650	16950	2000	50	100
鹿泉市	1041	523	264	8560	6488

9—8 续表 2　　　　(2010 年)

行政单位	二、果园面积（公顷）	# 苹果园	梨园	桃园	葡萄园
石家庄市	**165476**	**19951**	**48617**	**4471**	**3964**
长 安 区	108			108	
桥 东 区	118		115		
桥 西 区	19	3			
新 华 区	84	28	44	4	7
裕 华 区	2				2
矿　区	267	250	4	6	1
高 新 区	24	14			10
井 陉 县	2630	1380	4	73	3
正 定 县	3823	1714	1700	363	46
栾 城 县	140	32	24	2	68
行 唐 县	41960	400	67	55	58
灵 寿 县	3488	210	150	40	10
高 邑 县	169		9	7	4
深 泽 县	3947	2213	767	114	757
赞 皇 县	30493	1210	953	53	34
无 极 县	2200	1040	1030	90	40
平 山 县	9338	1988	231	463	40
元 氏 县	3898	320	260	12	10
赵　县	16682		16669	1	10
辛 集 市	21995	6301	11967	2640	313
藁 城 市	6573	1298	4789	160	158
晋 州 市	11929	566	9172	120	2071
新 乐 市	952	139	600	133	13
鹿 泉 市	4637	845	62	27	309

林业生产情况

9—9　　(2010 年)

行政单位	一、营林情况（公顷）					
	1. 当年造林面积	# 当年人工造林面积	2. 封山育林面积	3. 当年零星（四旁）植树（万株）	4. 育苗面积	5. 当年苗木产量（万株）
石家庄市	**18554**	**8045**	**61805**	**1589**	**2779**	**8132**
长 安 区	60	60		1		
桥 东 区					8	130
桥 西 区	13	13			18	55
新 华 区				17	87	50
裕 华 区				1	2	
矿　　区	67	67	1333	3	17	100
高 新 区	68	68			4	
井 陉 县	2133	824	5109	189	171	435
正 定 县	133	133		12	60	360
栾 城 县	134	134		62	127	185
行 唐 县	1267	1267	4934	150	67	280
灵 寿 县	1867	1200	6999	55	93	500
高 邑 县	240	240		12	53	
深 泽 县	333	333		77	34	81
赞 皇 县	3933	733	14731	85	650	3900
无 极 县	300	300		30	20	15
平 山 县	3633	633	13000	400	160	90
元 氏 县	933	533	5866	80	30	180
赵　　县	307	307		40	24	37
辛 集 市	267	267		80	218	380
藁 城 市	200	200		69	583	180
晋 州 市	133	133		97	35	63
新 乐 市	133	133		65	45	210
鹿 泉 市	2400	467	9833	64	273	901

9—9 续表　　(2010 年)

行政单位	一、营林情况（公顷）（续）		二、主要林产品产量			三、木材采伐量（立方米）	
	6. 当年幼林抚育作业面积	7. 当年成林抚育面积	1. 干果（吨）	# 核桃	2. 花椒（吨）		# 村及村以下
石家庄市	**89535**	**66847**	**33712**	**27448**	**4144**	**27682**	**27087**
长安区						560	560
桥东区		33					
桥西区							
新华区							
裕华区							
矿　区	1333	200	55	55	6	100	100
高新区							
井陉县	21118	21974	1213	1213	200	820	625
正定县						818	818
栾城县	4204					2000	2000
行唐县	5000	1500	129	100	78	1213	1213
灵寿县	6000	6000	9510	5500	130	4157	4157
高邑县						522	522
深泽县	735	453			1	1655	1655
赞皇县	9999	6667	10500	10000	20	890	890
无极县	500	1000				310	310
平山县	28040	16050	10745	9030	3700	1900	1900
元氏县	2800	3800	703	693		968	968
赵　县	1750	1750					
辛集市	1865	1376				1600	1600
藁城市						4240	4240
晋州市						283	283
新乐市	400	133				4446	4446
鹿泉市	5791	5911	857	857	9	1200	800

畜牧业生产情况

9—10 (2010年)

行政单位	一、当年出售和自宰的（百头、百只）					
	（一）大牲畜	1. 牛	2. 马	3. 驴	4. 骡	（二）猪
石家庄市	**6912**	**6048**	**176**	**554**	**134**	**56298**
长安区	18	18				277
桥东区						44
桥西区	2	2				44
新华区	1	1				118
裕华区	1	1				85
矿　区	1	1				290
高新区	14	14				98
井陉县	430	416	4	7	3	1354
正定县	768	768				4924
栾城县	451	451				3379
行唐县	701	660	6	26	9	2650
灵寿县	214	196	5	9	4	2536
高邑县	22	22				999
深泽县	95	85	2	6	2	2083
赞皇县	740	735	2	2	1	1327
无极县	747	624	16	90	17	3454
平山县	120	120				1853
元氏县	585	549		36		2879
赵　县	160	151		9		4001
辛集市	341	132	66	95	48	6490
藁城市	599	564	7	17	11	5691
晋州市	292	209	28	36	19	4610
新乐市	479	199	40	220	20	4487
鹿泉市	131	130		1		2625

9—10 续表 1 (2010 年)

行政单位	一、当年出售和自宰的（百头、百只）（续）				
	（三）羊	（四）家禽	# 鸡	鸭	（五）兔
石家庄市	**14791**	**1521271**	**1506478**	**11091**	**65404**
长 安 区	33	2592	2592		
桥 东 区	12	649	649		
桥 西 区	5	906	906		50
新 华 区	33	1058	1058		
裕 华 区	4	900	900		
矿 区	16	1900	1900		
高 新 区	18	950	950		
井 陉 县	1397	36151	35064	1087	3614
正 定 县	521	197438	197427	11	
栾 城 县	529	174688	174557	131	778
行 唐 县	636	43598	43598		760
灵 寿 县	594	25031	25016	15	3157
高 邑 县	235	27316	24072		6193
深 泽 县	907	22914	22198	340	951
赞 皇 县	552	28000	28000		9733
无 极 县	1478	109845	109845		4850
平 山 县	620	15200	14970	230	10000
元 氏 县	1623	74647	74549	98	3600
赵 县	712	90060	90060		1196
辛 集 市	1485	211495	211495		4871
藁 城 市	1552	209147	203648	5499	2918
晋 州 市	1239	99772	97795	1895	6270
新 乐 市	196	102773	102373	400	6000
鹿 泉 市	394	44241	42856	1385	463

9—10 续表 2　　　　(2010 年)

行政单位	二、期末存栏（百头、百只）							
	(一)大牲畜	1. 牛	(1) 役用牛	(2) 肉牛	(3) 奶牛	2. 马	3. 驴	4. 骡
石家庄市	**8968**	**8067**	**254**	**3764**	**4049**	**194**	**528**	**179**
长 安 区	32	32			32			
桥 东 区	4	4			4			
桥 西 区	1	1		1				
新 华 区	4	4			4			
裕 华 区	2	2		1	1			
矿　 区	3	3		2	1			
高 新 区	21	21		13	8			
井 陉 县	544	512	15	465	32	8	20	4
正 定 县	945	945		473	472			
栾 城 县	606	606		165	441			
行 唐 县	911	893	20	70	803	3	9	6
灵 寿 县	433	346	47	110	189	19	51	17
高 邑 县	30	30		7	23			
深 泽 县	150	125		11	114	6	13	6
赞 皇 县	825	814	20	794		4	4	3
无 极 县	1036	828		424	404	33	98	77
平 山 县	215	215	25	150	40			
元 氏 县	703	663	121	294	248		40	
赵　 县	196	191		86	105		5	
辛 集 市	539	399		160	239	33	105	2
藁 城 市	676	647	1	313	333	4	13	12
晋 州 市	346	243		180	63	32	38	33
新 乐 市	501	300		22	278	52	131	18
鹿 泉 市	245	243	5	23	215		1	1

9—10 续表 3

(2010 年)

行政单位	二、期末存栏（百头、百只）（续）				
	（二）猪	（三）羊	（四）家禽	# 鸡	（五）兔
石家庄市	**34594**	**12782**	**1194267**	**1185095**	**33418**
长安区	200	42	1865	1465	
桥东区	50	26	330	330	
桥西区	19	2	922	922	20
新华区	103	30	2243	2243	
裕华区	48	6	913	913	
矿区	210	22	2100	2100	
高新区	109	11	3100	3100	
井陉县	847	1166	33148	31465	1969
正定县	3150	439	150266	150250	
栾城县	1929	446	125225	125150	453
行唐县	1690	590	34270	34270	380
灵寿县	1521	497	18818	18783	1810
高邑县	599	180	17340	17340	1659
深泽县	1231	758	18065	17443	765
赞皇县	861	521	24000	24000	3551
无极县	2205	1251	83870	83870	3910
平山县	1300	600	12850	12600	2200
元氏县	1814	1387	56874	56825	2300
赵县	2312	545	62500	62500	810
辛集市	3826	1547	179162	179162	1808
藁城市	3203	1141	167100	163586	1762
晋州市	2870	1074	77356	76922	4170
新乐市	3200	169	80406	79602	5500
鹿泉市	1297	332	41544	40254	351

9—10 续表 4　　(2010 年)

行政单位	三、肉类产量(吨)	#1. 牛肉	2. 驴肉	3. 猪肉	4. 羊肉	5. 家禽肉	6. 兔肉
石家庄市	**747696**	**97636**	**4525**	**427609**	**20316**	**182676**	**9775**
长 安 区	2742	288		2086	46	322	
桥 东 区	405			330	11	64	
桥 西 区	519	30		328	7	136	8
新 华 区	1092	1		907	53	131	
裕 华 区	783	15		646	5	117	
矿　 区	2398	11		2175	22	190	
高 新 区	1227	189		941	31	66	
井 陉 县	23962	6733	63	10290	1885	4368	539
正 定 县	74394	12440		37475	679	23800	
栾 城 县	54994	7206		25343	723	20919	103
行 唐 县	37217	10464	208	20135	837	5315	97
灵 寿 县	26772	3176	66	19274	783	2977	386
高 邑 县	12445	347		7486	322	3300	990
深 泽 县	21469	1367	59	15814	1280	2753	147
赞 皇 县	27558	11907	18	10085	692	3360	1460
无 极 县	53096	10096	540	26210	2045	13201	714
平 山 县	20240	1920		14082	908	1830	1500
元 氏 县	42604	8889	270	21883	2155	8868	539
赵　 县	44968	2441	70	30409	995	10788	250
辛 集 市	81786	2115	857	49320	2079	25380	697
藁 城 市	80780	9123	105	43240	2160	25012	439
晋 州 市	54755	3548	270	35036	1782	12172	942
新 乐 市	53498	3224	1995	34164	274	12292	892
鹿 泉 市	27992	2106	4	19950	542	5315	72

9—10 续表 5 （2010 年）

行政单位	四、其他畜产品产量（吨）				
	1. 奶类产量	# 牛奶产量	2. 蜂蜜产量	3. 禽蛋产量	# 鸡蛋
石家庄市	**1138885**	**1136587**	**2092**	**1039365**	**1029982**
长 安 区	7153	7153		1790	1790
桥 东 区	171	171		300	300
桥 西 区				802	802
新 华 区	26	26		1132	1132
裕 华 区	500	500		748	748
矿　　区	120	120	4	1900	1900
高 新 区	1704	1704		2268	2268
井 陉 县	10240	10240	82	29566	28128
正 定 县	105060	105060		126930	126930
栾 城 县	123318	123318		106900	104800
行 唐 县	257405	256660	3	29950	29950
灵 寿 县	38400	38400	96	17089	17040
高 邑 县	7355	7355		14136	14136
深 泽 县	36432	36432		17174	16743
赞 皇 县			840	19600	19600
无 极 县	95100	95100	70	73948	73948
平 山 县	12600	12600	620	11371	11179
元 氏 县	77330	77330	175	50046	49990
赵　　县	38502	38502	150	58311	58311
辛 集 市	65890	65890		153670	153670
藁 城 市	89752	89712		142534	139374
晋 州 市	21700	21700	26	71112	70805
新 乐 市	86776	85326		71635	71034
鹿 泉 市	63351	63288	26	36453	35404

渔业生产情况

9—11

(2010 年)

行政单位	水产品总产量（吨）	# 内陆养殖	# 鱼类	水产品养殖面积（公顷）	# 池塘养殖	水库养殖
石家庄市	**34258**	**24158**	**22819**	**15700**	**876**	**14753**
长安区	12	12	10	15	15	
桥东区	4	4	4	1	1	
桥西区	6	6	6	1	1	
新华区	66	66	60	15	15	
裕华区	4	4	4	1	1	
矿　区	30	30	30	7	3	4
高新区						
井陉县	501	501	501	151	50	101
正定县	1610	1610	1480	233	168	
栾城县	13	13	13	1	1	
行唐县	1995	1765	1678	822	4	818
灵寿县	7680	3580	3577	2749	52	2697
高邑县						
深泽县	74	74	35	8	8	
赞皇县	1220	1070	1070	616	10	600
无极县	62	62		4	4	
平山县	13600	9190	8466	8850	137	8713
元氏县	1020	910	910	247	4	243
赵　县	46	46	25	8	8	
辛集市	70	70	70	11	11	
藁城市	75	75	75	1	1	
晋州市	30	30	30	6	6	
新乐市	20	20		2	2	
鹿泉市	6120	5020	4775	1951	374	1577

农林牧渔业总产值

9—12　　(2010 年)　　计量单位：万元

行政单位	农林牧渔业总产值	一、农业产值	(一) 谷物及其他作物产值				
			总计	1. 谷物	2. 薯类	3. 油料	4. 豆类
石家庄市	**6515543**	**3588328**	**1280920**	**944633**	**96564**	**119088**	**26645**
长安区	37447	27350	11143	9463	97	537	83
桥东区	7223	2679	512	442			2
桥西区	15876	13685	660	530			107
新华区	24372	18846	4642	4279		119	
裕华区	10293	6303	1921	1841			
矿区	11981	6109	2822	2525	71	49	23
高新区	22093	17797	6524	6513		2	
井陉县	147616	57975	28458	18088	4778	2800	1342
正定县	492033	209377	79794	60208	1622	10847	1880
栾城县	442135	209998	54437	50024	18	588	773
行唐县	343944	144111	89282	52083	19531	11560	905
灵寿县	205884	112505	41582	24581	11027	2872	125
高邑县	141130	105729	33970	27370	193	2594	740
深泽县	188044	116591	45737	33896	3445	3706	1574
赞皇县	177562	93554	37238	22605	4393	8077	398
无极县	376988	175970	84348	64735	4808	9123	1600
平山县	296195	192201	54625	38517	6459	5082	739
元氏县	317249	150343	82515	56907	14492	4175	1682
赵县	451498	301756	114341	104140	1032	2124	54
辛集市	719857	429284	160864	96715	6140	19767	2924
藁城市	896390	596374	120252	99236	5080	6336	3747
晋州市	390163	227226	90371	72601	3114	5402	4433
新乐市	379573	197140	91882	60263	5097	20892	1274
鹿泉市	298363	179785	48029	38252	3016	2331	2051

9—12 续表1　　(2010年)　　计量单位：万元

行政单位	一、农业产值（续）						
	(一)谷物及其他作物产值(续)		(二)蔬菜园艺作物			(三)水果、坚果、饮料和香料	(四)中药材
	5. 棉花	6. 烟草	1. 蔬菜	2. 花卉	3. 其他园艺作物		
石家庄市	**40702**	**729**	**1583746**	**3161**		**616159**	**23803**
长安区	387		14289			1918	
桥东区	41		1414			753	
桥西区			9860	2875		43	
新华区			12728	516		843	
裕华区			3856	510		16	
矿区			2042	5	150	1056	25
高新区	9		10587			144	
井陉县	231		17379		27	11999	112
正定县	1630		110845	182		7134	171
栾城县	111		145773	130	4771	2114	280
行唐县	1397	296	24776			24583	3005
灵寿县	495	885	10573			21971	
高邑县	306		69563	105		2091	
深泽县	1813		47889	10		22636	
赞皇县	268		11461			41107	2663
无极县	728		79637			10999	
平山县	1304		17213	629	50852	48821	12299
元氏县	2238		54464	257		8438	4245
赵县	760		99697	130		86789	
辛集市	25687		139669			127848	888
藁城市	1478		429937	399		43456	
晋州市	451		48134			88721	
新乐市	562		83930			20687	
鹿泉市	707		115843	315		14560	40

9—12 续表 2　　(2010 年)　　计量单位：万元

行政单位	二、林业产值			
	合　计	（一）林木的培育和种植	（二）竹木采运	（三）林产品
石家庄市	**57285**	**41647**	**1661**	**13977**
长安区	75	41	34	
桥东区	4	4		
桥西区	7	7		
新华区	219	219		
裕华区	8	8		
矿　区	280	254	6	20
高新区	37	37		
井陉县	5240	4840	50	350
正定县	272	223	49	
栾城县	1277	1157	120	
行唐县	2918	2845	73	
灵寿县	4689	2900	249	1540
高邑县	356	325	31	
深泽县	1067	968	99	
赞皇县	2317	2141	53	123
无极县	620	604	16	
平山县	15959	9937	114	5908
元氏县	1956	1898	58	
赵　县	961	961		
辛集市	1740	1296	96	348
藁城市	1278	1024	254	
晋州市	902	885	17	
新乐市	1001	734	267	
鹿泉市	2967	2895	72	

9—12 续表3　　（2010 年）　　计量单位：万元

行政单位	三、牧业产值						
	合　计	（一）牲畜饲养	（1）牛	（2）羊	（3）其他牲畜	（4）奶产品	（5）毛绒产品
石家庄市	**2597043**	**827698**	**332640**	**85344**	**13727**	**392560**	**3427**
长安区	8633	3649	990	191		2468	
桥东区	979	128		69		59	
桥西区	1678	139	110	29			
新华区	2068	255	55	191		9	
裕华区	1978	251	55	23		173	
矿　区	5266	190	55	93		41	1
高新区	4259	1358	770			588	
井陉县	77015	32439	20800	8061	86	3123	369
正定县	266211	81523	42240	3007		36246	30
栾城县	217660	64978	24805	3053		37069	51
行唐县	189626	129115	36300	3670	391	88690	64
灵寿县	77593	27256	10780	2627	171	13248	430
高邑县	32109	5132	1210	1356		2537	29
深泽县	66225	22800	4675	5234	122	12569	200
赞皇县	79599	44136	40425	3670	41		
无极县	191191	77059	34320	8528	1169	32810	232
平山县	58603	14585	6600	3577		4347	61
元氏县	150786	67058	30195	9364	540	26679	280
赵　县	132318	25998	8305	4108	139	13283	163
辛集市	272134	43378	7277	8151	4979	22732	239
藁城市	283506	71408	31020	8956	217	30959	256
晋州市	151513	27689	11495	7149	784	7487	774
新乐市	167856	44527	10945	1131	2650	29713	88
鹿泉市	99485	31300	7150	2273	10	21846	21

9—12 续表 4　　(2010 年)　　计量单位：万元

行政单位	三、牧业产值（续）					
	(二) 猪的饲养	(三) 家禽饲养	1. 肉禽	2. 禽蛋	(四) 其他畜牧业	# 兔
石家庄市	**655872**	**1025020**	**305522**	**719498**	**88453**	**11736**
长安区	3227	1757	518	1239		
桥东区	513	338	130	208		
桥西区	513	736	181	555	290	7
新华区	1375	438	212	226		
裕华区	991	698	180	518	38	
矿　区	3379	1695	380	1315	2	
高新区	1142	1759	190	1569		
井陉县	15774	27254	7339	19915	768	723
正定县	57365	127323	39487	87836		
栾城县	39365	108803	35527	73276	4514	93
行唐县	30873	29445	8720	20725	193	190
灵寿县	29544	16827	5008	11819	3966	448
高邑县	11638	14596	4814	9782	743	743
深泽县	24267	16528	4613	11915	2630	1064
赞皇县	15460	19163	5600	13563	840	840
无极县	40239	73141	21969	51172	752	716
平山县	21587	10882	3042	7840	11549	1476
元氏县	33540	49562	14930	34632	626	504
赵　县	46612	58363	18012	40351	1345	454
辛集市	75603	148639	42299	106340	4514	908
藁城市	66300	140287	41897	98390	5511	431
晋州市	53707	69406	20225	49181	711	690
新乐市	52274	70155	20583	49572	900	900
鹿泉市	30581	33930	8862	25068	3674	69

9—12 续表 5　　(2010 年)　　计量单位：万元

行政单位	四、渔业产值	# 鱼类	甲壳类	五、农林牧渔服务业产值
石家庄市	**38350**	**26718**	**3240**	**234537**
长安区	23	9		1366
桥东区	4	4		3557
桥西区	6	6		500
新华区	97	55		3142
裕华区	4	4		2000
矿　区	26	26		300
高新区				
井陉县	1446	1446		5940
正定县	2233	1323		13940
栾城县	10	10		13190
行唐县	2139	1714	233	5150
灵寿县	8119	6772	1338	2978
高邑县				2936
深泽县	306	33		3855
赞皇县	1092	1092		1000
无极县	372			8835
平山县	18934	12300	2360	10498
元氏县	1064	1063	1	13100
赵　县	169	22		16294
辛集市	64	64		16635
藁城市	17	17		15215
晋州市	32	32		10490
新乐市	16			13560
鹿泉市	7436	5661	60	8690

农林牧渔业中间消耗

9—13　　(2010 年)　　计量单位：万元

行政单位	农林牧渔业中间消耗总计	一、农业中间消耗			二、林业中间消耗		
		合计	1. 物质消耗	2. 生产服务支出	合计	1. 物质消耗	2. 生产服务支出
石家庄市	**2819489**	**1275651**	**999837**	**275814**	**11529**	**7928**	**3601**
长安区	14344	8255	6860	1395	43	43	
桥东区	3000	640	543	97	2	1	1
桥西区	7217	5885	4473	1412	4	3	1
新华区	7754	4711	3300	1411	118	78	40
裕华区	4648	2506	1977	529	4	4	
矿区	5636	2778	2278	500	75	65	10
高新区	9595	7481	6807	674	15	12	3
井陉县	63052	21271	17511	3760	2176	1639	537
正定县	256917	78741	62638	16103	174	150	24
栾城县	202781	88279	80952	7327	550	457	93
行唐县	161008	51880	40746	11134	1296	1114	182
灵寿县	94181	44868	33926	10942	1641	1095	546
高邑县	62312	43435	33560	9875	53	42	11
深泽县	86320	44765	36645	8120	395	343	52
赞皇县	67796	33797	27605	6192	604	458	146
无极县	182250	72149	56460	15689	310	239	71
平山县	115832	72559	57273	15286	3240	2264	976
元氏县	146042	52335	41216	11119	730	564	166
赵县	186436	106293	81978	24315	467	350	117
辛集市	337424	184039	176136	7903	755	738	17
藁城市	405998	237953	180844	57109	677	564	113
晋州市	178938	90433	90433		329	265	64
新乐市	171086	73602	62845	10757	277	240	37
鹿泉市	123068	64003	51452	12551	1335	1075	260

9—13 续表　　(2010 年)　　计量单位：万元

行政单位	三、牧业中间消耗			四、渔业中间消耗			五、农林牧渔服务业中间消耗
	合　计	1. 物质消耗	2. 生产服务支　出	合　计	1. 物质消耗	2. 生产服务支　出	
石家庄市	**1394449**	**1328770**	**65679**	**17238**	**14262**	**2976**	**120622**
长 安 区	5352	5118	234	11	10	1	683
桥 东 区	513	485	28	2	2		1843
桥 西 区	1074	1010	64	2	1	1	252
新 华 区	1282	1100	182	41	36	5	1602
裕 华 区	1128	1073	55	2	2		1008
矿　区	2611	2471	140	12	10	2	160
高 新 区	2099	1994	105				
井 陉 县	36463	34205	2258	590	471	119	2552
正 定 县	170253	162802	7451	1197	1006	191	6552
栾 城 县	107300	102337	4963	5	4	1	6647
行 唐 县	104294	96993	7301	963	616	347	2575
灵 寿 县	42676	40628	2048	3495	2880	615	1501
高 邑 县	17880	16678	1202				944
深 泽 县	39072	38202	870	122	110	12	1966
赞 皇 县	32606	30664	1942	480	417	63	309
无 极 县	105156	99572	5584	182	96	86	4453
平 山 县	26957	25682	1275	8142	6708	1434	4934
元 氏 县	85903	81779	4124	472	394	78	6602
赵　县	71329	67906	3423	139	111	28	8208
辛 集 市	142938	133270	9668	44	37	7	9648
藁 城 市	159614	150037	9577	10	9	1	7744
晋 州 市	82875	78729	4146	15	14	1	5286
新 乐 市	90364	88048	2316	7	4	3	6836
鹿 泉 市	50359	47943	2416	3461	2853	608	3910

农林牧渔业增加值

9—14　　(2010年)　　计量单位：万元

行政单位	农林牧渔业增加值	1. 农业	2. 林业	3. 牧业	4. 渔业	5. 农林牧渔服务业
石家庄市	**3696054**	**2312677**	**45756**	**1202594**	**21112**	**113915**
长安区	23103	19095	32	3281	12	683
桥东区	4223	2039	2	466	2	1714
桥西区	8659	7800	3	604	4	248
新华区	16618	14135	101	786	56	1540
裕华区	5645	3797	4	850	2	992
矿区	6345	3331	205	2655	14	140
高新区	12498	10316	22	2160		
井陉县	84564	36704	3064	40552	856	3388
正定县	235116	130636	98	95958	1036	7388
栾城县	239354	121719	727	110360	5	6543
行唐县	182936	92231	1622	85332	1176	2575
灵寿县	111703	67637	3048	34917	4624	1477
高邑县	78818	62294	303	14229		1992
深泽县	101724	71826	672	27153	184	1889
赞皇县	109766	59757	1713	46993	612	691
无极县	194738	103821	310	86035	190	4382
平山县	180363	119642	12719	31646	10792	5564
元氏县	171207	98008	1226	64883	592	6498
赵县	265062	195463	494	60989	30	8086
辛集市	382433	245245	985	129196	20	6987
藁城市	490392	358421	601	123892	7	7471
晋州市	211225	136793	573	68638	17	5204
新乐市	208487	123538	724	77492	9	6724
鹿泉市	175295	115782	1632	49126	3975	4780

农林牧渔业商品产值

9—15 (2010 年) 计量单位：万元

行政单位	农林牧渔业商品产值	一、农业商品产值			
		合　计	(一) 谷物及其他作物		
			小　计	1. 谷物	2. 薯类
石家庄市	**4653765**	**2455195**	**617045**	**445808**	**61346**
长安区	28591	20787	6968	6330	90
桥东区	3230	2247	396	353	
桥西区	12383	10983	21		
新华区	18590	16265	3420	3303	
裕华区	7394	5650	1441	1441	
矿　区	7885	2898	1140	1140	
高新区	16231	12346	3399	3390	
井陉县	103469	29067	12378	8430	2500
正定县	377368	137730	43964	33755	745
栾城县	379606	167201	33883	33523	
行唐县	276365	103786	60448	31588	18897
灵寿县	123701	73035	10539	1094	6750
高邑县	113725	88596	19547	16630	
深泽县	145801	81297	21343	15118	2363
赞皇县	141302	65970	19160	12862	3754
无极县	270966	94678	41871	31060	2363
平山县	194498	126122	31307	21865	3318
元氏县	194554	91691	49324	33564	10199
赵　县	339927	219058	81867	78571	934
辛集市	524191	283436	106268	66389	2517
藁城市	739406	485075	82901	70096	3265
晋州市	258702	138236	39374	35221	378
新乐市	255930	122167	51508	26106	4374
鹿泉市	229153	129897	22255	19333	335

9—15 续表1 （2010年） 计量单位：万元

行政单位	一、农业商品产值（续）				
	（一）谷物及其他作物（续）				
	3. 油料	4. 豆类	5. 棉花	6. 烟叶	7. 其他农作物
石家庄市	**71082**	**14243**	**23752**	**712**	**102**
长安区	403	64	81		
桥东区		2	41		
桥西区					21
新华区	117				
裕华区					
矿区					
高新区	1		8		
井陉县	672	776			
正定县	7040	1019	1405		
栾城县	180	180			
行唐县	7678	755	793	231	506
灵寿县	2264	87	78	266	
高邑县	2198	642	77		
深泽县	1953	745	1164		
赞皇县	2348	160	36		
无极县	7617	521	310		
平山县	3442	217	320		2145
元氏县	2630	721	2210		
赵县	1739	48	380		195
辛集市	8139	1491	24145		3587
藁城市	4436	2981	1331		792
晋州市	1790	1487	197		301
新乐市	17689	640	427		2272
鹿泉市	1442	419	669		57

9—15 续表2　　（2010年）　　计量单位：万元

行政单位	一、农业商品产值（续）					
	（二）蔬菜、园艺作物				（三）水果、坚果、饮料和香料作物	（四）中药材
	合　计	1. 蔬菜	2. 花卉	3. 其他园艺作物		
石家庄市	**1296679**	**1219467**	**3161**		**519471**	**22000**
长 安 区	11990	11990			1829	
桥 东 区	1132	1132			719	
桥 西 区	10923	8301	2412		39	
新 华 区	12086	11669	300		759	
裕 华 区	4193	3683	510		16	
矿　区	869	855	5		864	25
高 新 区	8808	8320			139	
井 陉 县	6587	6587			10012	90
正 定 县	86947	76866	182		6648	171
栾 城 县	131120	123983	100	4750	1922	276
行 唐 县	17039	14584			23407	2892
灵 寿 县	42127	3748			20369	
高 邑 县	67210	67106	104		1839	
深 泽 县	39662	39336	10		20292	
赞 皇 县	6587	5557			37560	2663
无 极 县	42143	41403			10664	
平 山 县	42428	4827	577	29558	42702	9685
元 氏 县	31811	31198	214		6404	4152
赵　县	59973	59125	130		77218	
辛 集 市	72176	72164			104193	799
藁 城 市	363263	360978	351		38911	
晋 州 市	24154	24154			74708	
新 乐 市	57142	56698			13517	
鹿 泉 市	93702	92489	315		13900	40

9—15 续表 3　　(2010 年)　　计量单位：万元

行政单位	二、林业商品产值		三、牧业商品产值		
	总 计	林产品	总 计	(一) 牲畜的饲养	
				合 计	1. 牛
石家庄市	**3936**	**1735**	**2165256**	**689899**	**266832**
长 安 区			7781	2946	935
桥 东 区			979	128	
桥 西 区			1395	122	99
新 华 区	192		2036	255	55
裕 华 区			1740	251	55
矿 区	20	20	4945	178	55
高 新 区			3885	1323	747
井 陉 县	518	280	72556	30662	19992
正 定 县	35		237738	74749	37602
栾 城 县	174		212221	61055	24621
行 唐 县			170442	111690	20249
灵 寿 县	1260	1260	43955	8311	
高 邑 县	18		25111	4185	1155
深 泽 县	90		64108	22765	4675
赞 皇 县	754	123	73756	43653	40015
无 极 县			175928	70796	31900
平 山 县	539	113	50111	7796	2197
元 氏 县	53		102120	39322	15299
赵 县	14		120693	23826	7160
辛 集 市	951	348	239740	38230	6913
藁 城 市	254		254063	64256	27918
晋 州 市	17		120417	21228	6783
新 乐 市	531		133221	36913	8525
鹿 泉 市	315		91633	30681	6993

9—15 续表4 （2010年） 计量单位：万元

行政单位	三、牧业商品产值（续）				
	（一）牲畜的饲养（续）				（二）猪的饲养
	2. 羊	3. 其他牲畜	4. 奶类	5. 毛绒类	
石家庄市	**66209**	**6171**	**347569**	**3118**	**519582**
长安区	185		1826		3163
桥东区	69		59		513
桥西区	23				410
新华区	191		9		1363
裕华区	23		173		753
矿　区	84		38	1	3204
高新区			576		993
井陉县	7396	70	2872	332	14378
正定县	2854		34263	30	43798
栾城县	2987		33396	51	39306
行唐县	3505	391	87481	64	29459
灵寿县			7901	410	20076
高邑县	969		2032	29	7335
深泽县	5210	122	12558	200	23300
赞皇县	3597	41			13731
无极县	7737	1103	29832	224	38474
平山县	3364		2174	61	21587
元氏县	485	441	22866	231	17693
赵　县	4040	127	12354	145	42160
辛集市	6728	4560	19824	205	69555
藁城市	8060	195	27863	220	59670
晋州市	6624	784	6263	774	45113
新乐市	828	2142	25344	74	41721
鹿泉市	2139	10	21519	20	26300

9—15 续表 5　　（2010 年）　　计量单位：万元

行政单位	三、牧业商品产值（续）				四、渔业商品产值
	（三）家禽的饲养（续）			（四）其他畜牧业	
	合　计	1. 肉禽	2. 禽蛋		
石家庄市	**902028**	**244018**	**658010**	**53747**	**29378**
长 安 区	1672	496	1176		23
桥 东 区	338	130	208		4
桥 西 区	628	156	472	235	5
新 华 区	418	192	226		97
裕 华 区	698	180	518	38	4
矿　区	1561	350	1211	2	22
高 新 区	1569	188	1381		
井 陉 县	26149	6572	19577	743	1328
正 定 县	119191	33647	85544		1865
栾 城 县	107467	35210	72257	4393	10
行 唐 县	29102	8625	20477	191	2137
灵 寿 县	11632	3584	8048	3936	5451
高 邑 县	12981	3379	9602	610	
深 泽 县	16123	4364	11759	1920	306
赞 皇 县	15616	5430	10186	756	822
无 极 县	65964	19600	46364	694	360
平 山 县	9641	2203	7438	11087	17726
元 氏 县	45101	13742	31359	4	690
赵　县	54111	16805	37306	596	162
辛 集 市	129060	34455	94605	2895	64
藁 城 市	125839	37288	88551	4298	14
晋 州 市	53400	15113	38287	676	32
新 乐 市	53837	15241	38596	750	11
鹿 泉 市	31051	8795	22256	3601	7308

十、工　业

全市全部工业企业主要产品产量

10—1

产品名称	计量单位	2010 年	2009 年	增长速度（%）
原煤	吨	1223883	625358	95.71
洗煤	吨	8727410	6505022	34.16
铁矿石原矿量	吨	5953898	3865692	54.02
大米	吨	55898	64150	-12.86
小麦粉	万吨	400	357	11.97
配混合饲料	吨			
食用植物油	吨	166087	132476	25.37
鲜、冻畜肉	吨	54434	55593	-2.08
糖果	吨	8615	9516	-9.47
糕点	吨	2072	1692	22.46
饼干	吨	41796	33542	24.61
乳制品	吨	536440	440339	21.82
罐头	吨	43695	11452	281.57
酱油	吨	34085	34410	-0.94
冷冻饮品	吨	30276	17013	77.95
饮料酒	吨	165268	197226	-16.20
白酒	千升	11052	11055	-0.03
啤酒	吨	153682	185764	-17.27
软饮料	吨	325140	361390	-10.03
#果汁及果汁饮料	吨	13829	35078	-60.57
瓶（罐）装饮用水	吨	85665	75126	14.03
液体乳	吨	522208	370793	40.84
卷烟	万支	2325225	2225000	4.50

10—1 续表 1

产品名称	计量单位	2010 年	2009 年	增长速度（%）
纱	吨	492280	359902	36.78
布	万米	355295	262067	35.57
棉布	万米	325053	216514	50.13
混纺交织布	万米	28850	44488	-35.15
纯化纤布	万米	1392	1064	30.83
印染布	万米	21311	28912	-26.29
服装	万件	15066	11603	29.84
#梭织服装	万件	9970	7192	38.63
# 西服及西服套装	万件	24	26	-6.21
衬衫	万件	126	164	-23.47
儿童服装	万件	29	27	5.47
针织服装	万件	5096	4411	15.52
羽绒服装	万件	325	250	30.11
轻革	平方米	192680325	174535770	10.40
皮鞋	万双	552	558	-0.99
革皮服装	件	23353303	19924727	17.21
人造板	立方米	6305483	5143281	22.60
#胶合板	立方米	5449853	4050154	34.56
纤维板	立方米	606474	595775	1.80
刨花板	立方米	247655	496351	-50.10
家具	件	1842626	1402780	31.36
#木制家具	件	1599673	1247272	28.25
软体家具（包括床垫、沙发）	件	14590	14382	1.44

10—1 续表 2

产品名称	计量单位	2010 年	2009 年	增长速度（%）
机制纸	吨	828538	788713	5.05
#新闻纸	吨	261580	198148	32.01
纸制品	吨	829646	448069	85.16
#纸箱	吨	355256	138680	156.17
本册	万本	4367	4930	-11.42
原油加工量	吨	4200888	3554549	18.18
#汽油	吨	886390	787463	12.56
煤油	吨	43096	70530	-38.90
柴油	吨	1870855	1597679	17.10
润滑油	吨	47551	32005	48.57
燃料油	吨	68687	33073	107.68
液化石油气	吨	209536	196278	6.75
焦炭	吨	2850857	2209224	29.04
硫酸（折 100%）	吨	60142	24533	145.15
浓硝酸（折 100%）	吨	15913	16201	-1.78
盐酸（含量 31% 以上）	吨	3632	33928	-89.29
氢氧化钠（烧碱）（折 100%）	吨		30503	-100.00
碳酸纳（纯碱）	吨	402653	353205	14.00
合成氨	吨	1292640	1338534	-3.43
农用氮、磷、钾化学肥料	吨	727327	742093	-1.99
#氮肥（折含 N100%）	吨	619403	670578	-7.63
# 尿素	吨	377389	459286	-17.83
磷肥（折含 P205 100%）	吨	69776	49369	41.34

10—1 续表 3

产品名称	计量单位	2010 年	2009 年	增长速度（%）
化学农药	吨	3399	4688	-27.50
#杀虫剂	吨	2775	4255	-34.78
除草剂	吨	65		
纯苯	吨	11328	13047	-13.18
精甲醇	吨	217900	149593	45.66
冰醋酸	吨	7549	13719	-44.97
涂料	吨	58125	45734	27.09
# 建筑涂料	吨	20897	16520	26.50
颜料	吨	143057	105952	35.02
初级形态的塑料	吨	48114	43420	10.81
# 聚丙烯树脂	吨	47365	42608	11.16
合成纤维单体	吨	109258	57424	90.27
合成纤维聚合物	吨	31435	26288	19.58
肥皂	吨	207475	166551	24.57
合成洗涤剂	吨			
香精	吨	468	769	-39.08
化学原料药	吨	169669	172456	-1.62
中成药	吨	14141	13856	2.06
轮胎外胎	条	32900	33700	-2.37
塑料制品	吨	690924	537705	28.49
#塑料薄膜	吨	92560	86291	7.27
塑料板片材	吨	38588	33981	13.56
塑料丝及纺织制品	吨	77562	67823	14.36

10—1 续表 4

产品名称	计量单位	2010 年	2009 年	增长速度（%）
泡沫塑料	吨	30596	14893	105.44
塑料包装箱及容器	吨	139	229	-39.20
日用塑料制品	吨	191810	124583	53.96
水泥	万吨	4799	3727	28.78
水泥排水管	千米	438	480	-8.75
预应力混凝土桩	米	998414	926603	7.75
砖（折标准砖）	万块	1116972	1019965	9.51
大理石板材	平方米	2655904	1805798	47.08
花岗石板材	平方米	46462	44308	4.86
日用玻璃制品	吨	80859	84782	-4.63
瓷质砖	平方米	95974129	71522311	34.19
日有陶瓷	万件	1249	1460	-14.45
耐火材料制品	吨		231	-100.00
石墨及碳素制品	吨	72301	71357	1.32
生铁	吨	7470981	8182914	-8.70
粗钢	吨	9089456	7975851	13.96
成品钢材	吨	8562391	7068545	21.13
黄金	千克	393	426	-7.75
铝材	吨	2803	1945	44.11
金属切削工具	万件	5625	5089	10.52
模具	套			
发动机	千瓦	511103	503210	1.57
金属切削机床	台	2	2	0.00

10—1 续表 5

产品名称	计量单位	2010 年	2009 年	增长速度（%）
泵	台	11401	9449	20.66
风机	台	10793	6804	58.63
减速机	台	10500	7071	48.49
滚动轴承	万套	1251	1214	3.09
阀门	吨	39486	36152	9.22
液压元件	件	12022	19180	-37.32
塑料加工设备	吨	137	163	-15.95
粮食加工机械	台	3703	4247	-12.81
铁路机车	辆	28	38	-26.32
改装汽车	辆	5188	6607	-21.48
摩托车	辆	71403	49558	44.08
交流电动机	千瓦	4400000	2960000	48.65
变压器	千伏安	759530	259150	193.09
电力电缆	千米	126740	105007.8	20.70
光缆（光纤通讯电缆）	芯千米	258796	415283	-37.68
绝缘制品	吨			
铅酸蓄电池	千伏安时	1095628	916185.7	19.59
数字程控交换机	线	124800	118100	5.67
半导体分立器件	万只	36.3	44.2	-17.87
钟	只		219900	-100.00
发电量	万千瓦时	3839574	3396164	13.06
火电	万千瓦时	3782680	3350788	12.89
水电	万千瓦时	41507	31146	33.27
煤气	万立方米	1351	831	62.58

全市规模以上工业企业主要经济指标

10—2　　(2010 年)　　计量单位：千元

项目名称	工业企业单位数(个)	工业企业总产值	工业企业销售产值	资产合计	#流动资产小计
总　计	**2576**	**565534233**	**552115530**	**276754356**	**107340734**
一、按登记注册类型分组					
内资企业	2449	523856219	512202254	235931829	85148937
国有企业	55	67009551	66541664	58442841	22911915
集体企业	76	18807892	18599949	3271001	1088415
股份合作企业	11	1074388	1051920	437503	250388
联营企业	3	444074	425738	221807	108538
有限责任公司	332	75852373	74255619	71563597	25083685
股份有限公司	110	29849727	29480731	22576561	8998353
私营企业	1862	330818214	321846633	79418519	26707643
港、澳、台商投资企业	46	20953427	19564101	21173667	11343123
外商投资企业	81	20724587	20349175	19648860	10848674
二、按经济组织类型分组					
独资企业	686	184256685	180575283	102556775	42343093
合作、合伙企业	188	20393254	20092260	4892286	1612428
股份有限公司	220	88993875	86680212	39174403	15380224
有限责任公司	1482	271890419	264767775	130130892	48004989
三、在总计中：亏损企业	120	21108865	20546441	36764239	11300547
在总计中：国有控股企业	103	101720056	100932785	114398805	40578027
在总计中：农村工业	56	12952876	12621684	10591570	3275635
在总计中：轻工业	1260	237217375	230828299	103247068	45077786
重工业	1316	328316858	321287231	173507288	62262948
在总计中：大型企业	26	140697323	137783524	108382195	44904506
中型企业	218	110610268	107283642	89388965	36518663
小型企业	2332	314226642	307048364	78983196	25917565

10—2 续表1　　　　（2010年）　　　　计量单位：千元

项目名称	固定资产小计	固定资产原价	累计折旧	固定资产净值
总　计	**136188659**	**188890156**	**66422626**	**122467173**
一、按登记注册类型分组				
内资企业	123034580	170960031	59807891	111151783
国有企业	27653248	41540075	16058284	25481791
集体企业	2112349	1682103	506594	1175509
股份合作企业	156495	220352	84352	136000
联营企业	102709	127947	25238	102709
有限责任公司	35841633	52627346	20735423	31891923
股份有限公司	10482145	18718068	9057889	9660179
私营企业	46686001	56044140	13340111	42703672
港、澳、台商投资企业	5866088	9227692	3883968	5343724
外商投资企业	7287991	8702433	2730767	5971666
二、按经济组织类型分组				
独资企业	47150071	66556012	23707936	42848276
合作、合伙企业	3016859	3694006	788650	2905356
股份有限公司	19970716	29462649	12032820	17429829
有限责任公司	66051013	89177489	29893220	59283712
三、在总计中：亏损企业	18468635	36080982	18115215	17965210
在总计中：国有控股企业	58025948	94666401	40105567	54560834
在总计中：农村工业	5237125	4084007	1230746	2853261
在总计中：轻工业	42940933	57087022	19398019	37688646
重工业	93247726	131803134	47024607	84778527
在总计中：大型企业	47057212	68818278	27070780	41746941
中型企业	41526179	62645592	26344366	36301226
小型企业	47605268	57426286	13007480	44419006

10—2 续表 2 （2010 年） 计量单位：千元

项目名称	负债合计	# 流动负债	长期负债	所有者权益	# 实收资本
总 计	**149673148**	**110009731**	**33998031**	**125947965**	**61391887**
一、按登记注册类型分组					
内资企业	128692841	93820561	29407324	106119210	52436582
国有企业	41928423	31230829	10661899	16472831	9123972
集体企业	1037723	826743	161257	2204748	541552
股份合作企业	299161	256039	39021	137484	94013
联营企业	127186	124436	2750	94620	57620
有限责任公司	46019002	30166416	14340035	25425065	18517954
股份有限公司	7947031	7039039	447175	14567764	3372089
私营企业	31334315	24177059	3755187	47216698	20729382
港、澳、台商投资企业	11612306	8521295	3018553	9549731	3794759
外商投资企业	9368001	7667875	1572154	10279024	5160546
二、按经济组织类型分组					
独资企业	60006136	43551592	14937449	42099393	17372244
合作、合伙企业	1869601	1258519	160771	2963549	1465043
股份有限公司	16065949	14288355	1236699	23022742	5547847
有限责任公司	71731462	50911265	17663112	57862281	37006753
三、在总计中：亏损企业	26900400	18017661	7528679	9863175	8448113
在总计中：国有控股企业	77441364	54237350	21745839	36912664	22813140
在总计中：农村工业	5240524	3244336	1894354	5323892	1981148
在总计中：轻工业	48064222	35636249	10213747	54765879	25799379
重工业	101608926	74373482	23784284	71182086	35592508
在总计中：大型企业	68614853	52315740	16272645	39727433	17221584
中型企业	48808709	35308949	11197262	40463957	19521788
小型企业	32249586	22385042	6528124	45756575	24648515

10—2 续表 3　　（2010 年）　　计量单位：千元

项目名称	实收资本中：		主营业务收入	# 主营业务成　本	主营业务税金及附加
	# 国家资本	集体资本			
总　　计	**8052049**	**2135785**	**555366533**	**463053943**	**8280293**
一、按登记注册类型分组					
内资企业	7912087	2046551	512058747	429763233	8177125
国有企业	3314796	9818	77699953	65202390	5464484
集体企业	1153	357370	17971122	13718226	43023
股份合作企业		46541	1044108	810152	1942
联营企业	50000	2600	448389	334947	9881
有限责任公司	4103517	1614872	73596986	62258936	394194
股份有限公司	442621	6000	30434481	26548438	126218
私营企业		9350	310863708	260890144	2137383
港、澳、台商投资企业	19962	83962	21800118	16964064	45713
外商投资企业	120000	5272	21507668	16326646	57455
二、按经济组织类型分组					
独资企业	3315949	367453	193361245	158279435	6246615
合作、合伙企业	50000	49141	20007763	16632358	159610
股份有限公司	442621	6000	78866044	70326415	243509
有限责任公司	4243479	1713191	263131481	217815735	1630559
三、在总计中：亏损企业	2530640	180357	20835750	19926485	44884
在总计中：国有控股企业	7906839	9818	114064861	97701873	5569583
在总计中：农村工业		1632073	12580179	10601807	53729
在总计中：轻工业	2351029	351802	240846044	192358292	3339974
重工业	5701020	1783983	314520489	270695651	4940319
在总计中：大型企业	3818292	1417409	143662238	124708922	3755027
中型企业	3112227	343432	107824777	86707443	2440468
小型企业	1121530	374944	303879518	251637578	2084798

10—2 续表 4　　　　（2010 年）　　　　计量单位：千元

项目名称	管理费用	# 税金	财务费用	# 利息支出	营业利润
总　　计	**17989360**	**844458**	**5782128**	**5333622**	**46316812**
一、按登记注册类型分组					
内资企业	15516938	747644	5409851	4982873	41184340
国有企业	2880676	94716	1149168	1132917	2700710
集体企业	513457	18328	81141	73734	3334807
股份合作企业	35315	11355	5333	4985	123350
联营企业	8326	377	-682	6664	39374
有限责任公司	3600513	161391	1407734	1346904	4542915
股份有限公司	1066293	70529	349676	293344	1973386
私营企业	7412358	390948	2417481	2124325	28469798
港、澳、台商投资企业	1453194	44014	202854	185351	2393309
外商投资企业	1019228	52800	169423	165398	2739163
二、按经济组织类型分组					
独资企业	6075935	247069	1855569	1716356	16785411
合作、合伙企业	447829	31593	128660	99875	1958612
股份有限公司	1743337	125110	686679	564266	4576294
有限责任公司	9722259	440686	3111220	2953125	22996495
三、在总计中：亏损企业	1303132	60003	766656	746235	-1642942
在总计中：国有控股企业	4764548	198244	2220935	2190632	3002419
在总计中：农村工业	374309	22686	174536	167681	1450552
在总计中：轻工业	9245612	399509	2354458	2199762	24968756
重工业	8743748	444949	3427670	3133860	21348056
在总计中：大型企业	4469978	203450	1972194	1820521	6267038
中型企业	5155000	200396	1767874	1710796	9327512
小型企业	8364382	440612	2042060	1802305	30722262

10—2 续表 5 （2010 年） 计量单位：千元

项目名称	投资收益	利润总额	应交所得税	利税总额	本年应付工资总额
总　计	**-3544892**	**41297849**	**4317275**	**63488604**	**20179560**
一、按登记注册类型分组					
内资企业	-3689576	36282226	3689037	57249047	17969917
国有企业	313210	2774762	523851	10653952	2967091
集体企业	-2153996	1111375	217505	1504623	325821
股份合作企业	7	120292	1260	157546	60454
联营企业		39178	6839	66417	4336
有限责任公司	-191810	4445227	670314	7005418	4047656
股份有限公司	6444	1807861	104664	2728814	1265100
私营企业	-1663431	25983531	2164604	35132277	9299459
港、澳、台商投资企业	142648	2318391	278012	2829016	1273999
外商投资企业	2036	2697232	350226	3410541	935644
二、按经济组织类型分组					
独资企业	-2115157	13939927	1682670	25496109	6770600
合作、合伙企业	7	1909208	87477	2619498	606062
股份有限公司	-320162	4042594	301090	5969691	2352590
有限责任公司	-1109580	21406120	2246038	29403306	10450308
三、在总计中：亏损企业	56745	-1590173	-48613	-983871	1472783
在总计中：国有控股企业	376476	3372094	822618	12521003	5129850
在总计中：农村工业	-401811	963171	94350	1310577	554113
在总计中：轻工业	-2432967	21563289	2315355	30955678	9701554
重工业	-1111925	19734560	2001920	32532926	10478006
在总计中：大型企业	253443	6169699	984313	13300280	5714354
中型企业	-1118976	8435840	1145977	14082313	6468105
小型企业	-2679359	26692310	2186985	36106011	7997101

10—2 续表 6　　　　(2010 年)　　　　计量单位：千元

项目名称	本年应付福利费总额	本年应交增值税	本年进项税额	本年销项税额	全部从业人员年平均人数(万人)
总　　计	**990602**	**13910462**	**57191903**	**68373617**	**59.67**
一、按登记注册类型分组					
内资企业	861128	12789696	53103563	63602133	53.77
国有企业	135056	2414706	5872705	7714684	7.28
集体企业	34343	350225	2311604	2456998	1.48
股份合作企业	906	35312	81314	116762	0.24
联营企业	559	17358	61208	85829	0.03
有限责任公司	212326	2165997	8880474	10589295	12.05
股份有限公司	52171	794735	2933727	3582469	4.75
私营企业	425767	7011363	32962531	39056096	27.94
港、澳、台商投资企业	77413	464912	2199008	2249131	2.96
外商投资企业	52061	655854	1889332	2522353	2.94
二、按经济组织类型分组					
独资企业	333172	5309567	17148228	21735078	18.04
合作、合伙企业	30747	550680	1970667	2520821	2.39
股份有限公司	84765	1683588	9037666	10640981	7.90
有限责任公司	541918	6366627	29035342	33476737	31.34
三、在总计中：亏损企业	92282	561418	2463218	2946612	5.28
在总计中：国有控股企业	262245	3579326	11245901	13741921	13.95
在总计中：农村工业	56142	293677	1505677	1721731	1.89
在总计中：轻工业	429888	6052415	24659554	29298062	29.87
重工业	560714	7858047	32532349	39075555	29.79
在总计中：大型企业	236301	3375554	15949367	18409578	13.98
中型企业	250146	3206005	10318640	12532111	18.35
小型企业	504155	7328903	30923896	37431928	27.34

市区规模以上工业企业主要经济指标

10—3　　　　(2010 年)　　　　计量单位：千元

项目名称	工业企业单位数(个)	工业企业总产值	工业企业销售产值	资产合计	# 流动资产小计
总　计	**263**	**115278994**	**112485693**	**120793203**	**52029562**
一、按登记注册类型分组					
内资企业	223	95693405	94177036	95398460	38092047
国有企业	24	52537676	52409941	43356345	15437395
集体企业	14	491198	483709	666529	447717
股份合作企业	3	41963	40806	54621	36121
有限责任公司	77	22797466	22501731	34854884	12711778
股份有限公司	16	5697388	5599523	8816650	5023505
私营企业	89	14127714	13141326	7649431	4435531
港、澳、台商投资企业	16	13770117	12633524	18064078	9942630
外商投资企业	24	5815472	5675133	7330665	3994885
二、按经济组织类型分组					
独资企业	55	67939466	66709152	62336283	25840315
合作、合伙企业	5	187680	202373	216419	158329
股份有限公司	25	10701224	10075156	12935754	7245949
有限责任公司	178	36450624	35499012	45304747	18784969
三、在总计中：亏损企业	53	9596718	9269738	18979523	6317764
在总计中：国有控股企业	45	72034200	71912771	76772792	27338696
在总计中：农村工业	13	1130902	1091257	1669826	889858
在总计中：轻工业	88	32131792	30207026	47703361	23975073
重工业	175	83147202	82278667	73089842	28054489
在总计中：大型企业	15	78787176	77162364	76270750	30645418
中型企业	63	23750470	22983766	32230685	15675447
小型企业	185	12741348	12339563	12291768	5708697

10—3 续表 1　　（2010 年）　　计量单位：千元

项目名称	固定资产小计	固定资产原价	累计折旧	固定资产净值
总　计	**48533132**	**76730474**	**31562277**	**45167640**
一、按登记注册类型分组				
内资企业	41379090	66175022	27131191	39043274
国有企业	20521134	33038463	13440672	19597791
集体企业	169777	353970	189216	164754
股份合作企业	18058	34392	16829	17563
有限责任公司	15186387	25557333	10801192	14756141
股份有限公司	3066617	4378880	1881039	2497841
私营企业	2417117	2811984	802243	2009184
港、澳、台商投资企业	4491064	7428912	3265880	4163032
外商投资企业	2662978	3126540	1165206	1961334
二、按经济组织类型分组				
独资企业	25372937	41101850	16955440	24146410
合作、合伙企业	51379	107139	57220	49919
股份有限公司	4606169	5641482	2358822	3282660
有限责任公司	18502647	29880003	12190795	17688651
三、在总计中：亏损企业	7496682	14193607	6368964	7824086
在总计中：国有控股企业	36089920	58641850	24110292	34531558
在总计中：农村工业	573857	976384	506161	470223
在总计中：轻工业	14262360	23984738	11276491	12707690
重工业	34270772	52745736	20285786	32459950
在总计中：大型企业	32118881	52527102	21811750	30714795
中型企业	10677032	16699737	7741057	8958680
小型企业	5737219	7503635	2009470	5494165

10—3 续表 2　　（2010 年）　　计量单位：千元

项目名称	负债合计	# 流动负债	长期负债	所有者权益	# 实收资本
总　　计	**81336251**	**59801910**	**20232404**	**39352734**	**23964827**
一、按登记注册类型分组					
内资企业	67655444	49537742	16922052	27638802	19458304
国有企业	33100571	25297666	7788206	10215736	6344767
集体企业	479090	406551	65789	187440	131461
股份合作企业	40096	32331	7764	13739	11519
有限责任公司	25413606	15978558	8434496	9438085	9387626
股份有限公司	4037438	3667761	340497	4778800	1521806
私营企业	4584643	4154875	285300	3005002	2061125
港、澳、台商投资企业	10081378	7132626	2887665	7982697	3038920
外商投资企业	3599429	3131542	422687	3731235	1467603
二、按经济组织类型分组					
独资企业	43701195	32739792	10763466	18595051	9300466
合作、合伙企业	105008	96698	8308	110625	45589
股份有限公司	5895673	5099036	765855	7039666	2308216
有限责任公司	31634375	21866384	8694775	13607392	12310556
三、在总计中：亏损企业	16533994	10747616	4785968	2445525	5272060
在总计中：国有控股企业	57225353	40546866	15663769	19507214	14967199
在总计中：农村工业	967560	727787	178694	702266	347146
在总计中：轻工业	28560977	21097656	7329559	19134944	10473383
重工业	52775274	38704254	12902845	20217790	13491444
在总计中：大型企业	52778399	39157949	13593982	23452444	13819993
中型企业	20242111	15133427	3859689	11946254	6670908
小型企业	8315741	5510534	2778733	3954036	3473926

10—3 续表 3　　（2010 年）　　计量单位：千元

项目名称	实收资本中：		主营业务收入		
	# 国家资本	集体资本		# 主营业务成本	主营业务税金及附加
总　计	**4987752**	**411172**	**126119716**	**107001757**	**3801177**
一、按登记注册类型分组					
内资企业	4862880	328272	104873709	90452671	3766307
国有企业	1020147	8718	62944039	54499068	3577769
集体企业	890	122325	475514	398933	2731
股份合作企业		11519	39057	33995	170
有限责任公司	3460229	185710	22573285	19719271	87006
股份有限公司	381614		6725659	5856963	28961
私营企业			12116155	9944441	69670
港、澳、台商投资企业	4872	82900	14909796	11425863	26624
外商投资企业	120000		6336211	5123223	8246
二、按经济组织类型分组					
独资企业	1021037	131043	80155459	67786085	3598814
合作、合伙企业		11519	200624	157275	717
股份有限公司	381614		10945335	8804706	59359
有限责任公司	3585101	268610	34818298	30253691	142287
三、在总计中：亏损企业	1555742	173157	9527522	8957528	18154
在总计中：国有控股企业	4861747	8718	83993118	73394692	3631196
在总计中：农村工业		137379	1158100	1014521	2994
在总计中：轻工业	1104916	168025	39967311	31345347	147194
重工业	3882836	243147	86152405	75656410	3653983
在总计中：大型企业	3492979	8718	91153262	77754553	3628121
中型企业	754982	215410	23401824	19548869	111709
小型企业	739791	187044	11564630	9698335	61347

10—3 续表 4　　（2010 年）　　计量单位：千元

项目名称	管理费用	# 税金	财务费用	# 利息支出	营业利润
总　计	**5860742**	**221425**	**1931965**	**1838632**	**4941016**
一、按登记注册类型分组					
内资企业	4427555	172274	1767360	1689784	2717740
国有企业	2091309	65823	984767	980573	1614677
集体企业	59112	2009	6469	5695	140
股份合作企业	3533	182	431	429	－26
有限责任公司	1505233	59514	604077	598389	159304
股份有限公司	364512	33306	91381	50507	249101
私营企业	403856	11440	80235	54191	694544
港、澳、台商投资企业	1108902	35053	136038	118989	1597005
外商投资企业	324285	14098	28567	29859	626271
二、按经济组织类型分组					
独资企业	3316093	103270	1124262	1102050	3381857
合作、合伙企业	24583	530	1251	421	21694
股份有限公司	523898	40590	112221	64827	733166
有限责任公司	1996168	77035	694231	671334	804299
三、在总计中：亏损企业	777826	27899	371307	362249	－866055
在总计中：国有控股企业	3237979	127032	1578583	1568919	1634447
在总计中：农村工业	73937	6844	20041	18349	15373
在总计中：轻工业	3040734	112501	716944	684831	2997158
重工业	2820008	108924	1215021	1153801	1943858
在总计中：大型企业	3555664	148268	1476867	1397561	3009743
中型企业	1707777	56278	321581	307228	1169931
小型企业	597301	16879	133517	133843	761342

10—3 续表 5　　（2010 年）　　计量单位：千元

项目名称	投资收益	利润总额	应交所得税	利税总额	本年应付工资总额
总　计	**561515**	**5152178**	**943824**	**12607202**	**6263295**
一、按登记注册类型分组					
内资企业	417399	2921314	615866	9793780	4998674
国有企业	309069	1768883	351444	7058463	2103841
集体企业	60	425	530	23611	82522
股份合作企业	7	-71	55	1762	4557
有限责任公司	62755	168436	111202	888942	1622724
股份有限公司	45012	282466	45761	522644	549524
私营企业	496	701175	106874	1298358	635506
港、澳、台商投资企业	142648	1598075	218850	1977887	886985
外商投资企业	1468	632789	109108	835535	377636
二、按经济组织类型分组					
独资企业	453212	3548576	602522	9348082	3095726
合作、合伙企业	7	21793	4573	26503	30881
股份有限公司	45012	778459	118072	1282586	875702
有限责任公司	63284	803350	218657	1950031	2260986
三、在总计中：亏损企业	56341	-866051	-8372	-677816	967077
在总计中：国有控股企业	371679	1775850	469631	7661880	3630323
在总计中：农村工业	107	15736	4284	42124	120061
在总计中：轻工业	487994	3131107	475438	4486483	2549935
重工业	73521	2021071	468386	8120719	3713360
在总计中：大型企业	506788	3172777	616997	9175160	3951545
中型企业	20496	1214120	226983	2071108	1791300
小型企业	34231	765281	99844	1360934	520450

10—3 续表 6 （2010 年） 计量单位：千元

项目名称	本年应付福利费总额	本年应交增值税	本年进项税额	本年销项税额	全部从业人员年平均人数（万人）
总 计	**329230**	**3653847**	**12203480**	**14571251**	**17.4**
一、按登记注册类型分组					
内资企业	249411	3106159	10056944	12205449	14.46
国有企业	102126	1711811	4414868	5616324	4.81
集体企业	8350	20455	33239	44213	0.43
股份合作企业	5	1663	5158	6821	0.04
有限责任公司	108556	633500	3622997	3933573	5.04
股份有限公司	7903	211217	890841	1037725	2.34
私营企业	22471	527513	1089841	1566793	1.8
港、澳、台商投资企业	63025	353188	1557674	1493544	1.89
外商投资企业	16794	194500	588862	872258	1.06
二、按经济组织类型分组					
独资企业	176214	2200692	6156096	7577667	7.3
合作、合伙企业	399	3993	22976	16154	0.11
股份有限公司	18527	444768	1146746	1672597	2.85
有限责任公司	134090	1004394	4877662	5304833	7.14
三、在总计中：亏损企业	51651	170081	1057681	1239751	3.25
在总计中：国有控股企业	187395	2254834	7962049	9235477	9.64
在总计中：农村工业	10367	23394	124584	136252	0.57
在总计中：轻工业	138324	1208182	4181636	5186675	8.35
重工业	190906	2445665	8021844	9384576	9.06
在总计中：大型企业	195248	2374262	8540250	9926946	9.47
中型企业	105100	745279	2439443	2948244	5.49
小型企业	28882	534306	1223787	1696061	2.44

全市规模以上工业企业分行业主要经济指标

10—4　　　　(2010 年)　　　　计量单位：千元

项目名称	工业企业单位数(个)	工业企业总产值	工业企业销售产值	工业企业增加值	资产合计	# 流动资产小计
总　计	**2576**	**565534233**	**552115530**	**134010373**	**276754356**	**107340734**
采矿业	110	19558718	19137303	5283535	8688247	4412055
煤炭开采和洗选业	53	13414529	13154149	3178287	7408678	4086975
黑色金属矿采选业	37	3802231	3728249	1243816	787955	232933
有色金属矿采选业	1	314060	308721	132057	50128	16302
非金属矿采选业	19	2027898	1946184	729375	441486	75845
制造业	2439	514601447	501760714	123685859	225276489	97196793
农副食品加工业	199	42721753	42003377	8215396	9129449	3425951
食品制造业	61	8278057	8021045	2016270	3439413	1022115
饮料制造业	24	4851791	4807150	1470875	1742177	392476
烟草制品业	1	4335521	4275452	3463059	4407060	2771930
纺织业	272	41317461	40703104	8156470	13223029	5420745
纺织服装、鞋、帽制造业	73	9574770	9351883	2408277	2767533	1402502
皮革、毛皮、羽毛（绒）及其制品业	244	45581880	44091717	16593214	9572407	2687273
木材加工及木、竹、藤、棕、草制品业	32	8989146	8458183	2148664	2035759	362634
家具制造业	24	3079977	3015481	516670	651563	120446
造纸及纸制品业	59	9182692	9024515	2369003	3546996	1001452
印刷业和记录媒介的复制	27	3275987	3416583	1386973	2580258	1086085
文教体育用品制造业	1	94136	93527	22112	25634	3525
石油加工、炼焦及核燃料加工业	22	28342467	28137511	6991916	10580057	4414922
化学原料及化学制品制造业	327	53044395	51980395	7818228	24605312	10494337
医药制造业	83	34355801	32177598	10437378	41765354	22207503
化学纤维制造业	16	2931237	2897778	614998	1143428	479590
橡胶制品业	20	5155109	5059441	1537781	1735843	919140
塑料制品业	84	12063369	11699607	2316927	3554549	1336957
非金属矿物制品业	247	38672885	37675516	10034543	20607589	5612312
黑色金属冶炼及压延加工业	16	58475244	57403263	11548954	23491990	9408709
有色金属冶炼及压延加工业	26	3318414	3307817	1104988	831381	231194
金属制品业	122	20052202	19461416	4499479	6266771	2626616
通用设备制造业	180	27549315	26610868	6724424	12689534	6570783
专用设备制造业	75	12719304	12368233	2945823	6430807	3266069
交通运输设备制造业	46	9043734	8833692	2112292	7314532	4545617
电气机械及器材制造业	95	15042978	14759777	2934466	3696558	1616933
通信设备、计算机及其他电子设备	28	5485537	5252855	1198280	4913005	2347700
仪器仪表及文化、办公用机械制造	13	2033363	1916480	539301	1548036	1201082
工艺品及其他制造业	17	4352335	4287709	1380373	883606	174878
废弃资源和废旧材料回收加工业	5	680587	668741	178723	96859	45317
电力、燃气及水的生产和供应业	27	31374068	31217513	5040979	42789620	5731886
电力、热力的生产和供应业	20	30110566	29962297	4435328	39458385	4431453
燃气生产和供应业	3	641162	641162	323161	1540633	800798
水的生产和供应业	4	622340	614054	282490	1790602	499635

注：增加值及分行业增加值为 2010 年快报数据

10—4 续表1 （2010年） 计量单位：千元

项目名称	固定资产小计	固定资产原价	累计折旧	固定资产净值
总　计	**136188659**	**188890156**	**66422626**	**122467173**
采矿业	2850207	3336787	652688	2684099
煤炭开采和洗选业	1911445	2349520	455401	1894119
黑色金属矿采选业	548985	543140	94933	448207
有色金属矿采选业	33826	42033	13059	28974
非金属矿采选业	355951	402094	89295	312799
制造业	101020080	128526089	41403443	87122289
农副食品加工业	4933175	4545735	916718	3629017
食品制造业	1929959	2235603	425308	1809738
饮料制造业	858763	1372776	530270	842506
烟草制品业	1635130	1581890	430420	1151470
纺织业	7082632	8667208	2535344	6132064
纺织服装、鞋、帽制造业	1150848	1503976	444553	1059423
皮革、毛皮、羽毛（绒）及其制品业	3804985	4379928	857923	3522005
木材加工及木、竹、藤、棕、草制品业	1530018	1663676	368641	1295035
家具制造业	455755	498941	80144	418797
造纸及纸制品业	2398282	3129820	854329	2275491
印刷业和记录媒介的复制	1360306	2561366	1323322	1238044
文教体育用品制造业	3156	3292	136	3156
石油加工、炼焦及核燃料加工业	5072857	5165135	937580	4227555
化学原料及化学制品制造业	9962024	13710222	4786457	8923765
医药制造业	11330903	18261571	8186176	10075395
化学纤维制造业	602499	882773	319014	563759
橡胶制品业	773753	1138906	478333	660573
塑料制品业	2070233	2613263	667970	1945293
非金属矿物制品业	12665246	12705337	3020346	9684991
黑色金属冶炼及压延加工业	12491801	16953594	5930113	11023481
有色金属冶炼及压延加工业	467969	626785	161883	464902
金属制品业	3056009	3696641	891674	2804967
通用设备制造业	5084678	6476975	1913760	4563215
专用设备制造业	2761141	3032294	745267	2287027
交通运输设备制造业	2560681	2766463	1076246	1690217
电气机械及器材制造业	1876169	2528249	698760	1829489
通信设备、计算机及其他电子设备	2057544	4213544	2191833	2021711
仪器仪表及文化、办公用机械制造	293872	377504	132254	245250
工艺品及其他制造业	703585	1167232	479386	687846
废弃资源和废旧材料回收加工业	46107	65390	19283	46107
电力、燃气及水的生产和供应业	32318372	57027280	24366495	32660785
电力、热力的生产和供应业	30516600	54353029	23316981	31036048
燃气生产和供应业	622676	754003	230747	523256
水的生产和供应业	1179096	1920248	818767	1101481

10—4 续表 2　　　　(2010 年)　　　　计量单位：千元

项目名称	负债合计	# 流动负债	长期负债	所有者权益	# 实收资本
总　计	**149673148**	**110009731**	**33998031**	**125947965**	**61391887**
采矿业	6021213	5483852	394308	2650098	802625
煤炭开采和洗选业	5524917	5163413	219486	1873756	549389
黑色金属矿采选业	281695	199987	81708	504470	145910
有色金属矿采选业	32064	14137	16896	18064	11589
非金属矿采选业	182537	106315	76218	253808	95737
制造业	114388381	88941157	20257932	109771802	52475530
农副食品加工业	3741466	3291525	404210	5346277	2247215
食品制造业	1107915	984593	88552	2317996	1872953
饮料制造业	895332	769525	67892	843031	830982
烟草制品业	872561	872561		3534499	1000000
纺织业	5655127	4458821	541694	7456313	3524462
纺织服装、鞋、帽制造业	1305151	966336	269984	1433591	652973
皮革、毛皮、羽毛（绒）及其制品业	2500736	1401874	397851	6938529	1068841
木材加工及木、竹、藤、棕、草制品业	436548	304171	132080	1576211	1257954
家具制造业	159494	103214	41078	472069	224901
造纸及纸制品业	1783066	765197	880540	1744223	2003907
印刷业和记录媒介的复制	743854	647994	50005	1821404	849814
文教体育用品制造业	5763	5763		19871	19880
石油加工、炼焦及核燃料加工业	8334932	7964315	363536	2205219	1603878
化学原料及化学制品制造业	13934677	10697115	2600998	10608991	4634917
医药制造业	24633089	17991815	6439948	17129622	7961180
化学纤维制造业	519400	449381	9700	623637	205028
橡胶制品业	1042058	778412	254797	653720	455436
塑料制品业	1447000	1216586	201367	2084748	1325845
非金属矿物制品业	9213811	5557116	3044149	11209712	5917891
黑色金属冶炼及压延加工业	12578611	10947934	1623709	10861379	3105266
有色金属冶炼及压延加工业	355354	266934	10416	455942	188040
金属制品业	2433453	2106046	243732	3784317	2010604
通用设备制造业	7163621	5783666	1094012	5430738	2318476
专用设备制造业	3225318	2875520	329179	3200674	1958687
交通运输设备制造业	5047565	4227919	769565	2226055	1728064
电气机械及器材制造业	1500931	1132913	55628	2169157	928599
通信设备、计算机及其他电子设备	3139646	1839368	284479	1759328	1625962
仪器仪表及文化、办公用机械制造	363403	302554	42327	1153742	370298
工艺品及其他制造业	230416	214406	16004	649031	529656
废弃资源和废旧材料回收加工业	18083	17583	500	61776	53821
电力、燃气及水的生产和供应业	29263554	15584722	13345791	13526065	8113732
电力、热力的生产和供应业	27347426	14228610	12785775	12110958	6813990
燃气生产和供应业	960362	960362		580271	319994
水的生产和供应业	955766	395750	560016	834836	979748

10—4 续表 3 （2010 年） 计量单位：千元

项目名称	实收资本中：国家资本	实收资本中：集体资本	主营业务收入	# 主营业务成本	主营业务税金及附加
总 计	**8052049**	**2135785**	**555366533**	**463053943**	**8280293**
采矿业	186033	34759	22699625	20089129	110846
煤炭开采和洗选业	172897	13860	16714728	15282604	53935
黑色金属矿采选业		8810	3725749	2954617	48191
有色金属矿采选业		11589	308721	260078	96
非金属矿采选业	13136	500	1950427	1591830	8624
制造业	6657585	2101026	501048634	412897980	8072423
农副食品加工业	500	134324	42040182	34244066	213661
食品制造业	7700		8844130	7097675	54838
饮料制造业	96856		4683961	3805465	98983
烟草制品业	1000000		4154170	1391720	1865580
纺织业	488858	5948	41151951	35384318	238193
纺织服装、鞋、帽制造业		23790	9738558	8308341	83111
皮革、毛皮、羽毛（绒）及其制品业		18300	44299954	34796785	163374
木材加工及木、竹、藤、棕、草制品业			8754035	7363536	120982
家具制造业		2330	3021984	2303309	29903
造纸及纸制品业	1651	3473	8859286	7385711	78206
印刷业和记录媒介的复制	64208	31783	3389883	2505623	20985
文教体育用品制造业			93527	54615	5035
石油加工、炼焦及核燃料加工业		800	28217356	23213603	3458698
化学原料及化学制品制造业	124013	26740	50547826	42689179	267310
医药制造业	476121	115741	40635782	30314733	140294
化学纤维制造业	80078	1100	2960734	2630942	13630
橡胶制品业		3000	5082215	4183082	18030
塑料制品业	12308	8139	11710033	9808980	64848
非金属矿物制品业	35632	1438859	37088225	30564183	257936
黑色金属冶炼及压延加工业	2000000	8542	48898319	45939191	98505
有色金属冶炼及压延加工业	15270		3308731	2673438	18885
金属制品业		25554	19514852	16144156	174191
通用设备制造业	428894	173231	26427643	21389077	123700
专用设备制造业	273499	20692	12202951	9579457	83050
交通运输设备制造业	1075671	8680	8751875	7263687	42182
电气机械及器材制造业		50000	14642183	12304457	137446
通信设备、计算机及其他电子设备	473590		5146203	4128295	23525
仪器仪表及文化、办公用机械制造	2736		1883620	1505912	12788
工艺品及其他制造业			4328367	3391383	158200
废弃资源和废旧材料回收加工业			670098	533061	6354
电力、燃气及水的生产和供应业	1208431		31618274	30066834	97024
电力、热力的生产和供应业	953374		30351281	29204763	85464
燃气生产和供应业	120000		638488	437608	7811
水的生产和供应业	135057		628505	424463	3749

10—4 续表 4 （2010 年） 计量单位：千元

项目名称	管理费用	# 税金	财务费用	# 利息支出	营业利润
总　计	**17989360**	**844458**	**5782128**	**5333622**	**46316812**
采矿业	541516	38835	203796	176378	1290926
煤炭开采和洗选业	374883	21969	118069	100495	528658
黑色金属矿采选业	135083	16297	63958	61447	376389
有色金属矿采选业	283	52	152	112	67857
非金属矿采选业	31267	517	21617	14324	318022
制造业	16910429	774010	4480608	4046000	45299325
农副食品加工业	1090961	49768	190547	167272	5047148
食品制造业	335096	14846	55548	50415	675702
饮料制造业	118304	10094	10426	13851	443355
烟草制品业	304140	9220	–380		575460
纺织业	869115	70091	231555	195495	3392070
纺织服装、鞋、帽制造业	180676	5888	47380	32606	813612
皮革、毛皮、羽毛（绒）及其制品业	1752432	38762	758713	744928	5273417
木材加工及木、竹、藤、棕、草制品业	261430	12617	49589	42725	546448
家具制造业	133145	8952	19588	17107	340177
造纸及纸制品业	224553	17308	83681	77382	703145
印刷业和记录媒介的复制	273581	7016	10053	11142	524583
文教体育用品制造业	4656		2428	2428	17436
石油加工、炼焦及核燃料加工业	589818	13016	247848	242925	577224
化学原料及化学制品制造业	1849706	100937	499154	404283	4220145
医药制造业	3016670	101001	701177	666590	4254108
化学纤维制造业	73722	5753	17910	8241	214193
橡胶制品业	130387	26275	45919	43767	594110
塑料制品业	374628	19472	56606	48977	932060
非金属矿物制品业	858285	49009	349530	326552	4670859
黑色金属冶炼及压延加工业	503876	61057	481519	404606	1551330
有色金属冶炼及压延加工业	59444	1976	10447	8562	369373
金属制品业	757081	35921	120547	102625	1682938
通用设备制造业	1096132	43682	193250	157627	2985098
专用设备制造业	665057	27077	60617	55332	1193372
交通运输设备制造业	477732	12311	69741	69331	856634
电气机械及器材制造业	341757	18310	100253	86959	1410626
通信设备、计算机及其他电子设备	448579	5388	40190	38879	426769
仪器仪表及文化、办公用机械制造	80407	4026	6331	6297	256182
工艺品及其他制造业	26928	3630	16553	15208	678114
废弃资源和废旧材料回收加工业	12131	607	3888	3888	73637
电力、燃气及水的生产和供应业	537415	31613	1097724	1111244	–273439
电力、热力的生产和供应业	375757	28254	1077968	1082206	–438418
燃气生产和供应业	53869	1897	–5045	4327	132257
水的生产和供应业	107789	1462	24801	24711	32722

10—4 续表5　　（2010年）　　计量单位：千元

项目名称	投资收益	利润总额	应交所得税	利税总额	本年应付工资总额
总　计	**-3544892**	**41297849**	**4317275**	**63488604**	**20179560**
采矿业		1251057	149249	2169355	737775
煤炭开采和洗选业		579142	106420	1251889	646924
黑色金属矿采选业		374772	32952	538469	60083
有色金属矿采选业		47981		52839	1637
非金属矿采选业		249162	9877	326158	29131
制造业	-3490434	40237711	4094956	60496719	18229010
农副食品加工业	-2312509	2677215	386669	3601647	750344
食品制造业	-86187	551724	70211	845882	371719
饮料制造业		444163	71588	716095	110632
烟草制品业		577190	146850	2912166	179610
纺织业	-288591	2975502	259848	4214320	1663146
纺织服装、鞋、帽制造业	-7341	786329	49009	1062200	793421
皮革、毛皮、羽毛（绒）及其制品业		5117726	203587	6125633	1910124
木材加工及木、竹、藤、棕、草制品业	-14404	520223	9101	744983	144983
家具制造业	-48374	263037	17550	345011	67808
造纸及纸制品业	-116160	566893	63169	897999	276835
印刷业和记录媒介的复制	8113	537202	82908	723685	218849
文教体育用品制造业		17436		23036	2336
石油加工、炼焦及核燃料加工业	-900	633206	135236	4943353	376522
化学原料及化学制品制造业	-97634	4017816	435883	5489152	1910169
医药制造业	438117	4249820	593188	5622371	2021478
化学纤维制造业	-48043	160187	19362	267401	109600
橡胶制品业	578	538806	41493	688401	233826
塑料制品业		919854	88942	1261814	449278
非金属矿物制品业	-253562	4341767	437878	5642088	1316752
黑色金属冶炼及压延加工业	424	1483800	66634	2332040	1179648
有色金属冶炼及压延加工业	22	368383	11535	445864	90423
金属制品业	-112449	1502552	144484	2079424	638425
通用设备制造业	-384292	2489007	221795	3347444	1217623
专用设备制造业	-166063	979365	101777	1323193	525309
交通运输设备制造业	-75036	722744	98958	1021804	545362
电气机械及器材制造业	-16925	1367908	141193	1852659	533705
通信设备、计算机及其他电子设备	55859	418165	15803	601920	338041
仪器仪表及文化、办公用机械制造	34923	271164	43491	395497	102345
工艺品及其他制造业		672242	134764	884422	136317
废弃资源和废旧材料回收加工业		66285	2050	85215	14380
电力、燃气及水的生产和供应业	-54458	-190919	73070	822530	1212775
电力、热力的生产和供应业	-54722	-348614	42332	644285	1060667
燃气生产和供应业		123036	30381	135314	43047
水的生产和供应业	264	34659	357	42931	109061

10—4 续表 6　　　　(2010 年)　　　　计量单位：千元

项目名称	本年应付福利费总额	本年应交增值税	本年进项税额	本年销项税额	全部从业人员年平均人数（万人）
总　计	**990602**	**13910462**	**57191903**	**68373617**	**59.67**
采矿业	46228	807452	2142995	2952768	1.82
煤炭开采和洗选业	39193	618812	1838549	2501104	1.31
黑色金属矿采选业	4126	115506	237514	344350	0.34
有色金属矿采选业	106	4762			0.02
非金属矿采选业	2803	68372	66932	107314	0.15
制造业	896671	12186585	51188316	60714967	55.62
农副食品加工业	61627	710771	5339227	5841233	2.47
食品制造业	16227	239320	1214075	1434569	1.38
饮料制造业	3749	172949	423360	588649	0.41
烟草制品业	10311	469396	677187	1146583	0.19
纺织业	66556	1000625	4719711	5611898	6.19
纺织服装、鞋、帽制造业	14038	192760	969296	1051966	1.80
皮革、毛皮、羽毛（绒）及其制品业	34703	844533	2907060	3096053	5.54
木材加工及木、竹、藤、棕、草制品业	7946	103778	1001531	1217885	0.50
家具制造业	6876	52071	318651	362624	0.25
造纸及纸制品业	9836	252900	876254	1101548	0.84
印刷业和记录媒介的复制	13575	165498	370305	528771	0.70
文教体育用品制造业	22	565	1491	2056	0.01
石油加工、炼焦及核燃料加工业	12860	851449	283549	541999	0.69
化学原料及化学制品制造业	96861	1204026	5423096	6358650	6.04
医药制造业	127081	1232257	3841135	4907973	5.70
化学纤维制造业	6450	93584	196104	441509	0.44
橡胶制品业	8880	131565	347541	388334	0.81
塑料制品业	35192	277112	1109356	1347448	1.17
非金属矿物制品业	91709	1042385	3420967	4282058	4.55
黑色金属冶炼及压延加工业	17312	749735	7632500	8185766	2.87
有色金属冶炼及压延加工业	7882	58596	231875	375574	0.35
金属制品业	42036	402681	2280967	2797170	1.86
通用设备制造业	78694	734737	2674840	3078819	4.10
专用设备制造业	34065	260778	1473632	1698590	1.68
交通运输设备制造业	48431	256878	795553	972326	1.87
电气机械及器材制造业	19623	347305	1517657	1817648	1.48
通信设备、计算机及其他电子设备	20127	160230	422678	641001	0.94
仪器仪表及文化、办公用机械制造	2372	111545	126426	228351	0.37
工艺品及其他制造业	1457	53980	509061	572108	0.36
废弃资源和废旧材料回收加工业	173	12576	83231	95808	0.06
电力、燃气及水的生产和供应业	47703	916425	3860592	4705882	2.25
电力、热力的生产和供应业	34875	907435	3774833	4590325	1.67
燃气生产和供应业	2431	4467	43272	49092	0.11
水的生产和供应业	10397	4523	42487	66465	0.47

市区规模以上工业企业分行业主要经济指标

10—5　　(2010 年)　　计量单位：千元

项目名称	工业企业单位数（个）	工业企业总产值	工业企业销售产值	资产合计	# 流动资产小计
总　计	**263**	**115278994**	**112485693**	**120793203**	**52029562**
采矿业	31	9366725	9306070	6332089	3442977
煤炭开采和洗选业	31	9366725	9306070	6332089	3442977
制造业	224	85515721	82788978	89276084	45783988
农副食品加工业	6	823897	678341	455704	205887
食品制造业	6	1073081	971009	1135473	293900
饮料制造业	2	186038	184286	564560	59574
烟草制品业					
纺织业	11	3318580	3399527	5910234	3079574
纺织服装、鞋、帽制造业	4	233162	230928	121838	78183
皮革、毛皮、羽毛（绒）及其制品业					
家具制造业	3	27549	27027	82589	29480
造纸及纸制品业	4	222208	219741	85799	48466
印刷业和记录媒介的复制	13	1782871	1928596	2022531	860257
石油加工、炼焦及核燃料加工业	4	25820146	25688942	9210545	3616367
化学原料及化学制品制造业	25	3889926	3885248	5687940	2315483
医药制造业	20	22969971	21104099	34564633	18279872
化学纤维制造业	2	204641	197510	31540	19999
橡胶制品业	3	308185	284259	266331	217233
塑料制品业	7	370717	369459	387219	227830
非金属矿物制品业	14	775282	734537	662045	416667
黑色金属冶炼及压延加工业	4	10732564	10741460	8643996	3859203
有色金属冶炼及压延加工业	1	49941	49626	22540	20067
金属制品业	19	1855836	1769438	2295109	1596670
通用设备制造业	25	3391335	3206117	4876399	2966131
专用设备制造业	14	1923051	1812635	2467781	1479993
交通运输设备制造业	11	3128627	3078919	4509539	2924872
电气机械及器材制造业	10	437740	423118	491830	388619
通信设备、计算机及其他电子设备	8	1370762	1257763	3547338	1714230
仪器仪表及文化、办公用机械制造	8	619611	546393	1232571	1085431
电力、燃气及水的生产和供应业	8	20396548	20390645	25185030	2802597
电力、热力的生产和供应业	5	19565327	19560117	22025599	1590012
燃气生产和供应业	1	490858	490858	1448038	745097
水的生产和供应业	2	340363	339670	1711393	467488

10—5 续表 1　　（2010 年）　　计量单位：千元

项目名称	固定资产小计	固定资产原价	累计折旧	固定资产净值
总　计	**48533132**	**76730474**	**31562277**	**45167640**
采矿业	1479160	1818222	355419	1462803
煤炭开采和洗选业	1479160	1818222	355419	1462803
制造业	27675088	42354997	18805387	23549053
农副食品加工业	160795	185778	80576	105202
食品制造业	559906	670081	109714	559810
饮料制造业	119277	441527	323509	118018
烟草制品业				
纺织业	2367352	3041169	1199301	1841868
纺织服装、鞋、帽制造业	33854	53735	22237	31498
皮革、毛皮、羽毛（绒）及其制品业				
家具制造业	28758	44436	19698	24738
造纸及纸制品业	36332	57207	21651	35556
印刷业和记录媒介的复制	1054833	2118349	1162521	955828
石油加工、炼焦及核燃料加工业	4639532	4732010	848607	3883403
化学原料及化学制品制造业	852673	1465810	721072	744738
医药制造业	8452146	15073788	7289657	7784131
化学纤维制造业	10455	15178	4723	10455
橡胶制品业	43850	175880	135021	40859
塑料制品业	158745	266093	122391	143702
非金属矿物制品业	211946	444393	239852	204541
黑色金属冶炼及压延加工业	3330098	5381543	2588685	2792858
有色金属冶炼及压延加工业	973	1871	898	973
金属制品业	391950	648928	278015	370913
通用设备制造业	1342157	1767954	550278	1217676
专用设备制造业	810328	758318	304429	453889
交通运输设备制造业	1458370	1328741	641649	687092
电气机械及器材制造业	85524	117346	46775	70571
通信设备、计算机及其他电子设备	1410552	3403290	2006154	1397136
仪器仪表及文化、办公用机械制造	114682	161572	87974	73598
电力、燃气及水的生产和供应业	19378884	32557255	12401471	20155784
电力、热力的生产和供应业	17661067	29986450	11378137	18608313
燃气生产和供应业	585783	714657	223493	491164
水的生产和供应业	1132034	1856148	799841	1056307

10—5 续表2　　（2010年）　　计量单位：千元

项目名称	负债合计	# 流动负债	长期负债	所有者权益	# 实收资本
总　计	**81336251**	**59801910**	**20232404**	**39352734**	**23964827**
采矿业	4946103	4605948	198137	1375983	338696
煤炭开采和洗选业	4946103	4605948	198137	1375983	338696
制造业	56905587	45035816	10709852	32276283	18508653
农副食品加工业	281494	248963	32531	171210	22160
食品制造业	191396	191006		944076	1188126
饮料制造业	195084	177238	17846	369476	414856
烟草制品业					
纺织业	3278544	3033421	245123	2628156	930847
纺织服装、鞋、帽制造业	120175	85936	34239	1661	25832
皮革、毛皮、羽毛（绒）及其制品业					
家具制造业	51984	35921	16063	30605	14552
造纸及纸制品业	74215	74215		11584	65679
印刷业和记录媒介的复制	478464	444773	33691	1544067	706466
石油加工、炼焦及核燃料加工业	7452651	7260952	186999	1717988	1384444
化学原料及化学制品制造业	4283933	2849045	1425231	1400698	846736
医药制造业	22231354	15897364	6216310	12333276	5965469
化学纤维制造业	20827	12779		10713	1600
橡胶制品业	260521	126193	134328	5809	21100
塑料制品业	232062	232011	50	155157	50457
非金属矿物制品业	580934	432171	148763	81110	160705
黑色金属冶炼及压延加工业	5136050	4093992	1042058	3465946	2299997
有色金属冶炼及压延加工业	21625	21625		915	1000
金属制品业	912616	910809	1686	1381161	481899
通用设备制造业	3124611	2906039	217831	1750999	726640
专用设备制造业	1314025	1129845	184142	1153740	570695
交通运输设备制造业	3313363	2793659	519703	1195859	979782
电气机械及器材制造业	247995	234366	13627	243833	139816
通信设备、计算机及其他电子设备	2824865	1610303	214544	722473	1293069
仪器仪表及文化、办公用机械制造	276799	233190	25087	955771	216726
电力、燃气及水的生产和供应业	19484561	10160146	9324415	5700468	5117478
电力、热力的生产和供应业	17631718	8867319	8764399	4393880	3887645
燃气生产和供应业	918713	918713		529325	300000
水的生产和供应业	934130	374114	560016	777263	929833

10—5 续表 3　　　　（2010 年）　　　　计量单位：千元

项目名称	实收资本中：		主营业务收入	# 主营业务成　本	主营业务税金及附加
	国家资本	集体资本			
总　计	**4987752**	**411172**	**126119716**	**107001757**	**3801177**
采矿业	172897	8200	13180584	12185997	43986
煤炭开采和洗选业	172897	8200	13180584	12185997	43986
制造业	4289713	402972	92186026	75025146	3685471
农副食品加工业			676598	618580	464
食品制造业			998204	829586	3780
饮料制造业	4856		186775	112296	28133
烟草制品业					
纺织业	486998		4611419	4241053	17870
纺织服装、鞋、帽制造业		18690	212687	191077	209
皮革、毛皮、羽毛（绒）及其制品业					
家具制造业		2330	35733	31748	494
造纸及纸制品业	1651	3473	232927	205255	1808
印刷业和记录媒介的复制	64208	29583	1915800	1276708	14893
石油加工、炼焦及核燃料加工业			25803965	21210683	3447246
化学原料及化学制品制造业	21100	2659	3897194	3432773	13634
医药制造业	462061	113141	29560142	22629176	73227
化学纤维制造业			190819	173677	1463
橡胶制品业			279962	248249	792
塑料制品业			369234	329575	433
非金属矿物制品业		2460	576139	493789	1582
黑色金属冶炼及压延加工业	2000000		10601165	9636075	8813
有色金属冶炼及压延加工业			48931	46019	31
金属制品业		2584	1769369	1477586	12873
通用设备制造业	53266	165872	3211748	2417771	12423
专用设备制造业	41210	3500	1738899	1196073	9116
交通运输设备制造业	696755	8680	3138071	2675313	19335
电气机械及器材制造业		50000	390666	298991	2739
通信设备、计算机及其他电子设备	454872		1221991	916832	4132
仪器仪表及文化、办公用机械制造	2736		517588	336261	9981
电力、燃气及水的生产和供应业	525142		20753106	19790614	71720
电力、热力的生产和供应业	320000		19910801	19261813	61909
燃气生产和供应业	120000		488184	309969	7307
水的生产和供应业	85142		354121	218832	2504

10—5 续表4 （2010年） 计量单位：千元

项目名称	管理费用	#税金	财务费用	#利息支出	营业利润
总　计	**5860742**	**221425**	**1931965**	**1838632**	**4941016**
采矿业	350433	17814	90255	76777	353089
煤炭开采和洗选业	350433	17814	90255	76777	353089
制造业	5325567	199342	1248172	1138121	4592154
农副食品加工业	20375	1648	5685	1740	23824
食品制造业	99669	2848	1024	824	-127232
饮料制造业	27026	1294	-12442	-12294	7260
烟草制品业					
纺织业	166511	22611	46877	40765	78748
纺织服装、鞋、帽制造业	13150	81	4947	3568	1045
皮革、毛皮、羽毛（绒）及其制品业					
家具制造业	3855	493	1488	1496	-1206
造纸及纸制品业	16612	247	1071	1068	8018
印刷业和记录媒介的复制	242932	6650	1251	3050	386447
石油加工、炼焦及核燃料加工业	485583	12105	201015	197431	394758
化学原料及化学制品制造业	253750	11687	120522	85797	-3675
医药制造业	2275649	74049	629008	607992	2546166
化学纤维制造业	1135	8	736	193	12719
橡胶制品业	23077	3292	7602	7596	-6724
塑料制品业	13698	517	2764	1356	11919
非金属矿物制品业	52840	2478	10292	10270	-2866
黑色金属冶炼及压延加工业	216779	23223	129477	107767	424326
有色金属冶炼及压延加工业	1135	15	892	363	437
金属制品业	119801	3456	11468	4765	97031
通用设备制造业	357773	10123	45422	32370	269229
专用设备制造业	229646	8182	5090	5109	175108
交通运输设备制造业	251647	9837	20302	24031	216473
电气机械及器材制造业	54681	1280	1487	1275	18651
通信设备、计算机及其他电子设备	350296	2818	8966	8149	-62164
仪器仪表及文化、办公用机械制造	47947	400	3228	3440	123862
电力、燃气及水的生产和供应业	184742	4269	593538	623734	-4227
电力、热力的生产和供应业	56975	2479	575625	596528	-118338
燃气生产和供应业	49320	1782	-5056	4327	114847
水的生产和供应业	78447	8	22969	22879	-736

10—5 续表 5 （2010 年） 计量单位：千元

项目名称	投资收益	利润总额	应交所得税	利税总额	本年应付工资总额
总 计	**561515**	**5152178**	**943824**	**12607202**	**6263295**
采矿业		405806	88989	925018	623059
煤炭开采和洗选业		405806	88989	925018	623059
制造业	616314	4762839	791951	11209258	4750778
农副食品加工业		29262	979	34209	22579
食品制造业	775	-131696	5560	-91044	131949
饮料制造业		9794		49553	22799
烟草制品业					
纺织业	2763	86660	25099	228778	367908
纺织服装、鞋、帽制造业		1232	93	1820	9422
皮革、毛皮、羽毛（绒）及其制品业					
家具制造业		32	33	1599	6467
造纸及纸制品业		8230	189	17303	10122
印刷业和记录媒介的复制	8113	398084	59761	538813	142038
石油加工、炼焦及核燃料加工业	-900	470447	117589	4707785	329672
化学原料及化学制品制造业	17232	-36304	12152	65865	220086
医药制造业	438117	2647546	377377	3569482	1642340
化学纤维制造业		6269	196	13418	4638
橡胶制品业	42	-6852		3807	21020
塑料制品业		11978	2603	26668	33771
非金属矿物制品业		-668	1371	23593	48230
黑色金属冶炼及压延加工业	267	389243	54493	633185	402333
有色金属冶炼及压延加工业		65	13	359	970
金属制品业		104459	7398	137037	145185
通用设备制造业	83	279854	42153	436785	379739
专用设备制造业	-3423	178272	35683	253630	210332
交通运输设备制造业	62463	217550	28631	336419	312785
电气机械及器材制造业		20712	4012	40338	28943
通信设备、计算机及其他电子设备	55859	-60479	2261	-10123	212626
仪器仪表及文化、办公用机械制造	34923	139149	14305	189979	44824
电力、燃气及水的生产和供应业	-54799	16467	62884	472926	889458
电力、热力的生产和供应业	-55063	-125986	33936	348377	745636
燃气生产和供应业		105604	28591	116774	40513
水的生产和供应业	264	3915	357	7775	103309

10—5 续表 6　　（2010 年）　　计量单位：千元

项目名称	本年应付福利费总额	本年应交增值税	本年进项税额	本年销项税额	全部从业人员年平均人数（万人）
总　计	**329230**	**3653847**	**12203480**	**14571251**	**17.4**
采矿业	38163	475226	1410208	1937803	1.19
煤炭开采和洗选业	38163	475226	1410208	1937803	1.19
制造业	274700	2760948	8264675	9710300	14.57
农副食品加工业	595	4483	70186	66456	0.12
食品制造业	4844	36872	129358	162900	0.42
饮料制造业		11626	20491	32117	0.11
烟草制品业					
纺织业	508	124248	664302	679123	1.78
纺织服装、鞋、帽制造业	795	379	13613	4514	0.06
皮革、毛皮、羽毛（绒）及其制品业					
家具制造业	590	1073	3495	4599	0.05
造纸及纸制品业	51	7265	29906	36687	0.04
印刷业和记录媒介的复制	11711	125836	202220	324226	0.45
石油加工、炼焦及核燃料加工业	12354	790092	102920	303446	0.47
化学原料及化学制品制造业	17934	88535	569324	638043	0.88
医药制造业	104453	848709	2914295	3683168	4.46
化学纤维制造业	106	5686	15659	32438	0.02
橡胶制品业	1037	9867	38952	47842	0.09
塑料制品业	2324	14257	34690	28728	0.17
非金属矿物制品业	3448	22679	25875	29207	0.28
黑色金属冶炼及压延加工业	15802	235129	1916840	1967590	0.65
有色金属冶炼及压延加工业	20	263	7993	8054	0.01
金属制品业	2442	19705	217156	235758	0.53
通用设备制造业	24514	144508	432221	373818	1.29
专用设备制造业	16514	66242	316028	381879	0.62
交通运输设备制造业	31923	99534	352123	400335	1.17
电气机械及器材制造业	4659	16887	36968	53880	0.12
通信设备、计算机及其他电子设备	17401	46224	109839	134726	0.62
仪器仪表及文化、办公用机械制造	675	40849	40221	80766	0.16
电力、燃气及水的生产和供应业	16367	417673	2528597	2923148	1.66
电力、热力的生产和供应业	4190	412454	2500853	2870196	1.11
燃气生产和供应业	2265	3863	27744	31607	0.1
水的生产和供应业	9912	1356		21345	0.45

分县（市）区规模以上工业企业主要经济指标

10—6　　　　(2010 年)　　　　计量单位：千元

行政单位	企业单位数（个）	工业总产值	工业销售产值	资产合计	# 流动资产小计
全市总计	**2576**	**565534233**	**552115530**	**276754356**	**107340734**
市区合计	263	115278994	112485693	120793203	52029562
#长安区	39	17979090	18074815	23630246	9941405
桥东区	22	1767364	1577511	4320441	2083368
桥西区	24	12452612	11419612	17679336	9206487
新华区	34	4045692	3957037	5092417	2731063
裕华区	24	5474031	5389183	7449809	2974279
矿 区	52	11873140	11563309	4859012	2644820
高新区	61	10607385	9735648	12704984	8173969
井陉县	74	14339430	13849782	11842421	3309453
正定县	148	40206093	38953095	10754669	3041213
栾城县	153	17966776	17839743	11416295	5266727
行唐县	87	17109328	16912165	3563982	847098
灵寿县	71	11815410	11471311	3480369	1117293
高邑县	68	6835918	6635973	2345858	781641
深泽县	52	9474876	9209823	1672732	482492
赞皇县	52	10378214	10261349	2889261	841026
无极县	151	16749859	16232886	4435515	1181025
平山县	61	47823121	46598623	18784437	5675284
元氏县	70	16953846	16817075	4315217	2481452
赵 县	124	31720010	31621702	6476794	1283634
辛集市	296	49437007	47859950	16299804	6737803
藁城市	347	64906767	62994485	22140210	10539603
晋州市	196	27290320	26879813	7823594	2577583
新乐市	140	21816716	21570454	5693540	1772366
鹿泉市	223	45431548	43921608	22026455	7375479

10—6 续表 1　　(2010 年)　　计量单位：千元

行政单位	固定资产小计	固定资产原价	累计折旧	固定资产净值
全市总计	**136188659**	**188890156**	**66422626**	**122467173**
市区合计	48533132	76730474	31562277	45167640
#长安区	8665846	13688992	6531498	7157494
桥东区	1659277	3090883	1516606	1574277
桥西区	4466329	7353574	3215886	4137688
新华区	1930060	2102244	991808	1109879
裕华区	3526283	7482178	3201736	4280442
矿　区	1557403	1894621	501353	1393268
高新区	3256894	3906964	1198115	2708849
井陉县	6752038	13522428	6804106	6718322
正定县	6433645	7572460	1773483	5799177
栾城县	5669047	6043524	1382912	4660612
行唐县	2654910	3361604	916967	2444637
灵寿县	1955819	2555960	793844	1762116
高邑县	1506269	1968207	461938	1506269
深泽县	1188561	1236541	141213	1095328
赞皇县	2047519	1967909	398038	1569871
无极县	2389232	2701810	517248	2184562
平山县	12650522	19539479	7760343	11779136
元氏县	1490749	1777921	456455	1321466
赵　县	5057973	4498375	884634	3613741
辛集市	6477765	8336144	2417128	5919016
藁城市	10701992	12426685	2857376	9569309
晋州市	5218495	7158535	1981534	5177001
新乐市	3592941	5566527	2117470	3449057
鹿泉市	11868050	11925573	3195660	8729913

10—6 续表 2　　　（2010 年）　　　计量单位：千元

行政单位	负债合计	# 流动负债	长期负债	所有者权益合计	# 实收资本
全市总计	**149673148**	**110009731**	**33998031**	**125947965**	**61391887**
市区合计	81336251	59801910	20232404	39352734	23964827
#长安区	14604962	11098477	3435748	9025282	5275545
桥东区	3048415	2310852	737324	1271880	1971620
桥西区	10163352	7007881	3155471	7515982	3221473
新华区	3137113	2478724	657988	1951330	1764470
裕华区	5614565	3755725	1813840	1835242	1313201
矿　区	3848665	3451298	255349	958340	616286
高新区	5595040	5288934	277272	7101765	2568467
井陉县	4477964	3520584	617849	7364453	976576
正定县	2926287	2175651	727434	7738058	5389746
栾城县	5417148	3247508	2075866	5925354	2268540
行唐县	1028493	836526	169020	2406205	1002494
灵寿县	1655177	1236389	306319	1660204	666905
高邑县	504376	311593	97300	1792978	1596188
深泽县	933730	646164	287566	737554	162464
赞皇县	1181735	696122	485613	1707526	864847
无极县	1194383	887187	291538	3175619	606827
平山县	11061082	8783669	2275694	7721353	3075169
元氏县	1988268	1680023	244398	2298291	473719
赵　县	1708914	836225	872688	4767733	2546434
辛集市	6739199	5257478	696072	9475744	1831122
藁城市	10080097	8910836	898145	11835347	7011313
晋州市	3353029	1031025	271696	4449910	1987051
新乐市	3059927	2858660	188760	2578714	1966270
鹿泉市	11027088	7292181	3259669	10960188	5001395

10—6 续表3 （2010年） 计量单位：千元

行政单位	实收资本中：		主营业务收入	# 主营业务成本	主营业务税金及附加
	# 国家资本	集体资本			
全市总计	**8052049**	**2135785**	**555366533**	**463053943**	**8280293**
市区合计	4987752	411172	126119716	107001757	3801177
#长安区	2381614	114686	19393751	17657021	40905
桥东区	525959	808	1598924	1178835	47144
桥西区	164529	75473	13926226	10689949	19689
新华区	207909	143978	4022840	3429220	10784
裕华区	364375	6281	6251987	5016866	18427
矿 区	16237	10845	10569888	9643785	27578
高新区	260518	50383	9167635	6186824	76920
井 陉 县	65896	5660	13821476	12597905	26567
正 定 县	2690		38577511	32901816	238310
栾 城 县	535915	8857	17916421	14310094	60542
行 唐 县		11135	16418457	13538630	119302
灵 寿 县	43068	15940	11444841	9726187	41909
高 邑 县			6640209	6072650	9637
深 泽 县			8994560	7671264	123125
赞 皇 县		4352	10322465	7927394	49104
无 极 县		21183	16111507	14465237	137997
平 山 县	22968	18810	38212136	36211374	57074
元 氏 县			14879259	12494395	122741
赵 县	37259	124674	30997517	22876741	46384
辛 集 市	135726	16803	48380840	38291693	142923
藁 城 市	1514986	31284	63705615	48616759	2572060
晋 州 市	86443	12200	26408187	23362929	232415
新 乐 市	365291		21776169	18041159	322170
鹿 泉 市	254055	1453715	44639647	36945959	176856

10—6 续表 4　　　　(2010 年)　　　　计量单位：千元

行政单位	管理费用	# 税金	财务费用	# 利息支出	营业利润
全市总计	**17989360**	**844458**	**5782128**	**5333622**	**46316812**
市区合计	5860742	221425	1931965	1838632	4941016
#长安区	714177	66166	372485	310260	148031
桥东区	230087	4556	30976	27830	68535
桥西区	1122390	35986	128127	116675	1317073
新华区	389528	11655	30770	19306	2226
裕华区	426364	16758	185670	186059	470385
矿　区	165312	10226	66522	46166	478685
高新区	770924	20234	62336	57674	1237857
井陉县	292397	26031	221809	215268	379242
正定县	1333360	58437	159966	148162	2353600
栾城县	481559	17992	211581	184551	2191105
行唐县	309370	39367	121468	92882	1954735
灵寿县	245353	16996	36344	27353	1809436
高邑县	19565	1661	10335	10340	503669
深泽县	555935	72691	70817	69416	254531
赞皇县	212665	54600	131395	131001	1607988
无极县	107418	6058	48586	33346	1277160
平山县	494720	49835	494692	433176	872204
元氏县	280857	4725	160936	111488	1625345
赵　县	860799	45382	107084	94376	5463717
辛集市	2064716	51668	902007	898822	5195956
藁城市	2978176	114987	496839	434566	6206686
晋州市	134554	3553	70762	44763	2523500
新乐市	361514	28261	187272	184771	2328227
鹿泉市	1395660	30789	418270	380709	4828695

10—6 续表5　　（2010年）　　计量单位：千元

行政单位	投资收益	利润总额	应交所得税	利税总额	本年应付工资总额
全市总计	**-3544892**	**41297849**	**4317275**	**63488604**	**20179560**
市区合计	561515	5152178	943824	12607202	6263295
#长安区	-31392	114736	99929	578412	1205495
桥东区	-2409	67347	14102	163604	233194
桥西区	144578	1319206	187480	1668681	834583
新华区	63245	26518	31315	158469	447869
裕华区	-4084	508595	92211	726457	362325
矿　区	-898	480236	30410	935847	455416
高新区	35507	1271809	178164	1817756	742608
井陉县	1122	496449	121605	1064480	583004
正定县		2358377	143648	3125926	1185401
栾城县	441	2037340	163612	2878316	635289
行唐县		1937252	350364	2921964	479489
灵寿县	22	1351909	34021	1684462	247171
高邑县		503669	11895	645625	334503
深泽县		254531	98277	522364	215008
赞皇县		1538323	53223	1813442	231088
无极县		1201600	8876	1553681	295026
平山县	-921	861541	56043	1528366	694088
元氏县		1620171	302796	1995844	812637
赵　县	-3467293	1949971	577695	2764876	404075
辛集市	685	5163167	248918	6264593	2777186
藁城市	-389421	5435996	253772	9527604	1600484
晋州市		2531489	9343	3659871	1013408
新乐市	50	2316258	542448	3190089	996614
鹿泉市	-251092	4587628	396915	5739899	1411794

10—6 续表 6　　(2010 年)　　计量单位：千元

行政单位	本年应付福利费总额	本年应交增值税	本年进项税额	本年销项税额	全部从业人员年平均人数（万人）
全市总计	**990602**	**13910462**	**57191903**	**68373617**	**59.67**
市区合计	329230	3653847	12203480	14571251	17.40
#长安区	51150	422771	3479475	3613001	3.98
桥东区	17890	49113	120324	191662	1.24
桥西区	66807	329786	1444035	1536882	2.06
新华区	32074	121167	496245	501580	1.57
裕华区	16755	199435	718383	870998	1.37
矿　区	14324	428033	821155	1333854	1.00
高新区	34761	469027	902955	1181590	2.05
井陉县	37528	541464	1642391	2102469	1.75
正定县	124203	529239	4507968	5014769	2.15
栾城县	17946	780434	1889495	2547268	2.53
行唐县	25707	865410	1486898	2296312	1.00
灵寿县	8048	290644	208065	241467	0.88
高邑县	11052	132319	606039	738353	1.27
深泽县	40049	144708	1439666	1414283	0.95
赞皇县	4897	226015	375454	601469	1.07
无极县	17484	214084	1738172	1970975	1.33
平山县	11647	609751	5615138	6215641	2.57
元氏县	4418	252932	1704757	1888790	1.10
赵　县	42022	768521	4456087	5035227	1.70
辛集市	34198	958503	2814327	3175278	7.86
藁城市	81718	1519548	7186276	8914841	5.69
晋州市	52871	895967	3094549	3954373	3.55
新乐市	21102	551661	2597675	3138890	2.53
鹿泉市	126482	975415	3625466	4551961	4.34

分县（市）区规模以上国有控股工业企业主要经济指标

10—7　　　　（2010 年）　　　　计量单位：千元

行政单位	企业单位数（个）	工业总产值	工业销售产值	资产合计	# 流动资产小　计
全市总计	**103**	**101720056**	**100932785**	**114398805**	**40578027**
市区合计	45	72034200	71912771	76772792	27338696
# 长安区	6	13964124	14141605	18730628	7355724
桥东区	8	588583	574235	2625867	1276012
桥西区	3	49094	55668	716173	401006
新华区	6	1137162	1120522	1946569	843531
裕华区	4	2980831	3087779	4862727	1477470
矿　区	4	822209	789155	512421	345931
高新区	7	1412517	1375229	2321449	1364851
井陉县	5	5926275	5890375	8687895	2064730
正定县	1	28194	26133	46044	24784
栾城县	6	2175381	2118933	4002996	781279
行唐县					
灵寿县	4	2252901	2224969	709272	128164
高邑县					
深泽县					
赞皇县	1	884643	868033	501241	78125
无极县					
平山县	5	4452410	4280095	6380639	1235266
元氏县					
赵　县	3	134977	138278	119463	21803
辛集市	4	480161	458049	1053535	668133
藁城市	8	7419948	7183255	7738229	4838178
晋州市	2	179295	176550	381644	130611
新乐市	3	784995	766990	922678	446549
鹿泉市	16	4966676	4888354	7082377	2821709

10—7 续表 1 （2010 年） 计量单位：千元

行政单位	固定资产小计	固定资产原价	累计折旧	固定资产净值
全市总计	**58025948**	**94666401**	**40105567**	**54560834**
市区合计	36089920	58641850	24110292	34531558
#长安区	6794821	11165844	5225540	5940304
桥东区	1220518	2130770	954512	1176258
桥西区	151008	229896	93507	136389
新华区	1047271	875122	584709	290413
裕华区	2595675	6038493	2546777	3491716
矿　区	148538	221455	73213	148242
高新区	661049	769252	226759	542493
井陉县	4921529	11319534	6398005	4921529
正定县	17768	29841	12073	17768
栾城县	3176328	3583965	760533	2823432
行唐县				
灵寿县	454368	666895	212527	454368
高邑县				
深泽县				
赞皇县	423116	463959	68203	395756
无极县				
平山县	4957881	10086045	5211740	4874305
元氏县				
赵　县	71429	92344	26998	65346
辛集市	377520	665495	432632	232863
藁城市	2803888	3300685	1163613	2137072
晋州市	250703	282154	68380	213774
新乐市	447519	843423	414106	429317
鹿泉市	4033979	4690211	1226465	3463746

10—7 续表2　　（2010年）　　计量单位：千元

行政单位	负债合计	#流动负债	长期负债	所有者权益合计	#实收资本
全市总计	**77441364**	**54237350**	**21745839**	**36912664**	**22813140**
市区合计	57225353	40546866	15663769	19507214	14967199
#长安区	12094198	9143039	2951159	6636430	4199813
桥东区	1978653	1384941	593711	647083	1384356
桥西区	553158	419539	133619	163015	165294
新华区	1362661	936351	426301	583722	569550
裕华区	4160604	2553322	1607282	702123	888135
矿　区	434113	428356	5757	78307	70347
高新区	1317827	1271299	46528	1003621	455939
井陉县	2964375	2219616	415319	5723520	328054
正定县	55707	55707		－9662	830
栾城县	3178141	1217733	1950407	824854	948238
行唐县					
灵寿县	411519	355614	49800	297752	81343
高邑县					
深泽县					
赞皇县	175141	175141		326100	256414
无极县					
平山县	4424393	2533128	1891265	1956246	1930145
元氏县					
赵　县	100934	91300	9633	18424	37664
辛集市	886527	885247	1280	167007	173834
藁城市	3440565	3143399	297166	4295378	1513386
晋州市	366648	255649	110999	14995	86443
新乐市	681772	626832	54940	240905	434856
鹿泉市	3530289	2131118	1301261	3549931	2054734

10—7 续表 3 （2010 年） 计量单位：千元

行政单位	实收资本中：	主营业务收入		
	国家资本		# 主营业务成 本	主 营 业 务税金及附加
全市总计	**7906839**	**114064861**	**97701873**	**5569583**
市区合计	4861747	83993118	73394692	3631196
# 长 安 区	2381614	15379162	14241833	34244
桥 东 区	525959	709883	527832	8649
桥 西 区	164529	49865	35526	478
新 华 区	207909	1133670	1044720	3839
裕 华 区	359260	3424648	2726617	14856
矿 区	15347	802304	675140	7643
高 新 区	140518	1305121	943767	1757
井 陉 县	64744	6360673	6183198	2216
正 定 县	830	26133	13778	218
栾 城 县	535915	2179010	2120302	4354
行 唐 县				
灵 寿 县	29575	2215223	1899898	1280
高 邑 县				
深 泽 县				
赞 皇 县		882033	605235	1285
无 极 县				
平 山 县	22968	4328716	3812780	19826
元 氏 县				
赵 县	37259	138278	128048	1424
辛 集 市	135726	701812	638225	1630
藁 城 市	1512286	7181275	4031076	1873467
晋 州 市	86443	158441	133916	1585
新 乐 市	365291	796114	703248	3725
鹿 泉 市	254055	5104035	4037477	27377

10—7 续表 4　　（2010 年）　　计量单位：千元

行政单位	管理费用	# 税金	财务费用	# 利息支出	营业利润
全市总计	**4764548**	**198244**	**2220935**	**2190632**	**3002419**
市区合计	3237979	127032	1578583	1568919	1634447
# 长安区	485459	48836	302997	280440	8860
桥东区	127841	1404	20079	19551	－5071
桥西区	11037	477	1625	1654	－2082
新华区	134800	6457	14866	13977	－18764
裕华区	254830	7458	157078	159085	244693
矿　区	62501	3358	2661	2661	12842
高新区	119551	3198	24198	16889	175745
井陉县	173431	14665	164867	164707	－191831
正定县	3937	523			3824
栾城县	97871	3644	123201	121099	－198927
行唐县					
灵寿县	68455	2455	8376	8345	357724
高邑县					
深泽县					
赞皇县	8257	3851	667	667	165858
无极县					
平山县	174481	11212	210360	203212	107885
元氏县					
赵　县	4120	206	2531	413	－181
辛集市	57626	1162	－157	7264	－13707
藁城市	561036	21107	40269	31091	560597
晋州市	15300	829	12337	12337	－6072
新乐市	45897	2554	27133	26852	5205
鹿泉市	316158	9004	52768	45726	577597

10—7 续表5 （2010年） 计量单位：千元

行政单位	投资收益	利润总额	应交所得税	利税总额	本年应付工资总额
全市总计	**376476**	**3372094**	**822618**	**12521003**	**5129850**
市区合计	371679	1775850	469631	7661880	3630323
#长安市	-42055	-37644	73859	354904	854447
桥东区		-9637	2409	14720	133591
桥西区	-77	-2195	27	2620	13629
新华区	62209	-3759	95	24571	198108
裕华区	-5663	270654	56374	392912	220819
矿 区		12291	1200	65703	106916
高新区	297	182409	25454	248474	121008
井陉县	1033	-73015	11213	183035	403758
正定县		4068		6494	2200
栾城县	341	-170812	-31847	-126662	114903
行唐县					
灵寿县	22	210105	19965	275814	48483
高邑县					
深泽县					
赞皇县		161256	23541	188053	12732
无极县					
平山县		113741	39458	329494	169669
元氏县					
赵 县		-181	161	4024	3295
辛集市	-34	16757	8293	37757	49040
藁城市		604439	149076	3002208	342898
晋州市		1304		22162	15723
新乐市	50	11028	1917	37594	56410
鹿泉市	3385	717554	131210	899150	280416

10—7 续表 6　　（2010 年）　　计量单位：千元

行政单位	本年应付福利费总额	本年应交增值税	本年进项税额	本年销项税额	全部从业人员年平均人数（万人）
全市总计	**262245**	**3579326**	**11245901**	**13741921**	**13.95**
市区合计	187395	2254834	7962049	9235477	9.64
#长安区	28057	358304	2976962	3131035	2.6
桥东区	13298	15708	46648	80963	0.78
桥西区	497	4337	4358	8706	0.07
新华区	23486	24491	117310	86365	0.66
裕华区	12281	107402	373537	444759	0.72
矿　区	7249	45769	75793	121561	0.26
高新区	7058	64308	146533	20404	0.39
井陉县	27326	253834	746436	934132	0.88
正定县		2208	2235	4443	0.01
栾城县	4119	39796	319632	313091	0.32
行唐县					
灵寿县	4379	64429	45990	56310	0.14
高邑县					
深泽县					
赞皇县	289	25512	13251	38763	0.03
无极县					
平山县	2019	195927	524099	709528	0.26
元氏县					
赵　县	493	2781	13810	16680	0.02
辛集市	2808	19370	141468	158487	0.3
藁城市	14364	524302	944816	1589480	1.02
晋州市	745	19273	14240	22013	0.1
新乐市	375	22841	103332	126173	0.28
鹿泉市	17933	154219	414543	537344	0.95

分县（市）区规模以上集体工业企业主要经济指标

10—8　　（2010年）　　计量单位：千元

行政单位	企业单位数（个）	工业总产值	工业销售产值	资产合计	# 流动资产 小 计
全市总计	**76**	**18807892**	**18599949**	**3271001**	**1088415**
市区合计	14	491198	483709	666529	447717
# 长安区	2	200419	197630	294763	180323
桥东区	1	24304	22159	23148	19349
桥西区	6	111540	111884	214080	166638
新华区	1	25334	24620	28414	19695
裕华区	1	3507	4324	24920	7106
矿　区	2	118058	116263	56058	35040
井陉县	1	165165	162110	27015	24157
正定县	1	199597	187134	68120	17000
栾城县	5	587382	580826	171437	66753
行唐县	3	84242	82961	20009	1951
灵寿县	2	370776	362801	57116	18626
高邑县					
深泽县					
赞皇县	2	193063	191539	31835	10385
无极县	4	442262	447154	148611	96180
平山县	11	547454	537960	72209	21210
元氏县					
赵　县	10	12497785	12462099	1505584	184467
辛集市	2	35810	35774	17920	8942
藁城市	10	1730732	1665506	273307	132437
晋州市	2	102194	99181	28110	15938
新乐市					
鹿泉市	9	1360232	1301195	183199	42652

10—8 续表 1　　(2010 年)　　计量单位：千元

行政单位	固定资产小计	固定资产原价	累计折旧	固定资产净值
全市总计	**2112349**	**1682103**	**506594**	**1175509**
市区合计	169777	353970	189216	164754
#长安区	66526	156870	90391	66479
桥东区	3799	8551	4752	3799
桥西区	46321	98303	52460	45843
新华区	8719	20747	12028	8719
裕华区	17814	35137	17423	17714
矿　区	21018	30526	9508	21018
井陉县	2858	6314	3456	2858
正定县	51000	62195	11195	51000
栾城县	101007	93257	37174	56083
行唐县	18058	20099	2041	18058
灵寿县	36157	44895	13590	31305
高邑县				
深泽县				
赞皇县	21450	23727	2277	21450
无极县	51476	57693	10062	47631
平山县	49025	61910	14261	47649
元氏县				
赵　县	1319948	505310	59607	445703
辛集市	2160	2980	820	2160
藁城市	140870	248395	110100	138295
晋州市	12172	20243	8071	12172
新乐市				
鹿泉市	136391	181115	44724	136391

10—8 续表 2　　(2010 年)　　计量单位：千元

行政单位	负债合计	# 流动负债	长期负债	所有者权益合计	# 实收资本
全市总计	**1037723**	**826743**	**161257**	**2204748**	**541552**
市区合计	479090	406551	65789	187440	131461
# 长安区	146633	134083	12370	148108	17220
桥东区	9392	9392		13756	808
桥西区	197637	176137	21500	16444	75055
新华区	42215	15976	26239	－13801	18690
裕华区	20654	20654		4266	6331
矿 区	53519	41289	5480	2539	11735
井陉县	26354	16354	10000	661	5660
正定县	1100	850	250	67020	36510
栾城县	46783	46783		105345	9045
行唐县	980	255	725	19029	9900
灵寿县	35752	16337	18384	21364	13788
高邑县					
深泽县					
赞皇县	23130	13016	10114	8705	4704
无极县	74022	74022		71944	24713
平山县	35951	28590	7361	36258	18830
元氏县					
赵 县	81740	69208	12532	1423844	129304
辛集市	13103	350		4817	3667
藁城市	134371	121907	12464	138936	106118
晋州市	18110	8283	9827	10000	5000
新乐市					
鹿泉市	67237	24237	13811	109385	42852

10—8 续表 3　　(2010 年)　　计量单位：千元

行政单位	实收资本中：集体资本	主营业务收入	# 主营业务成本	主营业务税金及附加
全市总计	**357370**	**17971122**	**13718226**	**43023**
市区合计	122325	475514	398933	2731
#长安区	10263	197630	156057	984
桥东区	808	22611	21410	65
桥西区	75055	122791	101849	723
新华区	18690	26088	24775	37
裕华区	6281	5561	4446	59
矿　区	10845	94004	84341	513
井陉县	5660	156907	151867	187
正定县		187134	155467	608
栾城县	7795	564069	453392	1457
行唐县	9800	82084	61183	1213
灵寿县	12532	362801	309720	96
高邑县				
深泽县				
赞皇县	4352	182039	143834	76
无极县	13883	442862	397369	12794
平山县	7830	540987	476653	182
元氏县				
赵　县	124674	11877338	8548668	6906
辛集市	3667	66590	63180	29
藁城市		1663713	1456839	8357
晋州市	5000	99181	86060	566
新乐市				
鹿泉市	39852	1269903	1015061	7821

10—8 续表 4　　(2010 年)　　计量单位：千元

行政单位	管理费用	# 税金	财务费用	# 利息支出	营业利润
全市总计	**513457**	**18328**	**81141**	**73734**	**3334807**
市区合计	59112	2009	6469	5695	140
#长安区	26267	1442	4863	4246	1809
桥东区	1511		280	174	-1151
桥西区	23020	290	320	288	-4556
新华区	3370	51	18		-559
裕华区	264	93	718	717	53
矿　区	4670	132	270	270	4210
井陉县	683	70	8	3	1335
正定县	4867	190	1012	1012	19205
栾城县	6912	249	5212	5090	91420
行唐县	4917	34	34	13	6935
灵寿县	318	54	188	148	72166
高邑县					
深泽县					
赞皇县	4909	176	4333	4333	23452
无极县	4716	141	1843	2161	24013
平山县	16040	1434	15621	15590	16233
元氏县					
赵　县	327068	13384	26618	22435	2759677
辛集市	598	26	39	24	1983
藁城市	24664	394	7545	7545	177593
晋州市	320	16	475	431	7083
新乐市					
鹿泉市	58333	151	11744	9254	133572

10—8 续表5　　(2010年)　　计量单位：千元

行政单位	投资收益	利润总额	应交所得税	利税总额	本年应付工资总额
全市总计	**-2153996**	**1111375**	**217505**	**1504623**	**325821**
市区合计	60	425	530	23611	82522
#长安区	50	1698	425	11505	39195
桥东区		-530	1	91	1824
桥西区	10	-4916	101	988	20975
新华区		-424		-72	3854
裕华区		53	3	624	1056
矿　区		4210		9791	13852
井陉县		1335		7698	700
正定县		19205	4801	21968	7128
栾城县		89403	546	121839	6839
行唐县		6935	1534	10831	3083
灵寿县		52290		57235	1927
高邑县					
深泽县					
赞皇县		22952		24453	10409
无极县		24812	464	43281	7334
平山县		16233	1318	21859	13846
元氏县					
赵　县	-2051633	679491	185358	876010	110400
辛集市		1983	164	2034	414
藁城市	-102423	61002	13730	117791	41081
晋州市		7083	15	10972	8283
新乐市					
鹿泉市		128226	9045	165041	31855

10—8 续表6　　(2010年)　　计量单位：千元

行政单位	本年应付福利费总额	本年应交增值税	本年进项税额	本年销项税额	全部从业人员年平均人数（万人）
全市总计	**34343**	**350225**	**2311604**	**2456998**	**1.48**
市区合计	8350	20455	33239	44213	0.43
#长安区	3893	8823	3876	3050	0.18
桥东区	-22	556	3292	3752	0.01
桥西区	3861	5181	15910	20639	0.12
新华区	615	315	481	500	0.02
裕华区	3	512	435	947	0.02
矿　区		5068	9245	15325	0.08
井陉县	80	6176	20498	26674	
正定县	8874	2155	25915	28070	0.01
栾城县	500	30979	53040	84009	0.06
行唐县	465	2683	9649	7212	0.02
灵寿县	106	4849			0.02
高邑县					
深泽县					
赞皇县		1425	17024	18449	0.1
无极县	322	5675	42581	48704	0.05
平山县	1705	5444	51683	57127	0.13
元氏县					
赵　县	10745	189613	1826272	1923885	0.35
辛集市		22			0.01
藁城市	1493	48432	143988	98623	0.11
晋州市		3323	11003	14326	0.07
新乐市					
鹿泉市	1703	28994	76712	105706	0.11

历年规模以上工业总产值、工业增加值指数

10—9　　（上年 = 100）　　计量单位：%

年份	工业总产值	年份	工业总产值	工业增加值
1953	131.85	1982	104.17	
1954	132.48	1983	109.92	
1955	119.29	1984	116.80	
1956	119.97	1985	113.55	
1957	109.47	1986	108.66	
1958	157.78	1987	117.69	
1959	167.58	1988	117.15	
1960	110.79	1989	106.14	
1961	59.75	1990	103.07	
1962	68.62	1991	115.30	
1963	100.13	1992	115.41	
1964	121.64	1993	119.56	117.11
1965	134.86	1994	112.20	110.67
1966	113.18	1995	117.01	114.89
1967	104.34	1996	123.51	120.57
1968	131.46	1997	119.10	116.71
1969	118.92	1998	102.73	102.39
1970	115.84	1999	117.40	115.23
1971	96.74	2000	112.82	111.22
1972	97.12	2001	114.79	112.94
1973	111.47	2002	116.91	114.80
1974	108.05	2003	124.23	121.20
1975	118.80	2004	128.62	125.04
1976	111.41	2005	127.94	122.85
1977	114.86	2006	126.60	119.80
1978	98.54	2007	128.63	120.40
1979	103.44	2008	127.07	113.20
1980	105.44	2009	107.99	113.00
1981	103.20	2010	132.9	116.50

十一、贸易　外经

全市限额以上住宿和餐饮企业经营状况

11—1　　　　（2010 年）

指标名称	法人企业（个）	年末从业人员（人）	营业额（万元）	# 客房收入	餐费收入	商品销售收入	其他收入
总　计	**101**	**19357**	**2172318**	**620405**	**1354376**	**31270**	**166267**
一、住宿业	69	14974	1659924	602291	869133	27156	161344
1. 按登记注册类型分组							
内资企业	67	14664	1631615	582495	862393	27156	159571
国有企业	32	7057	722665	245613	383935	19521	73596
集体企业	5	628	60537	34788	24524		1225
有限责任公司	18	4058	483812	175125	231864	5009	71814
股份有限公司	2	665	127667	24400	95750	494	7023
私营企业	10	2256	236934	102569	126320	2132	5913
港、澳、台商投资企业	1	198	11667	4269	6740		658
外商投资企业	1	112	16642	15527			1115
2. 按国民经济行业分组							
旅游饭店	54	13193	1533725	561047	806252	18231	148195
一般旅馆	14	1725	121249	39722	59508	8925	13094
其他住宿服务	1	56	4950	1522	3373		55
二、餐饮业	32	4383	512394	18114	485243	4114	4923
1. 按登记注册类型分组							
内资企业	31	4305	496793	18114	469642	4114	4923
国有企业	10	1352	114573	10855	98867	166	4685
有限责任公司	2	154	20184		19984		200
股份有限公司	1	251	79499		79499		
私营企业	18	2548	282537	7259	271292	3948	38
港、澳、台商投资企业	1	78	15601		15601		
2. 按国民经济行业分组							
正餐服务业	32	4383	512394	18114	485243	4114	4923

市区限额以上住宿和餐饮企业经营状况

11—2　　(2010 年)

指标名称	法人企业（个）	年末从业人员（人）	营业额（万元）	# 客房收入	餐费收入	商品销售收入	其他收入
总　计	**61**	**14865**	**1821509**	**500761**	**1189731**	**17836**	**113181**
一、住宿业	37	11073	1344635	488734	732881	14724	108296
1. 按登记注册类型分组							
内资企业	36	10961	1327993	473207	732881	14724	107181
国有企业	16	5437	615690	207887	329164	10805	67834
集体企业	5	628	60537	34788	24524		1225
有限责任公司	9	2694	338964	124621	185709	1504	27130
股份有限公司	1	496	116610	20951	89032	375	6252
私营企业	5	1706	196192	84960	104452	2040	4740
外商投资企业	1	112	16642	15527			1115
2. 按国民经济行业分组							
旅游饭店	34	10538	1297577	470565	710592	14724	101696
一般旅馆	3	535	47058	18169	22289		6600
二、餐饮业	24	3792	476874	12027	456850	3112	4885
1. 按登记注册类型分组							
内资企业	23	3714	461273	12027	441249	3112	4885
国有企业	9	1277	110893	10225	95817	166	4685
有限责任公司	2	154	20184		19984		200
股份有限公司	1	251	79499		79499		
私营企业	11	2032	250697	1802	245949	2946	
港、澳、台商投资企业	1	78	15601		15601		
2. 按国民经济行业分组							
正餐服务业	24	3792	476874	12027	456850	3112	4885

商品交易市场基本情况

11—3　　　　(2010年)　　　　计量单位：个、万元

项　目	期末商品市场个数	成交额	投资额
石家庄市	**714**	**16599301**	**429498**
一、消费品市场	660	15287358	406479
1. 综合市场	409	6534789	54966
2. 农副产品市场	159	2761941	102506
3. 工业消费品市场	65	5547345	231257
4. 其他市场	27	443283	17750
二、生产资料市场	54	1311943	23019
1. 综合市场	7	432728	
2. 工业生产资料市场	38	831331	23019
3. 农业生产资料市场	5	32513	
4. 其他市场	4	15371	
市　区	208	10583182	224459
一、消费品市场	189	10095512	201459
1. 综合市场	52	3284038	1126
2. 农副产品市场	74	1274311	36126
3. 工业消费品市场	56	5279441	163457
4. 其他市场	7	257722	750
二、生产资料市场	19	487670	23000
1. 综合市场	5	30240	
2. 工业生产资料市场	12	448682	23000
3. 农业生产资料市场	1	188	
4. 其他市场	1	8560	

全市限额以上批发贸易业商品购销存总额

11—4　　　　(2010年)　　　　计量单位：千元

项　目	法人企业(个)	购进总额	销售总额	#批发	零售	年末库存总额
总　计	**130**	**76943222**	**93328620**	**85887895**	**7440725**	**5043512**
1. 按登记注册类型分组						
内资企业	128	76339682	92835841	85429891	7405950	4890704
国有企业	14	26772714	31340788	31311496	29292	1131317
集体企业	11	641927	763250	762092	1158	96054
股份合作企业	1	72515	69711	69711		11057
有限责任公司	32	19759240	21043702	20961500	82202	1095167
股份有限公司	13	14541770	24729766	18107279	6622487	1321551
私营企业	57	14551516	14888624	14217813	670811	1235558
港、澳、台商投资企业	1	61595	84142	49367	34775	1928
外商投资企业	1	541945	408637	408637		150880
2. 按国民经济行业分组						
农畜产品批发	8	1446044	1468784	1468784		275090
食品、饮料及烟草制品批发	15	5551502	11623262	11575025	48237	730126
米、面制品及食用油批发	7	762517	741119	741119		287334
烟草制品批发	1	3686365	9163287	9163287		148435
纺织、服装及日用品批发	11	1795745	1950723	1778826	171897	110740
服装批发	3	272042	319314	284539	34775	16405
文化、体育用品及器材批发	2	1945933	2014360	2011777	2583	159449
医药及医疗器材批发	26	18337365	20384649	17394993	2989656	1054333
矿产品、建材及化工产品批发	50	43148948	51011523	46806110	4205413	1899155
煤炭及制品批发	16	13249281	13535648	13489688	45960	245522
石油及制品批发	6	3685097	11336754	7181796	4154958	246793
金属及金属矿批发	12	20860404	20350969	20350969		878469
化肥批发	7	2869787	3158123	3153921	4202	441710
机械设备、五金交电及电子产品批发	17	4597976	4743508	4720569	22939	809059
汽车、摩托车及零配件批发	2	435906	444898	436398	8500	58014
家用电器批发	2	41509	48799	34360	14439	9141
计算机、软件及辅助设备批发	1	8022	7951	7951		500
其他批发	1	119709	131811	131811		5560

全市限额以上零售贸易业商品购销存总额

11—5　　(2010 年)　　计量单位：千元

项　　目	法人企业(个)	购进总额	销售总额	# 批发	零售	年末库存总　额
总　计	**177**	**33626735**	**36159103**	**3399139**	**32759964**	**2569795**
1. 按登记注册类型分组						
内资企业	176	33371186	36010238	3399139	32611099	2465779
国有企业	20	496489	778836	13595	765241	76822
集体企业	14	700858	737239	55031	682208	48738
股份合作企业	2	57185	58043		58043	1149
有限责任公司	40	6513830	8354859	353443	8001416	597692
股份有限公司	9	16035688	15940233	2615360	13324873	647519
私营企业	91	9567136	10141028	361710	9779318	1093859
外商投资企业	1	255549	148865		148865	104016
2. 按国民经济行业分组						
综合零售	41	17243766	18620928	2631844	15989084	915502
百货零售	23	16482492	17500359	2631844	14868515	689908
超级市场零售	14	647139	754546		754546	167560
食品、饮料及烟草制品专门零售	4	45165	45594		45594	8471
纺织、服装及日用品专门零售	10	421099	420805	165250	255555	84409
服装零售	7	207930	202061	3105	198956	48082
文化、体育用品及器材专门零售	18	344237	357749	528	357221	106142
图书零售	13	236405	244398	528	243870	43661
医药及医疗器材专门零售	9	624119	689903	203261	486642	107079
药品零售	9	624119	689903	203261	486642	107079
汽车、摩托车、燃料及零配件专门零售	66	12269579	13322571	230761	13091810	1053003
汽车零售	54	11788654	12805948	50722	12755226	1038776
家用电器及电子产品专门零售	21	2303843	2313560	167495	2146065	242883
家用电器零售	15	1357735	1339246	15436	1323810	170091
计算机、软件及辅助设备零售	3	75390	60245	6415	53830	22538
通信设备零售	3	870718	914069	145644	768425	50254
五金、家具及室内装修材料专门零售	4	164017	154771		154771	42785
无店铺及其他零售	4	210910	233222		233222	9521

市区限额以上批发贸易业商品购销存总额

11—6 （2010年） 计量单位：千元

项　　目	法人企业（个）	购进总额	销售总额	#批发	零售	年末库存总额
总　　计	**100**	**72991954**	**89310285**	**82229872**	**7080413**	**4546116**
1. 按登记注册类型分组						
内资企业	98	72388414	88817506	81771868	7045638	4393308
国有企业	11	26655953	31240967	31226566	14401	1077785
集体企业	7	471895	596343	595185	1158	82887
股份有限公司	24	19545261	20848453	20766251	82202	956473
有限责任公司	11	14108230	24285003	17675218	6609785	1278079
私营企业	45	11607075	11846740	11508648	338092	998084
港、澳、台商投资企业	1	61595	84142	49367	34775	1928
外商投资企业	1	541945	408637	408637		150880
2. 按国民经济行业分组						
农畜产品批发	4	1328524	1371989	1371989		178239
食品、饮料及烟草制品批发	12	5513989	11602781	11554544	48237	645525
米、面制品及食用油批发	4	725004	720638	720638		202733
烟草制品批发	1	3686365	9163287	9163287		148435
纺织、服装及日用品批发	11	1795745	1950723	1778826	171897	110740
服装批发	3	272042	319314	284539	34775	16405
文化、体育用品及器材批发	2	1945933	2014360	2011777	2583	159449
医药及医疗器材批发	24	18250032	20296581	17321816	2974765	1048976
矿产品、建材及化工产品批发	32	39855638	47629025	43746094	3882931	1640547
煤炭及制品批发	5	11256117	11487550	11487081	469	26649
石油及制品批发	5	2995589	10616142	6733973	3882169	244192
金属及金属矿批发	12	20860404	20350969	20350969		878469
化肥批发	2	2655057	2942464	2942464		426406
机械设备、五金交电及电子产品批发	14	4182384	4313015	4313015		757080
汽车、摩托车及零配件批发	1	47064	48887	48887		16679
家用电器批发	1	14759	18760	18760		6193
计算机、软件及辅助设备批发	1	8022	7951	7951		500
其他批发	1	119709	131811	131811		5560

市区限额以上零售贸易业商品购销存总额

11—7　　　　(2010年)　　　　计量单位：千元

项　目	法人企业(个)	购进总额	销售总额	#批发	零售	年末库存总额
总　计	**108**	**32220227**	**34699036**	**3378388**	**31320648**	**2364564**
1. 按登记注册类型分组						
内资企业	107	31964678	34550171	3378388	31171783	2260548
国有企业	4	290540	571634	3058	568576	49241
集体企业	7	246106	257088	54893	202195	12242
股份合作企业	1	43874	43857		43857	161
有限责任公司	35	6322493	8132847	353443	7779404	555512
股份有限公司	6	16005157	15908498	2615360	13293138	637287
私营企业	54	9056508	9636247	351634	9284613	1006105
外商投资企业	1	255549	148865		148865	104016
2. 按国民经济行业分组						
综合零售	16	16408898	17725592	2631706	15093886	814077
百货零售	6	15720077	16679909	2631706	14048203	599812
超级市场零售	6	574686	679660		679660	156231
食品、饮料及烟草制品专门零售	2	22896	30415		30415	1381
纺织、服装及日用品专门零售	6	315499	322971	162145	160826	47885
服装零售	3	102330	104227		104227	11558
文化、体育用品及器材专门零售	6	225601	240100		240100	94987
图书零售	1	117769	126749		126749	32506
医药及医疗器材专门零售	6	557667	619090	189277	429813	93738
药品零售	6	557667	619090	189277	429813	93738
汽车、摩托车、燃料及零配件专门零售	64	12225141	13278779	230761	13048018	1048698
汽车零售	54	11788654	12805948	50722	12755226	1038776
家用电器及电子产品专门零售	5	2140887	2146488	164499	1981989	217420
家用电器零售	2	1208523	1186002	12980	1173022	146291
计算机、软件及辅助设备零售	1	64881	50462	5875	44587	21175
通信设备零售	2	867483	910024	145644	764380	49954
五金、家具及室内装修材料专门零售	2	138255	129493		129493	40089
无店铺及其他零售	1	185383	206108		206108	6289

分县（市）区限额以上批发零售贸易业商品购销存总额

11—8　　（2010 年）　　计量单位：千元

行政单位	法人企业（个）	购进总额	销售总额	# 批发	零售	年末库存总额
全市总计	**307**	**110569957**	**129487723**	**89287034**	**40200689**	**7613307**
市区合计	208	105212181	124009321	85608260	38401061	6910680
# 长安区	44	19417505	22229701	14309687	7920014	1324191
桥东区	43	23620649	23905497	10385764	13519733	1594567
桥西区	35	14586239	20742980	16575587	4167393	1410097
新华区	41	35049961	36541925	32125242	4416683	1172087
裕华区	37	11109837	11517880	6199911	5317969	875398
矿　区	3	78245	81493	56679	24814	12949
高新区	5	1349745	8989845	5955390	3034455	521391
井陉县	8	2227636	2203847	1873481	330366	181745
正定县	5	660529	676709	423038	253671	114437
栾城县	6	59173	57603		57603	10557
行唐县	5	132032	124249	89801	34448	11395
灵寿县	5	104927	106171	15088	91083	19177
高邑县						
深泽县	2	85591	79291	65272	14019	8400
赞皇县	5	45960	44256	10009	34247	9219
无极县	5	186365	196550	30527	166023	13670
平山县	17	575381	694309	598976	95333	88655
元氏县	4	41500	37620		37620	3880
赵　县	3	48418	32718	2456	30262	15868
辛集市	11	645586	643582	402861	240721	96249
藁城市	2	121171	177341	4443	172898	27814
晋州市	3	138922	132458	50373	82085	34052
新乐市	9	132139	134492	52150	82342	14343
鹿泉市	9	152446	137206	60299	76907	53166

全市限额以上批发贸易企业财务状况

11—9　　　　(2010 年)　　　　计量单位：千元

项　目	企业数(个)	流动资产合　计	# 存货	固定资产原　价	累计折旧	# 本年折旧
总　计	**130**	**25141122**	**4501226**	**3075549**	**1008023**	**157045**
1. 按登记注册类型分组						
内资企业	128	24966157	4483774	3070230	1005403	156953
国有企业	14	6318033	1008685	527792	184483	30601
集体企业	11	588560	99721	164830	54669	3254
股份合作企业	1	17622	11057	8442	4635	257
有限责任公司	32	5309178	1063407	491124	184605	28100
股份有限公司	13	8066550	1171813	1654582	488916	70095
私营企业	57	4666214	1129091	223460	88095	24646
港、澳、台商投资企业	1	7588	2436	3434	2300	92
外商投资企业	1	167377	15016	1885	320	
2. 按国民经济行业分组						
农畜产品批发	8	764228	262484	154027	45358	3204
食品、饮料及烟草制品批发	15	2491504	452600	304890	141692	18687
#米、面制品及食用油批发	7	420932	148103	86566	20096	3193
烟草制品批发	1	1432351	126884	114058	73824	7885
纺织、服装及日用品批发	11	570845	101248	50574	25347	2916
#服装批发	3	198973	15934	22411	12930	762
文化、体育用品及器材批发	2	775402	158473	176702	50278	8427
医药及医疗器材批发	26	3751837	968403	176503	81124	14661
矿产品、建材及化工产品批发	50	14866791	1802973	2072836	598361	92743
#煤炭及制品批发	16	3588634	245404	146136	56826	11077
石油及制品批发	6	4478241	314954	1528652	425680	62368
金属及金属矿批发	12	5309743	730601	123898	31775	7116
化肥批发	7	851912	433671	130031	42396	3910
机械设备、五金交电及电子产品批发	17	1838919	748199	113963	58703	16173
#汽车、摩托车及零配件批发	2	235034	58014	11454	3953	671
家用电器批发	2	10526	9141	764	638	46
计算机、软件及辅助设备批发	1	2947	500	33	33	3
其他批发	1	81596	6846	26054	7160	234

11—9 续表 1　　(2010 年)　　计量单位：千元

项　目	资产总计	负债合计	所有者权益合　计	# 实收资本
总　计	**31601157**	**20412457**	**11188700**	**2481337**
1. 按登记注册类型分组				
内资企业	31418536	20212077	11206459	2477337
国有企业	8861326	5054933	3806393	640335
集体企业	823393	606994	216399	119787
股份合作企业	23217	17038	6179	5500
有限责任公司	6366083	4992223	1373860	861012
股份有限公司	10214295	5245849	4968446	226935
私营企业	5130222	4295040	835182	623768
港、澳、台商投资企业	13603	13290	313	1000
外商投资企业	169018	187090	－18072	3000
2. 按国民经济行业分组				
农畜产品批发	906550	756094	150456	74213
食品、饮料及烟草制品批发	3027949	1146048	1881901	183301
#米、面制品及食用油批发	503937	446597	57340	43875
烟草制品批发	1632923	114058	1518865	23074
纺织、服装及日用品批发	708136	406545	301591	320671
#服装批发	308753	75931	232822	277463
文化、体育用品及器材批发	2600695	910923	1689772	70420
医药及医疗器材批发	4282718	3752732	529986	303209
矿产品、建材及化工产品批发	17905340	11661596	6243744	1366808
#煤炭及制品批发	3864845	3472584	392261	213800
石油及制品批发	6011954	1510913	4501041	136242
金属及金属矿批发	5699909	4997377	702532	455500
化肥批发	1045226	933225	112001	73247
机械设备、五金交电及电子产品批发	2055504	1700514	354990	150872
#汽车、摩托车及零配件批发	376803	345002	31801	24160
家用电器批发	10652	4964	5688	5580
计算机、软件及辅助设备批发	2947	12	2935	3000
其他批发	114265	78005	36260	11843

11—9 续表2　　　　（2010年）　　　　计量单位：千元

项　　目	主营业务收入	主营业务成本	主营业务税金及附加	主营业务利润
总　　计	**80006030**	**75584618**	**290538**	**4051537**
1. 按登记注册类型分组				
内资企业	79525300	75140983	290530	4027434
国有企业	23477139	22050484	246779	1178838
集体企业	581238	521977	835	58426
股份合作企业	69711	62076	89	7546
有限责任公司	19997739	19295629	11584	662336
股份有限公司	21162712	19772173	22483	1368055
私营企业	14236761	13438644	8760	752233
港、澳、台商投资企业	71917	50948		20969
外商投资企业	408813	392687	8	3134
2. 按国民经济行业分组				
农畜产品批发	1336828	1287712	192	48924
食品、饮料及烟草制品批发	6341871	4957600	247653	1123634
#米、面制品及食用油批发	778316	737090	95	28147
烟草制品批发	4166958	3157264	243011	766683
纺织、服装及日用品批发	1736637	1599624	1226	135787
#服装批发	274671	238100	24	36547
文化、体育用品及器材批发	1085001	979790	631	104580
医药及医疗器材批发	17518331	16838692	10502	668099
矿产品、建材及化工产品批发	47395069	45750302	26108	1631535
#煤炭及制品批发	13196014	12734375	7860	453779
石油及制品批发	10395296	9786675	10649	597971
金属及金属矿批发	18387040	17996949	4194	348773
化肥批发	2952037	2946125		55913
机械设备、五金交电及电子产品批发	4557207	4141903	4139	332974
#汽车、摩托车及零配件批发	444608	435788	67	8753
家用电器批发	42596	40453	13	2130
计算机、软件及辅助设备批发	6796	6569	3	224
其他批发	35086	28995	87	6004

11—9 续表3　　　　(2010 年)　　　　计量单位：千元

项　　目	其他业务利　　润	营业费用	管理费用	# 税金	财务费用	# 利息支出
总　计	**75855**	**1998686**	**906531**	**33402**	**190668**	**135523**
1. 按登记注册类型分组						
内资企业	75855	1988377	893297	33004	182303	135406
国有企业	17716	246155	330653	7629	8311	-1765
集体企业	7672	32792	31423	737	3979	2959
股份合作企业		6070	1966	99		
有限责任公司	31596	292176	194187	4413	103512	92858
股份有限公司	7200	877386	181184	11941	29608	23648
私营企业	11671	533798	153884	8185	36893	17706
港、澳、台商投资企业		10309	10050	202	117	117
外商投资企业			3184	196	8248	
2. 按国民经济行业分组						
农畜产品批发	10710	17352	23405	2108	15716	3920
食品、饮料及烟草制品批发	12436	294144	267309	4279	-2791	-11910
#米、面制品及食用油批发	6170	25376	14036	340	14896	7101
烟草制品批发	4258	53798	174378	2310	-20794	-20878
纺织、服装及日用品批发	3810	77422	55580	941	4868	3183
#服装批发	428	21991	17134	363	907	445
文化、体育用品及器材批发	2915	23915	70568	1375	-3459	-3462
医药及医疗器材批发	5390	415421	109718	6658	33152	23832
矿产品、建材及化工产品批发	33117	917770	301628	16259	137937	118064
#煤炭及制品批发	4655	243493	74509	3587	78469	67373
石油及制品批发	19740	384516	29619	6897	-1666	2005
金属及金属矿批发	-345	179903	102939	4610	28254	21860
化肥批发	3942	17103	22899	339	19920	19389
机械设备、五金交电及电子产品批发	7477	249576	72069	1777	5001	1896
#汽车、摩托车及零配件批发		1223	4464	426	1383	1370
家用电器批发	812	1084	1629		131	
计算机、软件及辅助设备批发	-1	218	2	1	2	
其他批发		3086	6254	5	244	

11—9 续表 4　　（2010 年）　　计量单位：千元

项　目	营业利润	利润总额	应交所得税	劳动、失业保险费	住房公积金和住房补贴
总　计	**1093378**	**1253973**	**271670**	**23048**	**34955**
1. 按登记注册类型分组					
内资企业	1089751	1250449	271572	22586	34894
国有企业	612022	619223	155150	10523	19167
集体企业	-2096	8058	3036	579	1202
股份合作企业	-490	-490			
有限责任公司	130900	226698	49505	3684	6325
股份有限公司	273469	317161	42322	6597	6866
私营企业	75946	79799	21559	1203	1334
港、澳、台商投资企业	493	391	98	455	
外商投资企业	3134	3133		7	61
2. 按国民经济行业分组					
农畜产品批发	3161	20560	3535	204	537
食品、饮料及烟草制品批发	588840	613082	154903	3043	15505
#米、面制品及食用油批发	-8559	5094	113	1048	585
烟草制品批发	563559	562291	141895	1396	11960
纺织、服装及日用品批发	-223	931	1409	1265	1673
#服装批发	-3057	-3009	98	739	592
文化、体育用品及器材批发	16471	15096	2	4230	3302
医药及医疗器材批发	103051	109231	35902	5916	3117
矿产品、建材及化工产品批发	350290	412052	55049	5990	9155
#煤炭及制品批发	70686	69032	13488	718	970
石油及制品批发	205232	238433	10494	1580	3152
金属及金属矿批发	74454	76633	23779	2762	2818
化肥批发	-1623	13813	38	77	308
机械设备、五金交电及电子产品批发	35368	82878	20830	2189	1594
#汽车、摩托车及零配件批发	1683	1680	413		
家用电器批发	98	54	2		
计算机、软件及辅助设备批发	1	1			
其他批发	-3580	143	40	211	72

11—9 续表 5　　　　(2010 年)　　　　计量单位：千元

项　　目	本年应付工资总额（贷方累计发生额）	本年应付福利费总额（贷方累计发生额）	本年应交增值税	全部从业人员年平均人数（人）
总　计	**566950**	**63203**	**515660**	**16070**
1. 按登记注册类型分组				
内资企业	557984	63112	511011	15722
国有企业	172181	14946	187097	2521
集体企业	17194	1711	6848	1006
股份合作企业	410	21	911	17
有限责任公司	118998	9889	79846	2776
股份有限公司	155217	24228	147652	5775
私营企业	93984	12317	88657	3627
港、澳、台商投资企业	5782		2998	324
外商投资企业	3184	91	1651	24
2. 按国民经济行业分组				
农畜产品批发	12160	208	2030	550
食品、饮料及烟草制品批发	140135	16842	183200	2235
#米、面制品及食用油批发	14515	1711	2349	546
烟草制品批发	87800	13670	160138	906
纺织、服装及日用品批发	37242	1027	9237	1365
#服装批发	7001	26	2998	473
文化、体育用品及器材批发	18548	263	5316	439
医药及医疗器材批发	121088	8898	77508	3835
矿产品、建材及化工产品批发	169599	26240	199657	5755
#煤炭及制品批发	26464	2496	81394	597
石油及制品批发	42026	4857	80892	3365
金属及金属矿批发	50944	14326	29119	589
化肥批发	13940	66	160	457
机械设备、五金交电及电子产品批发	67067	9570	38703	1654
#汽车、摩托车及零配件批发	907	142	600	85
家用电器批发	635		189	47
计算机、软件及辅助设备批发	116	16	21	8
其他批发	1111	155	9	237

全市限额以上零售贸易企业财务状况

11—10　　　　（2010 年）　　　　计量单位：千元

项　目	企业数（个）	流动资产合计	# 存货	固定资产原价	累计折旧	# 本年折旧
总　计	**177**	**10370977**	**2173724**	**3392676**	**1092307**	**186137**
1. 按登记注册类型分组						
内资企业	176	10262577	2080112	3273945	1088664	182494
国有企业	20	192564	64636	172214	90283	5062
集体企业	14	93167	30369	104983	36199	4020
股份合作企业	2	8622	140	1651	1167	104
有限责任公司	40	2285825	563579	1631778	497672	91440
股份有限公司	9	4281041	445618	896831	324697	42560
私营企业	91	3401358	975770	466488	138646	39308
外商投资企业	1	108400	93612	118731	3643	3643
2. 按国民经济行业分组						
综合零售	41	5032798	693316	2443303	767729	119197
#百货零售	23	4568984	476054	1904328	609765	73660
超级市场零售	14	340093	173666	434576	111519	42069
食品、饮料及烟草制品专门零售	4	41833	16445	5422	2495	369
纺织、服装及日用品专门零售	10	84321	52285	25295	3196	954
#服装零售	7	37505	18435	21830	1627	581
文化、体育用品及器材专门零售	18	267304	80021	146216	44045	4336
#图书零售	13	170415	21200	131909	37222	2875
医药及医疗器材专门零售	9	293320	92465	28391	12298	3370
#药品零售	9	293320	92465	28391	12298	3370
汽车、摩托车、燃料及零配件专门零售	66	3380512	971328	550353	164982	51562
#汽车零售	54	3319035	967231	488487	147878	48143
家用电器及电子产品专门零售	21	1214395	252444	48276	10746	2924
#家用电器零售	15	908013	180074	24323	6203	1239
计算机、软件及辅助设备零售	3	48769	22116	724	324	65
通信设备零售	3	257613	50254	23229	4219	1620
五金、家具及室内装修材料专门零售	4	26440	4405	36672	15247	1521
无店铺及其他零售	4	30054	11015	108748	71569	1904

11—10 续表 1 （2010 年） 计量单位：千元

项 目	资产总计	负债合计	所有者权益合计	# 实收资本
总 计	**14126797**	**11554298**	**2572499**	**1875170**
1. 按登记注册类型分组				
内资企业	13860773	11284046	2576727	1795170
国有企业	344909	265718	79191	109605
集体企业	165387	99889	65498	57750
股份合作企业	15685	2809	12876	1397
有限责任公司	4102220	3150986	951234	701007
股份有限公司	5224367	4580645	643722	257564
私营企业	4008205	3183999	824206	667847
外商投资企业	266024	270252	－4228	80000
2. 按国民经济行业分组				
综合零售	7436506	6450247	986259	799822
#百货零售	6355989	5197632	1158357	590484
超级市场零售	756109	995596	－239487	181766
食品、饮料及烟草制品专门零售	52177	48523	3654	3100
纺织、服装及日用品专门零售	113814	102101	11713	22291
#服装零售	64781	55659	9122	17764
文化、体育用品及器材专门零售	494230	260691	233539	88077
#图书零售	349364	179554	169810	25397
医药及医疗器材专门零售	595913	365359	230554	138078
#药品零售	595913	365359	230554	138078
汽车、摩托车、燃料及零配件专门零售	3997110	3173929	823181	601820
#汽车零售	3876176	3097366	778810	593934
家用电器及电子产品专门零售	1318279	1087060	231219	130384
#家用电器零售	963063	840031	123032	40480
计算机、软件及辅助设备零售	49557	38566	10991	1601
通信设备零售	305659	208463	97196	88303
五金、家具及室内装修材料专门零售	50195	43438	6757	10821
无店铺及其他零售	68573	22950	45623	80777

11—10 续表 2　　（2010 年）　　计量单位：千元

项　　目	主营业务收入	主营业务成本	主营业务税金及附加	主营业务利润
总　计	**28377986**	**26365005**	**84407**	**1870235**
1. 按登记注册类型分组				
内资企业	28249127	26233836	84407	1872545
国有企业	650966	599894	481	50591
集体企业	673766	626984	993	45789
股份合作企业	49610	44952	86	4572
有限责任公司	6955393	6356899	15649	524505
股份有限公司	10444482	9806820	49852	587811
私营企业	9474910	8798287	17346	659277
外商投资企业	128859	131169		-2310
2. 按国民经济行业分组				
综合零售	12215521	11331187	59986	766008
#百货零售	11291850	10482332	57228	752290
超级市场零售	666839	614966	2384	-8851
食品、饮料及烟草制品专门零售	45720	47588	95	-1963
纺织、服装及日用品专门零售	379318	341690	5727	31901
#服装零售	192337	170606	5590	16141
文化、体育用品及器材专门零售	306760	246674	608	59478
#图书零售	200425	154200	477	45748
医药及医疗器材专门零售	609747	509635	1391	98721
#药品零售	609747	509635	1391	98721
汽车、摩托车、燃料及零配件专门零售	12287872	11613907	11170	662796
#汽车零售	11782371	11145241	10604	626527
家用电器及电子产品专门零售	2193817	1957438	3633	232746
#家用电器零售	1289650	1119962	2015	167673
计算机、软件及辅助设备零售	69733	62690	262	6781
通信设备零售	834434	774786	1356	58292
五金、家具及室内装修材料专门零售	131363	113712	1483	16168
无店铺及其他零售	207868	203174	314	4380

11—10 续表3　　　(2010年)　　　计量单位：千元

项　目	其他业务利　润	营业费用	管理费用	#税金	财务费用	#利息支出
总　计	**647822**	**1142586**	**920121**	**27542**	**112060**	**67922**
1. 按登记注册类型分组						
内资企业	643572	1088730	900250	26910	112080	67922
国有企业	13244	23625	39786	742	2897	93
集体企业	2182	29814	20411	745	2085	974
股份合作企业	124	1865	708	68	-1	-1
有限责任公司	126095	383250	263820	11201	25655	18701
股份有限公司	404088	321336	385757	8489	34769	24548
私营企业	97839	328840	189768	5665	46675	23607
外商投资企业	4250	53856	19871	632	-20	
2. 按国民经济行业分组						
综合零售	540899	606052	566036	17811	45075	32453
#百货零售	466301	442651	468012	14816	46662	31821
超级市场零售	43862	146956	58900	2289	-2521	12
食品、饮料及烟草制品专门零售	5	2667	3902	14	650	520
纺织、服装及日用品专门零售	193	25809	8788	368	1525	240
#服装零售		10160	7427	320	1472	200
文化、体育用品及器材专门零售	1252	20997	36589	1399	1184	993
#图书零售	-502	12510	30730	1311	209	101
医药及医疗器材专门零售	-26	73761	23258	680	2923	1196
#药品零售	-26	73761	23258	680	2923	1196
汽车、摩托车、燃料及零配件专门零售	21802	266612	217468	6356	50442	28129
#汽车零售	21699	246200	205151	5858	49793	27900
家用电器及电子产品专门零售	81841	126269	51366	678	8346	3952
#家用电器零售	73872	88129	33436	431	1674	1470
计算机、软件及辅助设备零售		5586	753		247	
通信设备零售	7969	32554	17177	247	6425	2482
五金、家具及室内装修材料专门零售		13231	937	65	1634	261
无店铺及其他零售	1856	7188	11777	171	281	178

11—10 续表 4 （2010 年） 计量单位：千元

项　目	营业利润	利润总额	应交所得税	劳动、失业保险费	住房公积金和住房补贴
总　计	**401767**	**387770**	**121096**	**33471**	**21307**
1. 按登记注册类型分组					
内资企业	473534	471998	121096	32840	18653
国有企业	-2473	6269	2373	756	1628
集体企业	-4339	5080	583	1038	839
股份合作企业	2124	1742	426	3	
有限责任公司	36352	68646	28109	6212	8950
股份有限公司	250037	263091	61044	22173	5648
私营企业	191833	127170	28561	2658	1588
外商投资企业	-71767	-84228		631	2654
2. 按国民经济行业分组					
综合零售	148221	162958	69907	25437	13862
#百货零售	261404	276933	66955	23526	8737
超级市场零售	-109985	-121575	418	889	3268
食品、饮料及烟草制品专门零售	-9177	159	32	640	367
纺织、服装及日用品专门零售	-4028	-3704	148	565	113
#服装零售	-2918	-2728	146	275	58
文化、体育用品及器材专门零售	1960	7492	415	3233	1099
#图书零售	1797	7344	329	3207	1099
医药及医疗器材专门零售	-1247	-4001	599	1490	164
#药品零售	-1247	-4001	599	1490	164
汽车、摩托车、燃料及零配件专门零售	150076	156848	43291	1416	3096
#汽车零售	147082	145783	41359	1272	2218
家用电器及电子产品专门零售	128606	70930	5371	409	1439
#家用电器零售	118306	51961	2559	283	1439
计算机、软件及辅助设备零售	195	170	4	8	
通信设备零售	10105	18799	2808	118	
五金、家具及室内装修材料专门零售	366	367	13	104	
无店铺及其他零售	-13010	-3279	1320	177	1167

11—10 续表 5　　(2010 年)　　计量单位：千元

项　目	本年应付工资总额（贷方累计发生额）	本年应付福利费总额（贷方累计发生额）	本年应交增值税	全部从业人员年平均人数（人）
总　计	**494825**	**39061**	**400344**	**27488**
1. 按登记注册类型分组				
内资企业	485793	38226	390159	24653
国有企业	32335	1986	5101	1786
集体企业	17821	2411	7868	1032
股份合作企业	1248	128	795	48
有限责任公司	161252	12477	156595	8984
股份有限公司	134297	15288	116387	4237
私营企业	138840	5936	103413	8566
外商投资企业	9032	835	10185	2835
2. 按国民经济行业分组				
综合零售	235848	23925	150869	14645
#百货零售	184342	21586	131592	8820
超级市场零售	31242	1329	15776	4651
食品、饮料及烟草制品专门零售	2218	210	959	152
纺织、服装及日用品专门零售	10198	835	2774	2005
#服装零售	6114	239	1547	1760
文化、体育用品及器材专门零售	17852	514	5821	829
#图书零售	14471	442	5133	637
医药及医疗器材专门零售	31421	3613	39130	2145
#药品零售	31421	3613	39130	2145
汽车、摩托车、燃料及零配件专门零售	145226	8094	174181	4840
#汽车零售	130394	5129	165907	4296
家用电器及电子产品专门零售	34862	1390	24171	2053
#家用电器零售	18372	567	9024	1378
计算机、软件及辅助设备零售	3035	68	514	173
通信设备零售	13455	755	14633	502
五金、家具及室内装修材料专门零售	3077	110	1124	238
无店铺及其他零售	14123	370	1315	581

市区限额以上批发贸易企业财务状况

11—11　　　　（2010 年）　　　　计量单位：千元

项　　目	企业数（个）	流动资产合　计	# 存货	固定资产原　价	累计折旧	# 本年折旧
总　　计	**100**	**23359828**	**4002272**	**2867912**	**949175**	**145775**
1. 按登记注册类型分组						
内资企业	98	23184863	3984820	2862593	946555	145683
国有企业	11	6253426	957200	497107	182253	29895
集体企业	7	555743	93075	147289	53365	3154
有限责任公司	24	5130850	924577	435018	165459	26104
股份有限公司	11	7850469	1130452	1640988	484793	69468
私营企业	45	3394375	879516	142191	60685	17062
港、澳、台商投资企业	1	7588	2436	3434	2300	92
外商投资企业	1	167377	15016	1885	320	
2. 按国民经济行业分组						
农畜产品批发	4	647506	165521	90695	30633	1493
食品、饮料及烟草制品批发	12	2393660	367958	288163	136836	18034
#米、面制品及食用油批发	4	323088	63461	69839	15240	2540
烟草制品批发	1	1432351	126884	114058	73824	7885
纺织、服装及日用品批发	11	570845	101248	50574	25347	2916
#服装批发	3	198973	15934	22411	12930	762
文化、体育用品及器材批发	2	775402	158473	176702	50278	8427
医药及医疗器材批发	24	3736535	965110	171838	79940	14509
矿产品、建材及化工产品批发	32	13558466	1540896	1960361	563203	84650
#煤炭及制品批发	5	2418539	32385	83846	36666	5045
石油及制品批发	5	4445839	312353	1528259	425461	62332
金属及金属矿批发	12	5309743	730601	123898	31775	7116
化肥批发	2	818438	426999	109097	39815	3810
机械设备、五金交电及电子产品批发	14	1595818	696220	103525	55778	15512
#汽车、摩托车及零配件批发	1	19610	16679	1253	1107	44
家用电器批发	1	7206	6193	662	606	28
计算机、软件及辅助设备批发	1	2947	500	33	33	3
其他批发	1	81596	6846	26054	7160	234

11—11 续表 1　　　　（2010 年）　　　　计量单位：千元

项　目	资产总计	负债合计	所有者权益合　计	# 实收资本
总　计	**29404580**	**18474615**	**10929965**	**2318717**
1. 按登记注册类型分组				
内资企业	29221959	18274235	10947724	2314717
国有企业	8762248	4983954	3778294	625853
集体企业	763454	559942	203512	104875
有限责任公司	6141287	4810047	1331240	833398
股份有限公司	9851790	4899393	4952397	214625
私营企业	3703180	3020899	682281	535966
港、澳、台商投资企业	13603	13290	313	1000
外商投资企业	169018	187090	-18072	3000
2. 按国民经济行业分组				
农畜产品批发	730918	628306	102612	51829
食品、饮料及烟草制品批发	2917152	1050537	1866615	176071
#米、面制品及食用油批发	393140	351086	42054	36645
烟草制品批发	1632923	114058	1518865	23074
纺织、服装及日用品批发	708136	406545	301591	320671
#服装批发	308753	75931	232822	277463
文化、体育用品及器材批发	2600695	910923	1689772	70420
医药及医疗器材批发	4259798	3727454	532344	300727
矿产品、建材及化工产品批发	16402982	10341359	6061623	1248186
#煤炭及制品批发	2562217	2267371	294846	126000
石油及制品批发	5979378	1517338	4462040	131242
金属及金属矿批发	5699909	4997377	702532	455500
化肥批发	979807	883012	96795	56025
机械设备、五金交电及电子产品批发	1670634	1331486	339148	138970
#汽车、摩托车及零配件批发	19778	1707	18071	14160
家用电器批发	7262	2845	4417	5280
计算机、软件及辅助设备批发	2947	12	2935	3000
其他批发	114265	78005	36260	11843

11—11 续表2　　　　(2010年)　　　　计量单位：千元

项　　目	主营业务收入	主营业务成本	主营业务税金及　附　加	主营业务利润
总　　计	**76088009**	**71990879**	**287300**	**3730493**
1. 按登记注册类型分组				
内资企业	75607279	71547244	287292	3706390
国有企业	23385022	21960766	246745	1176473
集体企业	427397	371390	835	55172
有限责任公司	19797474	19108847	11476	648961
股份有限公司	20764153	19381188	22454	1360510
私营企业	11233233	10725053	5782	465274
港、澳、台商投资企业	71917	50948		20969
外商投资企业	408813	392687	8	3134
2. 按国民经济行业分组				
农畜产品批发	1240033	1198764	179	41090
食品、饮料及烟草制品批发	6321390	4937317	247653	1123436
#米、面制品及食用油批发	757835	716807	95	27949
烟草制品批发	4166958	3157264	243011	766683
纺织、服装及日用品批发	1736637	1599624	1226	135787
#服装批发	274671	238100	24	36547
文化、体育用品及器材批发	1085001	979790	631	104580
医药及医疗器材批发	17437967	16760450	10468	666011
矿产品、建材及化工产品批发	44112522	42771795	22982	1330621
#煤炭及制品批发	11133296	10925673	4876	202747
石油及制品批发	9674684	9099146	10649	564888
金属及金属矿批发	18387040	17996949	4194	348773
化肥批发	2795358	2793395		51964
机械设备、五金交电及电子产品批发	4119373	3714144	4074	322964
#汽车、摩托车及零配件批发	48887	46946	38	1903
家用电器批发	16921	15878		1043
计算机、软件及辅助设备批发	6796	6569	3	224
其他批发	35086	28995	87	6004

11—11 续表3　　　　(2010年)　　　　计量单位：千元

项　目	其他业务利润	营业费用	管理费用	#税金	财务费用	#利息支出
总　计	**73198**	**1766964**	**856629**	**30108**	**159042**	**117788**
1. 按登记注册类型分组						
内资企业	73198	1756655	843395	29710	150677	117671
国有企业	17693	244966	327858	7614	6601	-3472
集体企业	7047	31738	30001	732	3611	2959
有限责任公司	31048	280285	186600	3563	95691	85893
股份有限公司	7200	876236	177728	11460	28156	22205
私营企业	10210	323430	121208	6341	16618	10086
港、澳、台商投资企业		10309	10050	202	117	117
外商投资企业			3184	196	8248	
2. 按国民经济行业分组						
农畜产品批发	10710	12266	19515	1321	10925	-19
食品、饮料及烟草制品批发	11888	290824	263378	4269	-7183	-16299
#米、面制品及食用油批发	5622	22056	10105	330	10504	2712
烟草制品批发	4258	53798	174378	2310	-20794	-20878
纺织、服装及日用品批发	3810	77422	55580	941	4868	3183
#服装批发	428	21991	17134	363	907	445
文化、体育用品及器材批发	2915	23915	70568	1375	-3459	-3462
医药及医疗器材批发	5367	415170	108268	6658	32802	23485
矿产品、建材及化工产品批发	31783	695882	267068	14180	117338	110374
#煤炭及制品批发	3916	48996	44331	2090	60196	59756
石油及制品批发	19740	364416	34230	6897	-686	2005
金属及金属矿批发	-345	179903	102939	4610	28254	21860
化肥批发	3317	16049	20864	266	19479	19316
机械设备、五金交电及电子产品批发	6725	248399	65998	1359	3507	526
#汽车、摩托车及零配件批发		73	1621	13	4	
家用电器批发	60	1057				
计算机、软件及辅助设备批发	-1	218	2	1	2	
其他批发		3086	6254	5	244	

11—11 续表 4　　　　（2010 年）　　　　计量单位：千元

项　　目	营业利润	利润总额	应交所得税	劳动、失业保险费	住房公积金和住房补贴
总　　计	**1082927**	**1223754**	**263898**	**21616**	**34756**
1. 按登记注册类型分组					
内资企业	1079300	1220230	263800	21154	34695
国有企业	615328	618255	155124	10438	19148
集体企业	－3131	6936	3009	579	1202
有限责任公司	144276	224747	49070	2731	6198
股份有限公司	271982	315677	41898	6593	6866
私营企业	50845	54615	14699	813	1281
港、澳、台商投资企业	493	391	98	455	
外商投资企业	3134	3133		7	61
2. 按国民经济行业分组					
农畜产品批发	9094	17705	3131	182	518
食品、饮料及烟草制品批发	599737	613051	154903	2104	15378
#米、面制品及食用油批发	2338	5063	113	109	458
烟草制品批发	563559	562291	141895	1396	11960
纺织、服装及日用品批发	－223	931	1409	1265	1673
#服装批发	－3057	－3009	98	739	592
文化、体育用品及器材批发	16471	15096	2	4230	3302
医药及医疗器材批发	102991	109277	35879	5839	3117
矿产品、建材及化工产品批发	325089	386648	48345	5598	9155
#煤炭及制品批发	61863	62259	12230	718	970
石油及制品批发	186658	220438	5086	1580	3152
金属及金属矿批发	74454	76633	23779	2762	2818
化肥批发	－2667	12682		73	308
机械设备、五金交电及电子产品批发	33348	80903	20189	2187	1541
#汽车、摩托车及零配件批发	205	205			
家用电器批发	46	4			
计算机、软件及辅助设备批发	1	1			
其他批发	－3580	143	40	211	72

11—11 续表 5　　（2010 年）　　计量单位：千元

项　　目	本年应付工资总额（贷方累计发生额）	木年应付福利费总额（贷方累计发生额）	本年应交增值税	全部从业人员年平均人数（人）
总　　计	**542557**	**62539**	**472036**	**14491**
1. 按登记注册类型分组				
内资企业	533591	62448	467387	14143
国有企业	169315	14946	186784	2230
集体企业	16299	1672	6797	876
有限责任公司	113311	9772	78554	2318
股份有限公司	154978	24201	147262	5730
私营企业	79688	11857	47990	2989
港、澳、台商投资企业	5782		2998	324
外商投资企业	3184	91	1651	24
2. 按国民经济行业分组				
农畜产品批发	8760	127	1690	276
食品、饮料及烟草制品批发	137650	16842	183200	2040
#米、面制品及食用油批发	12030	1711	2349	351
烟草制品批发	87800	13670	160138	906
纺织、服装及日用品批发	37242	1027	9237	1365
#服装批发	7001	26	2998	473
文化、体育用品及器材批发	18548	263	5316	439
医药及医疗器材批发	118952	8898	77195	3594
矿产品、建材及化工产品批发	154276	25930	157312	4957
#煤炭及制品批发	16045	2252	40414	232
石油及制品批发	40576	4857	80892	3245
金属及金属矿批发	50944	14326	29119	589
化肥批发	12866		9	312
机械设备、五金交电及电子产品批发	66018	9297	38077	1583
#汽车、摩托车及零配件批发	847	142	310	55
家用电器批发	174		54	15
计算机、软件及辅助设备批发	116	16	21	8
其他批发	1111	155	9	237

市区限额以上零售贸易企业财务状况

11—12　　　　(2010 年)　　　　计量单位：千元

项　　目	企业数（个）	流动资产合　计	# 存货	固定资产原　价	累计折旧	# 本年折旧
总　　计	**108**	**10030249**	**2016855**	**3003221**	**1022831**	**173695**
1. 按登记注册类型分组						
内资企业	107	9921849	1923243	2884490	1019188	170052
国有企业	4	132153	51440	126400	78208	4206
集体企业	7	27185	1485	19420	8613	859
股份合作企业	1	8508	138	1651	1167	104
有限责任公司	35	2187104	522576	1493327	485160	86093
股份有限公司	6	4266736	435386	886467	322571	42473
私营企业	54	3300163	912218	357225	123469	36317
外商投资企业	1	108400	93612	118731	3643	3643
2. 按国民经济行业分组						
综合零售	16	4832925	603910	2144782	717978	108803
#百货零售	6	4389630	396962	1629555	564969	63936
超级市场零售	6	319574	163352	410828	106564	41399
食品、饮料及烟草制品专门零售	2	34974	9658	1671	1027	45
纺织、服装及日用品专门零售	6	75490	44444	6463	2193	647
#服装零售	3	28674	10594	2998	624	274
文化、体育用品及器材专门零售	6	215074	71154	116682	34080	3621
#图书零售	1	118185	12333	102375	27257	2160
医药及医疗器材专门零售	6	282638	88178	17548	11720	3283
#药品零售	6	282638	88178	17548	11720	3283
汽车、摩托车、燃料及零配件专门零售	64	3371231	967023	545927	162328	51331
#汽车零售	54	3319035	967231	488487	147878	48143
家用电器及电子产品专门零售	5	1172244	221912	34246	9387	2696
#家用电器零售	2	868101	150783	10831	5116	1105
计算机、软件及辅助设备零售	1	47137	21175	466	312	61
通信设备零售	2	257006	49954	22949	3959	1530
五金、家具及室内装修材料专门零售	2	23482	2809	31994	13311	1521
无店铺及其他零售	1	22191	7767	103908	70807	1748

11—12 续表1　　　　（2010年）　　　　计量单位：千元

项　目	资产总计	负债合计	所有者权益合　计	
				#实收资本
总　计	**13306236**	**10918992**	**2387244**	**1721708**
1. 按登记注册类型分组				
内资企业	13040212	10648740	2391472	1641708
国有企业	221281	153556	67725	101687
集体企业	38911	25267	13644	6972
股份合作企业	9003	2642	6361	425
有限责任公司	3786214	2855154	931060	673202
股份有限公司	5195204	4570796	624408	248064
私营企业	3789599	3041325	748274	611358
外商投资企业	266024	270252	-4228	80000
2. 按国民经济行业分组				
综合零售	6877106	6015198	861908	684904
#百货零售	5840035	4783946	1056089	493698
超级市场零售	712663	974233	-261570	163634
食品、饮料及烟草制品专门零售	39410	37502	1908	2000
纺织、服装及日用品专门零售	81271	76242	5029	13027
#服装零售	32238	29800	2438	8500
文化、体育用品及器材专门零售	394216	171541	222675	82680
#图书零售	249350	90404	158946	20000
医药及医疗器材专门零售	573842	344127	229715	136100
#药品零售	573842	344127	229715	136100
汽车、摩托车、燃料及零配件专门零售	3986057	3164878	821179	601520
#汽车零售	3876176	3097366	778810	593934
家用电器及电子产品专门零售	1255250	1053176	202074	115000
#家用电器零售	902916	807705	95211	26210
计算机、软件及辅助设备零售	47302	37121	10181	1001
通信设备零售	305032	208350	96682	87789
五金、家具及室内装修材料专门零售	43301	37402	5899	10000
无店铺及其他零售	55783	18926	36857	76477

11—12 续表 2　　　　（2010 年）　　　　计量单位：千元

项　　目	主营业务收入	主营业务成本	主营业务税金及　附　加	主营业务利润
总　　计	**27035417**	**25180478**	**75186**	**1721414**
1. 按登记注册类型分组				
内资企业	26906558	25049309	75186	1723724
国有企业	459808	438491	404	20913
集体企业	249145	239603	339	9203
股份合作企业	37485	33575	81	3829
有限责任公司	6762125	6193431	14750	495604
股份有限公司	10416180	9782759	49787	583635
私营企业	8981815	8361450	9825	610540
外商投资企业	128859	131169		-2310
2. 按国民经济行业分组				
综合零售	11422174	10638038	57543	668253
#百货零售	10569313	9850655	55173	663485
超级市场零售	596029	553494	1996	-17801
食品、饮料及烟草制品专门零售	30415	26662	95	3658
纺织、服装及日用品专门零售	281192	253444	429	27319
#服装零售	94211	82360	292	11559
文化、体育用品及器材专门零售	203435	168881	570	33984
#图书零售	97100	76407	439	20254
医药及医疗器材专门零售	540908	444818	1353	94737
#药品零售	540908	444818	1353	94737
汽车、摩托车、燃料及零配件专门零售	12241105	11571884	11072	658150
#汽车零售	11782371	11145241	10604	626527
家用电器及电子产品专门零售	2023112	1799753	3419	219940
#家用电器零售	1132655	974766	1894	155995
计算机、软件及辅助设备零售	59950	53639	227	6084
通信设备零售	830507	771348	1298	57861
五金、家具及室内装修材料专门零售	110679	94868	592	15219
无店铺及其他零售	182397	182130	113	154

11—12 续表 3　　(2010 年)　　计量单位：千元

项　　目	其他业务利　润	营业费用	管理费用	#税金	财务费用	#利息支出
总　　计	**642253**	**1087496**	**839911**	**24989**	**99198**	**59835**
1. 按登记注册类型分组						
内资企业	638003	1033640	820040	24357	99218	59835
国有企业	12374	16391	22770	315	2740	168
集体企业	1309	10029	7994	184	151	-1
股份合作企业	124	1865	544	66		
有限责任公司	122669	376961	234641	10825	18716	13090
股份有限公司	403688	320015	383638	8341	34649	24510
私营企业	97839	308379	170453	4626	42962	22068
外商投资企业	4250	53856	19871	632	-20	
2. 按国民经济行业分组						
综合零售	536600	569982	514653	16457	34856	25128
#百货零售	462002	411371	419301	13532	36593	24504
超级市场零售	43862	142166	56228	2219	-2671	4
食品、饮料及烟草制品专门零售	5	1301	1695	14	522	522
纺织、服装及日用品专门零售	193	23306	6668	83	523	113
#服装零售		7657	5307	35	470	73
文化、体育用品及器材专门零售	382	15991	22912	1059	1250	1068
#图书零售	-1372	7504	17053	971	275	176
医药及医疗器材专门零售	-26	70926	21024	635	2684	1196
#药品零售	-26	70926	21024	635	2684	1196
汽车、摩托车、燃料及零配件专门零售	21802	265137	215392	6174	50165	28129
#汽车零售	21699	246200	205151	5858	49793	27900
家用电器及电子产品专门零售	81441	121682	45525	389	7377	3240
#家用电器零售	73472	84064	28093	142	761	758
计算机、软件及辅助设备零售		5284	418		191	
通信设备零售	7969	32334	17014	247	6425	2482
五金、家具及室内装修材料专门零售		12750	646	11	1634	261
无店铺及其他零售	1856	6421	11396	167	187	178

11—12 续表 4　　　　　　（2010 年）　　　　　　计量单位：千元

项　　目	营业利润	利润总额	应交所得税	劳动、失业保险费	住房公积金和住房补贴
总　　计	**395539**	**373928**	**118364**	**31494**	**20635**
1. 按登记注册类型分组					
内资企业	467306	458156	118364	30863	17981
国有企业	－8614	625	2044	321	1334
集体企业	－7662	1494	373	769	839
股份合作企业	1544	1544	386		
有限责任公司	46432	69646	28109	5511	8583
股份有限公司	249021	262881	61032	22173	5648
私营企业	186585	121966	26420	2089	1577
外商投资企业	－71767	－84228		631	2654
2. 按国民经济行业分组					
综合零售	143839	158978	69313	24898	13862
#百货零售	258360	274025	66661	22987	8737
超级市场零售	－111323	－122647	118	889	3268
食品、饮料及烟草制品专门零售	145	145	32	49	
纺织、服装及日用品专门零售	－2985	－2851	12	562	113
#服装零售	－1875	－1875	10	272	58
文化、体育用品及器材专门零售	－5787	96	86	2803	805
#图书零售	－5950	－52		2777	805
医药及医疗器材专门零售	77	－2300	589	1100	164
#药品零售	77	－2300	589	1100	164
汽车、摩托车、燃料及零配件专门零售	149258	156036	43077	1416	3096
#汽车零售	147082	145783	41359	1272	2218
家用电器及电子产品专门零售	126797	69893	5242	397	1428
#家用电器零售	116549	50988	2430	271	1428
计算机、软件及辅助设备零售	191	154	4	8	
通信设备零售	10057	18751	2808	118	
五金、家具及室内装修材料专门零售	189	182	13	92	
无店铺及其他零售	－15994	－6251		177	1167

11—12 续表 5　　　　(2010 年)　　　　计量单位：千元

项　　目	本年应付工资总额（贷方累计发生额）	本年应付福利费总额（贷方累计发生额）	本年应交增值税	全部从业人员年平均人数（人）
总　　计	**436618**	**37205**	**379189**	**21108**
1. 按登记注册类型分组				
内资企业	427586	36370	369004	18273
国有企业	23424	1360	2394	1153
集体企业	5808	2097	2858	290
股份合作企业	1100	108	649	23
有限责任公司	144808	12447	150208	7190
股份有限公司	132492	15257	115341	4084
私营企业	119954	5101	97554	5533
外商投资企业	9032	835	10185	2835
2. 按国民经济行业分组				
综合零售	197906	22985	136923	11061
#百货零售	150505	20770	118489	5713
超级市场零售	27137	1205	14933	4174
食品、饮料及烟草制品专门零售	1633	210	849	110
纺织、服装及日用品专门零售	5858	627	2702	348
#服装零售	1774	31	1475	103
文化、体育用品及器材专门零售	11213	72	4159	545
#图书零售	7832		3471	353
医药及医疗器材专门零售	28885	3548	38003	1808
#药品零售	28885	3548	38003	1808
汽车、摩托车、燃料及零配件专门零售	143967	7988	173489	4788
#汽车零售	130394	5129	165907	4296
家用电器及电子产品专门零售	30388	1324	22077	1702
#家用电器零售	14346	504	7199	1073
计算机、软件及辅助设备零售	2837	68	363	150
通信设备零售	13205	752	14515	479
五金、家具及室内装修材料专门零售	2778	96	987	198
无店铺及其他零售	13990	355		548

分县（市）区限额以上批发零售贸易企业财务状况

11—13　　（2010 年）　　计量单位：千元

行政单位	资产总计	负债合计	主营业务收入	主营业务利润	其他业务利润
全市总计	**45727954**	**31966755**	**108384016**	**5921772**	**723677**
市区合计	42710816	29393607	103123426	5451907	715451
#长安区	4765815	3778615	18372058	952734	56658
桥东区	9246419	7928706	17989833	965142	398375
桥西区	8407548	4414728	13818823	1587265	137244
新华区	10313369	8304946	33944520	1007277	84307
裕华区	7862872	3669846	10873870	399023	34119
矿　区	40988	30115	75758	3507	
高新区	2073805	1266651	8048564	536959	4748
井陉县	1198477	1109621	2273767	235214	929
正定县	533887	440192	641041	39346	611
栾城县	31514	27374	54964	5271	34
行唐县	59356	45329	115019	10704	195
灵寿县	58966	34257	100617	21600	
高邑县					
深泽县	40226	34580	79291	2175	4
赞皇县	23923	18024	44686	5284	148
无极县	38938	16151	173648	5495	1098
平山县	231544	160680	626238	55905	773
元氏县	17406	10630	48311	3640	
赵　县	76829	75946	32763	6959	
辛集市	288397	233003	582429	34801	-13
藁城市	227972	208948	164325	32857	3426
晋州市	36488	33465	121329	1535	400
新乐市	43558	43391	126788	11163	68
鹿泉市	109657	81557	75374	-2084	553

11—13 续表　　（2010 年）　　计量单位：千元

行政单位	管理费用	财务费用	利润总额	本年应付工资总额（贷方累计发生额）	本年应交增值税
全市总计	**1826652**	**302728**	**1641743**	**1061775**	**916004**
市区合计	1696540	258240	1597682	979175	851225
#长安区	241039	43086	129443	185605	199659
桥东区	530895	74058	338000	222342	151653
桥西区	442668	-2076	692023	219817	254813
新华区	274025	103429	218455	207340	97479
裕华区	125423	28657	-33863	113230	71481
矿　区	823	1224	1258	2063	309
高新区	81667	9862	252366	28778	75831
井陉县	15022	15920	25762	8858	33490
正定县	13498	3694	6336	11981	4376
栾城县	2273	58	834	2366	216
行唐县	3569	1230	1174	4317	541
灵寿县	5745	1452	5972	4336	3693
高邑县					
深泽县	750	809	12	1228	45
赞皇县	1773	15	258	826	118
无极县	3396	315		1744	1275
平山县	16862	3201	-90	9238	8529
元氏县	1172	372	-77	1236	495
赵　县	1100	144	-353	3328	509
辛集市	22532	8017	643	9798	3736
藁城市	28400	6147	821	13518	5857
晋州市	1614	-6	218	2522	139
新乐市	6885	956	2034	4579	1288
鹿泉市	5521	2164	517	2725	472

社会消费品零售总额

11—14　　　　(2010 年)　　　　计量单位：万元

行政单位	社会消费品零售总额	按销售单位所在地分组	
		城镇	乡村
全市总计	**14098923**	**10926665**	**3172258**
市区合计	5844284	5844284	
#长安区	920660	920660	
桥东区	587925	587925	
桥西区	419910	419910	
新华区	1173716	1173716	
裕华区	678158	678158	
矿　区	68341	68341	
井陉县	234213	79813	154401
正定县	623172	482875	140297
栾城县	408047	170636	237411
行唐县	318207	273491	44716
灵寿县	212308	145219	67090
高邑县	173507	120937	52570
深泽县	223789	135230	88559
赞皇县	216888	156331	60558
无极县	610483	328000	282483
平山县	289028	173604	115424
元氏县	274359	129224	145135
赵　县	585450	356101	229348
辛集市	1372468	717028	655440
藁城市	920660	668467	252193
晋州市	593565	471810	121754
新乐市	550389	262140	288248
鹿泉市	648106	411476	236630

分县（市）区实际利用外资情况

11—15　　　　（2010 年）　　　　计量单位：万美元

行政单位	实际利用外资	比上年增长（%）	实际利用外资中：	
			直接利用外资	比上年增长（%）
全市总计	**63562**	**12.9**	**63070**	**16.0**
市　　区	58074	31.1	57582	36.0
#长安区	11597	1326.4	11597	1326.4
桥东区	6009	837.4	6009	837.4
桥西区	23180	145.7	23180	145.7
新华区	52	-63.9	52	-63.9
裕华区	5810	1798.7	5810	1798.7
矿　区				
高新区	5675	-8.3	5675	-8.3
井陉县	57	50.0	57	50.0
正定县	169		169	
栾城县	200	-93.9	200	-93.9
行唐县	1200	50.0	1200	50.0
灵寿县		-100.0		-100.0
高邑县				
深泽县		-100.0		-100.0
赞皇县	705	12.8	705	12.8
无极县		-100.0		-100.0
平山县		-100.0		-100.0
元氏县	256		256	
赵　县		-100.0		-100.0
辛集市	867		867	
藁城市	1222	-55.4	1222	-55.4
晋州市	5	-88.1	5	-88.1
新乐市	350		350	
鹿泉市	457	1014.6	457	1014.6

外国和港澳台地区在石投资情况

11—16　　　　(2010 年)　　　　计量单位：万美元

指标名称	新批合同			新注册三资企业	
	项目个数(个)	项目投资总额	合同外资额	注册户数(户)	项目投资总额
合　计	**32**	**63725**	**24119**	**18**	**26061**
#国有企业与客商兴办的合资、合作企业	1	9886	1628		
#投资总额 500 万美元以上项目	12	61742	22953	8	24732
#开发区合计	4	22612	6851	3	10089
1. 国家级开发区	3	12305	2661	2	7160
2. 省级开发区	1	10307	4190	1	2929
一、按投资方式分组					
（一）港、澳、台投资经济	17	45653	18992	9	18600
1. 港澳台合资经营企业	7	21573	3563	2	7018
2. 港澳台合作经营企业	3	10203	5243	3	10203
3. 港澳台独资经营企业	7	13877	10186	4	1379
（二）外商投资经济	15	18072	5127	9	7461
1. 中外合资经营企业	6	10827	2491	4	5721
2. 中外合作经营企业	1	2813	722		
3. 外资企业	8	4506	1988	5	1740
二、按产业分组					
第一产业		910	457		
第二产业	11	29190	10923	7	15019
第三产业	21	33625	12739	11	11042
三、按国民经济行业分组					
农、林、牧、渔业		910	457		
制 造 业	10	28998	10731	7	15019
#农副食品加工业			13		
皮革、皮毛、羽毛（绒）及其制品业		2750	700		
印刷业和记录媒介的复制					
化学原料及化学制品制造业	2	4225	625	2	4323
医药制造业	2	11621	5115	1	2929
塑料制品业					0

11—16 续表 1　　(2010 年)　　计量单位：万美元

指标名称	新批合同			新注册三资企业	
	项目个数（个）	项目投资总额	合同外资额	注册户数（户）	项目投资总额
非金属矿物制品业	1	1000	1000	1	1000
有色金属冶炼及压延加工业		-74	-74		
专用设备制造业	2	-50	13	2	201
交通运输设备制造业		2000	860		
电力、煤气及水的生产和供应业					
建筑业	1	192	192		
信息传输、计算机服务和软件业	2	1828	1583	1	400
批发和零售业	16	23330	9504	7	3608
住宿和餐饮业		6	6		6
房地产业					
租赁和商务服务业	1	-37	-27	2	28
科学研究、技术服务和地质勘查业	1	7000	625	1	7000
四、按投资国别、地区分组					
1. 亚洲	23	48968	20277	12	18677
#香港	14	36667	17348	8	11600
台湾	2	8794	1452	1	7000
日本	2	87	35	1	41
新加坡		3144	1191		
韩国	2	61	39		6
东南亚联盟		3144	1191		
2. 欧洲	5	3350	1139	3	3329
#欧盟	5	3350	1139	3	3329
3. 拉丁美洲		863	420		
4. 北美洲	3	5938	840	2	4045
#美国	1	2275	230	1	445
5. 大洋洲	1	4591	1439	1	10
五、高新技术产业	6	24022	9366	4	13803
六、并购	6	12300	2320	3	2228

11—16 续表 2　　　　（2010 年）　　　　计量单位：万美元

指标名称	新注册三资企业（续）		期末实有三资企业（个）		
	注册资本	外　方注册资本		# 开工在建	投产企业
合　计	**25711**	**19345**	**468**	**1**	**376**
#国有企业与客商兴办的合资、合作企业		13	65		49
#投资总额 500 万美元以上项目	24977	18592	131		116
#开发区合计	11419	6829	115		96
1. 国家级开发区	5729	2639	71		60
2. 省级开发区	5690	4190	44		36
一、按投资方式分组					
（一）港、澳、台投资经济	17613	14282	197		153
1. 港澳台合资经营企业	4420	1393	122		100
2. 港澳台合作经营企业	5492	5243	19		12
3. 港澳台独资经营企业	7701	7646	56		41
（二）外商投资经济	8098	5063	271	1	223
1. 中外合资经营企业	4884	2464	175	1	148
2. 中外合作经营企业	1000	700	17		10
3. 外资企业	2288	1973	78		65
二、按产业分组					
第一产业	457	457	8		4
第二产业	13874	10262	330	1	275
第三产业	11380	8626	130		97
三、按国民经济行业分组					
农、林、牧、渔业	457	457	8		4
制造业	13874	10262	314	1	261
#农副食品加工业		13	9		6
食品制造业	2197	2050	8		4
饮料制造业			4		2
纺织业			19		18

11—16 续表 3　　（2010 年）　　计量单位：万美元

指标名称	新注册三资企业（续）		期末实有三资企业（个）	# 开工在建	投产企业
	注册资本	外　方注册资本			
纺织服装、鞋、帽制造业			23		23
皮革、皮毛、羽毛（绒）及其制品业	1000	700	32		28
木材加工及木、竹、藤、棕、草制品业			1		
造纸及纸制品业			2		2
印刷业和记录媒介的复制			2		2
文教体育用品制造业			2		1
石油加工、炼焦及核燃料加工			1		1
化学原料及化学制品制造业	1833	625	43		30
医药制造业	5937	5066	49		44
橡胶制品业			4		4
塑料制品业			27		22
非金属矿物制品业	1000	1000	14		9
黑色金属冶炼及压延加工业			4		4
有色金属冶炼及压延加工业	-74	-74	3	1	1
金属制品业			12		13
通用设备制造业		3	14		14
专用设备制造业	-34	13	8		5
交通运输设备制造业	2000	860	8		7
电气机械及器材制造业		-4	5		5
通信设备、计算机及其他电子设备制造业			6		4
仪器仪表及文化、办公用机械制造业			6		5
工艺品及其他制造业	15	10	7		6
电力、煤气及水的生产和供应业			7		6
建筑业			9		8
交通运输、仓储和邮政业			9		5
信息传输、计算机服务和软件业	294	283	7		5

11—16 续表 4　　　　(2010 年)　　　　计量单位：万美元

指标名称	新注册三资企业（续）		期末实有三资企业（个）		
	注册资本	外　方注册资本		# 开工在建	投产企业
批发和零售业	8599	7734	39		28
住宿和餐饮业	6	6	5		5
房地产业			35		28
租赁和商务服务业	-19	-22	22		15
科学研究、技术服务和地质勘查业	2500	625	7		5
居民服务和其他服务业			3		3
教育			1		1
卫生、社会保障和社会福利业			1		1
文化、体育和娱乐业			1		
四、按投资国别、地区分组					
1. 亚　洲	18881	15537	287		231
# 香　港	13288	12851	160		123
台　湾	4325	1431	37		30
日　本	34	28	22		19
新 加 坡	1191	1191	29		28
韩　国	13	9	18		16
东南亚联盟	1191	1191	40		35
2. 非　洲	15	4	2		1
3. 欧　洲	2016	1127	44		29
#欧　盟	2016	1127	35		26
4. 拉丁美洲	410	420	37		32
5. 北美洲	2650	818	83	1	69
#加拿大	1200	588	15	1	12
美　国	1450	230	68		57
6. 大洋洲	1739	1439	15		14
五、高新技术产业	9969	8017	86	1	68
六、并购	1228	613	31		29

11—16 续表 5　　(2010 年)　　计量单位：万美元

指标名称	客商直接投资	# 现金	利　润再投资	中方投资
合　计	**24415**	**22960**	**489**	**3922**
#国有企业与客商兴办的合资、合作企业	26	26		
#投资总额 500 万美元以上项目	23122	22372	408	3810
#开发区合计	3567	3167	412	1494
1. 国家级开发区	1188	1188	412	1194
2. 省级开发区	2379	1979		300
一、按投资方式分组				
（一）港、澳、台投资经济	12315	12315	489	1267
1. 港澳台合资经营企业	962	962	460	1267
2. 港澳台合作经营企业				
3. 港澳台独资经营企业	11353	11353	29	
（二）外商投资经济	12100	10645		2655
1. 中外合资经营企业	3116	2061		2355
2. 中外合作经营企业	700	700		300
3. 外资企业	8284	7884		
二、按产业分组				
第一产业	457	457		
第二产业	11237	9782	465	2913
第三产业	12721	12721	24	1009
三、按国民经济行业分组				
制 造 业	10981	9526	465	2849
#农副食品加工业	822	822		
食品制造业	1200	1200		
皮革、皮毛、羽毛（绒）及其制品业	711	711		300
化学原料及化学制品制造业	282	282	24	822
医药制造业	5515	5165		0

11—16 续表6　　　　(2010年)　　　　计量单位：万美元

指标名称	客商直接投资	# 现金	利　润再投资	中方投资
塑料制品业	733	28	28	54
非金属矿物制品业	57	57		
交通运输设备制造业	948	948	384	1639
电力、煤气及水的生产和供应业	256	256		64
建 筑 业				
信息传输、计算机服务和软件业	79	79		
批发和零售业	7041	7041		
房地产业	5601	5601	24	1009
租赁和商务服务业				
四、按投资国别、地区分组				
1. 亚　　洲	15084	15084	489	1830
# 香　　港	11386	11386	53	49
台　　湾	929	929	436	1218
日　　本	169	169		499
新 加 坡	2578	2578		64
东南亚联盟	2578	2578		64
2. 欧　　洲	649	649		
# 欧　　盟	649	649		
3. 拉丁美洲	6701	6301		1758
4. 北美洲	1065	10		5
# 美　国	1065	10		5
五、高新技术产业	5994	5244		
六、并购	6323	5573		985

11—16 续表7　　　　(2010年)　　　　计量单位：万美元

指标名称	中方投资（续）		企业境外借款	# 外方股东借款	外商其它投资
	# 现金	实物			
合　　计	**3846**	**64**	**1455**	**1455**	**38655**
#国有企业与客商兴办的合资、合作企业					
#投资总额500万美元以上项目	3746	64	750	750	38655
#开发区合计	1482		400	400	4487
1. 国家级开发区	1182				4487
2. 省级开发区	300		400	400	
一、按投资方式分组					
（一）港、澳、台投资经济	1255				23173
1. 港澳台合资经营企业	1255				
2. 港澳台独资经营企业					23173
（二）外商投资经济	2591	64	1455	1455	15482
1. 中外合资经营企业	2291	64	1055	1055	
2. 中外合作经营企业	300				
3. 外资企业			400	400	15482
二、按产业分组					
第一产业					
第二产业	2837	64	1455	1455	28973
第三产业	1009				9682
三、按国民经济行业分组					
制 造 业	2837		1455	1455	28973
# 农副食品加工业					
食品制造业					
皮革、皮毛、羽毛（绒）及其制品业	300				
化学原料及化学制品制造业	822				
医药制造业			350	350	28973

11—16 续表 8　　　　(2010 年)　　　　计量单位：万美元

指标名称	中方投资（续）		企业境外借款	# 外方股东借款	外商其它投资
	# 现金	实物			
塑料制品业	42		705	705	
有色金属冶炼及压延加工业					
信息传输、计算机服务和软件业					5195
批发和零售业					
四、按投资国别、地区分组					
1. 亚　　洲	1754	64			23173
# 香　　港	49				23173
台　　湾	1206				
日　　本	499				
新 加 坡		64			
东南亚联盟		64			
3. 拉丁美洲	1758		400	400	9682
4. 北美洲	5		1055	1055	
# 美　国	5		1055	1055	
5. 大洋洲	329				5800
五、高新技术产业			750	750	28973
六、并购	985		750	750	0

外国和港澳台地区在石投资企业主要经济指标

11—17　　(2010 年)

行业名称	期末投产企业个数（个）	# 亏损企业	总产值（当年价格）（千元）	全部从业人员平均人数（人）
合　计	**376**	**136**	**34466341**	**76337**
#国有企业与客商兴办的合资、合作企业	46	22	8596385	12019
# 以原有企业为依托的合资、合作企业	96	30	10181635	21601
一、按投资方式分组				
（一）港、澳、台投资经济	147	55	12962608	30835
1. 港澳台合资经营企业	95	34	6970472	19927
2. 港澳台合作经营企业	9	5	1435399	3846
3. 港澳台独资经营企业	43	16	4556737	7062
（二）外商投资经济	229	81	21503733	45502
1. 中外合资经营企业	149	56	16366545	27387
2. 中外合作经营企业	11	4	1231812	6942
3. 外资企业	69	21	3905376	11173
二、按产业分组				
第一产业	5	2	866	119
第二产业	270	77	34420775	68212
第三产业	101	57	44700	8006
三、按国民经济行业分组				
农、林、牧、渔业	5	2	866	119
制造业	257	71	29738632	66035
# 农副食品加工业	6		1327093	1123
食品制造业	4	2	600300	1345
饮料制造业	2	1	90771	354
纺织业	18	3	851696	3162
纺织服装、鞋、帽制造业	22	7	342201	2434
皮革、皮毛、羽毛（绒）及其制品业	28	5	1761757	7413
造纸及纸制品业	2		13907	49
印刷业和记录媒介的复制	2	1	13567	34
文教体育用品制造业	2	1	980	18
石油加工、炼焦及核燃料加工	1		9932	99

11—17 续表1　　(2010年)

行业名称	期末投产企业个数(个)	#亏损企业	总产值(现价)(千元)	期末从业人员(人)
化学原料及化学制品制造业	27	9	3210039	5998
医药制造业	41	7	11079238	16667
橡胶制品业	4	2	243514	958
塑料制品业	22	5	1849482	9790
非金属矿物制品业	10	6	193485	1086
黑色金属冶炼及压延加工业	4	1	4198331	4408
有色金属冶炼及压延加工业	1		2023	13
金属制品业	13	5	741507	2387
通用设备制造业	14	4	447506	2233
专用设备制造业	5	1	129340	684
交通运输设备制造业	7		1629703	1912
电气机械及器材制造业	5	3	551554	1691
通信设备、计算机及其他电子设备制造业	5	2	356216	626
仪器仪表及文化、办公用机械制造业	5	2	69387	951
工艺品及其他制造业	6	4	22262	558
电力、煤气及水的生产和供应业	6	3	4657132	1174
建筑业	7	3	25011	1003
交通运输、仓储和邮政业	5			2403
信息传输、计算机服务和软件业	5	2	42000	527
批发和零售业	28	14		1197
住宿和餐饮业	5	2		407
房地产业	29	23		2062
租赁和商务服务业	16	11	2445	821
科学研究、技术服务和地质勘查业	6	3		45
居民服务和其他服务业	3	1	255	39
教育	1			97
卫生、社会保障和社会福利业	1			
四、高新技术产业	65	18	12606297	20182

11—17 续表 2　　　　(2010)

行业名称	期末从业人员(续)	期末从业人员劳动报酬（千元）		所有者权益（千元）	
	# 外方及港澳台人员		# 外方及港澳台人员		# 实收资本（千美元）
合　计	**146**	**1824734**	**9809**	**29873636**	**3775670**
#国有企业与客商兴办的合资、合作企业	5	429158	542	9731779	1245612
# 以原有企业为依托的合资、合作企业	31	430682	2709	5506754	813600
一、按投资方式分组					
（一）港、澳、台投资经济	32	737502	1101	9405294	806977
1. 港澳台合资经营企业	18	409792	325	4242389	448358
2. 港澳台合作经营企业	3	90048	146	164975	132808
3. 港澳台独资经营企业	11	237662	630	4997930	225811
（二）外商投资经济	114	1087232	8708	20468342	2968693
1. 中外合资经营企业	57	629938	3876	11838253	1747563
2. 中外合作经营企业	7	207293	704	2964194	151440
3. 外资企业	50	250001	4128	5665895	1069690
二、按产业分组					
第一产业	9	3493	1478	110745	26252
第二产业	100	1533890	5613	23222546	3098667
第三产业	37	287351	2718	6540345	650751
三、按国民经济行业分组					
农、林、牧、渔业	9	3493	1478	110745	26252
制造业	98	1446751	4848	17555627	2107469
# 农副食品加工业		15007		366782	45413
食品制造业	8	20705	251	614609	56548
饮料制造业		2004		32565	2616
纺织业	2	42862	40	151362	16620
纺织服装、鞋、帽制造业	3	31411	194	68888	4834
皮革、皮毛、羽毛（绒）及其制品业	8	108158	215	280632	17022
造纸及纸制品业		756		6775	351
印刷业和记录媒介的复制	2	413	72	30163	4071
文教体育用品制造业	2	138		17939	1538
石油加工、炼焦及核燃料加工		1		9193	1202

11—17 续表 3　　　　(2010)

行业名称	期末从业人员(续) #外方及港澳台人员	期末从业人员劳动报酬（千元）	#外方及港澳台人员	所有者权益（千元）	#实收资本（千美元）
化学原料及化学制品制造业	5	117609	288	1750511	162663
医药制造业	10	556511	331	8314214	1104601
橡胶制品业	25	16059	384	108538	6470
塑料制品业	17	122062	314	578534	40110
非金属矿物制品业	6	48603	157	43966	10629
黑色金属冶炼及压延加工业		97317		2185615	268641
有色金属冶炼及压延加工业		110		4745	600
金属制品业	3	55713	168	804040	89971
通用设备制造业	3	49102	132	236527	116925
专用设备制造业		19514		78326	7017
交通运输设备制造业	3	61237	2300	834082	72787
电气机械及器材制造业		48554		546789	46976
通信设备、计算机及其他电子设备制造业		7968	1	428918	20583
仪器仪表及文化、办公用机械制造业	1	14170		40356	5702
工艺品及其他制造业		10062	1	20268	3339
电力、煤气及水的生产和供应业		55519	229	5354668	931773
建 筑 业	2	31620	536	312251	59425
交通运输、仓储和邮政业		128691		2856754	116444
信息传输、计算机服务和软件业	5	37200	543	500230	30304
批发和零售业	7	10560	171	797235	78849
住宿和餐饮业		7652		10046	5050
房地产业	14	62958	1773	1970744	346224
租赁和商务服务业	4	29688	127	225515	50333
科学研究、技术服务和地质勘查业	5	670	86	3812	715
居民服务和其他服务业	2	689	18	19382	2410
教育		3183		10540	2480
卫生、社会保障和社会福利业				3	2
四、高新技术产业	18	632950	900	9323822	1171594

11—17 续表 4　　(2010)

行业名称	所有者权益（续） 实收资本（续） 中方	外方	资产总额（千元）	# 流动资产	# 固定资产原值
合　计	**1219719**	**2555951**	**69631745**	**39399027**	**34216517**
#国有企业与客商兴办的合资、合作企业	626267	619345	16376416	5990695	14882372
# 以原有企业为依托的合资、合作企业	405811	407789	15441530	8449562	9317577
一、按投资方式分组					
（一）港、澳、台投资经济	307387	499590	24801924	15425672	8547248
1. 港澳台合资经营企业	188327	260031	12001004	7371723	5797317
2. 港澳台合作经营企业	92097	40711	1515340	1167588	486433
3. 港澳台独资经营企业	26963	198848	11285580	6886361	2263498
（二）外商投资经济	912332	2056361	44829821	23973355	25669269
1. 中外合资经营企业	824437	923126	26820116	12132552	16093043
2. 中外合作经营企业	73321	78119	5207984	2066752	6818133
3. 外资企业	14574	1055116	12801721	9774051	2758093
二、按产业分组					
第一产业	2890	23362	161122	51809	68590
第二产业	1054656	2044011	48610408	24492225	25553194
第三产业	162173	488578	20860215	14854993	8594733
三、按国民经济行业分组					
农、林、牧、渔业	2890	23362	161122	51809	68590
制造业	626424	1481045	40870823	23026511	19335177
# 农副食品加工业	9180	36233	2026195	1574415	462394
食品制造业	16024	40524	751138	312015	340969
饮料制造业	1955	661	136336	18196	45660
纺织业	7566	9054	526513	326146	234571
纺织服装、鞋、帽制造业	1622	3212	367751	304897	68539
皮革、皮毛、羽毛（绒）及其制品业	8831	8191	1397732	1111768	309359
造纸及纸制品业	249	102	15887	12823	6167
印刷业和记录媒介的复制		4071	34514	12362	22897
文教体育用品制造业	960	578	21101	6195	22516
石油加工、炼焦及核燃料加工	589	613	12316	5821	9721

11—17 续表5　　　　　　　　　　　　　　（2010）

行业名称	所有者权益（续）		资产总额（千元）		
	实收资本（续）				
	中方	外方		# 流动资产	# 固定资产原值
化学原料及化学制品制造业	107854	54809	3965381	1886785	2259454
医药制造业	121941	982660	16526633	8707372	7005400
橡胶制品业	3264	3206	286272	198312	145238
塑料制品业	22985	17125	1789941	1211039	1197464
非金属矿物制品业	2339	8290	163778	83470	155559
黑色金属冶炼及压延加工业	134684	133957	6059877	2708707	4628332
有色金属冶炼及压延加工业	450	150	8610	5163	7118
金属制品业	24512	65459	1576650	1093481	606682
通用设备制造业	82377	34548	715296	557119	219678
专用设备制造业	841	6176	294061	189338	114498
交通运输设备制造业	48566	24221	1732381	1477272	334782
电气机械及器材制造业	23776	23200	1500859	788085	733454
通信设备、计算机及其他电子设备制造业	1213	19370	818013	330664	344296
仪器仪表及文化、办公用机械制造业	3660	2042	95630	66625	38048
工艺品及其他制造业	842	2497	45117	36199	19783
电力、煤气及水的生产和供应业	403030	528743	7021325	989659	5751447
建 筑 业	25202	34223	718260	476055	466570
交通运输、仓储和邮政业	55632	60812	5238986	1871503	6622910
信息传输、计算机服务和软件业	4518	25786	1428925	1297206	79042
批发和零售业	8087	70762	2776651	2395889	120963
住宿和餐饮业	3565	1485	67050	20316	86226
房地产业	71505	274719	9739212	8659003	661880
租赁和商务服务业	12521	37812	1237394	503335	978506
科学研究、技术服务和地质勘查业	290	425	11278	9314	1197
居民服务和其他服务业	174	2236	24295	16163	10926
教育		2480	31874	1820	26893
卫生、社会保障和社会福利业	1	1	5		
四、高新技术产业	147828	1023766	18768896	9848326	7931725

11—17 续表 6　　(2010)

行业名称	资产总额（续）无形资产	负债总额（千元）	# 流动负债	# 长期负债	主营业务收入（千元）
合　计	**2138438**	**39758109**	**32419349**	**6724161**	**46354520**
#国有企业与客商兴办的合资、合作企业	383814	6644637	4935701	1379495	11955259
# 以原有企业为依托的合资、合作企业	932583	9934776	8897870	932811	10154102
一、按投资方式分组					
（一）港、澳、台投资经济	504302	15396630	11792235	3496048	15091407
1. 港澳台合资经营企业	249825	7758615	6740878	992151	8887716
2. 港澳台合作经营企业	25485	1350365	1183914	84480	1374161
3. 港澳台独资经营企业	228992	6287650	3867443	2419417	4829530
（二）外商投资经济	1634136	24361479	20627114	3228113	31263113
1. 中外合资经营企业	1281022	14981863	13394066	1254834	19421544
2. 中外合作经营企业	67675	2243790	982737	1097100	4318000
3. 外资企业	285439	7135826	6250311	876179	7523569
二、按产业分组					
第一产业	2573	50377	50377		19683
第二产业	1965355	25387862	21266212	3671004	37194778
第三产业	170510	14319870	11102760	3053157	9140059
三、按国民经济行业分组					
农、林、牧、渔业	2573	50377	50377		19683
制造业	1655477	23315196	19665675	3528315	32026417
# 农副食品加工业	51082	1659413	1639889	19524	1878168
食品制造业	120958	136529	136529		635610
饮料制造业	8069	103771	103771		104491
纺织业	26751	375151	365669	9482	950732
纺织服装、鞋、帽制造业	9356	298863	344299	－45436	672924
皮革、皮毛、羽毛（绒）及其制品业	32389	1117100	963542	71587	1813385
造纸及纸制品业	320	9112	9112		15140
印刷业和记录媒介的复制		4351	4351		13567
文教体育用品制造业		3162	3162		568
石油加工、炼焦及核燃料加工	634	3123	3123		10322

11—17 续表 7　　（2010）

行业名称	资产总额（续） 无形资产	负债总额 （千元）	# 流动负债	# 长期负债	主营业务收入 （千元）
化学原料及化学制品制造业	193559	2214870	2129922	60663	3222711
医药制造业	439637	8212419	5553529	2656799	11100441
橡胶制品业	6732	177734	177734		479094
塑料制品业	3030	1211407	1208771	2636	2344237
非金属矿物制品业	1009	119812	78898	33114	111759
黑色金属冶炼及压延加工业	551816	3874262	3356625	514114	4170653
有色金属冶炼及压延加工业		3865	3865		2023
金属制品业	62408	772610	670651	100423	1498071
通用设备制造业	13731	478769	431221	47548	437049
专用设备制造业	14239	215735	202505	13230	132625
交通运输设备制造业	38999	898299	895316	2983	1427068
电气机械及器材制造业	51776	954070	953070	1000	547747
通信设备、计算机及其他电子设备制造业	27076	389095	352683	36412	302116
仪器仪表及文化、办公用机械制造业	106	55274	51038	4236	84873
工艺品及其他制造业	1800	24849	24849		52193
电力、煤气及水的生产和供应业	258212	1666657	1257990	79227	4665407
建 筑 业	51666	406009	342547	63462	502954
交通运输、仓储和邮政业	32876	2382232	1152806	1065473	4751418
信息传输、计算机服务和软件业	82646	928695	870351	58344	601202
批发和零售业	186	1979416	1977236	2180	1017070
住宿和餐饮业	66	57004	51579	5425	45720
房地产业	7217	7768468	6450173	1318295	1796123
租赁和商务服务业		1011879	439809	572070	885002
科学研究、技术服务和地质勘查业	257	7466	7466		9016
居民服务和其他服务业		4913	4913		2357
教育	17341	21334	15464	5870	12385
卫生、社会保障和社会福利业		2	2		
四、高新技术产业	517047	9445074	6741787	2694211	12554679

11—17 续表 8　　　　(2010)

行业名称	主营业务收入(续) #出口销售收入(千美元)	主营业务成本(千元)	主营业务税金(千元)	三项费用(千元)
合　计	**1236818**	**35854365**	**362398**	**4616921**
#国有企业与客商兴办的合资、合作企业	140383	8430968	101113	885482
# 以原有企业为依托的合资、合作企业	247038	8855779	83771	855151
一、按投资方式分组				
（一）港、澳、台投资经济	498543	11475395	85144	2102025
1. 港澳台合资经营企业	219712	6971641	80768	944625
2. 港澳台合作经营企业	17901	1270439	261	95801
3. 港澳台独资经营企业	260930	3233315	4115	1061599
（二）外商投资经济	738275	24378970	277254	2514896
1. 中外合资经营企业	516451	17308311	32428	1600618
2. 中外合作经营企业	108221	1820506	99308	111026
3. 外资企业	113603	5250153	145518	803252
二、按产业分组				
第一产业		16395		6355
第二产业	1231569	30433212	121568	3836136
第三产业	5249	5404758	240830	774430
三、按国民经济行业分组				
农、林、牧、渔业		16395		6355
制造业	1227259	25222464	106435	3556827
# 农副食品加工业		1736334	9	121767
食品制造业	603	490993	64	85404
饮料制造业		99478	38	4972
纺织业	63144	897790	6	34757
纺织服装、鞋、帽制造业	57475	398463	1	53692
皮革、皮毛、羽毛（绒）及其制品业	106865	1709206	60	52932
造纸及纸制品业		14006	9	1115
印刷业和记录媒介的复制		11944	1	1693
文教体育用品制造业		8	28	496
石油加工、炼焦及核燃料加工		9338		965

11—17 续表9　　　　（2010）

行业名称	主营业务收入(续) #出口销售收入 （千美元）	主营业务成本 （千元）	主营业务税金 （千元）	三项费用 （千元）
化学原料及化学制品制造业	36421	2786606	370	223564
医药制造业	368359	7318811	39506	1983042
橡胶制品业	59664	458545		31414
塑料制品业	310101	2125802	274	137192
非金属矿物制品业	2465	102060	6392	22819
黑色金属冶炼及压延加工业	84835	3871937	182	264834
有色金属冶炼及压延加工业		1513		376
金属制品业	55437	1025811	498	128841
通用设备制造业	26016	351548	191	67704
专用设备制造业	352	101201	856	22723
交通运输设备制造业	20638	1016747	11448	169838
电气机械及器材制造业	5182	365441	7307	69746
通信设备、计算机及其他电子设备制造业	19706	230081		60708
仪器仪表及文化、办公用机械制造业	5329	35963	39154	8678
工艺品及其他制造业	4667	46740	12	6878
电力、煤气及水的生产和供应业		4788580	512	254041
建 筑 业	4310	422168	14621	25268
交通运输、仓储和邮政业		2065186	95611	89878
信息传输、计算机服务和软件业	120	441506	1534	73439
批发和零售业	4770	949753	335	84060
住宿和餐饮业		12304	2360	29645
房地产业		1158552	132110	295174
租赁和商务服务业	359	764293	7209	168126
科学研究、技术服务和地质勘查业		6405	200	2500
居民服务和其他服务业		3477	124	1014
教育			374	11405
卫生、社会保障和社会福利业				
四、高新技术产业	427208	8495210	39722	2139641

11—17 续表 10　　(2010)

行业名称	三项费用（续）			利润总额（千元）
	# 管理费用	# 财务费用	# 利息支出	
合　计	**2504038**	**622849**	**330374**	**5482172**
#国有企业与客商兴办的合资、合作企业	576983	192727	38350	2461716
# 以原有企业为依托的合资、合作企业	504879	151730	101113	361328
一、按投资方式分组				
（一）港、澳、台投资经济	1173520	242245	172591	1296867
1. 港澳台合资经营企业	654325	124636	71573	613174
2. 港澳台合作经营企业	63676	20356	11741	13293
3. 港澳台独资经营企业	455519	97253	89277	670400
（二）外商投资经济	1330518	380604	157783	4185305
1. 中外合资经营企业	802488	365665	157639	654110
2. 中外合作经营企业	102478	-8669	-8859	2301977
3. 外资企业	425552	23608	9003	1229218
二、按产业分组				
第一产业	5302	184	-9	-2293
第二产业	2066268	524490	291614	2745689
第三产业	432468	98175	38769	2738776
三、按国民经济行业分组				
农、林、牧、渔业	5302	184	-9	-2293
制造业	1937840	373761	285199	2817939
# 农副食品加工业	24285	26879	21559	28640
食品制造业	39340	2153	1913	65255
饮料制造业	4049	-6	-6	4
纺织业	19545	5014	3825	18093
纺织服装、鞋、帽制造业	27217	5579	3612	9662
皮革、皮毛、羽毛（绒）及其制品业	35722	5542	-3400	38342
造纸及纸制品业	970	31		456
印刷业和记录媒介的复制	1270	229	229	-58
文教体育用品制造业	501	-5	-5	36
石油加工、炼焦及核燃料加工	387	578		19

11—17 续表11　　　　(2010)

行业名称	三项费用（续）			利润总额（千元）
	#管理费用	#财务费用	#利息支出	
化学原料及化学制品制造业	147897	34121	26878	253371
医药制造业	1071199	150787	126768	1674106
橡胶制品业	17760	1163	911	-9105
塑料制品业	67755	19831	9525	80428
非金属矿物制品业	12672	2986	2941	-11678
黑色金属冶炼及压延加工业	104019	80927	70815	42350
有色金属冶炼及压延加工业	253	2		133
金属制品业	72982	3936	-1229	201947
通用设备制造业	52741	7694	6453	14571
专用设备制造业	15809	18	-5	14353
交通运输设备制造业	115905	13720	3624	284982
电气机械及器材制造业	55564	818	586	102276
通信设备、计算机及其他电子设备制造业	39413	10556	9694	11586
仪器仪表及文化、办公用机械制造业	5982	1014	511	968
工艺品及其他制造业	4422	194		-4842
电力、煤气及水的生产和供应业	105439	148450	4174	-105847
建 筑 业	22989	2279	2241	33597
交通运输、仓储和邮政业	86770	2787	-9515	2538284
信息传输、计算机服务和软件业	36453	-177		91047
批发和零售业	21272	16710	6204	-19264
住宿和餐饮业	10949	912	877	1440
房地产业	165469	46099	15559	121748
租赁和商务服务业	95475	30139	25633	6167
科学研究、技术服务和地质勘查业	1932	28	24	4631
居民服务和其他服务业	927	-5	-5	-2042
教育	3749	-3	-4	604
卫生、社会保障和社会福利业				
四、高新技术产业	1178651	161981	136143	1797830

11—17 续表 12　　　　(2010)

行业名称	应交税金 (千元)	净利润 (千元)
合　计	**2775089**	**4006764**
#国有企业与客商兴办的合资、合作企业	1050178	1635220
# 以原有企业为依托的合资、合作企业	278032	251645
一、按投资方式分组		
(一) 港、澳、台投资经济	995453	730838
1. 港澳台合资经营企业	331716	208184
2. 港澳台合作经营企业	30396	8831
3. 港澳台独资经营企业	633341	513823
(二) 外商投资经济	1779636	3275926
1. 中外合资经营企业	653088	469481
2. 中外合作经营企业	656204	1778829
3. 外资企业	470344	1027616
二、按产业分组		
第一产业	6722	-2293
第二产业	1998873	1892378
第三产业	769494	2116679
三、按国民经济行业分组		
农、林、牧、渔业	6722	-2293
制造业	1738241	1991084
# 农副食品加工业	5935	8876
食品制造业	50662	56241
饮料制造业	3173	4
纺织业	11928	15200
纺织服装、鞋、帽制造业	7102	8246
皮革、皮毛、羽毛(绒)及其制品业	57676	28884
造纸及纸制品业	220	398
印刷业和记录媒介的复制	187	-65
文教体育用品制造业	29	36
石油加工、炼焦及核燃料加工	2	16

11—17 续表13 （2010）

行业名称	应交税金（千元）	净利润（千元）
化学原料及化学制品制造业	119235	206469
医药制造业	1105421	1087931
橡胶制品业	19360	-11510
塑料制品业	32744	58152
非金属矿物制品业	3110	-13371
黑色金属冶炼及压延加工业	48372	37671
有色金属冶炼及压延加工业	53	133
金属制品业	95545	172049
通用设备制造业	4853	11066
专用设备制造业	7009	7970
交通运输设备制造业	111938	232702
电气机械及器材制造业	43503	76603
通信设备、计算机及其他电子设备制造业	5793	9693
仪器仪表及文化、办公用机械制造业	3349	930
工艺品及其他制造业	236	-5241
电力、煤气及水的生产和供应业	242700	-122585
建 筑 业	17932	23879
交通运输、仓储和邮政业	684267	1998897
信息传输、计算机服务和软件业	24645	82810
批发和零售业	1575	-21157
住宿和餐饮业	3442	-608
房地产业	31043	56554
租赁和商务服务业	23688	6108
科学研究、技术服务和地质勘查业	75	-194
居民服务和其他服务业	348	-2097
教育	92	512
卫生、社会保障和社会福利业		
四、高新技术产业	1142409	1187622

省级及以上开发区主要经济指标

11—18

指标名称	计量单位	2010 年	2009 年
一、1、全部实有注册企业数	个	2904	2880
其中：投产（开业）企业	个	2435	1664
2、全部投产企业期末人数	人	131158	158312
二、1、期末实有三资企业数	个	115	107
其中：投产（开业）企业	个	96	89
2、本期新增三资企业数	个	3	4
3、外方注册资本	万美元	6829	3515
4、本期外商实际投资	万美元	8054	2731
其中：外商直接投资	万美元	3567	2731
5、本期新批合同外资	万美元	6851	5206
三、1、期末实有内资企业数	个	2789	2773
其中：投产（开业）企业	个	2339	1575
2、实际利用省外资金（内资）	万元	1159220	720000
四、1、工业总产值（当年价格）	万元	16532149	12602886
2、工业销售产值（当年价格）	万元	16076924	12464319
其中：出口交货值	万元	783869	587410
五、1、主营业务收入	万元	15932324	10909587
2、主营业务成本	万元	13452578	9270901
3、主营业务税金及附加	万元	477639	353162
六、1、本年固定资产投资完成额	万元	2428240	1619912
其中：企业固定资产投资完成额	万元	1962176	1430996
2、企业用地面积	万平方米	2258	2258
七、财政收入	万元	607435	407890

涉外旅游情况

11—19

指标名称	2010 年	2009 年	增长速度（%）
一、入境游客人数合计（人次）	117328	106303	10. 37
1、外国人	99800	93458	6. 79
2、香港同胞	9364	6674	40. 31
3、澳门同胞	977	837	16. 73
4、台湾同胞	7187	5334	34. 74
二、入境游客人天数合计（人天）	234961	214732	8. 62
1、外国人	199772	186093	7. 35
2、香港同胞	18764	14682	27. 8
3、澳门同胞	1953	1674	16. 67
4、台湾同胞	14445	12283	17. 6
三、创汇金额（万美元）	4383. 92	4000	9. 6

按贸易方式及企业性质分进出口总值

11—20　　　　(2010)　　　　计量单位：千美元、%

贸易方式	进出口	比上年增长	其中：出口	比上年增长	进口	比上年增长
合　计	**10974103**	**99.3**	**5793729**	**34.6**	**5180375**	**331.7**
一、按进出口贸易方式分组						
一般贸易	10129120	109.2	5171923	36.5	4957197	371.1
国家间、国际组织援助赠送物资	1126	482.2	1126	482.2		
加工贸易	835349	28.1	617965	21	217384	54
来料加工装配贸易	28158	-43.5	13830	-63.2	14328	17
进料加工贸易	807191	34	604135	27.7	203056	57.5
加工贸易进口的设备	39	45.3			39	45.3
对外承包工程货物	2349	-48.3	2349	-48.3		
外商投资企业投资进口的设备物品	1864	-60.5			1864	-60.5
保税仓库进出境货物	1919	754.2		-100	1919	1027.1
其他	2246	38.6	274	205.2	1971	28.8
二、按进出口企业性质分组						
国有企业	4836249	484.2	918692	62	3917558	1403.4
外商投资企业	1741563	0.8	1400731	5.1	340832	-14
中外合作企业	139953	-32.1	103381	-41.2	36572	21.5
中外合资企业	1210785	8.9	970074	18.4	240711	-17.8
外商独资企业	390825	-4.9	327276	-3	63549	-13.3
集体企业	424034	77.1	200381	53.6	223653	105.2
私营企业	3940152	46.1	3241910	43.3	698243	60.8
个体工商户	32048	137.3	32015	137.1	33	
其他企业	57	130.6			57	130.6

按国别（地区）分进出口总值

11—21　　　　（2010）　　　　计量单位：千美元、%

国别（地区）	进出口	比上年增长	其中：出口	比上年增长	进口	比上年增长
合　计	**10974103**	**99.3**	**5793729**	**34.6**	**5180375**	**331.7**
亚洲	2714313	44	2076744	41	637569	54.7
阿富汗	617	-55.2	617	-55.2		
巴林	1597	43.2	1504	34.8	93	
孟加拉国	52958	27.6	48860	22.6	4098	148.9
文莱	2688	142.9	2688	142.9		
缅甸	4688	26.8	4688	26.8		
柬埔寨	7419	96	7419	97		-100
塞浦路斯	4273	48.1	4273	48.1		
朝鲜	3740	479.7	594	-1.3	3146	7202.6
中国香港	86372	20.4	84054	22	2318	-17.7
印度	436602	85.3	296142	49.1	140460	279.8
印度尼西亚	187669	69.1	147683	55	39987	154.9
伊朗	79715	67	52545	33.6	27170	223.3
伊拉克	10289	118.6	10289	118.6		-100
以色列	57520	17.1	52981	38.3	4539	-57.9
日本	368735	12.4	236561	22.2	132174	-1.7
约旦	11245	15.1	11245	15.1		
科威特	7369	55.3	6608	39.3	761	
老挝	3827	35307	3827	35307		
黎巴嫩	7000	8.6	7000	8.6		-100
中国澳门	616	-11.5	616	-11.4		-78.6
马来西亚	122826	21.8	108566	29	14259	-14.7
马尔代夫	185	-6.2	185	-6.2		
蒙古	1459	-48.2	1261	-26.3	198	-82
尼泊尔	339	-30.1	339	-30.1		
阿曼	10081	58.8	7160	58.8	2922	58.9

11—21 续表 1　　　　(2010)　　　　计量单位：千美元、%

国别（地区）	进出口	比上年增长	其中：			
			出口	比上年增长	进口	比上年增长
巴基斯坦	68000	46.8	59449	33.0	8551	434.2
巴勒斯坦	46	-83.4	46	-83.4		
菲律宾	66273	60.3	61588	50.3	4685	1158.0
卡塔尔	3989	89.5	3837	88.5	151	116.6
沙特阿拉伯	75933	21.2	72592	18.1	3342	182.2
新加坡	57762	16.3	37065	9.6	20696	30.4
韩国	329132	40.8	249285	46.3	79847	26.0
斯里兰卡	14406	22.9	13763	37.8	643	-63.0
叙利亚	13130	41.5	13130	41.5		
泰国	92565	13.1	84289	16.4	8276	-12.4
土耳其	77576	133.5	57039	104.9	20537	281.7
阿联酋	78296	41.4	77000	45.8	1296	-49.1
也门共和国	16455	17.3	16455	17.3		
越南	94059	67.5	91677	64.2	2382	659.9
台澎金马关税区	145841	37.3	53853	41.3	91988	35.0
哈萨克斯坦	26063	31.3	13946	47.3	12117	16.6
吉尔吉斯斯坦	47101	286.2	47101	286.2		
塔吉克斯坦	12210	515.7	12210	515.7		
土库曼斯坦	2525	78.9	2346	74.0	179	183.7
乌兹别克斯坦	12244	43.7	12244	43.7		
非洲	647458	91.5	352588	14.1	294870	915.3
阿尔及利亚	11621	-31.6	11562	-31.8	59	95.4
安哥拉	14770	-10.8	14770	-10.8		
贝宁	10630	48.5	9646	34.8	984	

11—21 续表2　　　　(2010)　　　　计量单位：千美元、%

国别（地区）	进出口	比上年增长	其中：			
			出口	比上年增长	进口	比上年增长
博茨瓦那	555	99.3	555	99.3		
布隆迪	1056	55.0	1056	55.0		
喀麦隆	9920	59.9	6113	20.7	3807	234.8
加那利群岛	22	-72.5	22	-72.5		
佛得角	307	-41.2	307	-41.2		
乍得	318	118.1	318	118.1		
科摩罗	22	-89.9	22	-89.9		
刚果	786	7.5	786	7.5		
吉布提	1045	-43.9	1045	-43.9		
埃及	42985	23.3	37431	18.5	5554	69.5
赤道几内亚	2004	5.6	2004	5.6		
埃塞俄比亚	16714	-10.6	15848	27.5	866	-86.2
加蓬	751	45.2	751	45.2		
冈比亚	3065	57.2	3065	57.2		
加纳	20806	6.7	20806	6.7		
几内亚	2034	79.3	2034	79.3		
几内亚（比绍）	166	-34.1	166	-34.1		
科特迪瓦	3219	105.2	2544	62.2	675	
肯尼亚	21895	24.5	21574	22.6	321	
利比里亚	2023	35.4	2023	35.4		
利比亚	7474	-17.3	7474	-17.3		
马达加斯加	10280	16.8	9645	21.2	636	-24.4
马拉维	886	20.0	886	20.0		
马里	6127	308.4	907	-39.5	5219	
毛里塔尼亚	2006	-27.1	2006	-27.1		
毛里求斯	8596	9.4	8590	9.3	6	

11—21 续表3　　　　(2010)　　　　计量单位：千美元、%

国别（地区）	进出口	比上年增长	其中：			
			出口	比上年增长	进口	比上年增长
摩洛哥	12611	-11.6	12584	-11.8	27	
莫桑比克	2885	-51.1	2438	-9.5	446	-86.1
纳米比亚	561	-44.3	561	-44.3		
尼日尔	829	221.1	829	221.1		
尼日利亚	37080	27.3	37062	27.9	18	-88.9
留尼汪	699	21.3	699	21.3		
卢旺达	407	85.3	407	85.3		
圣多美和普林西比	117	3.2	117	3.2		
塞内加尔	4036	55.1	4036	62.9		-100.0
塞舌尔	222	111.5	222	111.5		
塞拉利昂	3235	26.6	3235	26.6		
索马里	147	-15.9	109	-7.6	39	-32.8
南非	314779	636.0	45397	47.3	269382	2154.8
苏丹	15685	-8.4	11226	-26.4	4459	137.0
坦桑尼亚	19398	117.0	18127	102.8	1271	
多哥	6228	-7.1	6091	-7.9	137	58.2
突尼斯	4493	4.5	4474	4.1	19	
乌干达	2245	16.1	2245	16.1		
布基纳法索	1662	292.2	1662	331.7		-100.0
民主刚果	13042	-14.7	13042	-14.7		
赞比亚	1626	318.2	1345	245.9	281	
津巴布韦	2281	106.8	1617	46.6	664	
斯威士兰	586	67.0	586	67.0		
厄立特里亚	328	253.8	328	253.8		
马约特岛	46	-60.4	46	-60.4		
欧洲	2185890	37.5	1840063	37.1	345827	39.3

11—21 续表 4　　　　(2010)　　　　计量单位：千美元、%

国别（地区）	进出口	比上年增长	其中：			
			出口	比上年增长	进口	比上年增长
比利时	104871	32.8	98053	39.5	6819	-21.7
丹麦	30815	10.5	24746	24.0	6069	-23.5
英国	199388	36.4	165085	25.7	34303	131.7
德国	427618	34.5	303041	33.9	124577	36.1
法国	109413	32.6	91860	20.1	17553	189.6
爱尔兰	15045	5.0	9926	-16.9	5119	115
意大利	225598	28.2	174816	26.0	50782	36.4
卢森堡	674	-47.0	628	-50.4	46	613.7
荷兰	139673	29.2	128966	30.3	10707	17.5
希腊	8531	-24.6	8219	-24.8	312	-19.1
葡萄牙	20111	15.3	18276	10.7	1836	96.6
西班牙	108536	25.1	96680	19.7	11856	96.1
阿尔巴尼亚	1017	12.8	1017	12.8		
奥地利	10260	62.1	5870	52.6	4390	77.0
保加利亚	5288	164.7	2083	4.3	3205	
芬兰	44869	21.1	42414	16.6	2455	269.1
匈牙利	8768	21.9	8708	25.3	60	-75.5
冰岛	179	97.9	179	97.9		
马耳他	1108	382.3	1108	382.9		-100.0
摩纳哥	45	39.2	45	39.2		
挪威	8783	21.2	8579	27.7	204	-61.6
波兰	26698	15.4	26575	22.3	123	-91.2
罗马尼亚	6012	60.2	5720	53.5	292	987.1
瑞典	41655	39.4	30957	35.3	10698	52.8
瑞士	30374	145.2	7716	57.4	22658	202.7
爱沙尼亚	2600	96.2	2457	89.3	144	415.3

11—21 续表 5　　　　(2010)　　　　计量单位：千美元、%

国别（地区）	进出口	比上年增长	其中：			
			出口	比上年增长	进口	比上年增长
拉脱维亚	8533	305.9	8482	315.8	51	-18.3
立陶宛	7897	27.4	7795	33.0	102	-69.7
格鲁吉亚	5081	279.1	5080	279.0	1	
亚美尼亚	571	-48.4	571	-48.4		
阿塞拜疆	181	-59.7	141	-68.6	40	
白俄罗斯	7852	12.7	7852	12.7		
摩尔多瓦	177	-53.9	168	-56.2	9	
俄罗斯联邦	528619	55.3	498622	66.9	29997	-28.2
乌克兰	29191	86.0	28173	86.6	1017	71.4
斯洛文尼亚	3331	26.8	3291	25.3	40	
克罗地亚	4067	42.3	4067	42.3		
捷克共和国	9450	19.6	9101	21.5	349	-15.6
斯洛伐克	1661	197.1	1651	203.9	10	-34.7
马其顿	37	77.0	33	57.7	4	
波斯尼亚-黑塞哥维那共和	115	60.2	115	60.2		
塞尔维亚	689	-15.9	689	-15.9		
黑山	506	10.9	506	10.9		
拉丁美洲	2091761	521.6	374857	51.6	1716904	1823.0
安提瓜和巴布达	44	-24.4	44	-24.4		
阿根廷	24238	44.5	23698	52.7	540	-57.1
阿鲁巴岛	14	261.9	14	261.9		
巴哈马	55	271.4	55	271.4		
巴巴多斯	132	5.5	132	5.5		
伯利兹	25	-66.4	25	-66.4		
玻利维亚	760	15.0	348	-47.4	412	
巴西	1814952	1077.5	101014	45.6	1713938	1922.5
智利	66009	69.1	65707	74.3	302	-77.3

11—21 续表6　　(2010)　　计量单位：千美元、%

国别（地区）	进出口	比上年增长	其中：			
			出口	比上年增长	进口	比上年增长
哥伦比亚	13968	28.6	13968	28.6		
多米尼亚共和国	72	-79.1	72	-79.1		
哥斯达黎加	5770	44.1	5686	42.0	84	62712.0
古巴	3191	104.4	3191	104.4		
库腊索岛		-100.0		-100.0		
多米尼加共和国	8943	43.1	8933	43.0	10	
厄瓜多尔	6321	12.8	6289	12.2	33	
格林纳达	30	-1.8	30	-1.8		
瓜德罗普	93	74.8	93	74.8		
危地马拉	9005	39.4	8968	38.8	37	
圭亚那	1872	323.9	1872	323.9		
海地	6154	18.4	6154	18.4		
洪都拉斯	1633	23.3	1622	22.4	11	
牙买加	1005	0.3	1005	0.3		
马提尼克	40	2725.0	40	2725.0		
墨西哥	40648	61.8	40087	69.6	561	-62.1
尼加拉瓜	16813	75.2	16803	75.1	10	
巴拿马	14199	19.4	14199	19.4		
巴拉圭	1908	80.4	1801	82.0	107	57.9
秘鲁	20486	98.5	20360	100.3	126	-19.1
波多黎各	3963	9.4	3962	9.4	1	227.8
圣卢西亚	32	217.5	32	217.5		
圣马丁岛		-100.0		-100.0		
圣文森特和格林纳丁斯		-100.0		-100.0		
萨尔瓦多	2025	-14.4	2025	-14.4		
苏里南	1578	44.2	1578	44.2		
特立尼达和多巴哥	5537	25.9	5537	26.2		-100.0

11—21 续表 7　　　　(2010)　　　　计量单位：千美元、%

国别（地区）	进出口	比上年增长	其中：			
			出口	比上年增长	进口	比上年增长
乌拉圭	6885	81.4	6160	73.0	725	208.6
委内瑞拉	13051	43.1	13044	43.0	7	
英属维尔京群岛	230	1047.9	230	1047.9		
圣其茨－尼维斯		-100.0		-100.0		
荷属安地列斯群岛	79	284.7	79	284.7		
北美洲	1205723	23.5	1027928	22.1	177795	32.1
加拿大	137726	29.1	98264	29.3	39462	28.7
美国	1067983	22.8	929665	21.4	138318	33.1
大洋洲	2128959	461.3	121547	31.4	2007412	600.0
澳大利亚	2087696	481.2	94587	25.9	1993109	601.6
斐济	2576	115.8	2576	115.8		
新喀里多尼亚	325	25.5	320	23.5	5	
瓦努阿图	96	40.2	96	40.2		
新西兰	27726	127.9	13429	42.0	14298	427.7
巴布亚新几内亚	9437	64.6	9437	64.6		
社会群岛	9	-82.0	9	-82.0		
所罗门群岛	34	-67.5	34	-67.5		
汤加	193	245.5	193	245.5		
萨摩亚	434	130.7	434	130.7		
密克罗尼西亚联邦	125	95.5	125	95.5		
马绍尔群岛		-100.0		-100.0		
法属波利尼西亚	229	28.7	229	28.7		
瓦利斯和浮图纳	51	212.5	51	212.5		
大洋洲其他国家（地区）	28	99.1	28	99.1		
东南亚国家联盟	639775	42.3	549489	40.5	90286	54.5
欧盟 25 国	1561377	30.5	1272978	27.5	288399	45.8
欧盟 27 国	1572677	30.9	1280781	27.6	291896	47.6

按商品构成分进出口总值

11—22　　　　(2010 年)　　　　计量单位：千美元、%

商品构成	出口	比上年增　长	进口	比上年增　长
合计	**5793703**	**34.6**	**5180375**	**331.7**
一．初级产品	372325	31.8	4457762	616.8
第 0 类　食品及活动物	235767	8.0	24176	219.0
00 章　活动物		-100.0	2678	7439.7
01 章　肉及肉制品	26596	7.0	3386	10.1
02 章　乳品及蛋品			13873	1062.8
03 章　鱼，甲壳及软体类动物及制品	2080	21.1	317	-50.8
04 章　谷物及其制品	1376	-20.1	2230	20.5
05 章　蔬菜及水果	158932	9.5	1400	1492.7
06 章　糖，糖制品及蜂蜜	18373	71.3	110	390.6
07 章　咖啡，茶，可可，调味料及制品	15379	-21.9	4	-98.0
08 章　饲料（不包括未碾磨谷物）	7036	-27.8		-100.0
09 章　杂项食品	5995	30.6	177	-61.7
第 1 类　饮料及烟类	585	15.7	720	-52.0
11 章　饮料	585	15.7	720	-52.0
第 2 类　非食用原料（燃料除外）	85492	64.7	4272594	771.2
21 章　生皮及生毛皮	1342	216.2	114807	86.1
22 章　油籽及含油果实	9318	-14.3	10129	-34.3
23 章　生橡胶（包括合成及再生橡胶）	2451	738.1	18423	62.4
24 章　软木及木材	225	-34.1	246	30.5
25 章　纸浆及废纸		-100.0	34530	39.1
26 章　纺织纤维（羊毛条除外）及废料	38783	113.9	74377	407.9
27 章　天然肥料及矿物（除煤，石油，宝石）	20289	56.1	9168	65.4
28 章　金属矿砂及金属废料	725	58.8	4009750	1026.6
29 章　其他动，植物原料	12359	47.3	1164	62.7

11—22 续表 1　　(2010 年)　　计量单位：千美元、%

商品构成	出口	比上年增长	进口	比上年增长
第 3 类　矿物燃料，润滑油及有关原料	49158	360.9	160181	30.9
32 章　煤，焦炭及煤砖	12		149585	25.9
33 章　石油，石油产品及有关原料	49146	360.8	10597	197.6
第 4 类　动植物油，脂及蜡	1323	2.6	92	173.2
41 章　动物油，脂	5	-89.2		
42 章　植物油，脂		-100.0	92	172.2
43 章　已加工的动植物油，脂及动植物腊	1318	11.0		
二. 工业制品	5421378	34.7	722613	25.0
第 5 类　化学成品及有关产品	1464603	25.4	264730	9.1
51 章　有机化学品	365890	39.4	75458	-2.5
52 章　无机化学品	77076	93.0	1846	-61.6
53 章　染料，鞣料及着色料	52505	65.8	9468	50.8
54 章　医药品	871192	14.7	41250	19.3
55 章　精油，香料及盥洗，光洁制品	5245	95.3	2393	-17.6
56 章　制成肥料	1253	121.6		-100.0
57 章　初级形状的塑料	13853	140.6	100000	11.6
58 章　非初级形状的塑料	16788	59.7	3661	37.1
59 章　其他化学原料及产品	60800	10.4	30654	25.9
第 6 类　按原料分类的制成品	1778667	46.4	92291	31.2
61 章　皮革，皮革制品及已鞣毛皮	17842	6.0	19331	106.5
62 章　橡胶制品	4718	31.0	625	-6.7
63 章　软木及木制品（家具除外）	6607	-6.5	1341	25.4
64 章　纸及纸板；纸浆，纸及纸板制品	15019	85.5	3259	44.9
65 章　纺纱，织物，制成品及有关产品	512425	46.7	15097	44.7
66 章　非金属矿物制品	147952	24.9	8577	206.2

11—22 续表 2　　　　（2010 年）　　　　计量单位：千美元、%

商品构成	出口	比上年增　长	进口	比上年增　长
67 章　钢铁	614930	77.3	30148	-24.9
68 章　有色金属	7094	112.8	8147	441.2
69 章　金属制品	452080	25.1	5766	171.0
第 7 类　机械及运输设备	470058	33.3	309297	34.2
71 章　动力机械及设备	59429	68.9	4679	144.6
72 章　特种工业专用机械	82729	11.1	53673	-0.7
73 章　金工机械	27811	19.6	11432	120.5
74 章　通用工业机械设备及零件	175937	39.5	149236	31.6
75 章　办公用机械及自动数据处理设备	893	4.6	8085	26.5
76 章　电信及声音的录制及重放装置设备	25408	175.1	3188	-61.4
77 章　电力机械，器具及其电气零件	40262	13.2	53741	47.9
78 章　陆路车辆（包括气垫式）	54147	19.8	22621	445.4
79 章　其他运输设备	3444	20.8	2643	268.2
第 8 类　杂项制品	1708044	32.7	56295	62.2
81 章　活动房屋；卫生，供热，照明装置	13950	10.4	20	79.5
82 章　家具及零件；褥垫及类似填充制品	19786	32.5	213	206.2
83 章　旅行用品，手提包及类似品	27898	41.6	36	5480.0
84 章　服装及衣着附件	1389796	29.6	1496	518.2
85 章　鞋靴	100866	136.8	6	-41.5
87 章　专业，科学及控制用仪器和装置	21352	42.1	48310	69.4
88 章　摄影器材，光学物品及钟表	7274	10.5	2416	54.0
89 章　杂项制品	127120	22.6	3798	-11.2
第 9 类　未分类的商品	7	-93.8		

出口主要商品统计情况

11—23　　(2010 年)

商品构成	计量单位	数量	比上年增长 (%)	金额 (千美元)	比上年增长 (%)
肉及杂碎	吨	2125	-2.6	11498	13.1
冻鸡	吨	100	33.4	190	47.1
水海产品	吨	377	8.3	1040	11.7
冻鱼、冻鱼片	吨	361	10.7	922	10.6
粮食	吨	56947	-24.0	56780	-2.5
谷物及谷物粉	吨	1833	-36.5	991	-28.8
淀粉块茎及薯类	吨	51	-58.3	24	-55.2
豆类	吨	55063	-23.4	55765	-1.8
蔬菜	吨	30870	8.3	30402	41.9
鲜或冷藏蔬菜	吨	12123	18.4	8471	118.3
干的食用菌类	吨	37	-49.8	271	-36.1
鲜、干水果及坚果	吨	76819	16.5	38118	23.2
橘、橙	吨	275	975.3	125	937.3
苹果	吨	1340	35.9	956	48.1
梨	吨	74123	16.2	34941	22.7
果蔬汁	吨	1498	22.2	1969	16.4
食用油籽	吨	8032	-23.4	9305	-5.3
大豆	吨	436	1.2	311	1.1
花生、花生仁	吨	5230	-37.9	6189	-17.6
食用植物油	吨		-100.0		-100.0
豆油	吨		-100.0		-100.0
花生油	吨		-100.0		-100.0
烘焙花生	吨	423	-33.4	679	-7.7
天然蜂蜜	吨	792	225.0	1294	268.2
辣椒干	吨	1153	-60.9	2765	-44.3
蘑菇罐头	吨	88	78.4	144	72.6
肠衣	吨	209	92.2	4446	63.4
填充用羽毛；羽绒	吨	5	-70.3	104	-77.1
药材	吨	1051	-13.0	5394	69.2
肥料	吨	21751	134.0	3373	118.0
矿物肥料及化肥	吨	8639	102.1	1313	74.8
尿素	吨	22	-44.8	6	-50.2
锯材	立方米	299	-31.4	153	-47.9
胶合板及类似多层板	立方米	6472	-6.5	2537	-7.9
印刷品	吨	879	66.1	3686	42.6
山羊绒	吨	244	51.3	17791	100.0
粘土及其他耐火矿物	吨	15275	48.1	3536	51.5
天然石墨	吨	1371	3.0	446	7.1
天然碳酸镁；氧化镁	吨	4259	916.6	594	355.4

11—23 续表 1 (2010 年)

商品构成	计量单位	数量	比上年增长（%）	金额（千美元）	比上年增长（%）
天然硫酸钡（重晶石）	吨	26	-88.2	6	-82.2
石蜡	吨	593	887.5	745	875.3
稀土	吨	12872	245.3	1582	150.8
氧化铝	吨	68	44.7	576	50.2
钨品	吨	68	214.8	1199	259.0
氧化锌及过氧化锌	吨	811	18.4	1011	32.8
碳酸钠（纯碱）	吨	1272	-18.0	252	-15.4
柠檬酸	吨		-100.0		-100.0
合成有机染料	吨	3891	17.9	9249	29.0
锌钡白（立德粉）	吨	2875	83.1	1508	91.5
医药品	吨	82784	34.7	871225	14.7
维生素 C	吨	37833	39.9	281559	-5.2
抗菌素（制剂除外）	吨	12116	37.8	316418	46.2
中式成药	吨	75	16.9	1535	16.4
医用敷料	吨	354	17.4	2129	18.7
洗衣粉	吨	1284	116.4	633	119.3
烟花、爆竹	吨	840	-29.2	1478	-19.2
农药	吨	3152	-34.8	10704	-51.7
初级形状的聚氯乙烯	吨	2288	3840.2	1915	2535.0
新的充气橡胶轮胎	万条	18	-44.8	243	-59.0
家用或装饰用木制品	吨	49	-44.3	114	-39.8
纸及纸板（未切成形的）	吨	1659	180.5	1550	219.9
牛皮纸	吨	126	2174.7	81	9347.8
纺织纱线、织物及制品				513652	46.8
毯子及旅行毯	万条	29	8.7	1131	14.0
床上餐桌盥洗厨房织物制品	万件	8590	31.2	77363	73.6
毛纺机织物	万米	35	67.6	5514	34.8
棉机织物	万米	6152	33.2	106131	54.5
亚麻及苎麻机织物	万米	19	2.2	580	27.3
合成短纤与棉混纺机织物	万米	15883	6.1	110051	36.5
地毯	万平方米	1598	69.3	51489	59.8
塑料编织袋（周转袋除外）	万条	3497	54.5	8819	62.1
水泥	吨	18336	-13.9	2099	-10.2
花岗岩石材及制品	吨	8475	29.4	5830	33.2
平板玻璃	万平方米	250	-22.1	797	-17.6
玻璃制品				26426	47.3
家用陶瓷器皿	吨	24785	44.3	23086	55.6
铁合金	吨	5150	172.7	8767	185.9
钢材	吨	696086	61.5	606135	76.3
钢铁棒材	吨	283197	118.2	196918	151.2

11—23 续表 2　　(2010 年)

商品构成	计量单位	数量	比上年增长（%）	金额（千美元）	比上年增长（%）
角钢及型钢	吨	43621	24.5	40789	19.8
钢铁板材	吨	121886	24.4	88213	49.6
钢铁线材	吨	89963	46.8	97229	94.5
钢铁管配件	吨	76585	31.3	105719	32.0
废钢	吨		-100.0		-100.0
未锻造的铜及铜材	吨	147	43.0	1527	105.9
铜材	吨	147	43.0	1527	105.9
未锻造的铝及铝材	吨	880	109.9	3216	96.4
铝材	吨	880	109.9	3216	96.4
钢铁或铜制标准紧固件	吨	4361	14.1	5686	18.6
不锈钢厨具、餐具等家用器具	吨	47	31.2	277	28.7
餐桌、厨房及其他家用搪瓷器	吨	505	174.4	1397	206.5
手用或机用工具	吨	12416	27.0	50152	73.9
电扇	台	67056	-10.1	1927	20.5
空气调节器	台	474	102.6	8490	315.7
冰箱	台	7704	3.7	600	7.7
洗衣机	台	1	-88.9		-88.8
纺织机械及零件				2847	54.7
工业用缝纫机	台	840	20900.0	85	1022.0
金属加工机床	台	23114	7.4	5145	63.1
车床	台	2	-71.4	187	105.1
电子计算器	台	59000	-73.5	14	-94.1
自动数据处理设备及其部件	台	2014	-81.2	314	-76.0
自动数据处理设备	台	10	-33.3	10	21.7
便携式电脑	台	1	-66.7		-89.4
微型电脑	台	6	-50.0	6	-17.0
显示器	台	1490	-85.9	136	-88.3
液晶显示器	台	1490		136	
阴极射线管显示器	台		-100.0		-100.0
存储部件	台	415	5828.6	111	6464.4
自动数据处理设备的零件	吨	1	122.4	59	-38.1
打印机（包括多功能一体机）	台	3	-70.0	1	-77.1
液晶显示板	万个	1732	18.7	11363	36.6
轴承	万套	646	53.6	1762	24.8
电动机及发电机	台	881909	62.1	40550	54.2
变压器	万个		49.4	2920	-55.8
静止式变流器	万个	2	1195.8	180	27.2
原电池	万个	3	-96.8	6	-92.9
蓄电池	万个	1	-65.8	20	-73.5
电话机	台	2804	4907.1	20	212.6

11—23 续表 3　　　　(2010 年)

商品构成	计量单位	数量	比上年增长（%）	金额（千美元）	比上年增长（%）
扬声器	万个	14	-21.9	667	-23.5
录、放像机	台	403	3930.0	5	230.4
DVD 播放机	台	400	7900.0	5	1295.3
电视、收音机及无线电讯设备的零附件	吨	1462	-16.2	5101	15.1
电容器	吨	1	97.0	19	-4.6
印刷电路	万块	73	32.2	1313	83.2
通断保护电路装置及零件				5788	79.5
节能灯	万只	27	219.1	273	217.5
二极管及类似半导体器件	万个	158	-10.9	2189	9.8
集成电路	万个	481	108.7	1199	92.5
处理器及控制器	万个		-100.0		-100.0
电线和电缆	吨	252	-19.5	1103	11.2
集装箱	个		-100.0		-100.0
汽车（包括整套散件）	辆	54	-41.3	448	-78.1
四轮驱动轻型越野车	辆		-100.0		-100.0
小客车（九座及以下的）	辆	1	-98.6	20	-98.6
货车（包括整套散件）	辆	5	400.0	143	732.1
汽车零件				42105	32.7
摩托车	万辆		409.2	164	402.3
自行车	万辆	18	17.7	4780	1.3
摩托车及自行车的零件				7939	18.7
船舶	艘	57	137.5	1753	132.7
医疗仪器及器械				5160	45.7
日用钟	万只	39	6.5	319	51.9
家具及其零件				12294	7.5
床垫、寝具及类似品				7492	114.3
灯具、照明装置及类似品				6497	37.5
箱包及类似容器				27872	41.5
体育用品及设备				5192	76.9
服装及衣着附件				1367697	28.6
织物制服装				746045	42.3
非针织钩编织物服装				627537	51.3
针织或钩编的服装				118509	8.3
皮革服装	万件	94	31.5	92269	31.7
裘皮服装	吨	136	50.3	35962	22.0
皮革手套	万双	369	134.1	8199	138.9
PVC 手套	万双	278085	-70.0	316625	1.0
织物制袜子	万双	601	707.9	1345	463.5
帽类	万个	7565	23.4	34858	33.5
鞋类				100866	136.8

11—23 续表 4　　　　（2010 年）

商品构成	计量单位	数量	比上年增长（%）	金额（千美元）	比上年增长（%）
鞋	万双	424	75.4	97228	130.6
外底及鞋面均以橡胶或塑料制的鞋	万双	51	147.8	1615	75.2
皮面鞋	万双	181	34.3	53839	45.5
橡胶或塑料底纺织材料为面的鞋	万双	17	-16.0	1020	-4.9
鞋靴零件；护腿及类似品	吨	451	278.3	3637	718.4
塑料制品	吨	15273	53.5	37255	43.5
玩具				373	98.7
圣诞用品				908	131.2
伞	万把	25	3538.6	333	805.9
竹编结品	吨	1	-0.5	2	-59.2
藤编结品	吨	20	98.4	63	69.3
草编结品	吨	85	-27.9	492	-17.1
柳编结品	吨	354	19.3	880	21.2
*农产品				265739	8.4
*机电产品				1084567	29.4
金属制品				560001	26.3
机械设备				297951	30.5
电器及电子产品				113799	50.7
运输工具				57774	19.8
仪器仪表				27672	29.0
其他				27369	28.0
*高新技术产品				245834	46.1
生物技术				584	-31.2
生命科学技术				191844	42.4
光电技术				11859	34.7
计算机与通信技术				22281	334.4
电子技术				8871	-28.3
计算机集成制造技术				4806	7.7
材料技术				5209	238.1
航空航天技术				262	-33.7
其他技术				117	3283.5
瓷砖	万平方米	5797	2656.8	14570	46.8
陶瓷卫生设备				2413	30.3
装饰陶瓷	吨	218	7677.2	262	5368.0
镁及其制品	吨	440	7229.1	1113	6930.9
*光伏电池及组件（85414）	万个	1	607.4	228	599.3
钢丝布、网、篱、格栅	吨	64503	13.0	81955	15.3
食品工业残渣	吨	300	-92.3	30	-96.3
饲料添加剂	吨	1114	6.1	6746	-23.0
葡萄糖及葡萄糖浆	吨	12009	40.1	8071	57.8

十二、教育　科技　文化

普通高等学校基本情况

12—1　　（2010年）　　计量单位：人

行政单位	招生人数	在校学生数	毕业生数	教职工数	# 专任教师
合　计	**110907**	**356849**	**96111**	**32185**	**20812**
河北师范大学	5629	20291	5456	2914	1494
河北经贸大学	5032	16965	4147	1836	1045
河北科技大学	5081	18045	5124	2461	1311
河北医科大学	3263	12116	2098	2439	1458
石家庄铁道大学	3461	12714	3322	1435	812
石家庄经济学院	4252	15918	5509	1450	905
河北体育学院	1368	4783	1018	463	312
石家庄学院	5173	16406	5015	1078	752
河北传媒学院	4022	10897	1795	1292	1005
河北师范大学汇华学院	3434	11818	2587	948	696
河北经贸大学经济管理学院	3298	11987	2028	681	563
河北科技大学理工学院	3825	13368	2292	699	541
河北医科大学临床学院	2426	10341	2092	374	278
石家庄铁道大学四方学院	2652	9267	1564	668	473
石家庄经济学院华信学院	1952	8009	1425	499	364
河北工业职业技术学院	4029	10941	3408	628	437
石家庄职业技术学院	4044	11339	3940	673	540
河北政法职业学院	4547	12765	4295	711	527
石家庄铁路职业技术学院	2372	6908	2086	429	302
河北省艺术职业学院	572	2209	696	304	200
河北交通职业技术学院	3478	9376	2878	542	445

12—1 续表　　　　（2010 年）　　　　计量单位：人

行政单位	招生人数	在校学生数	毕业生数	教职工数	# 专任教师
河北化工医药职业技术学院	3843	10312	3123	682	513
石家庄信息工程职业学院	3293	9824	3456	1454	654
石家庄邮电职业技术学院	2598	8065	2578	585	403
河北公安警察职业学院		1356	854	218	107
河北女子职业技术学院	2044	5539	1539	358	273
石家庄科技工程职业学院	996	2466	766	164	121
河北劳动关系职业学院	1406	2514		163	120
石家庄计算机职业学院	1901	5419	1507	439	310
石家庄外国语职业学院	776	3789	1306	289	193
石家庄法商职业学院	2850	8364	2684	472	412
石家庄外经贸职业学院	1570	4745	1384	297	202
石家庄东方美术职业学院	1131	5116	2048	620	465
石家庄工商职业学院	1527	3942	990	254	219
石家庄理工职业学院	2586	7013	1788	593	356
石家庄外语翻译职业学院	1332	6128	2202	530	365
石家庄科技信息职业学院	1989	5256	1215	456	284
石家庄医学高等专科学校	4081	12710	4640	1275	853
石家庄外事职业学院	1042	4135	1256	373	240
石家庄人民医学高等专科学校	1403	2192		283	150
石家庄科技职业学院	629	1501		156	112

技工学校基本情况

12—2　　　　（2010年）　　　　计量单位：人

行政单位	毕业生数	招生人数	在校学生数	教职工数	# 专任教师
全市合计	**10615**	**10838**	**26264**	**2096**	**1568**
石家庄铁路高级技工学校	1993	3502	8424	397	292
石家庄市高级技工学校	1169	1035	2327	141	98
行唐县劳动技工学校	84		30	22	17
西柏坡劳动技工学校	406	145	234	31	32
正定县劳动技工学校	260	309	572	41	31
藁城市劳动技工学校	209	287	546	32	22
鹿泉市劳动技工学校	73	119	549	54	42
元氏县劳动技工学校	89	63	89	20	15
赞皇县劳动技工学校	70		84	11	10
赵县劳动技工学校	67	20	45	33	30
栾城县劳动技工学校	38	38	101	21	18
井陉矿区劳动技工学校	653	216	530	37	30
无极县劳动技工学校	46	47	79	20	18
辛集市劳动技工学校	108	105	186	45	41
河北省地勘局技工学校	183	115	408	147	80
河北省交通职业技术学校	324	327	1223	105	91
河北省机电技工学校	361		150	40	31
河北旅游饭店管理中等专业学校技工班	11				
石家庄市机械技工学校	608	566	1361	121	113
石家庄市轻工技工学校	84	7	51	53	34
石家庄市交通技工学校	55	67	162	72	69

12—2 续表　　　　(2010 年)　　　　计量单位：人

行政单位	毕业生数	招生人数	在校学生数	教职工数	# 专任教师
石家庄市粮食技工学校		52	52	21	13
石家庄市电子技工学校	200	201	590	65	53
石家庄市第一职业中专技工班	70	7	13	16	15
石家庄市饮食集团公司技工学校	74	60	151	21	16
石家庄市国大集团技工学校	18	25	43	5	5
华北制药集团有限责任公司技工学校	366	546	1105	61	17
石家庄钢铁有限责任公司技工学校	91	41	41	13	10
石家庄工业工程技工学校	100	80	118	17	17
石家庄金钢内燃机零部件集团有限公司技工学校	84		210	12	12
石家庄泵业集团有限责任公司技工学校	45	11	80	7	6
石家庄市阀门三厂技工学校	63	31	121	10	8
中国人民解放军通用装备职业技术学校	322	395	864	67	56
河北省新力技工学校	323	239	905	51	47
河北省新华冶金技工学校	61	256	530	48	43
河北省工业数控技工学校	99	85	222	16	12
河北省工贸技工学校	686	392	902	44	23
石家庄市长安机电技工学校	472	364	694	27	21
石家庄市铁路职业技工学校	473	953	2239	125	56
石家庄市燕春技工学校	177	132	233	27	24

普通中学基本情况

12—3　　　　（2010年）　　　　计量单位：人

行政单位	学校数（所）	毕业生数	普通初中	普通高中	招生人数	普通初中	普通高中
全市总计	**437**	**201722**	**134013**	**67709**	**171401**	**99414**	**71987**
市区合计	83	51322	30987	20335	49943	26013	25195
#长安区	14	7058	4448	2610	7150	3570	3580
桥东区	13	4127	3190	937	3447	2796	651
桥西区	10	8200	4922	3278	8295	4445	3850
新华区	13	10294	8269	2025	8589	6001	2588
裕华区	14	1385	8827	1840	10580	7625	2955
矿　区	3	10667	937	448	853	522	331
井陉县	16	5990	4521	1469	5298	3419	1879
正定县	25	9599	6668	2931	8514	5167	3347
栾城县	14	6469	5057	1412	4791	2812	1979
行唐县	20	9305	5918	3387	8412	4542	3870
灵寿县	20	6770	5430	1340	5462	2731	1466
高邑县	8	3403	2214	1189	2621	1348	1273
深泽县	10	4253	3133	1120	3872	2064	1808
赞皇县	13	4106	2944	1162	2473	1820	653
无极县	20	7979	5966	2013	5898	3910	1988
平山县	26	8779	6165	2614	7785	4800	2985
元氏县	14	7371	5156	2215	8241	6309	1932
赵　县	29	14309	10019	4290	11372	6725	4647
辛集市	36	15680	10236	5444	12285	7129	5156
藁城市	32	16345	10274	6071	12045	6600	5445
晋州市	23	9659	6782	2877	7248	4789	2459
新乐市	30	13021	7941	5080	8564	5316	3248
鹿泉市	18	7362	4602	2760	6577	3920	2657

12—3 续表　　(2010 年)　　计量单位：人

行政单位	在校学生数			教职工数	
		普通初中	普通高中		#专任教师
全市总计	**524710**	**313910**	**210800**	**42025**	**36126**
市区合计	150538	77150	73388	11148	9218
#长安区	20718	11200	9518	1641	1448
桥东区	10727	8302	2425	1102	812
桥西区	24743	13579	11164	1644	1326
新华区	25402	17748	7654	1711	1455
裕华区	29931	21977	7954	2922	1964
矿　区	2075	1971	104	345	296
井陉县	16824	11802	5022	1313	1095
正定县	23331	15725	7606	2467	2041
栾城县	16436	10890	5546	1663	1376
行唐县	23399	14124	9275	1846	1406
灵寿县	14918	9814	5104	1144	1023
高邑县	8348	4542	3806	825	685
深泽县	11289	6976	4313	807	693
赞皇县	8455	5796	2659	1024	884
无极县	21505	13713	7792	1564	1358
平山县	24078	15762	8316	2035	1906
元氏县	22450	16703	5747	1650	1518
赵　县	37283	22815	14468	2568	2375
辛集市	38204	22129	16075	3004	2705
藁城市	38426	21711	16715	3115	2663
晋州市	22657	14976	7681	1944	1808
新乐市	27069	17343	9726	2040	1716
鹿泉市	19500	11939	7561	1868	1656

职业中学基本情况

12—4 (2010年) 计量单位：人

行政单位	学校数（所）	毕业生数	招生人数	在校学生数	教职工数	# 专任教师
全市总计	**166**	**81909**	**90947**	**262422**	**14476**	**9705**
市区合计	97	56053	60472	170907	5094	5228
#长安区	10	1846	2416	6184	541	367
桥东区	6	1242	1454	3967	343	243
桥西区	22	6384	8239	22759	2023	1034
新华区	16	6242	5771	16968	1030	653
裕华区	21	5565	6099	15681	1065	602
矿　区	2	753	406	1636	92	74
井陉县	1	700	520	2701	176	154
正定县	6	2344	2013	4967	437	320
栾城县	3	1361	1978	4410	429	384
行唐县	3	446	783	2758	256	167
灵寿县	4	1129	3571	9201	389	263
高邑县	2	131	746	2410	130	110
深泽县	2	470	785	2336	112	90
赞皇县	2		865	1556	125	86
无极县	3	2590	1846	7144	251	205
平山县	4	1542	2234	5941	267	233
元氏县	3	426	458	1631	151	133
赵　县	4	2924	2865	9118	496	468
辛集市	5	2670	1475	6484	425	362
藁城市	10	3406	3415	10213	647	474
晋州市	5	1323	1174	4374	414	325
新乐市	3	371	1891	3787	217	168
鹿泉市	9	4023	3856	12484	746	535

小学基本情况

12—5　　（2010 年）　　计量单位：人

行政单位	学校数（所）	毕业生数	招生人数	在校学生数	教职工数	# 专任教师
全市总计	**1750**	**98489**	**126370**	**671934**	**43884**	**41632**
市区合计	226	25551	27949	166133	8420	7862
#长安区	38	4378	4509	27523	1397	1327
桥东区	29	3493	3744	21308	1195	1120
桥西区	38	5013	5707	33585	1466	1379
新华区	48	5939	6120	36891	1801	1696
裕华区	57	5714	7107	41774	2006	1824
矿　区	16	873	689	4416	522	488
井陉县	67	3626	3384	20683	1572	1481
正定县	107	4581	6178	31666	2411	2325
栾城县	55	3214	4197	18541	1758	1686
行唐县	83	4596	7671	38497	2124	1941
灵寿县	85	2789	6647	29210	1790	1690
高邑县	41	1390	2775	11774	1195	1168
深泽县	35	2214	2967	14489	1144	1127
赞皇县	94	2466	5699	22687	1255	1228
无极县	120	4260	6259	31224	2405	2352
平山县	144	4722	6229	32879	2305	2263
元氏县	104	5799	7056	39385	2267	2105
赵　县	95	6730	6815	40723	2334	2269
辛集市	116	5984	7139	37937	2867	2667
藁城市	104	6555	8112	43341	3641	3436
晋州市	135	5074	5834	32127	2096	2054
新乐市	76	5316	7018	35590	2317	2111
鹿泉市	63	3622	4441	25048	1983	1867

全市专业技术人员情况

12—6　　　　(2010 年)　　　　计量单位：人

行业名称	中专以上学历人员	无学历有职称人员
总　　计	**534788**	**11175**
Ⅰ、国有经济单位合计	418542	6381
一、按隶属关系分组		
1. 中央	64506	797
2. 地方	354036	5584
二、按企业、事业、机关分组		
(一) 企业	136280	2707
1. 中央	52613	456
2. 地方	83667	2251
(二) 事业	196769	2516
1. 中央	7352	214
2. 地方	189417	2302
(三) 机关	85493	1158
1. 中央	4541	127
2. 地方	80952	1031
三、按国民经济行业分组		
(一) 农、林、牧、渔业	2936	81
(二) 采矿业	2183	
(三) 制造业	45461	1180
(四) 电力、燃气及水的生产和供应业	11278	71
(五) 建筑业	15342	595
(六) 交通运输、仓储和邮政业	27217	147
(七) 信息传输、计算机服务和软件业	5445	18
(八) 批发和零售业	20426	532
(九) 住宿和餐饮业	5267	118
(十) 金融业	2316	51
(十一) 房地产业	2108	48
(十二) 租赁和商务服务业	3344	40
(十三) 科学研究、技术服务和地质勘查业	18130	260
(十四) 水利、环境和公共设施管理业	6753	196
(十五) 居民服务和其他服务业	1335	56
(十六) 教育	112260	503
(十七) 卫生、社会保障和社会福利业	32395	873
(十八) 文化、体育和娱乐业	9758	223
(十九) 公共管理和社会组织	94588	1389
Ⅱ、城镇及集体经济单位合计	26225	1299
一、按企业、事业、机关分组		
1. 企业	22619	1016
2. 事业	3311	277
3. 机关	295	6
二、按国民经济行业分组		
(一) 农、林、牧、渔业	74	36
(三) 制造业	7697	198
(四) 电力、燃气及水的生产和供应业	96	
(五) 建筑业	2494	373

12—6 续表 (2010 年) 计量单位：人

行业名称	中专以上学历人员	无学历有职称人员
（六）交通运输、仓储和邮政业	851	45
（七）信息传输、计算机服务和软件业	62	17
（八）批发和零售业	4837	152
（九）住宿和餐饮业	462	15
（十）金融业	4031	182
（十一）房地产业	27	5
（十二）租赁和商务服务业	723	19
（十三）科学研究、技术服务和地质	61	4
（十四）水利、环境和公共设施管理业	171	
（十五）居民服务和其他服务业	1223	5
（十六）教育	608	
（十七）卫生、社会保障和社会福利业	2040	150
（十八）文化、体育和娱乐业	422	76
（十九）公共管理和社会组织	346	22
Ⅲ、其他各种单位合计	90021	3495
一、按登记注册类型分组		
（一）内资	69208	2398
1. 股份合作	3240	219
2. 联营	181	60
3. 有限责任公司	25970	1324
4. 股份有限公司	39235	789
5. 其他	582	6
（二）港澳台投资经济	11881	542
（三）外商投资	8932	555
二、按企业、事业分组		
1. 企 业	89469	3495
2. 事 业	552	
三、按国民经济行业分组		
（一）农、林、牧、渔业	6	
（二）采 矿 业	30	
（三）制 造 业	50860	2302
（四）电力、燃气及水的生产和供应	3974	56
（五）建 筑 业	4595	708
（六）交通运输、仓储和邮政业	1990	17
（七）信息传输、计算机服务和软件	365	
（八）批发和零售业	3709	35
（九）住宿和餐饮业	1197	80
（十）金融业	20974	231
（十一）房地产业	679	13
（十二）租赁和商务服务业	885	
（十三）科学研究、技术服务和地质	299	6
（十四）水利、环境和公共设施管理业	55	
（十五）居民服务和其他服务业	18	2
（十六）教育	380	45
（十八）文化、体育和娱乐业	5	

分县（市）区人才资源调查情况

12—7　　　　（2010 年）　　　　计量单位：人

行政单位	人才总数	国有单位	非国有单位	城镇集体单位	非公职（农民技术员）	劳动年龄人口数	人才密度指数（%）
石家庄市	**822837**	**432593**	**382341**	**3889**	**4014**	**6889237**	**11.94**
市区合计	375237	248016	148854	1189	188	2050528	18.30
#长安区	46208	5470	40678	60		288553	16.01
桥东区	23570	4526	18800	244		278112	8.48
桥西区	22870	7914	14890	51	15	374798	6.10
新华区	23707	21291	1705	711		342217	6.93
裕华区	35463	5385	29993	77	8	470926	7.53
矿　区	7031	2356	4464	46	165	63172	11.10
高新区	31920	6505	25415			100218	31.85
井陉县	16708	11172	5362	54	120	212714	7.86
正定县	44089	12156	30778	979	176	307744	14.33
栾城县	16800	8363	8060	192	185	220246	7.63
行唐县	23589	10273	3971		120	271768	8.68
灵寿县	10098	8166	1850	32	50	229174	4.41
高邑县	14122	5636	8162	34	123	122790	11.50
深泽县	8430	5405	2847	101	77	162073	5.20
赞皇县	11011	7293	3684	34		162802	6.76
无极县	20852	13862	6780	17	40	331862	6.28
平山县	20869	11153	9494	96	126	312561	6.68
元氏县	17820	9923	7003	68	211	240342	7.41
赵　县	31836	11721	7544	638	1020	382506	8.32
辛集市	41299	13869	27317	50	63	406967	10.15
藁城市	54254	16949	36628	224	239	525206	10.33
晋州市	33422	11105	22295	22		362278	9.23
新乐市	39258	11509	25121	28	877	329150	11.93
鹿泉市	43143	16022	26591	131	399	258526	16.69

规模以上工业企业R&D活动基本情况

12—8　　　　（2010年）

指标名称	企业数（个）	#有R&D活动单位数	#有科技机构单位数	R&D投入强度（%）
总　计	**2576**	**145**	**118**	**0.31**
一、按企业规模分组				
大中型企业	244	76	77	0.60
大型企业	26	19	21	0.74
中型企业	218	57	56	0.42
小型企业	2332	69	41	0.06
二、按登记注册类型分组				
内资企业	2449	131	104	0.25
国有企业	55	16	16	0.48
集体企业	76	1	1	0.01
股份合作企业	11	1	1	0.29
联营企业	3			
国有联营企业	1			
集体联营企业	1			
其他联营企业	1			
有限责任公司	332	47	42	0.59
国有独资公司	17	9	9	1.67
其他有限责任公司	315	38	33	0.25
股份有限公司	110	18	17	0.75
私营企业	1862	48	27	0.08
私营独资企业	529	3	1	0.01
私营合伙企业	171	2	3	0.02
私营有限责任公司	1057	36	17	0.08
私营股份有限公司	105	7	6	0.21
港、澳、台商投资企业	46	4	4	0.97
合资经营企业（港或澳、台资）	33	3	3	0.17
合作经营企业（港或澳、台资）	1			
港、澳、台商独资经营企业	10	1	1	1.48
港、澳、台商投资股份有限公司	2			
外商投资企业	81	10	10	0.90
中外合资经营企业	60	5	5	0.14
中外合作经营企业	2			
外资企业	16	4	4	2.37
外商投资股份有限公司	3	1	1	1.49

12—8 续表　　（2010 年）

行业名称	企业数（个）	# 有 R&D 活动单位数	# 有科技机构单位数	R&D 投入强度（%）
三、按国民经济行业大类分组				
采矿业	110	1	1	0.05
煤炭开采和洗选业	53	1	1	0.07
黑色金属矿采选业	37			
有色金属矿采选业	1			
非金属矿采选业	19			
制造业	2439	144	117	0.34
农副食品加工业	199	6	2	0.02
食品制造业	61	5	6	0.34
饮料制造业	24	2	1	0.08
烟草制品业	1			
纺织业	272	4	4	0.25
纺织服装、鞋、帽制造业	73	1	1	0.11
皮革、毛皮、羽毛（绒）及其制品业	244		1	
木材加工及木、竹、藤、棕、草制品业	32			
家具制造业	24			
造纸及纸制品业	59	1	1	0.06
印刷业和记录媒介的复制	27	3	3	0.38
文教体育用品制造业	1			
石油加工、炼焦及核燃料加工业	22	2	1	0.05
化学原料及化学制品制造业	327	22	24	0.26
医药制造业	83	17	16	1.53
化学纤维制造业	16	1	1	1.59
橡胶制品业	20	1	1	0.04
塑料制品业	84	2	1	0.02
非金属矿物制品业	247	6	5	0.07
黑色金属冶炼及压延加工业	16	4	4	0.43
有色金属冶炼及压延加工业	26			
金属制品业	122	12	5	0.36
通用设备制造业	180	16	12	0.26
专用设备制造业	75	15	8	0.83
交通运输设备制造业	46	6	6	1.45
电气机械及器材制造业	95	8	5	0.18
通信设备、计算机及其他电子设备制造业	28	6	6	1.02
仪器仪表及文化、办公用机械制造业	13	4	3	0.63
工艺品及其他制造业	17			
废弃资源和废旧材料回收加工业	5			
电力、燃气及水的生产和供应业	27			
电力、热力的生产和供应业	20			
燃气生产和供应业	3			
水的生产和供应业	4			

规模以上工业企业 R&D 活动人员情况

12—9　　　　（2010 年）

指标名称	R&D 人员合计（人）	#1. 参加项目人员	2. 管理和服务人员	#女性	#研究人员	#1. 全时人员	2. 非全时人员
总　　计	**14353**	**12410**	**1943**	**4733**	**7217**	**9750**	**4603**
一、按企业规模分组							
大中型企业	12759	11027	1732	4327	6449	8897	3862
大型企业	8521	7617	904	3287	4172	5518	3003
中型企业	4238	3410	828	1040	2277	3379	859
小型企业	1594	1383	211	406	768	853	741
二、按登记注册类型分组							
内资企业	12269	10524	1745	3834	6142	7970	4299
国有企业	3830	3451	379	1412	2006	2509	1321
集体企业	59	50	9	2	11	15	44
股份合作企业	8	7	1		6		8
有限责任公司	3663	2961	702	775	2347	2521	1142
国有独资公司	2073	1753	320	287	1534	1470	603
其他有限责任公司	1590	1208	382	488	813	1051	539
股份有限公司	2769	2337	432	1072	847	1795	974
私营企业	1940	1718	222	573	925	1130	810
私营独资企业	24	22	2	7	13	18	6
私营合伙企业	46	39	7	13	31	46	
私营有限责任公司	1092	943	149	298	501	547	545
私营股份有限公司	778	714	64	255	380	519	259
港、澳、台商投资企业	1401	1247	154	655	792	1190	211
合资经营企业（港或澳、台资）	101	95	6	30	31	93	8
港、澳、台商独资经营企业	1300	1152	148	625	761	1097	203
外商投资企业	683	639	44	244	283	590	93
中外合资经营企业	177	155	22	44	63	89	88
外资企业	463	451	12	192	203	459	4
外商投资股份有限公司	43	33	10	8	17	42	1

12—9 续表　　(2010年)

行业名称	R&D人员合计（人）	#1. 参加项目人员	2. 管理和服务人员	#女性	#研究人员	#1. 全时人员	2. 非全时人员
三、按国民经济行业分组							
采矿业	55	55		3	53	55	
煤炭开采和洗选业	55	55		3	53	55	
制造业	14298	12355	1943	4730	7164	9695	4603
农副食品加工业	91	77	14	44	36	49	42
食品制造业	172	144	28	87	98	73	99
饮料制造业	31	26	5	11	9	24	7
纺织业	1631	1498	133	714	290	837	794
纺织服装、鞋、帽制造业	280	266	14	223	10	280	
造纸及纸制品业	15	15		2		5	10
印刷业和记录媒介的复制	239	189	50	32	119	56	183
石油加工、炼焦及核燃料加工业	70	37	33	14	64	42	28
化学原料及化学制品制造业	1190	923	267	363	663	741	449
医药制造业	4419	4059	360	2026	2707	3291	1128
化学纤维制造业	377	349	28	98	23	17	360
橡胶制品业	36	22	14	11	36	36	
塑料制品业	19	19		6	3	15	4
非金属矿物制品业	139	108	31	18	28	116	23
黑色金属冶炼及压延加工业	1013	946	67	56	660	501	512
金属制品业	697	510	187	125	181	638	59
通用设备制造业	945	781	164	247	504	491	454
专用设备制造业	579	469	110	137	320	486	93
交通运输设备制造业	1361	1165	196	247	785	1229	132
电气机械及器材制造业	336	275	61	87	214	224	112
通信设备、计算机及其他电子设备制造业	474	305	169	99	381	374	100
仪器仪表及文化、办公用机械制造业	184	172	12	83	33	170	14

规模以上工业企业 R&D 人员折合全时当量

12—10　　　　（2010 年）

指标名称	R&D 人员折合全时当量合计（人年）	#研究人员	#1. 基础研究人员	2. 应用研究人员	3. 试验发展人员
总　计	**11990**	**6298**	**80**	**122**	**11787**
一、按企业规模分组					
大中型企业	10779.4	5701	80	122	10577
大型企业	7262.9	3693	80	119	7064
中型企业	3516.5	2008		3	3513
小型企业	1210.3	596			1210
二、按登记注册类型分组					
内资企业	10136	5340	38	83	10015
国有企业	3172.8	1768	6	60	3107
集体企业	25.6	5			26
股份合作企业	5.6	4			6
有限责任公司	3100.5	2083			3101
国有独资公司	1956.9	1465			1957
其他有限责任公司	1143.6	617			1144
股份有限公司	2258.4	664			2258
私营企业	1573.1	816	32	23	1518
私营独资企业	24	13			24
私营合伙企业	42.6	29			43
私营有限责任公司	832	397		13	819
私营股份有限公司	674.5	378	32	10	633
港、澳、台商投资企业	1213.5	692			1213
合资经营企业（港或澳、台资）	75.8	26			76
港、澳、台商独资经营企业	1137.7	666			1138
外商投资企业	640.2	265	42	39	559
中外合资经营企业	144.6	50			145
外资企业	463	203	42	36	385
外商投资股份有限公司	32.6	13		3	30

12—10 续表　　　　(2010 年)

行业名称	R&D 人员折合全时当量合计（人年）	#研究人员	#1. 基础研究人员	2. 应用研究人员	3. 试验发展人员
三、按国民经济行业分组					
采矿业	51	49	6	3	42
煤炭开采和洗选业	51	49	6	3	42
制造业	11939	6249	74	119	11746
农副食品加工业	75	28			75
食品制造业	122	79		13	109
饮料制造业	31	9			31
纺织业	1379	238			1379
纺织服装、鞋、帽制造业	164	6			164
造纸及纸制品业	7				7
印刷业和记录媒介的复制	184	113			184
石油加工、炼焦及核燃料加工业	40	35			40
化学原料及化学制品制造业	890	497			890
医药制造业	4066	2501	74	103	3888
化学纤维制造业	205	13			205
橡胶制品业	36	36			36
塑料制品业	19	3			19
非金属矿物制品业	88	22			88
黑色金属冶炼及压延加工业	913	654		3	910
金属制品业	599	156			599
通用设备制造业	552	337			552
专用设备制造业	508	281			508
交通运输设备制造业	1274	732			1274
电气机械及器材制造业	187	118			187
通信设备、计算机及其他电子设备制造业	445	367			445
仪器仪表及文化、办公用机械制造业	155	25			155

规模以上工业企业 R&D 经费内部支出来源情况

12—11　　　　（2010 年）　　　　计量单位：万元

指标名称	R&D 经费内部支出合计	#政府资金	#企业资金	#境外资金	#其他资金
总　计	**170122. 3**	**6296. 9**	**160624. 5**	**196. 2**	**3004. 7**
一、按企业规模分组					
大中型企业	151414	5227. 5	143309. 7	196. 2	2680. 6
大型企业	106285. 1	4238. 2	101768. 2	89. 7	189
中型企业	45128. 9	989. 3	41541. 5	106. 5	2491. 6
小型企业	18708. 3	1069. 4	17314. 8		324. 1
二、按登记注册类型分组					
内资企业	129593. 9	5730. 1	121202. 5	196. 2	2465. 1
国有企业	37483. 8	3528. 2	33526. 7	196. 2	232. 7
集体企业	260. 2	5	255. 2		
股份合作企业	299. 6		299. 6		
有限责任公司	43698. 6	817. 8	40919. 9		1960. 9
国有独资公司	29794. 8	25. 2	28033. 9		1735. 7
其他有限责任公司	13903. 8	792. 6	12886		225. 2
股份有限公司	22678. 2	654. 1	22024. 1		
私营企业	25173. 5	725	24177		271. 5
私营独资企业	1106. 2	15	1091. 2		
私营合伙企业	389. 5	13. 8	375. 7		
私营有限责任公司	14200. 2	582. 8	13345. 9		271. 5
私营股份有限公司	9477. 6	113. 4	9364. 2		
港、澳、台商投资企业	21209. 7	139. 5	20530. 6		539. 6
合资经营企业（港或澳、台资）	1354. 9		815. 3		539. 6
港、澳、台商独资经营企业	19854. 8	139. 5	19715. 3		
外商投资企业	19318. 7	427. 3	18891. 4		
中外合资经营企业	1763	10	1753		
外资企业	14235. 7	407. 5	13828. 2		
外商投资股份有限公司	3319. 8	9. 8	3310		

12—11 续表 （2010 年） 计量单位：万元

行业名称	R&D 经费内部支出合计	#政府资金	#企业资金	#境外资金	#其他资金
三、按国民经济行业分组					
采矿业	1156.7		1156.7		
煤炭开采和洗选业	1156.7		1156.7		
制造业	168965.6	6296.9	159467.8	196.2	3004.7
农副食品加工业	1016.1	134	882.1		
食品制造业	3018.4	263.9	2754.5		
饮料制造业	372.7	67	305.7		
纺织业	10181.1	47.6	10033.4		100.1
纺织服装、鞋、帽制造业	1051.5		862.5		189
皮革、毛皮、羽毛（绒）及其制品业					
木材加工及木、竹、藤、棕、草制品业					
造纸及纸制品业	523.4		523.4		
印刷业和记录媒介的复制	1285.7	61.5	1033	106.5	84.7
石油加工、炼焦及核燃料加工业	1402.7	52.2	1350.5		
化学原料及化学制品制造业	13349.5	144.3	13205.2		
医药制造业	62180.2	4205.7	57884.8	89.7	
化学纤维制造业	4694.7	15	4679.7		
橡胶制品业	186		186		
塑料制品业	286.9	15	271.9		
非金属矿物制品业	2643.4	26.5	2616.9		
黑色金属冶炼及压延加工业	20909.8	9.8	20900		
有色金属冶炼及压延加工业					
金属制品业	7075	96.8	6978.2		
通用设备制造业	6964.2	142.3	6250.8		571.1
专用设备制造业	10074	159	9744		171.4
交通运输设备制造业	12659.4	65	10858.7		1735.7
电气机械及器材制造业	2651.5	75.5	2576		
通信设备、计算机及其他电子设备制造业	5244.7	251.1	4840.9		152.7
仪器仪表及文化、办公用机械制造业	1194.4	464.3	730.1		

规模以上工业企业 R&D 经费支出情况

12—12　　(2010 年)　　计量单位：万元

指标名称	R&D 经费内部支出合计	一、按活动类型分组			二、按支出用途分组		R&D 经费外部支出
		1. 基础研究	2. 应用研究	3. 试验发展	1. 经常费支出	2. 资产性支出	
总　　计	**170122.3**	**764.5**	**2399.8**	**166958**	**141463.3**	**28659**	**20284**
一、按企业规模分组							
大中型企业	151414	764.5	2399.8	148249.7	127175.7	24238.3	19599.4
大型企业	106285.1	764.5	2341.8	103178.8	86514.1	19771	17270.7
中型企业	45128.9		58	45070.9	40661.6	4467.3	2328.7
小型企业	18708.3			18708.3	14287.6	4420.7	684.6
二、按登记注册类型分组							
内资企业	129593.9	130	1920.3	127543.6	106337.9	23256	5535.6
国有企业	37483.8	50	973.5	36460.3	25863.2	11620.6	3075.1
集体企业	260.2			260.2	83	177.2	
股份合作企业	299.6			299.6	299.6		
有限责任公司	43698.6			43698.6	41720.8	1977.8	725.1
国有独资公司	29794.8			29794.8	29378.6	416.2	260.2
其他有限责任公司	13903.8			13903.8	12342.2	1561.6	464.9
股份有限公司	22678.2			22678.2	18984.1	3694.1	515.4
私营企业	25173.5	80	946.8	24146.7	19387.2	5786.3	1220
私营独资企业	1106.2			1106.2	452.8	653.4	91.5
私营合伙企业	389.5			389.5	306.6	82.9	
私营有限责任公司	14200.2		35	14165.2	11852.8	2347.4	385.4
私营股份有限公司	9477.6	80	911.8	8485.8	6775	2702.6	743.1
港、澳、台商投资企业	21209.7			21209.7	19595.9	1613.8	8619.7
合资经营企业（港或澳、台资）	1354.9			1354.9	1339.1	15.8	150.6
港、澳、台商独资经营企业	19854.8			19854.8	18256.8	1598	8469.1
外商投资企业	19318.7	634.5	479.5	18204.7	15529.5	3789.2	6128.7
中外合资经营企业	1763.2			1763.2	1614.7	148.5	284
外资企业	14235.7	634.5	421.5	13179.7	11502.6	2733.1	5830
外商投资股份有限公司	3319.8		58	3261.8	2412.2	907.6	14.7

12—12 续表　　　　（2010 年）　　　　计量单位：万元

行业名称	R&D 经费内部支出合计	一、按活动类型分组			二、按支出用途分组		R&D 经费外部支出
		1. 基础研究	2. 应用研究	3. 试验发展	1. 经常费支出	2. 资产性支出	
三、按国民经济行业分组							
采矿业	1156.7	50	77.2	1029.5	973.9	182.8	80.1
煤炭开采和洗选业	1156.7	50	77.2	1029.5	973.9	182.8	80.1
制造业	168965.6	714.5	2322.6	165928.5	140489.4	28476.2	20203.9
农副食品加工业	1016.1			1016.1	970.5	45.6	1.5
食品制造业	3018.4		35	2983.4	2933.5	84.9	100.9
饮料制造业	372.7			372.7	346	26.7	
纺织业	10181.1			10181.1	10178.1	3	5
纺织服装、鞋、帽制造业	1051.5			1051.5	1042.4	9.1	7.7
造纸及纸制品业	523.4			523.4	523.4		
印刷业和记录媒介的复制	1285.7			1285.7	934.6	351.1	695.5
石油加工、炼焦及核燃料加工业	1402.7			1402.7	1067.9	334.8	251.6
化学原料及化学制品制造业	13349.5			13349.5	11232.4	2117.1	663.7
医药制造业	62180.2	714.5	2229.6	59236.1	48296.2	13884	17170.5
化学纤维制造业	4694.7			4694.7	3409.7	1285	42
橡胶制品业	186			186	186		
塑料制品业	286.9			286.9	179.9	107	0.6
非金属矿物制品业	2643.4			2643.4	1122	1521.4	14
黑色金属冶炼及压延加工业	20909.8		58	20851.8	17744.3	3165.5	107.2
金属制品业	7075			7075	4513.9	2561.1	110.2
通用设备制造业	6964.2			6964.2	6361	603.2	235.3
专用设备制造业	10074.3			10074.3	8892.6	1181.7	236.6
交通运输设备制造业	12659.4			12659.4	12163.7	495.7	75.8
电气机械及器材制造业	2651.5			2651.5	2329.2	322.3	220.6
通信设备、计算机及其他电子设备制造业	5244.7			5244.7	4890.6	354.1	10
仪器仪表及文化、办公用机械制造业	1194.4			1194.4	1171.5	22.9	255.2

规模以上工业企业办科技机构情况

12—13　　　　(2010年)

指标名称	机构数（个）	机构人员合计（人）	机构经费支出（万元）	机构内仪器和设备原价（万元）
总　计	**132**	**9129**	**120157.3**	**119929.6**
一、按企业规模分组				
大中型企业	85	8104	112193.3	111509.6
大型企业	26	4990	78497.7	80419.1
中型企业	59	3114	33695.6	31090.5
小型企业	47	1025	7964	8420
二、按登记注册类型分组				
内资企业	117	7175	80688.2	99121.5
国有企业	19	1719	17788.9	18440.4
集体企业	1	13	32.1	
股份合作企业	1	7	299.6	13.8
有限责任公司	45	2851	28722	29481.4
国有独资公司	9	1315	18253.9	21485.4
其他有限责任公司	36	1536	10468.1	7996
股份有限公司	18	1541	23453.9	37657.5
私营企业	33	1044	10391.7	13528.4
私营独资企业	2	10	174.5	103.8
私营合伙企业	3	55	184.5	315
私营有限责任公司	18	409	3964.1	5296.5
私营股份有限公司	10	570	6068.6	7813.1
港、澳、台商投资企业	4	1237	21477.2	8827.3
合资经营企业（港或澳、台资）	3	140	1659.4	862.5
港、澳、台商独资经营企业	1	1097	19817.8	7964.8
外商投资企业	11	717	17991.9	11980.8
中外合资经营企业	6	106	4777.3	1510.6
外资企业	4	554	12831.7	9031.2
外商投资股份有限公司	1	57	382.9	1439

12—13 续表　　（2010 年）

指标名称	机构数（个）	机构人员合计（人）	机构经费支出（万元）	机构内仪器和设备原价（万元）
三、按国民经济行业分组				
采矿业	1	15	2797	2125
煤炭开采和洗选业	1	15	2797	2125
制造业	131	9114	117360.3	117804.6
农副食品加工业	2	13	37	230
食品制造业	6	174	1229.3	1834.4
饮料制造业	1	6	260.7	25.7
纺织业	4	710	11882.5	23446.5
纺织服装、鞋、帽制造业	3	366	1317.4	408.6
皮革、毛皮、羽毛（绒）及其制品业	1	3	27.3	293.5
造纸及纸制品业	1	5	210	100
印刷业和记录媒介的复制	4	244	2156.2	2362.6
石油加工、炼焦及核燃料加工业	1	29	145.7	588.5
化学原料及化学制品制造业	26	1074	14646.6	10348.2
医药制造业	19	2817	43806.7	33436.9
化学纤维制造业	1	65	2457.2	1600
橡胶制品业	1	30	50	25
塑料制品业	1	15	113.2	89.2
非金属矿物制品业	5	219	1046.2	1237
黑色金属冶炼及压延加工业	7	552	5718.9	8712.6
金属制品业	6	318	5311.2	2995.5
通用设备制造业	14	662	4469.9	2689.7
专用设备制造业	8	439	7848.5	3395.5
交通运输设备制造业	6	453	7413.9	2847.8
电气机械及器材制造业	5	282	2359.3	6304.2
通信设备、计算机及其他电子设备制造业	6	514	4102.6	14112.3
仪器仪表及文化、办公用机械制造业	3	124	750	720.9

规模以上工业企业 R&D 项目和新产品项目情况

12—14　　(2010 年)

指标名称	R&D 项目数（项）	全部 R&D 经费内部支出（万元）	新产品开发项目数（项）	新产品开发经费支出（万元）
总　计	**1369**	**147710.6**	**1367**	**164726**
一、按企业规模分组				
大中型企业	1150	133309.5	1082	140916.2
大型企业	791	94866.5	654	93889.4
中型企业	359	38443	428	47026.8
小型企业	219	14401.1	285	23810.2
二、按登记注册类型分组				
内资企业	935	113228.5	985	125115.5
国有企业	261	32484.1	199	26008
集体企业	8	84.1	4	49.4
股份合作企业	1	298.6	1	299.6
有限责任公司	268	39453.5	355	48411.5
国有独资公司	87	27541.1	114	31411.3
其他有限责任公司	181	11912.4	241	17000.2
股份有限公司	175	21435.9	184	25918.9
私营企业	222	19472.3	242	24428.1
私营独资企业	6	948.9	5	344.2
私营合伙企业	12	266.1	14	515.9
私营有限责任公司	83	11578.1	108	15975.9
私营股份有限公司	121	6679.2	115	7592.1
港、澳、台商投资企业	256	17213.7	255	22133.1
合资经营企业（港或澳、台资）	4	1322.6	5	2718.3
港、澳、台商独资经营企业	252	15891.1	250	19414.8
外商投资企业	178	17268.4	127	17477.8
中外合资经营企业	29	1649.8	35	2926.9
外资企业	140	12922.9	84	11213.1
外商投资股份有限公司	9	2695.7	8	3337.8

12—14 续表　　　　(2010年)

行业名称	R&D项目数（项）	全部R&D经费内部支出（万元）	新产品开发项目数（项）	新产品开发经费支出（万元）
三、按国民经济行业分组				
采矿业	9	973.9	1	60
煤炭开采和洗选业	9	973.9	1	60
制造业	1360	146736.7	1364	164550.7
农副食品加工业	9	951	9	1397.9
食品制造业	25	2932	46	4222.5
饮料制造业	4	318	4	372.7
纺织业	56	10169.8	61	12453.9
纺织服装、鞋、帽制造业	28	611.5	26	990.3
造纸及纸制品业	1	523.4	1	610
印刷业和记录媒介的复制	20	1026.3	15	968.7
石油加工、炼焦及核燃料加工业	7	873.1	3	1145
化学原料及化学制品制造业	96	11295.4	88	13020.8
医药制造业	608	51768.4	503	50094.9
化学纤维制造业	5	4334.3	5	4694.7
橡胶制品业	2	50	3	339.9
塑料制品业	3	281.5	6	721.8
非金属矿物制品业	29	1186.1	27	2309.6
黑色金属冶炼及压延加工业	97	19976.6	98	20015.7
金属制品业	40	7020	48	6900.4
通用设备制造业	92	5913.3	97	10002.9
专用设备制造业	64	8885.7	71	10603.3
交通运输设备制造业	36	12632.7	33	10640.5
电气机械及器材制造业	85	2214.8	107	3608.8
通信设备、计算机及其他电子设备制造业	32	2699.1	65	7489.7
仪器仪表及文化、办公用机械制造业	21	1073.7	48	1946.7
电力、燃气及水的生产和供应业			2	115.7
电力、热力的生产和供应业			1	1
水的生产和供应业			1	114.7

规模以上工业企业科技活动产出情况

12—15　　(2010 年)

指标名称	自主知识产权情况		新产品生产和销售情况	
	专利申请数（项）	发明专利申请数（项）	新产品产值（万元）	新产品销售收入（万元）
总　计	**614**	**259**	**1845287.4**	**1751860.3**
一、按企业规模分组				
大中型企业	415	186	1653686.3	1563951.2
大型企业	270	144	1009364.6	1003752.5
中型企业	145	42	644321.7	560198.7
小型企业	199	73	191601.1	187909.1
二、按登记注册类型分组				
内资企业	533	193	1420969.4	1333173.8
国有企业	77	31	440983.3	370953.5
集体企业			397.4	325.2
股份合作企业	2		3032.7	3012.9
有限责任公司	192	40	482267.6	467461.7
国有独资公司	49	5	269695.7	262107.9
其他有限责任公司	143	35	212571.9	205353.8
股份有限公司	102	23	265679.6	271508.4
私营企业	160	99	228608.8	219912.1
私营独资企业	4	3	5030.2	4807.2
私营合伙企业	8	5	6400	6100
私营有限责任公司	74	35	125372.7	124077
私营股份有限公司	74	56	91805.9	84927.9
港、澳、台商投资企业	52	43	117142.8	116202.5
合资经营企业（港或澳、台资）	10	1	53388.5	53664.5
港、澳、台商独资经营企业	42	42	63754.3	62538
外商投资企业	29	23	307175.2	302484
中外合资经营企业	16	10	62378.9	59925.2
外资企业	12	12	227350.2	225112.7
外商投资股份有限公司	1	1	17446.1	17446.1

12—15 续表 (2010 年)

行业名称	自主知识产权情况		新产品生产和销售情况	
	专利申请数（项）	发明专利申请数（项）	新产品产值（万元）	新产品销售收入（万元）
三、国民经济行业分组				
采矿业	2	2		
煤炭开采和洗选业	2	2		
制造业	600	254	1845287.4	1751860.3
农副食品加工业	1		19151.3	19135.8
食品制造业	17	9	68260.4	69038.9
饮料制造业			455	454.2
纺织业	20	5	174040.5	179785.9
纺织服装、鞋、帽制造业	37	3		
皮革、毛皮、羽毛（绒）及其制品业	2	2	3604.3	3490.4
木材加工及木、竹、藤、棕、草制品业			356	352.5
家具制造业			1831.5	1811.5
造纸及纸制品业	1	1		2225.3
印刷业和记录媒介的复制	6	3	111983.7	91950.8
文教体育用品制造业				
石油加工、炼焦及核燃料加工业	6	5	16242.9	15742.9
化学原料及化学制品制造业	50	22	108575.4	106267.6
医药制造业	155	141	491959	485410.8
化学纤维制造业	3	3	55144	55144
橡胶制品业			49450.7	48036.7
塑料制品业	11	2	678	413
非金属矿物制品业	3	1	17338.5	15866.8
黑色金属冶炼及压延加工业	3	3	234988.6	230138.6
有色金属冶炼及压延加工业				
金属制品业	45	7	50392.3	50184.1
通用设备制造业	33	8	140326.4	96095.8
专用设备制造业	83	11	112028.1	101367.4
交通运输设备制造业	22	7	133306.7	131682.3
电气机械及器材制造业	49	13	13077.4	11636.4
通信设备、计算机及其他电子设备制造业	28	6	35104.2	29111.9
仪器仪表及文化、办公用机械制造业	25	2	6992.5	6516.7
电力、燃气及水的生产和供应业	12	3		
电力、热力的生产和供应业	12	3		

规模以上工业企业技术改造和技术获取情况

12—16　　(2010 年)　　计量单位：万元

指标名称	技术改造经费支出	技术引进经费支出	消化吸收经费支出	购买国内技术经费支出
总　　计	**114384.1**	**8472.6**	**3075.7**	**2524.5**
一、按企业规模分组				
大中型企业	111080.6	8430.4	3062.4	2322.5
大型企业	65698.4	2193.6	1289.5	1639.4
中型企业	45382.2	6236.8	1772.9	683.1
小型企业	3303.5	42.2	13.3	202.0
二、按登记注册类型分组				
内资企业	104557.1	1740.3	1051.4	1447.0
国有企业	43591.3	1083.0	488.0	745.0
有限责任公司	27175.6	600.0	539.8	290.0
国有独资公司	19533.5			180.0
其他有限责任公司	7642.1	600.0	539.8	110.0
股份有限公司	27948.8			200.0
私营企业	5841.4	57.3	23.6	212.0
私营独资企业	53.8			
私营合伙企业	50.0			2.0
私营有限责任公司	1524.6		13.3	210.0
私营股份有限公司	4213.0	57.3	10.3	
港、澳、台商投资企业	1357.6	453.3	1825.8	679.4
合资经营企业（港或澳、台资）			1433.1	
港、澳、台商独资经营企业	1357.6	453.3	392.7	679.4
外商投资企业	8469.4	6279.0	198.5	398.1
中外合资经营企业	1523.1	570.2		
外资企业	6766.6		198.5	
外商投资股份有限公司	179.7	5708.8		398.1

12—16 续表　　（2010 年）　　计量单位：万元

行业名称	技术改造经费支出	技术引进经费支出	消化吸收经费支出	购买国内技术经费支出
三、按国民经济行业大类分组				
采矿业	22422.0			
煤炭开采和洗选业	22422.0			
制造业	82043.1	8472.6	3075.7	2524.5
农副食品加工业	250.0			
食品制造业	1850.0	600.0	200.0	62.0
纺织业	2680.0			
纺织服装、鞋、帽制造业	87.0			
皮革、毛皮、羽毛（绒）及其制品业	80.6			
木材加工及木、竹、藤、棕、草制品业	240.0			
印刷业和记录媒介的复制	120.0			
石油加工、炼焦及核燃料加工业	6475.0			
化学原料及化学制品制造业	9493.8			250.0
医药制造业	21546.0	2121.6	1102.8	1399.4
化学纤维制造业	808.7			
橡胶制品业	20500.0			
塑料制品业	190.0			
非金属矿物制品业	260.0			
黑色金属冶炼及压延加工业	10487.7	5708.8		398.1
有色金属冶炼及压延加工业				
金属制品业	87.6			10.0
通用设备制造业	2517.0	42.2	1433.1	
专用设备制造业	929.6		339.8	
交通运输设备制造业	2187.1			205.0
电气机械及器材制造业	194.0			200.0
通信设备、计算机及其他电子设备制造业	1059.0			
电力、燃气及水的生产和供应业	9919.0			
电力、热力的生产和供应业	9919.0			

分县（市）区规模以上工业企业 R&D 活动基本情况

12—17　　　　(2010 年)

行政单位	企业数（个）	# 有 R&D 活动单位数	# 有科技机构单位数	R&D 投入强度（%）
全市总计	**2576**	**145**	**118**	**0.31**
市　区	263	71	56	0.96
#长安区	39	8	8	1.76
桥东区	22	5	2	0.47
桥西区	24	5	3	1.53
新华区	34	10	9	2.40
裕华区	24	10	5	0.88
矿　区	52	3	2	0.11
高新区	61	25	22	2.10
井陉县	74	2	4	0.09
正定县	148	12	5	0.12
栾城县	153	8	9	0.61
行唐县	87	1	1	0.03
灵寿县	71	2	2	0.05
高邑县	68	3	3	0.08
深泽县	52	2		0.19
赞皇县	52	4	2	0.19
无极县	151		1	0.00
平山县	61	1	1	0.09
元氏县	70		1	0.00
赵　县	124	3	2	0.01
辛集市	296	4	6	0.08
藁城市	347	15	9	0.16
晋州市	196	1	1	0.03
新乐市	140	2	2	0.04
鹿泉市	223	14	13	0.19

分县（市）区规模以上工业企业 R&D 活动人员情况

12—18 （2010 年）

行政单位	R&D 人员合计（人）	#1. 参加项目人员	2. 管理和服务人员	#女性	#研究人员	#1. 全时人员	2. 非全时人员
全市总计	**14353**	**12410**	**1943**	**4733**	**7217**	**9750**	**4603**
市　区	10362	8920	1442	3634	5631	7256	3106
#长安区	2941	2653	288	938	1177	1639	1302
桥东区	90	72	18	23	66	61	29
桥西区	1568	1313	255	718	996	1286	282
新华区	819	702	117	210	532	584	235
裕华区	337	277	60	108	162	263	74
矿　区	145	124	21	15	32	39	106
高新区	2003	1647	356	641	948	1754	249
井陉县	300	271	29	226	14	297	3
正定县	248	212	36	89	158	156	92
栾城县	444	418	26	190	184	434	10
行唐县	26	23	3	15	14	26	
灵寿县	124	107	17	28	52	72	52
高邑县	29	28	1	10	24	18	11
深泽县	42	37	5	9	31	38	4
赞皇县	46	37	9	2	17	11	35
无极县							
平山县	185	170	15			45	140
元氏县							
赵　县	34	30	4	4	2	16	18
辛集市	351	305	46	93	67	187	164
藁城市	785	685	100	224	260	257	528
晋州市	10	9	1	1	9	10	
新乐市	42	36	6	12	41	11	31
鹿泉市	1325	1122	203	196	713	916	409

分县（市）区规模以上工业企业R&D人员折合全时当量

12—19　　（2010年）

行政单位	R&D人员折合全时当量合计（人年）	#研究人员	#1. 基础研究人员	2. 应用研究人员	3. 试验发展人员
全市总计	**11990**	**6298**	**80**	**122**	**11787**
市　区	8941	4963	38	86	8816
#长安区	2473	1019		3	2470
桥东区	71	52			71
桥西区	1353	849			1353
新华区	723	472		13	710
裕华区	274	151			274
矿　区	65	17			65
高新区	1706	816	32	10	1664
井陉县	184	10			184
正定县	202	138			202
栾城县	431	181	42	36	353
行唐县	23	12			23
灵寿县	88	38			88
高邑县	21	18			21
深泽县	35	28			35
赞皇县	29	12			29
无极县					
平山县	106				106
元氏县					
赵　县	34	2			34
辛集市	291	61			291
藁城市	494	190			494
晋州市	10	9			10
新乐市	37	37			37
鹿泉市	1064	599			1064

分县（市）区规模以上工业企业R&D经费内部支出来源情况

12—20 （2010年） 计量单位：万元

行政单位	R&D经费内部支出合计	#政府资金	#企业资金	#境外资金	#其他资金
全市总计	**170122.3**	**6296.9**	**160624.5**	**196.2**	**3004.7**
市 区	120389.6	4719.2	112811.2	196.2	2663
#长安区	34079.3	102	33977.3		
桥东区	751.9	77.7	502.8		171.4
桥西区	21272.3	224.5	21047.8		
新华区	9664	129.3	7698.9		1835.8
裕华区	5503.6	182.7	5129.7	106.5	84.7
矿 区	1153.4		1153.4		
高新区	19247.2	577	18099.1		571.1
井陉县	1191.5		1002.5		189
正定县	4483.7	88.5	4395.2		
栾城县	10842.6	477.1	10365.5		
行唐县	560	180	380		
灵寿县	555.7	5.9	549.8		
高邑县	513.9	50	463.9		
深泽县	1673.6	131	1542.6		
赞皇县	1918.5	10	1908.5		
无极县					
平山县	3615		3615		
元氏县					
赵 县	332.6		332.6		
辛集市	3890.6		3890.6		
藁城市	10028.9	115.4	9913.5		
晋州市	762		762		
新乐市	784.7		784.7		
鹿泉市	8579.4	519.8	7906.9		152.7

分县（市）区规模以上工业企业 R&D 经费支出情况

12—21 （2010 年） 计量单位：万元

行政单位	R&D 经费内部支出合计	一、按活动类型分组			二、按支出用途分组		R&D 经费外部支出
		1. 基础研究	2. 应用研究	3. 试验发展	1. 经常费支出	2. 资产性支出	
全市总计	**170122.3**	**764.5**	**2399.8**	**166958.0**	**141463.3**	**28659.0**	**20284.0**
市　区	120389.6	130.0	1978.3	118281.3	101077.0	19312.6	13786.9
#长安区	34079.3		58.0	34021.3	31901.3	2178.0	226.4
桥东区	751.9			751.9	722.8	29.1	15.5
桥西区	21272.3			21272.3	19347.3	1925.0	8471.4
新华区	9664.0		35.0	9629.0	9101.1	562.9	119.5
裕华区	5503.6			5503.6	4551.2	952.4	1075.5
矿　区	1153.4			1153.4	1066.5	86.9	47.8
高新区	19247.2	80.0	911.8	18255.4	15027.0	4220.2	1591.0
井陉县	1191.5			1191.5	1182.4	9.1	7.7
正定县	4483.7			4483.7	3827.6	656.1	128.6
栾城县	10842.6	634.5	421.5	9786.6	9167.7	1674.9	5381.4
行唐县	560.0			560.0	370.0	190.0	10.0
灵寿县	555.7			555.7	555.7		150.0
高邑县	513.9			513.9	471.1	42.8	22.7
深泽县	1673.6			1673.6	1069.6	604.0	
赞皇县	1918.5			1918.5	530.5	1388.0	1.6
无极县							
平山县	3615.0			3615.0	1670.0	1945.0	
元氏县							
赵　县	332.6			332.6	236.2	96.4	91.5
辛集市	3890.6			3890.6	3816.9	73.7	220.5
藁城市	10028.9			10028.9	8405.3	1623.6	239.1
晋州市	762.0			762.0	312.0	450.0	
新乐市	784.7			784.7	745.3	39.4	143.8
鹿泉市	8579.4			8579.4	8026.0	553.4	100.2

分县（市）区规模以上工业企业办科技机构情况

12—22　　　　（2010年）

行政单位	机构数（个）	机构人员合计（人）	机构经费支出（万元）	机构内仪器和设备原价（万元）
全市总计	**132**	**9129**	**120157.3**	**119929.6**
市　　区	59	6012	86125.9	90348.5
#长安区	8	1326	23103	36097.7
桥东区	2	20	89.7	20.8
桥西区	3	1316	21163.6	8840.2
新华区	9	513	7299.4	4547.7
裕华区	5	276	4248.2	1523.2
矿　区	2	81	364.1	23.6
高新区	25	1292	16694.2	13970.3
井陉县	7	429	1587.7	780
正定县	5	184	2712.5	1022.2
栾城县	9	479	10041.8	13693.9
行唐县	1	28	400	380
灵寿县	2	119	292	66
高邑县	3	55	149.1	243
深泽县				
赞皇县	2	25	100	466.8
无极县	1	21	3693.3	936.4
平山县	4	200	600	3180
元氏县	1	50	138	120
赵　县	3	15	384.5	203.8
辛集市	6	277	2876.5	2350.7
藁城市	9	446	6855.4	3329.5
晋州市	1	18	100	30
新乐市	3	52	918.7	474.9
鹿泉市	16	719	3181.9	2303.9

分县（市）区规模以上工业企业 R&D 项目和新产品项目情况

12—23　　(2010 年)

行政单位	R&D 项目数（项）	全部 R&D 经费内部支出（万元）	新产品开发项目数（项）	新产品开发经费支出（万元）
全市总计	**1369**	**147710.6**	**1367**	**164726.4**
市　区	1025	104496.8	1057	117490.6
#长安区	160	32573.7	160	35456.7
桥东区	14	588.4	18	1611.7
桥西区	285	16840.7	284	20834.7
新华区	42	9596.8	74	11902.5
裕华区	83	4301.1	91	5715.5
矿　区	12	838.3	15	1531.8
高新区	267	16179.5	286	19536.8
井陉县	29	657.5	29	1672.2
正定县	29	3788.9	38	5790.9
栾城县	102	9904.4	36	7156.1
行唐县	1	400	1	560
灵寿县	4	537.9	5	974.3
高邑县	4	441.6	7	609.2
深泽县	3	1060.2	3	1673.6
赞皇县	4	547.5	2	1359
无极县			2	965.1
平山县	51	3320	45	2458.9
元氏县				
赵　县	6	236.7	7	942.6
辛集市	11	3824.6	26	5115
藁城市	61	9122.5	62	10636.4
晋州市	1	695	2	112
新乐市	4	747	5	952.8
鹿泉市	34	7930	40	6257.7

分县（市）区规模以上工业企业科技活动产出情况

12—24　　　　（2010 年）

行政单位	自主知识产权情况		新产品生产和销售情况	
	专利申请数（项）	发明专利申请数（项）	新产品产值（万元）	新产品销售收入（万元）
全市总计	**614**	**259**	**1845287.4**	**1751860.3**
市　区	425	183	1285603.5	1210011.5
#长安区	43	9	433092.0	437510.0
桥东区			9465.5	9536.8
桥西区	42	42	72429.6	71202.5
新华区	39	11	142322.2	142453.6
裕华区	15	3	140309.3	119171.9
矿　区	5	2	52032.5	5382.5
高新区	236	96	205464.2	202080.2
井陉县	37	3	3586.6	2549.8
正定县	8	7	44183.1	43667.7
栾城县	10	8	143131.6	142273.6
行唐县	2	2	2560.0	2100.0
灵寿县	4	1	6800.0	6752.0
高邑县	13	6	9955.0	10481.4
深泽县	9	2	9565.9	8882.2
赞皇县			8620.0	6918.0
无极县			8000.0	8000.0
平山县	1	1	34650.0	30000.0
元氏县			648.0	648.0
赵　县	2	1	248.7	248.7
辛集市	27	2	80464.7	77682.6
藁城市	23	11	131563.4	128935.8
晋州市	6	5	9078.1	7835.6
新乐市	5	5		
鹿泉市	42	22	66628.8	64873.4

分县（市）区规模以上工业企业技术改造和技术获取情况

12—25　　（2010 年）　　计量单位：万元

行政单位	技术改造经费支出	技术引进经费支出	消化吸收经费支出	购买国内技术经费支出
全市总计	**114384.1**	**8472.6**	**3075.7**	**2524.5**
市　区	99034	7344.6	2324.1	2187.5
#长安区	22120.4	5708.8		398.1
桥东区	15			
桥西区	2073.8	453.3	392.7	679.4
新华区	2220.1			180
裕华区	27321			
矿　区	44			
高新区	3618.8	99.5	1443.4	210
井陉县	859.2			
正定县	4266			200
栾城县	879.5		198.5	50
行唐县	80			
灵寿县	2400			
高邑县	84.6			2
深泽县				
赞皇县				
无极县				
平山县	432			
元氏县				
赵　县	53.8			
辛集市	121			
藁城市	1604.7		339.8	
晋州市				
新乐市	1523.1	528		
鹿泉市	3046.2	600	213.3	85

分县（市）区财政科技经费支出情况

12—26　　（2010 年）　　计量单位：万元、%

行政单位	科学技术支出	科学技术支出占财政支出比重
全市总计	**45021**	**1.48**
市区合计	30402	2.03
#长安区	1309	1.93
桥东区	982	1.30
桥西区	980	1.11
新华区	1202	1.58
裕华区	724	1.03
矿　区	415	1.38
高新区	5419	8.67
井陉县	929	1.13
正定县	1390	1.44
栾城县	1330	1.79
行唐县	521	0.66
灵寿县	620	0.77
高邑县	550	1.14
深泽县	556	1.13
赞皇县	518	0.70
无极县	571	0.83
平山县	1287	0.89
元氏县	670	0.90
赵　县	208	0.22
辛集市	940	0.74
藁城市	1119	0.65
晋州市	885	0.92
新乐市	1193	1.58
鹿泉市	1332	1.10

全市高新技术产业主要经济指标

12—27　　　　(2010年)　　　　计量单位：万元

指标名称	单位数（个）	总产值	高新技术产品产值	增加值	主营业务收入
总　计	**925**	**9313193.3**	**3325718.1**	**2374757.8**	**9876999.5**
一、按单位来源分组					
规模以上工业企业	329	7941890.2	2456710.8	2136292.5	8506383.1
大中型	60	4400343.5	2112701.1	1210880.2	5079853.7
大型企业	9	2776600.3	1386271.2	786335.4	3427239.1
中型企业	51	1623743.2	726429.9	424544.8	1652614.6
小型企业	269	3541546.7	344009.7	925412.2	3426529.4
规模以下工业企业	479	321668.6	120138.2	81968.7	300805.6
软件开发单位	75	149972.1	57669.1	19181.6	143167.5
省科委认定的高新技术企业	42	899662.4	691200	137315	926643.3
二、按登记注册类型分组					
内资企业	881	7137389.8	2275990.1	1802879.2	7515505
国有企业	23	1559769.1	767598	355153.3	2162238
集体企业	17	75852.7	887.8	19696.2	73657.6
股份合作企业	3	45904.4	651	11074.7	45417.6
有限责任公司	139	1736687.7	709774.7	423450.2	1730375.4
国有独资公司	9	462683	341814.3	112653.9	448631.7
其他有限责任公司	130	1274004.7	367960.4	310796.3	1281743.7
股份有限公司	44	621943.9	233819.9	159977.3	567849.1
私营企业	633	3077008.7	562298.2	828414.4	2915508.2
私营独资企业	231	642242.6	90298.5	164666.3	612135.4
私营合伙企业	48	210283.5	10302.5	55020.4	206734.7
私营有限责任公司	324	1692557.9	260977.6	431221	1639316.3
私营股份有限公司	30	531924.7	200719.6	177506.7	457321.8
其他企业	21	11928.4	960.5	3129.9	12330.1
港、澳、台商投资企业	18	1453005.6	566386	357666.3	1576949.1
合资经营企业（港或澳、台资）	13	275293.9	105554.9	69346.9	267392.3
港、澳、台商独资经营企业	5	1177711.7	460831.1	288319.4	1309556.8
外商投资企业	26	722797.9	483342	214212.2	784545.4
中外合资经营企业	17	188188.5	58745.8	38307.1	172473.4
外资企业	8	455348.7	355743.7	158420.2	531406

注：本表按登记注册类型分组指标不包括规模以上工业高新技术产业目录外企业数据。

12—27 续表　　　　（2010年）　　　　计量单位：万元

指标名称	高新技术产品销售收入	利润总额	从业人员年平均人数（人）	从事科技活动人员（人）	科技活动经费内部支出
总　计	**3223134**	**927191.2**	**155422**	**20929**	**197478.9**
一、按单位来源分组					
规模以上工业企业	2360360.4	849435.8	125486	13875	148946.3
大中型	2035169.9	495964.3	94521	11883	130631.4
大型企业		343110.9	54639	6608	83151.4
中型企业	658629.7	152853.4	39882	5275	47480
小型企业	325190.5	353471.5	30965	1992	18314.9
规模以下工业企业	118274.9	21178.1	15918	1234	5908.8
软件开发单位	57648.2	10998.8	4036	1673	9113.3
省科委认定的高新技术企业	686850.5	45578.5	9982	4147	33510.5
二、按登记注册类型分组					
内资企业	2174105.1	601196.7	126257	18019	144857.7
国有企业	736001.5	137258.2	31804	5546	56514.9
集体企业	880	5790.3	905	16	110
股份合作企业	632	6186.2	660		
有限责任公司	685598.9	91684.1	39662	6050	43412.3
国有独资公司	333845.8	3684.7	15877	1924	17333.4
其他有限责任公司	351753.1	95368.8	23785	4126	26078.9
股份有限公司	223829.4	60160.3	12010	1983	16832.7
私营企业	526234.8	297923.3	40434	4411	27899.1
私营独资企业	82818.3	66326.3	10779	472	2679.5
私营合伙企业	14049.8	24478.1	2428	101	974.2
私营有限责任公司	248168.8	149500.4	21565	2668	14787.3
私营股份有限公司	181197.9	57618.5	5662	1170	9458.1
其他企业	928.5	880.9	723	13	88.7
港、澳、台商投资企业	557043.3	174448.3	17966	1638	23541.5
合资经营企业（港或澳、台资）	105217.9	33023.2	2916	133	2790.3
港、澳、台商独资经营企业	451825.4	141425.1	15050	1505	20751.2
外商投资企业	491985.6	151546.2	11199	1272	29079.7
中外合资经营企业	57831.7	16514	2822	518	4726.9
外资企业	365301.4	127411.2	7207	692	20957

注：本表按登记注册类型分组指标不包括规模以上工业高新技术产业目录外企业数据。

文化、广播、电视事业基本情况

12—28　　　　(2010 年)

指标名称	计量单位	全市	指标名称	计量单位	全市
一、艺术表演团体	个	18	总流通人次	人次	2568752
艺术表演团体人数	人	830	#书刊文献外借人次	人次	1138754
本团原创首演剧目	台	11	书刊文献外借册次	册	1382445
演出场次	场	4193	为读者举办各种活动	次	457
#农村演出场次	场	2834	参加人数	人次	22768
演出观众人次	千人次	4983	本年新购藏量	册、件、套	70926
#农村观众人次	千人次	3912	公用房屋建筑面积	平方米	47672
二、艺术表演场馆	个	15	#书库	平方米	10523
艺术表演场馆人数	人	203	阅览室	平方米	11995
座席数	个	10029	#书刊阅览室	平方米	8360
演（映）出场次合计	场	2035	电子阅览室	平方米	2075
#艺术演出场次	场	97	阅览室座席数	个	3727
观众人次合计	千人次	101	#少儿阅览室座席数	个	1011
#艺术演出观众人次	千人次	39	四、群众艺术馆、文化馆	个	1017
三、公共图书馆	个	25	群众艺术馆、文化馆人数	人	317
公共图书馆人数	人	268	举办展览个数	个	164
#高级职称	人	27	组织文艺活动次数	次	24
中级职称	人	73	藏书	册	4530
藏书量	册、件、套	2959285	举办训练班班次	次	526
#图书	册、件、套	2615471	组织各类理论研讨活动次数	次	35
#古籍	册、件、套	214270	五、文化站	个	276
善本	册、件、套	1698	从业人员	人	475
报刊	册、件、套	312978	举办展览个数	个	515
视听文献、缩微制品	册、件、套	8496	组织文艺活动次数	次	2278
当年购买的报刊种类	种	2710	藏书量	册	636577
书架单层总长度	米	67645	计算机	台	115
累计发放有效借书证数	个	129728	举办训练班班次	次	1260

12—28 续表　　　　(2010 年)

指标名称	计量单位	全市	指标名称	计量单位	全市
六、广播节目套数	套	12	1. 转中央台	小时	3998
全年公共广播节目播出时间	小时	58870	2. 转省级台	小时	2812
（一）按节目类型分			3. 自制作	小时	23814
1. 新闻咨询	小时	8480	#首播	小时	11857
2. 专题服务	小时	12471	4. 购买交换	小时	49383
3. 综艺益智	小时	25215	八、有线广播电视传输干线网络总长	公里	12780.27
4. 广播剧	小时	670	自建干线网总长	公里	12252.27
5. 广告	小时	9947	租用干线网总长	公里	528.00
6. 其他	小时	2088	有线广播电视用户数	户	954400
（二）按节目来源分			九、广播综合覆盖率	%	99.43
1. 转中央台	小时	2170	#中央广播节目覆盖率	%	99.07
2. 转省级台	小时	1319	省级广播节目覆盖率	%	99.22
3. 转市级	小时	185	地市级台覆盖率	%	95.63
3. 自制节目	小时	40281	县级台覆盖率	%	27.65
#首播	小时	36484	无线广播综合覆盖率	%	99.25
4. 购买交换节目	小时	14916	#中央广播覆盖率	%	98.89
七、电视播出节目套数	套	22	电视综合覆盖率	%	99.43
全年公共电视节目播出时间	小时	80009	#中央台电视节目覆盖率	%	99.42
（一）按节目类型分			省级电视节目覆盖率	%	98.02
1. 新闻资讯	小时	10087	地市级台覆盖率	%	93.68
2. 专题服务	小时	5319	县级台覆盖率	%	66.04
3. 综艺益智	小时	6033	无线电视综合覆盖率	%	97.89
4. 影视剧	小时	46441	#中央电视覆盖率	%	97.40
5. 广告	小时	10785	省级电视覆盖率	%	97.55
6. 其他	小时	1342	地市级台覆盖率	%	92.62
（二）按节目来源分			县级台覆盖率	%	63.08

十三、体育　卫生　民政

全市体育事业基本情况

13—1

指标名称	计量单位	2010 年	指标名称	计量单位	2010 年
等级裁判员	人	181	羽毛球	人	24
# 男	人	122	健美操	人	29
女	人	59	武术	人	57
等级运动员	人	632	国际象棋	人	11
# 男	人	371	中国象棋	人	4
女	人	261	社会指导员	人	150
等级运动员中：	人		# 二级	人	150
田径	人	284	地市级群众现代体育项目活动		
游泳	人	27	活动次数	次	70
举重	人	11	活动人数	万人	410
拳击	人	5	# 现代体育项目活动		
柔道	人	8	活动次数	次	60
跆拳道	人	7	活动人数	万人	20
射击	人	2	民间传统体育活动		
足球	人	71	活动次数	次	10
篮球	人	32	活动人数	万人	390
排球	人	28	本年度体质受监测人数	人	2952
乒乓球	人	11	# 体质监测达标人数	人	2820

全市卫生机构、床位和人员情况

13—2　　（2010 年）　　计量单位：个、张、人

行业名称	机构数	床位数	机构人员	# 卫生技术人　员
总　　计	**2414**	**43631**	**56349**	**47144**
一、医院	174	29952	36720	30232
综合医院	106	20878	25968	21613
中医医院	30	3605	4343	3496
中西医结合医院	8	1289	1553	1306
专科医院	30	4180	4856	3817
二、疗养院	2	485	152	108
三、社区服务中心	215	5711	3398	2980
四、卫生院	222	6592	5963	5201
#乡卫生院	155	4001	3521	3134
五、门诊部	36	112	760	599
# 综合门诊部	13	12	400	319
中医门诊部	16	97	284	220
六、诊所、卫生所、医务室	1679		4937	4875
# 诊所	1414		4117	4071
卫生所、医务室	265		820	804
七、急救中心	1		59	21
八、采供血机构	1		191	117
九、妇幼保健院（所、站）	25	779	1629	1324
十、疾病预防控制中心	25		1631	1075
十一、卫生监督所	24		753	561
十二、医学科学研究机构	1		45	4

13—2 续表　　　　（2010 年）　　　　计量单位：个、张、人

行业名称	卫生技术人员中：			
	执业医师	注册护士	药师（士）	技师（士）
总　计	**18102**	**15532**	**2288**	**3149**
一、医院	11763	11866	1507	1996
综合医院	8521	8687	968	1447
中医医院	1524	1014	260	221
中西医结合医院	514	448	90	125
专科医院	1204	1717	189	203
二、疗养院	28	42	4	8
三、社区服务中心	1254	997	144	149
四、卫生院	1425	699	308	419
# 乡卫生院	811	411	172	269
五、门诊部	238	188	47	33
# 综合门诊部	135	108	33	23
中医门诊部	77	65	11	9
六、诊所、卫生所、医务室	2374	1301	191	53
# 诊所	1909	1124	163	38
卫生所、医务室	465	177	28	15
七、急救中心	6	15		
八、采供血机构	22	39	7	43
九、妇幼保健院（所、站）	522	364	56	116
十、疾病预防控制中心	451	15	22	326
十一、卫生监督所				
十二、医学科学研究机构	1		1	2

分县（市）区卫生机构、床位和人员情况

13—3　　　　（2010 年）　　　　计量单位：个、张、人

行政单位	机构数	床位数	机构人员	# 卫生技术人员
石家庄市	**2414**	**43631**	**56349**	**47144**
市　区	1371	24240	32972	27200
长安区	235	4860	6558	5506
桥东区	249	2792	4732	3961
桥西区	265	3948	5601	4634
新华区	309	8528	8490	6850
裕华区	281	3512	6859	5654
矿　区	32	600	732	595
井陉县	70	992	976	849
正定县	286	1566	2454	2112
栾城县	52	842	923	751
行唐县	26	1066	1316	1161
灵寿县	41	825	1315	1102
高邑县	16	478	437	375
深泽县	32	611	891	737
赞皇县	65	688	890	747
无极县	31	748	853	717
平山县	79	1634	1749	1481
元氏县	53	1517	1473	1221
赵　县	33	1727	1765	1497
辛集市	110	1609	2362	2040
藁城市	20	1580	1667	1369
晋州市	27	857	1132	994
新乐市	37	1488	1548	1370
鹿泉市	65	1163	1626	1421

13—3 续表　　　　（2010 年）　　　　计量单位：个、张、人

行政单位	卫生技术人员：			
	执业医师	注册护士	药师（士）	技师（士）
石家庄市	**18102**	**15532**	**2288**	**3149**
市　　区	11202	10153	1275	1770
长安区	2616	1877	280	316
桥东区	1599	1387	211	301
桥西区	1980	1815	208	252
新华区	2634	2802	301	440
裕华区	2152	2048	232	415
矿　区	221	224	43	46
井 陉 县	316	227	42	35
正 定 县	838	462	102	111
栾 城 县	280	238	39	30
行 唐 县	386	344	59	41
灵 寿 县	302	260	53	79
高 邑 县	128	116	16	23
深 泽 县	242	160	45	72
赞 皇 县	237	249	30	42
无 极 县	238	158	41	57
平 山 县	498	389	70	102
元 氏 县	391	332	43	101
赵　　县	437	305	74	150
辛 集 市	819	609	131	146
藁 城 市	452	457	44	118
晋 州 市	394	259	68	59
新 乐 市	435	445	82	118
鹿 泉 市	507	369	74	95

优抚对象情况

13—4　　(2010 年)　　计量单位：人

行政单位	抚恤、补助优抚对象总人数	# 在院集中供养人数	定期抚恤人数	# 烈属	定期补助人数	伤残人员
石家庄市	40521	412	6321	4543	23948	10252
市　区	3402		228	116	1070	2104
# 长安区	665		58	46	244	363
桥东区	599		21	12	111	467
桥西区	695		28	12	162	505
新华区	804		60	22	237	507
裕华区	306		24	4	120	162
矿　区	129		17	11	49	63
高新区	204		20	9	147	37
井陉县	2903		509	59	1792	602
正定县	1780	22	239		1140	401
栾城县	1184	22	186		757	241
行唐县	2079	26	370	14	1200	509
灵寿县	1675	24	268	20	1076	331
高邑县	2011	26	419	52	1197	395
深泽县	1907	32	262	43	1267	378
赞皇县	1461	28	288	89	719	454
无极县	2980	23	491	132	1860	629
平山县	2785	38	482	116	1693	610
元氏县	2187	25	315	52	1427	445
赵　县	1744	24	255	3	1072	417
辛集市	2899	24	372	60	1765	762
藁城市	2864	24	670	134	1508	686
晋州市	2200	24	178	10	15787	435
新乐市	2772	24	485	7	1764	523
鹿泉市	1688	26	304	92	1054	330

婚姻登记情况

13—5　　　　（2010年）　　　　计量单位：对、人

行政单位	登记结婚件数	登记结婚人数				离婚登记
			初婚人数	再婚人数	# 女性	
石家庄市	**107392**	**214784**	**202933**	**11851**	**6235**	**10924**
市　　区	27577	55154	53111	2043	947	5343
#长安区	4420	8840	8840			974
桥东区	4717	9434	9434			949
桥西区	6488	12976	11305	1671	755	1156
新华区	4420	8840	8840			974
裕华区	4420	8840	8840			974
矿　区	838	1676	1404	272	141	121
高新区	2274	4548	4448	100	51	195
井陉县	2932	5864	4974	890	489	384
正定县	6583	13166	11723	1443	774	665
栾城县	4104	8208	7543	665	378	
行唐县	4103	8206	8190	16	13	325
灵寿县	3097	6194	6059	135	67	163
高邑县	2399	4798	4798			100
深泽县	2868	5736	5687	49	24	264
赞皇县	2163	4326	4310	16	8	148
无极县	862	1724	1724			
平山县	4539	9078	8714	364	215	474
元氏县	5385	10770	10630	140	133	227
赵　县	5806	11612	10552	1060	613	422
辛集市	6627	13254	12034	1220	600	
藁城市	10806	21612	20125	1487	761	894
晋州市	6881	13762	12470	1292	692	658
新乐市	5750	11500	11466	34	11	395
鹿泉市	4910	9820	8823	997	510	462

城镇低保情况

13—6　　　　(2010年)　　　　计量单位：人、户

行政单位	城市居民最低生活保障人数	城市居民最低生活保障人中：					城市居民最低生活保障家庭数
		女性	残疾人	"三无"人员	老年人	登记失业人员	
石家庄市	**57628**	**24723**	**4319**	**1395**	**6535**	**6160**	**27434**
市　区	24066	11319	2919	538	3307	1519	11214
#长安区	4247	1883	917	210	643	322	2337
桥东区	4492	2063	517	32	602	332	2173
桥西区	3574	1759	362	43	307	168	1495
新华区	5377	2769	661	86	721	256	2640
裕华区	2733	1176	233	74	308	249	1254
矿　区	3010	1378	120	24	586	191	1070
高新区	633	291	109	69	140	1	245
井陉县	1418	286	30	6	15	307	638
正定县	1123	252	31	53	91	254	535
栾城县	1139	557	83	8	196	90	501
行唐县	1826	850	155	15	40	30	656
灵寿县	2055	495	67	8	603	541	816
高邑县	2805	1229	119	83	155	635	1496
深泽县	1721	387	37	5	1	12	856
赞皇县	2675	1146	66	309	291	159	1443
无极县	1845	821	54	2	346	14	921
平山县	2234	637	59	7	63	1554	1102
元氏县	2242	916	47	56	227	8	1259
赵　县	4509	1857	164	6	3	27	2016
辛集市	1695	760	142	178	264	654	1007
藁城市	1135	547	75	19	83	23	463
晋州市	1936	714	39	8	231	14	1136
新乐市	2334	1403	153	76	151	235	978
鹿泉市	870	547	79	18	468	84	397

农村低保、救济情况

13—7　　　　（2010 年）　　　　计量单位：个、人、张

行政单位	农村居民最低生活保障人数	#女　性	老年人	未成年人	残疾人	农村居民最低生活保障家庭数
石家庄市	**151627**	**33818**	**67690**	**13916**	**14770**	**89183**
井 陉 县	10588	2733	5256	1631	1234	5540
正 定 县	8767	3366	2420	1321	1353	3990
栾 城 县	6995	712	1	41	144	2858
行 唐 县	7841	1007	3609	457	157	4303
灵 寿 县	7002	771	4528	1289	145	4025
高 邑 县	4721	530	4703	18	101	2858
深 泽 县	4361	930	2477	59	1018	2333
赞 皇 县	7003	701	5527	183	284	5110
无 极 县	8080	1200	9	9	254	5226
平 山 县	9905	1320	1103	1370	797	5541
元 氏 县	8940	897	2	1	180	6715
赵　　县	13699	2881	11009	654	1978	10803
辛 集 市	10804	3799	5901	2025	3890	8714
藁 城 市	15116	5253	4587	3015	2130	5006
晋 州 市	11195	3237	6762	51	247	8690
新 乐 市	9859	1959	7592	289	241	4951
鹿 泉 市	6187	2301	2053	1373	542	2302

农村五保、医疗救助情况

13—8　　　　(2010 年)　　　　计量单位：人

行政单位	农村分散五保供养人数	#女性	老年人	未成年人	残疾人	民政部门救助人数
石家庄市	**9482**	**918**	**8180**	**366**	**1715**	**6042**
井陉县	336	48	287	19	52	188
正定县	350	40	286	19	49	93
栾城县	350	40	286	19	49	54
行唐县	340	20	312	1	27	158
灵寿县	680	61	258	21	432	138
高邑县	1047	62	1029	18	29	137
深泽县	344	46	338	5	8	154
赞皇县	451	23	442	2	18	433
无极县	438	31	433	5	14	620
平山县	615	38	532	49	45	146
元氏县	1321	102	1311	10	57	151
赵县	315	90	464	94	114	627
辛集市	740	38	722	12	331	445
藁城市	539	48	453	58	103	285
晋州市	499	91	455	8	52	159
新乐市	447	87	443	4	9	223
鹿泉市	318	24	244	9	80	200

附录　1995—2010年
分县(市)区主要经济指标

1996—2010 年分县（市）区生产总值（一）

计量单位：万元、%

行政单位	1996 年	增长速度	1997 年	增长速度	1998 年	增长速度
全　市	**6429851**	**14.8**	**7600562**	**14.9**	**8174848**	**12.8**
市　区	2521454	12.8	2997157	13.9	3275923	13.1
#长安区	44408		53988		60038	
桥东区	50940		59731		51329	
桥西区	44033		52451		59673	
新华区	68273		78289		85956	
裕华区	599299		727786		807986	
矿　区	35302		42615		47282	
井陉县	144462	17.8	201451	23.8	227504	16.4
正定县	437989	24.9	557005	19.6	612692	14.5
栾城县	265496	29.7	338556	20.9	378361	15.2
行唐县	138384	28.4	168599	21.5	183101	15.2
灵寿县	106942	27.8	142761	19.6	159174	16.4
高邑县	95770	22.0	119380	17.4	133212	16.4
深泽县	87023	18.1	105199	15.1	117933	15.5
赞皇县	79647	10.9	88140	3.5	100071	12.6
无极县	243655	15.9	282096	13.1	309906	14.1
平山县	164802	5.0	228560	34.7	259975	15.9
元氏县	201086	19.5	228753	12.8	254499	17.5
赵　县	281773	23.8	331254	15.1	366343	14.5
辛集市	551901	15.0	578233	12.3	614570	12.4
藁城市	583911	23.5	716142	17.2	785520	14.5
晋州市	369743	19.9	426993	17.1	465353	14.1
新乐市	354891	14.9	415478	16.7	454835	14.4
鹿泉市	391089	16.6	474686	16.0	517619	12.6
17 县（市）合计	4498564		5403286		5940668	
23 县（市）区合计	5340819		6418146		7052932	

注：1. 根据 2006 年第二次全国农业普查数据和 2008 年第二次全国经济普查数据，各县（市）对 1996－2007 年数据进行了修订，市内 5 区对 2001－2007 年数据进行了修订。2. 2001 年市内 5 区及正定、栾城区划变动，撤销郊区，成立裕华区。2000 年及以前年度裕华区、正定、栾城为原区划数据。3. 1996－2004 年市内各区地区生产总值核算范围为区属及以下单位。

1996—2010年分县（市）区生产总值（二）

计量单位：万元、%

行政单位	1999年	增长速度	2000年	增长速度	2001年	增长速度
全　市	**8720547**	**9.8**	**9625186**	**9.8**	**10555803**	**8.5**
市　区	360017	11.5	4177309	11.2	4628203	11.1
#长安区	66666		75288		202601	8.9
桥东区	56728		61582		144551	8.1
桥西区	63914		69968		138756	8.1
新华区	94743		105603		235597	9.0
裕华区	872857		1000268		267596	8.8
矿　区	51669		56949		61334	8.3
井陉县	244042	10.5	270086	10.6	281278	5.2
正定县	654957	10.6	705866	6.9	485191	1.8
栾城县	417762	13.2	469331	12.3	384892	9.4
行唐县	199672	11.8	228367	12.6	239334	9.3
灵寿县	168444	7.0	179403	7.5	187687	5.7
高邑县	145694	12.4	159668	12.9	165086	5.5
深泽县	129073	12.8	142214	10.2	154854	8.4
赞皇县	105056	7.3	116432	7.9	125753	8.9
无极县	325730	7.9	320512	2.8	343973	9.1
平山县	285302	11.1	299063	5.1	324227	7.9
元氏县	279439	14.2	303214	10.0	324941	7.7
赵　县	377243	5.1	375514	5.7	374750	0.5
辛集市	645090	9.8	671180	-6.8	713038	6.6
藁城市	851286	10.8	803411	-8.1	853030	7.9
晋州市	501191	10.5	518297	4.5	529080	2.7
新乐市	489673	10.8	506341	1.7	461039	-8.5
鹿泉市	547002	9.6	602377	7.5	639883	7.0
17县（市）合计	6366656		6671276		6588036	
23县（市）区合计	7573233		8040934		7638471	

1996—2010 年分县（市）区生产总值（三）

计量单位：万元、%

行政单位	2002 年	增长速度	2003 年	增长速度	2004 年	增长速度
全　市	**11646487**	**9.2**	**13245121**	**11.1**	**15111521**	**13.3**
市　区	5101126	11.6	5917839	14.3	6920174	16.2
#长安区	223879	10.8	268048	15.6	333431	16.4
桥东区	159799	10.8	178134	8.8	394046	16.2
桥西区	152926	10.5	178476	13.8	218356	16.1
新华区	256906	9.2	301402	14.8	373722	16.1
裕华区	295780	11.0	351974	15.3	434444	14.0
矿　区	69709	10.8	83612	16.1	102317	19.1
井陉县	299026	6.6	338246	11.2	410286	14.1
正定县	524301	8.5	582029	10.1	685094	13.7
栾城县	420007	9.1	494660	13.3	586254	13.1
行唐县	256612	8.7	302924	9.3	350751	9.9
灵寿县	196369	6.0	221014	9.3	261846	10.5
高邑县	176377	6.2	189325	9.1	217629	1.2
深泽县	169244	9.2	185923	11.7	223408	11.7
赞皇县	130838	8.4	156024	13.7	196231	15.2
无极县	372618	8.4	429484	11.1	527100	14.8
平山县	353048	8.4	406292	12.3	485335	14.5
元氏县	354808	9.1	408336	11.4	494458	11.1
赵　县	390697	4.6	430271	6.3	507045	7.9
辛集市	767745	8.0	832771	11.8	997346	14.5
藁城市	909407	6.9	1044840	9.5	1211513	15.8
晋州市	549387	4.3	561690	4.4	637937	9.4
新乐市	485539	5.3	528631	10.2	606477	9.8
鹿泉市	684868	7.2	771802	10.1	917697	11.2
17 县（市）合计	7040891		7884262		9316417	
23 县（市）区合计	8199890		9245908		11172733	

1996—2010 年分县（市）区生产总值（四）

计量单位：万元、%

行政单位	2005 年	增长速度	2006 年	增长速度	2007 年	增长速度
全　市	**16715015**	**13.8**	**19025186**	**13.4**	**22688440**	**13.2**
市　区	7282180	15.5	8046943	10.1	9473325	12.8
#长安区	918930	8.3	1192640	7.9	1422595	10.1
桥东区	524238	16.6	653268	12.5	738846	13.1
桥西区	1074581	16.6	1223966	12.7	1394466	12.3
新华区	713854	16.3	758529	11.6	894220	12.1
裕华区	666033	16.9	754310	12.4	830007	7.8
矿　区	140798	17.6	163757	14.6	200595	16.0
井陉县	431546	16.4	528062	16.2	641417	16.3
正定县	776787	13.8	883830	14.5	1070209	12.0
栾城县	660918	13.1	757107	14.1	912290	12.3
行唐县	397789	12.0	463370	13.4	577646	14.9
灵寿县	294631	14.0	345372	14.3	430363	13.6
高邑县	220077	11.3	264897	11.6	297856	5.7
深泽县	250704	12.1	287636	15.0	352666	14.0
赞皇县	231485	15.5	266869	15.2	332250	13.0
无极县	558893	13.0	645031	14.3	798095	14.3
平山县	720519	16.3	804544	13.2	1067155	18.2
元氏县	485720	13.4	615420	13.3	741386	12.4
赵　县	564118	13.5	662771	15.6	820509	14.7
辛集市	1151241	12.1	1365551	14.3	1663591	13.4
藁城市	1335889	13.6	1615344	14.2	2011255	15.0
晋州市	683154	12.5	803486	14.8	993360	14.9
新乐市	688462	14.0	773552	10.4	915728	12.5
鹿泉市	1018116	14.1	1223898	14.2	1479374	14.7
17 县（市）合计	10470049		12306740		15105150	
23 县（市）区合计	14508483		17053210		20585879	

1996—2010 年分县（市）区生产总值（五）

计量单位：万元、%

行政单位	2008 年	增长速度	2009 年	增长速度	2010 年	增长速度
全　市	**27235531**	**11.0**	**30012797**	**11.1**	**34010186**	**12.2**
市　区	10022951	8.7	10821265	8.1	12397815	12.9
#长安区	1468445	3.5	1500089	8.1	1741372	11.9
桥东区	821597	11.2	903681	11.2	1040954	13.6
桥西区	1664362	11.6	1799882	12.2	2115286	15.0
新华区	975993	-2.0	1066907	10.2	1231631	12.0
裕华区	1017755	11.2	1085661	11.0	1141929	12.1
矿　区	240146	12.5	273288	11.3	357661	14.9
井陉县	806323	11.4	1001942	12.7	1050009	11.8
正定县	1264670	13.2	1405160	12.9	1696041	12.0
栾城县	1020385	11.5	1150322	11.5	1194625	12.5
行唐县	736713	13.5	850273	12.1	879739	13.6
灵寿县	529796	14.5	593343	11.3	664665	14.0
高邑县	332031	8.3	364445	11.8	408798	14.4
深泽县	444365	13.5	477173	11.3	542272	11.7
赞皇县	412012	12.4	448948	12.5	547670	13.8
无极县	914041	6.9	1005152	9.7	1147490	11.6
平山县	1350971	9.3	1410593	12.6	1560146	13.0
元氏县	811388	10.3	883002	11.4	1021089	13.4
赵　县	1000231	13.0	1114420	11.0	1360688	12.3
辛集市	1840135	11.2	2067005	11.0	2541378	13.2
藁城市	2256309	12.0	2614310	10.3	3140236	12.0
晋州市	1196769	10.8	1290925	11.2	1421442	13.0
新乐市	1056039	10.7	1117822	11.1	1242114	11.7
鹿泉市	1759162	12.4	1908215	11.8	2085460	12.4
17 县（市）合计	17731340		19703050		22503862	
23 县（市）区合计	23919638		26332558		30132695	

1995—2010 年分县（市）区全社会固定资产投资（一）

计量单位：万元、%

行政单位	1995 年	1996 年	增长速度	1997 年	增长速度	1998 年	增长速度
全　市	**1951005**	**2404345**	**23.24**	**2981487**	**24.00**	**3388169**	**13.64**
市　区	1032539	1196987	15.93	1496487	25.02	1685405	12.62
#长安区	20223	25200	24.61	33569	33.21	32706	-2.57
桥东区	6689	17968	168.62	23161	28.90	19085	-17.60
桥西区	4343	5333	22.80	8726	63.62	16010	83.47
新华区	39430	32529	-17.50	29309	-9.90	34529	17.81
裕华区	24958	131512	426.93	183720	39.70	201246	9.54
矿　区	10754	10768	0.13	13091	21.57	13132	0.31
高新区						151535	
井陉县	28456	48551	70.62	62196	28.10	64139	3.12
正定县	117448	136197	15.96	157076	15.33	163363	4.00
栾城县	41310	57566	39.35	75491	31.14	92172	22.10
行唐县	27989	33648	20.22	50342	49.61	60301	19.78
灵寿县	23857	31386	31.56	46096	46.87	53195	15.40
高邑县	30924	37977	22.81	44708	17.72	47911	7.16
深泽县	19005	20627	8.53	27396	32.82	41290	50.72
赞皇县	17831	24398	36.83	44855	83.85	51013	13.73
无极县	28645	34954	22.02	48697	39.32	50118	2.92
平山县	45025	51959	15.40	69583	33.92	80296	15.40
元氏县	35986	48771	35.53	64216	31.67	70585	9.92
赵　县	37759	53613	41.99	55142	2.85	71501	29.67
辛集市	120437	144477	19.96	160194	10.88	172822	7.88
藁城市	106922	173559	62.32	200919	15.76	243720	21.30
晋州市	63817	91103	42.76	111021	21.86	123412	11.16
新乐市	75614	88100	16.51	107030	21.49	125006	16.80
鹿泉市	97441	130472	33.90	160038	22.66	191920	19.92

注：2000 年以前年度市内各区全社会固定资产投资统计范围为区属及以下单位，2000 年及以后年度为各区行政区划内所有单位。

1995—2010 年分县（市）区全社会固定资产投资（二）

计量单位：万元、%

行政单位	1999 年	增长速度	2000 年	增长速度	2001 年	增长速度
全　　市	**3654000**	**7.85**	**3619406**	**-0.95**	**3808763**	**5.23**
市　　区	1693000	0.45	1617379	-4.47	1709161	5.67
#长安区	36280	10.93	436525	1103.2	483590	10.78
桥东区	24548	28.62	341679	1291.9	339622	-0.60
桥西区	21099	31.79	191453	807.40	241500	26.14
新华区	32668	-5.39	178725	447.10	243422	36.20
裕华区	220871	9.75	279839	26.70	221038	-21.01
矿　区	14594	11.13	15698	7.56	20623	31.37
高新区			98757		128005	29.62
井陉县	70000	9.14	81064	15.81	75037	-7.43
正定县	214000	31.00	15994	-92.53	153648	860.66
栾城县	116000	25.85	142712	23.03	133376	-6.54
行唐县	67000	11.11	74149	10.67	76246	2.83
灵寿县	65000	22.19	64461	-0.83	64515	0.08
高邑县	56000	16.88	60477	7.99	64482	6.62
深泽县	49000	18.67	44771	-8.63	46381	3.60
赞皇县	49000	-3.95	66195	35.09	65582	-0.93
无极县	57000	13.73	60683	6.46	77306	27.39
平山县	100000	24.54	103192	3.19	119617	15.92
元氏县	81000	14.76	80049	-1.17	95188	18.91
赵　县	83000	16.08	91777	10.57	97459	6.19
辛集市	197000	13.99	196000	-0.51	201809	2.96
藁城市	249000	2.17	255984	2.80	269692	5.36
晋州市	139000	12.63	136663	-1.68	167882	22.84
新乐市	152000	21.59	149835	-1.42	139683	-6.78
鹿泉市	217000	13.07	209158	-3.61	251699	20.34

1995—2010 年分县（市）区全社会固定资产投资（三）

计量单位：万元、%

行政单位	2002 年	增长速度	2003 年	增长速度	2004 年	增长速度
全　　市	**4093686**	**7.48**	**5349800**	**30.68**	**7058091**	**31.93**
市　　区	1849521	8.21	2336448	26.33	3236648	38.53
#长安区	486618	0.63	581495	19.50	735097	26.42
桥东区	361390	6.41	290339	-19.66	461410	58.92
桥西区	255743	5.90	379839	48.52	525002	38.22
新华区	309961	27.33	427800	38.02	553389	29.36
裕华区	266972	20.78	473571	77.39	707898	49.48
矿　区	13938	-32.42	27970	100.67	51624	84.57
高新区	148011	15.63	155434	5.02	202228	30.11
井陉县	84176	12.18	139364	65.56	188475	35.24
正定县	169132	10.08	227051	34.24	312636	37.69
栾城县	144280	8.18	192304	33.29	264912	37.76
行唐县	82198	7.81	122164	48.62	168167	37.66
灵寿县	67699	4.94	104077	53.73	143219	37.61
高邑县	68146	5.68	84006	23.27	117333	39.67
深泽县	47571	2.57	76529	60.87	79140	3.41
赞皇县	55544	-15.31	84064	51.35	115653	37.58
无极县	81773	5.78	114778	40.36	139862	21.85
平山县	144180	20.53	206524	43.24	249174	20.65
元氏县	107795	13.24	149703	38.88	226839	51.53
赵　县	106011	8.77	182796	72.43	216376	18.37
辛集市	191274	-5.22	240836	25.91	301162	25.05
藁城市	286414	6.20	316842	10.62	382984	20.88
晋州市	175319	4.43	230668	31.57	272680	18.21
新乐市	160033	14.57	233495	45.90	309874	32.71
鹿泉市	272620	8.31	308151	13.03	332957	8.05

1995—2010 年分县（市）区全社会固定资产投资（四）

计量单位：万元、%

行政单位	2005 年	增长速度	2006 年	增长速度	2007 年	增长速度
全　市	**9290289**	**31.63**	**10968268**	**18.06**	**13901235**	**26.82**
市　区	4284088	32.36	5026539	17.33	5878796	17.11
#长安区	928269	26.28	769447	-17.11	1035143	34.53
桥东区	675332	46.36	867367	28.44	1077663	24.25
桥西区	696763	32.72	875884	25.71	870603	-0.60
新华区	710154	28.33	922258	29.87	1136336	23.21
裕华区	958989	35.47	1192987	24.40	1231584	4.11
矿　区	72889	41.19	94141	29.16	142937	46.96
高新区	241946	19.64	305212	26.15	384530	25.99
井陉县	303147	60.84	404996	33.60	561582	38.66
正定县	325003	3.96	366086	12.64	510373	39.41
栾城县	357366	34.90	402653	12.67	498822	23.88
行唐县	240548	43.04	285386	18.64	400589	40.37
灵寿县	221988	55.00	303107	36.54	474348	56.50
高邑县	144094	22.81	157326	9.18	178150	13.24
深泽县	96534	21.98	117664	21.89	165369	40.54
赞皇县	165859	43.41	194153	17.06	353080	81.86
无极县	175310	25.34	229676	31.01	338651	47.45
平山县	339890	36.41	394227	15.99	335194	-14.97
元氏县	281452	24.08	325503	15.65	541842	66.46
赵　县	292035	34.97	329417	12.80	416364	26.39
辛集市	398724	32.40	451794	13.31	698374	54.58
藁城市	497644	29.94	609568	22.49	804138	31.92
晋州市	348829	27.93	407311	16.77	534150	31.14
新乐市	386200	24.63	436727	13.08	536084	22.75
鹿泉市	431322	29.54	525378	21.81	675329	28.54

1995—2010 年分县（市）区全社会固定资产投资（五）

计量单位：万元、%

行政单位	2008 年	增长速度	2009 年	增长速度	2010 年	增长速度
全　市	**17242334**	**24.03**	**24363602**	**41.30**	**29579966**	**21.40**
市　区	6893777	17.27	9642048	39.87	11926594	23.69
#长安区	1269342	22.62	1752619	38.07	2141700	22.20
桥东区	1192978	10.70	1688780	41.56	2077199	23.00
桥西区	1047342	20.30	1596309	52.42	1965056	23.10
新华区	1299784	14.38	1714311	31.89	2094888	22.20
裕华区	1435136	16.53	1966002	36.99	2215612	21.50
矿　区	186578	30.53	265681	42.40	334188	25.79
高新区	462617	20.31	658346	42.31	1097951	26.15
井陉县	820668	46.14	1203437	46.64	1478696	22.87
正定县	694877	36.15	975116	40.33	1238041	26.96
栾城县	592204	18.72	854531	44.30	954894	21.65
行唐县	533417	33.16	764998	43.41	950213	24.21
灵寿县	700542	47.69	985592	40.69	632039	-35.87
高邑县	202538	13.69	282454	39.46	351994	24.62
深泽县	215427	30.27	294716	36.81	365150	23.90
赞皇县	449608	27.34	643462	43.12	815226	26.69
无极县	421306	24.41	616967	46.44	773069	25.30
平山县	585943	74.81	768064	31.08	977739	27.30
元氏县	669532	23.57	890503	33.00	1020913	14.64
赵　县	475415	14.18	701713	47.60	872221	24.30
辛集市	804367	15.18	1136130	41.25	1431710	26.02
藁城市	938381	16.69	1351537	44.03	1727410	27.81
晋州市	682029	27.68	994825	45.86	1243694	25.02
新乐市	735714	37.24	1028408	39.78	1254122	21.95
鹿泉市	826589	22.40	1229101	48.70	1566241	27.43

1996—2010年分县（市）区城镇固定资产投资（一）

计量单位：万元、%

行政单位	1996年	增长速度	1997年	增长速度	1998年	增长速度
全 市	**1561921**	**16.49**	**1892936**	**21.19**	**2143072**	**13.21**
市 区	1066962	6.84	1306535	22.45	1449117	10.91
#长安区	25200	53.00	33569	33.21	32706	-2.57
桥东区	17968	416.92	23161	28.90	19085	-17.60
桥西区	5333	22.80	8726	63.62	16010	83.47
新华区	32529	-16.87	29309	-9.90	34529	17.81
裕华区	131512	2183.19	183720	39.70	26625	-85.51
矿 区	10768	239.47	13091	21.57	3608	-72.44
高新区					151535	
井陉县	32213	106.97	26342	-18.23	34905	32.51
正定县	35234	-6.69	43586	23.70	58566	34.37
栾城县	34878	100.79	29868	-14.36	42271	41.53
行唐县	13171	42.73	26562	101.67	27325	2.87
灵寿县	24091	53.95	37441	55.41	44876	19.86
高邑县	7583	-18.66	12572	65.79	14308	13.81
深泽县	5672	-23.90	15604	175.11	16258	4.19
赞皇县	11798	-20.45	19725	67.19	20270	2.76
无极县	17003	4.30	19048	12.03	21394	12.32
平山县	19063	6.96	27583	44.69	29732	7.79
元氏县	23721	37.92	24591	3.67	22730	-7.57
赵 县	18687	4.56	24548	31.36	24501	-0.19
辛集市	54916	46.78	64478	17.41	116044	79.97
藁城市	123911	184.13	98410	-20.58	99324	0.93
晋州市	19202	5.66	26495	37.98	31100	17.38
新乐市	40161	36.90	37015	-7.83	42705	15.37
鹿泉市	13655	-20.71	52533	284.72	47646	-9.30

注：2000年以前年度市内各区城镇固定资产投资统计范围为区属及以下单位，2000年及以后年度为各区行政区划内所有单位。

1996—2010年分县（市）区城镇固定资产投资（二）

计量单位：万元、%

行政单位	1999年	增长速度	2000年	增长速度	2001年	增长速度
全　市	**2460089**	**14.79**	**2408926**	**-2.08**	**2681187**	**11.30**
市　区	1498045	3.38	1457313	-2.72	1651933	13.35
#长安区	36280	10.93	436525	1103.21	483590	10.78
桥东区	24548	28.62	341679	1291.88	339622	-0.60
桥西区	21099	31.79	191453	807.40	241500	26.14
新华区	32668	-5.39	178725	447.10	243422	36.20
裕华区	96400	262.07	128204	32.99	192260	49.96
矿　区	5540	53.55	7267	31.17	14534	100.00
高新区			98757		128005	29.62
井陉县	42770	22.53	49814	16.47	49981	0.34
正定县	95016	62.24	72045	-24.18	96457	33.88
栾城县	72583	71.71	92090	26.88	79287	-13.90
行唐县	35601	30.29	36143	1.52	37850	4.72
灵寿县	52743	17.53	54285	2.92	54820	0.99
高邑县	22025	53.93	22883	3.90	25621	11.97
深泽县	18877	16.11	19136	1.37	19435	1.56
赞皇县	20926	3.24	21291	1.74	28898	35.73
无极县	31579	47.61	28346	-10.24	30800	8.66
平山县	46136	55.17	49091	6.40	54300	10.61
元氏县	39667	74.51	33383	-15.84	38595	15.61
赵　县	53245	117.32	40030	-24.82	44623	11.47
辛集市	130156	12.16	107343	-17.53	127330	18.62
藁城市	120461	21.28	104394	-13.34	123769	18.56
晋州市	54008	73.66	53726	-0.52	74579	38.81
新乐市	66199	55.01	54957	-16.98	40921	-25.54
鹿泉市	86837	82.25	89170	2.69	101988	14.37

1996—2010年分县（市）区城镇固定资产投资（三）

计量单位：万元、%

行政单位	2002年	增长速度	2003年	增长速度	2004年	增长速度
全　市	**2952370**	**10.11**	**4155500**	**40.75**	**5771074**	**38.88**
市　区	1820166	10.18	2335548	28.32	3227794	38.20
#长安区	486618	0.63	581495	19.50	735097	26.42
桥东区	361390	6.41	290339	-19.66	461410	58.92
桥西区	255743	5.90	379839	48.52	525002	38.22
新华区	309961	27.33	427800	38.02	553389	29.36
裕华区	266972	38.86	473571	77.39	707898	49.48
矿　区	12786	-12.03	27070	111.72	42770	58.00
高新区	148011	15.63	155434	5.02	202228	30.11
井陉县	53288	6.62	90564	69.95	136390	50.60
正定县	97352	0.93	128751	32.25	181686	41.11
栾城县	79222	-0.08	131504	65.99	178350	35.62
行唐县	40912	8.09	66264	61.97	100890	52.25
灵寿县	57459	4.81	86077	49.81	124741	44.92
高邑县	26958	5.22	41406	53.59	63334	52.96
深泽县	21110	8.62	37429	77.30	47117	25.88
赞皇县	31864	10.26	51364	61.20	72418	40.99
无极县	33076	7.39	46578	40.82	69134	48.43
平山县	73294	34.98	111724	52.43	166075	48.65
元氏县	41375	7.20	66003	59.52	102120	54.72
赵　县	46480	4.16	89100	91.70	133374	49.69
辛集市	128196	0.68	182236	42.15	225623	23.81
藁城市	128771	4.04	219642	70.57	288596	31.39
晋州市	80164	7.49	125068	56.02	187782	50.14
新乐市	53522	30.79	97195	81.60	156816	61.34
鹿泉市	141746	38.98	249251	75.84	308832	23.90

1996—2010 年分县（市）区城镇固定资产投资（四）

计量单位：万元、%

行政单位	2005 年	增长速度	2006 年	增长速度	2007 年	增长速度
全　市	**7947681**	**37.72**	**9981142**	**25.59**	**12641826**	**26.66**
市　区	4282358	32.67	5025104	17.34	5877037	16.95
#长安区	927469	26.17	769447	-17.04	1035143	34.53
桥东区	675332	46.36	867367	28.44	1077663	24.25
桥西区	696763	32.72	875884	25.71	870603	-0.60
新华区	710154	28.33	922258	29.87	1136336	23.21
裕华区	958989	35.47	1192987	24.40	1231584	3.24
矿　区	71705	67.65	91949	28.23	141178	53.54
高新区	241946	19.64	305212	26.15	384530	25.99
井陉县	241872	77.34	359738	48.73	511177	42.10
正定县	223574	23.06	299703	34.05	465645	55.37
栾城县	262308	47.07	320344	22.13	391578	22.24
行唐县	161505	60.08	231453	43.31	326349	41.00
灵寿县	197768	58.54	283029	43.11	429516	51.76
高邑县	85669	35.27	115400	34.70	134700	16.72
深泽县	68357	45.08	96917	41.78	136014	40.34
赞皇县	102949	42.16	157339	52.83	255390	62.32
无极县	102701	48.55	146074	42.23	239373	63.87
平山县	268501	61.67	342339	27.50	280118	-18.18
元氏县	164340	60.93	236416	43.86	345522	46.15
赵　县	209271	56.91	298478	42.63	401399	34.48
辛集市	313443	38.92	421233	34.39	606576	44.00
藁城市	407731	41.28	513790	26.01	700458	36.33
晋州市	220049	17.18	321025	45.89	466385	45.28
新乐市	218848	39.56	293722	34.21	421760	43.59
鹿泉市	416437	34.84	519038	24.64	652829	25.78

1996—2010 年分县（市）区城镇固定资产投资（五）

计量单位：万元、%

行政单位	2008 年	增长速度	2009 年	增长速度	2010 年	增长速度
全　市	**15778496**	**24.81**	**22287346**	**41.25**	**26968136**	**21.00**
市　区	6890730	17.25	9636908	39.85	11919374	23.68
#长安区	1269342	22.62	1752619	38.07	2141700	22.20
桥东区	1192978	10.70	1688780	41.56	2077199	23.00
桥西区	1047342	20.30	1596309	52.42	1965056	23.10
新华区	1299784	14.38	1714311	31.89	2094888	22.20
裕华区	1435136	16.53	1966002	36.99	2215612	21.50
矿　区	183531	30.00	260541	41.96	326968	25.50
高新区	462617	20.31	658346	42.31	1097951	27.93
井陉县	728193	42.45	1054642	44.83	1292980	22.60
正定县	651851	39.99	933450	43.20	1173481	25.71
栾城县	503725	28.64	712872	41.52	809434	23.50
行唐县	446251	36.74	631534	41.52	768576	21.70
灵寿县	615816	43.37	863127	40.16	534790	-38.04
高邑县	159765	18.61	226099	41.52	282172	24.80
深泽县	178997	31.60	251598	40.56	306446	21.80
赞皇县	336242	31.66	432909	28.75	588485	22.88
无极县	290447	21.34	408252	40.56	496387	21.59
平山县	393470	40.47	649804	65.15	715914	26.69
元氏县	494203	43.03	770439	55.90	847834	22.40
赵　县	468564	16.73	656511	40.11	829392	25.15
辛集市	755232	24.51	1069391	41.60	1338991	25.21
藁城市	889328	26.96	1224149	37.65	1578653	23.40
晋州市	609243	30.63	855061	40.35	1063859	22.30
新乐市	553034	31.13	774530	40.05	945701	22.10
鹿泉市	813405	24.60	1136070	39.67	1475667	25.44

1995—2010年分县（市）区全部财政收入（一）

计量单位：万元、%

行政单位	1995年	1996年	增长速度	1997年	增长速度
全　　市	**328113**	**384211**	**17.10**	**454738**	**18.36**
市　　区	201323	212181	5.39	259900	22.49
#长安区	10168	12288	20.85	14852	19.06
桥东区	10036	11858	18.15	12583	11.96
桥西区	8668	10043	15.86	11672	14.91
新华区	9613	11413	18.72	14151	19.04
裕华区	12878	18190	41.25	22189	29.64
矿　区	3425	4055	18.39	4840	17.31
高新区	5189	5832	12.39	8015	19.81
井 陉 县	12388	13188	6.46	16188	22.75
正 定 县	10089	13399	32.81	17994	34.29
栾 城 县	5601	7604	35.76	10293	35.36
行 唐 县	3564	5018	40.80	6226	24.07
灵 寿 县	3326	4854	45.94	6037	24.37
高 邑 县	3113	3908	25.54	5019	28.43
深 泽 县	3017	4009	32.88	5020	25.22
赞 皇 县	3540	4005	13.14	4352	8.66
无 极 县	5051	6967	37.93	8175	17.34
平 山 县	6039	7035	16.49	8569	21.81
元 氏 县	5269	6011	14.08	7098	18.08
赵　　县	6152	8510	38.33	10033	17.90
辛 集 市	14323	18036	25.92	21063	16.78
藁 城 市	15821	20179	27.55	24000	18.94
晋 州 市	8305	10622	27.90	12224	15.08
新 乐 市	7549	10213	35.29	12347	20.89
鹿 泉 市	13643	16184	18.62	20200	24.81

1995—2010年分县（市）区全部财政收入（二）

计量单位：万元、%

行政单位	1998年	增长速度	1999年	增长速度	2000年	增长速度
全 市	**550236**	**21.00**	**581154**	**5.62**	**617026**	**6.17**
市 区	323636	24.52	345064	6.62	376882	9.22
#长安区	17416	17.26	20118	15.51	22328	10.99
桥东区	13307	5.76	14727	10.67	15237	3.46
桥西区	13300	13.95	14702	10.54	14865	1.11
新华区	16888	19.35	19168	13.50	21569	12.53
裕华区	26188	18.02	31025	18.47	36699	18.29
矿 区	5625	16.22	6180	9.87	6467	4.64
高新区	10198	27.24	13050	27.97	16528	26.65
井陉县	15768	-2.59	12725	-19.30	13685	7.54
正定县	20538	14.14	22001	7.12	23667	7.57
栾城县	13005	26.35	15345	17.99	16159	5.30
行唐县	7421	19.19	7689	3.61	8294	7.87
灵寿县	7090	17.44	6707	-5.40	7019	4.65
高邑县	6007	19.69	6558	9.17	6962	6.16
深泽县	6179	23.09	6699	8.42	6916	3.24
赞皇县	4363	0.25	3080	-29.41	3916	27.14
无极县	10017	22.53	10016	-0.01	10501	4.84
平山县	10430	21.72	11713	12.30	11315	-3.40
元氏县	8289	16.78	9010	8.70	10011	11.11
赵 县	11352	13.15	10613	-6.51	10786	1.63
辛集市	24266	15.21	25944	6.92	24855	-4.20
藁城市	27937	16.40	30287	8.41	27386	-9.58
晋州市	15187	24.24	16131	6.22	16755	3.87
新乐市	15001	21.50	15287	1.91	15781	3.23
鹿泉市	23750	17.57	25557	7.61	26136	2.27

1995—2010 年分县（市）区全部财政收入（三）

计量单位：万元、%

行政单位	2001 年	增长速度	2002 年	增长速度	2003 年	增长速度
全　市	**718953**	**16.52**	**1105294**	**7.15**	**1249873**	**13.08**
市　区	473752	25.70	783433	5.83	889785	13.58
#长安区	32018	43.40	38515	19.95	47386	23.03
桥东区	18637	22.31	20825	11.43	22583	8.44
桥西区	24738	66.42	28390	14.73	31555	11.15
新华区	32618	51.23	39082	19.60	46274	18.40
裕华区	23812	-35.12	30068	25.85	37197	23.71
矿　区	6555	1.36	7645	11.83	10884	42.37
高新区	35639	115.63	37897	6.23	48359	27.61
井陉县	14901	8.89	18563	8.62	20970	12.97
正定县	17740	-25.04	23859	15.78	25300	6.04
栾城县	10724	-33.63	18875	24.17	22424	18.80
行唐县	8645	4.23	10083	5.05	10773	6.84
灵寿县	7700	9.70	8751	1.25	9674	10.55
高邑县	6491	-6.77	8000	10.91	8603	7.54
深泽县	7421	7.30	8014	-9.00	8628	7.66
赞皇县	4148	5.92	5184	6.12	6181	19.23
无极县	10701	1.90	13703	11.29	15301	11.66
平山县	12367	9.30	15272	8.01	17997	17.84
元氏县	10525	5.13	14502	26.19	16033	10.56
赵　县	10058	-6.75	13011	15.51	15009	15.36
辛集市	26479	6.53	33178	11.51	38162	15.02
藁城市	30011	9.59	51753	7.40	56314	8.81
晋州市	18021	7.56	21955	7.51	24115	9.84
新乐市	15070	-4.51	18037	10.12	20738	14.97
鹿泉市	31199	19.37	39121	10.99	43866	12.13

1995—2010年分县（市）区全部财政收入（四）

计量单位：万元、%

行政单位	2004年	增长速度	2005年	增长速度	2006年	增长速度
全　市	**1452944**	**16.25**	**1656402**	**13.68**	**1900632**	**14.70**
市　区	1026814	15.40	1123086	9.38	1267496	12.86
#长安区	235391	12.50	240038	1.97	226796	-5.52
桥东区	88507	11.47	101338	14.5	120046	18.46
桥西区	207558	17.27	256119	23.4	318071	24.19
新华区	118088	18.51	140018	18.61	151299	8.06
裕华区	120160	8.85	112956	-6.00	130055	15.14
矿　区	16348	48.18	25216	54.00	30287	20.11
高新区	76641	29.13	100128	30.65	115728	15.58
井陉县	26864	28.11	34195	28.49	41766	22.14
正定县	30021	18.66	34914	18.04	40330	15.51
栾城县	25169	12.24	30208	22.43	36010	19.21
行唐县	11542	7.14	13168	19.19	15383	16.82
灵寿县	10973	13.43	13201	22.82	15756	19.35
高邑县	10002	16.26	11500	17.55	11618	1.03
深泽县	9535	10.51	10808	16.87	13494	24.85
赞皇县	8022	29.78	10529	32.69	13036	23.81
无极县	18504	20.93	21306	19.58	24882	16.78
平山县	31348	74.18	65002	12.76	83299	28.15
元氏县	18012	12.34	21033	19.55	24166	14.90
赵　县	16169	7.73	19136	27.68	24025	25.55
辛集市	47076	23.36	56001	22.43	66061	17.96
藁城市	60894	8.13	70530	18.60	80118	13.59
晋州市	26333	9.20	30248	18.62	37050	22.49
新乐市	23251	12.12	27068	19.71	31031	14.64
鹿泉市	52415	19.49	64469	23.10	75111	16.51

1995—2010 年分县（市）区全部财政收入（五）

计量单位：万元、%

行政单位	2007 年	增长速度	2008 年	增长速度
全　市	**2303474**	**21.20**	**2717217**	**17.96**
市　区	1474413	16.32	1691853	14.75
#长安区	263089	16.00	295125	12.18
桥东区	147124	22.56	242220	64.64
桥西区	403271	26.79	475805	17.99
新华区	164370	8.64	176785	7.55
裕华区	172426	32.58	198680	15.23
矿　区	40019	32.13	54294	35.67
高新区	131645	13.75	152769	16.05
井陉县	50580	21.10	93838	85.52
正定县	48893	21.23	59333	21.35
栾城县	46366	28.76	56239	21.29
行唐县	18664	21.33	21839	17.01
灵寿县	20009	26.99	24112	20.51
高邑县	13148	13.17	15600	18.65
深泽县	16715	23.87	20406	22.08
赞皇县	16165	24.00	20225	25.12
无极县	30800	23.78	34000	10.39
平山县	140658	68.86	137803	-2.03
元氏县	30209	25.01	43083	42.62
赵　县	30037	25.02	35174	17.10
辛集市	80060	21.19	92070	15.00
藁城市	100296	25.19	161764	61.29
晋州市	50022	35.01	57506	14.96
新乐市	36200	16.66	41542	14.76
鹿泉市	100239	33.45	110830	10.57

1995—2010年分县（市）区全部财政收入（六）

计量单位：万元、%

行政单位	2009年	增长速度	2010年	增长速度
全 市	**3102454**	**14.18**	**3879254**	**25.04**
市 区	1815532	7.31	2117388	16.63
#长安区	318828	8.03	383751	20.36
桥东区	281984	16.42	326630	15.83
桥西区	479465	0.77	464768	29.39
新华区	180104	1.88	226798	25.93
裕华区	198771	0.05	238951	20.21
矿 区	55055	1.40	45387	-17.56
高新区	173105	13.31	204555	18.17
井陉县	100189	6.77	106648	6.45
正定县	65525	10.44	80656	23.09
栾城县	66000	17.36	73518	16.24
行唐县	24025	10.01	24808	3.26
灵寿县	24127	0.06	25265	4.72
高邑县	16558	6.14	20438	23.43
深泽县	21515	5.43	24309	12.99
赞皇县	23026	13.85	25060	8.83
无极县	28061	-17.47	32573	16.08
平山县	122816	-10.88	144176	17.39
元氏县	48714	13.07	55871	14.69
赵 县	33018	-6.13	38039	15.21
辛集市	93007	1.02	110039	18.31
藁城市	410813	153.96	760892	43.28
晋州市	56055	-2.52	63819	13.85
新乐市	35371	-14.85	40475	14.43
鹿泉市	118102	6.56	135280	14.55

2000—2010 年分县（市）区一般预算收入（一）

计量单位：万元、%

行政单位	2000 年	增长速度	2001 年	增长速度	2002 年	增长速度
全市总计	**377137**	**7.04**	**443554**	**17.61**	**444947**	**18.31**
市区合计	200653	11.12	267217	33.17	280699	17.98
#长安区	15155	11.16	19394	27.97	16534	22.40
桥东区	9985	8.00	12316	23.35	10527	24.34
桥西区	10432	3.49	16683	59.92	13135	13.02
新华区	13272	12.82	20302	52.97	14385	14.36
裕华区	21035	8.33	15577	-25.95	15675	30.97
矿　区	3428	6.39	3558	3.79	3031	16.58
高新区	9650	24.16	18490	91.61	13223	21.26
井陉县	9107	6.79	9795	7.55	9740	16.01
正定县	17175	10.21	13090	-23.78	13785	26.61
栾城县	11059	3.80	8264	-25.27	7975	34.30
行唐县	6566	10.26	6782	3.29	6097	10.65
灵寿县	5255	4.29	5768	9.76	4447	2.47
高邑县	5486	9.22	5045	-8.04	4646	17.12
深泽县	5226	2.77	5593	7.02	4406	0.09
赞皇县	2686	2.17	3098	15.34	2932	13.25
无极县	8472	3.38	8463	-0.11	6832	21.52
平山县	8912	-5.79	9667	8.47	9614	13.20
元氏县	7482	11.49	7819	4.50	7606	54.12
赵　县	8531	4.34	7625	-10.62	7795	30.61
辛集市	17236	-2.71	17598	2.10	15032	16.95
藁城市	21456	-3.88	22186	3.40	24656	19.58
晋州市	12596	1.98	13670	8.53	12368	16.75
新乐市	12934	2.70	11753	-9.13	10282	11.79
鹿泉市	16305	3.46	20121	23.40	16035	15.64

2000—2010 年分县（市）区一般预算收入（二）

计量单位：万元、%

行政单位	2003 年	增长速度	2004 年	增长速度	2005 年	增长速度
全市总计	**493429**	**10.90**	**561644**	**13.82**	**658796**	**17.30**
市区合计	316341	12.70	366737	15.93	421211	14.85
#长安区	21334	29.03	80633	18.15	86493	7.27
桥东区	11203	6.42	36213	15.54	45145	24.67
桥西区	14709	11.98	64216	17.38	78847	22.78
新华区	18337	27.47	42858	29.29	56187	31.10
裕华区	18542	18.29	49075	11.27	51162	4.25
矿 区	4169	37.55	5703	45.38	8738	53.22
高新区	17536	32.62	24115	41.98	36497	51.35
井陉县	10794	10.82	14502	34.35	17493	20.62
正定县	13458	-2.37	14682	9.09	17460	18.92
栾城县	9219	15.60	10128	9.86	12910	27.47
行唐县	6370	4.48	6662	4.58	7746	16.27
灵寿县	4753	6.88	5377	13.13	6439	19.75
高邑县	5152	10.89	6218	20.69	6528	4.99
深泽县	4723	7.19	5606	18.70	6295	12.29
赞皇县	3248	10.78	4111	26.57	4582	11.46
无极县	7430	8.75	9404	26.57	10436	10.97
平山县	9812	2.06	11962	21.91	20693	72.99
元氏县	8016	5.39	9344	16.57	9390	0.49
赵 县	9125	17.06	9634	5.58	10405	8.00
辛集市	16591	10.37	13420	-19.11	22382	66.78
藁城市	26795	8.68	28794	7.46	32295	12.16
晋州市	12537	1.37	11289	-9.95	13977	23.81
新乐市	11628	13.09	12569	8.09	13285	5.70
鹿泉市	17437	8.74	21205	21.61	25269	19.17

2000—2010 年分县（市）区一般预算收入（三）

计量单位：万元、%

行政单位	2006 年	增长速度	2007 年	增长速度	2008 年	增长速度
全市总计	**773736**	**17.45**	**958720**	**23.91**	**1100366**	**14.77**
市区合计	506104	20.15	608045	20.14	670759	10.31
#长安区	89595	3.59	108884	21.53	118413	8.75
桥东区	56023	24.10	70091	25.11	97169	38.63
桥西区	97876	24.13	123524	26.20	143895	16.49
新华区	61557	9.56	76339	24.01	83766	9.73
裕华区	61812	20.82	83669	35.36	87103	4.10
矿　区	10710	22.57	14467	35.08	18041	24.70
高新区	46483	27.36	56359	21.25	54692	-2.96
井陉县	19853	13.49	24186	21.83	34955	44.53
正定县	20730	18.73	25210	21.61	32165	27.59
栾城县	15188	17.65	17931	18.06	24532	36.81
行唐县	8886	14.72	10039	12.98	12372	23.24
灵寿县	7151	11.06	9133	27.72	10489	14.85
高邑县	5287	-19.01	6061	14.64	6899	13.83
深泽县	7448	18.32	8761	17.63	11420	30.35
赞皇县	5684	24.05	6791	19.48	8884	30.82
无极县	11681	11.93	13914	19.12	14804	6.40
平山县	24297	17.42	44107	81.53	54456	23.46
元氏县	9883	5.25	12522	26.70	15983	27.64
赵　县	10058	-3.33	12504	24.32	15374	22.95
辛集市	26430	18.09	33123	25.32	36877	11.33
藁城市	35342	9.43	45410	28.49	53821	18.52
晋州市	15681	12.19	21689	38.31	24207	11.61
新乐市	14882	12.02	16853	13.24	21583	28.07
鹿泉市	29151	15.36	42441	45.59	50786	19.66

2000—2010年分县（市）区一般预算收入（四）

计量单位：万元、%

行政单位	2009年	增长速度	2010年	增长速度
全市总计	**1259614**	**14.47**	**1636303**	**29.91**
市区合计	772553	15.18	1047751	35.62
#长安区	135049	14.05	177229	31.23
桥东区	116752	20.15	143757	23.13
桥西区	163919	13.92	196341	33.08
新华区	93861	12.05	125305	33.50
裕华区	103872	19.25	134342	29.33
矿　区	18184	0.79	17614	-3.13
高新区	58847	7.60	71053	20.74
井陉县	35294	0.97	40167	13.81
正定县	38077	18.38	49990	31.29
栾城县	31096	26.76	36684	26.95
行唐县	15961	29.01	13478	-15.56
灵寿县	11231	7.07	12033	7.14
高邑县	9027	30.85	12285	36.09
深泽县	14467	26.68	15365	6.21
赞皇县	9888	11.30	12134	22.71
无极县	14453	-2.37	16938	17.19
平山县	52697	-3.23	59138	12.22
元氏县	18688	16.92	25034	33.96
赵　县	16687	8.54	18780	12.54
辛集市	49482	34.18	52813	6.73
藁城市	63598	18.17	96220	33.63
晋州市	28199	16.49	33565	19.03
新乐市	20946	-2.95	23621	12.77
鹿泉市	57270	12.77	70307	22.76

1995—2010 年分县（市）区农林牧渔业总产值（一）

计量单位：万元、%

行政单位	1995 年	1996 年	增长速度	1997 年	增长速度	1998 年	增长速度
全　市	**2094240**	**2460775**	**9.43**	**2751988**	**10.62**	**2874039**	**6.76**
长安区							
桥东区							
桥西区							
新华区							
裕华区	51998	63166	20.71		6.88	70153	3.62
矿　区	7586	8016	4.43		4.17	8693	4.27
高新区		5404				5378	
井陉县	41718	53387	12.28	60802	12.81	67721	12.38
正定县	212194	225684	4.68	255122	13.71	263630	4.66
栾城县	131828	138841	12.98	166280	17.68	187079	19.31
行唐县	87430	103204	9.43	112032	8.78	118472	4.98
灵寿县	44836	62344	7.40	74061	11.05	78323	5.89
高邑县	63058	71095	11.28	74640	16.00	77664	7.43
深泽县	58304	62476	7.46	70511	16.28	73929	5.66
赞皇县	53938	55020	0.21	53152	-5.17	54116	20.26
无极县	123478	136868	10.35	151115	8.82	154844	6.27
平山县	101375	81939	-23.27	118712	55.74	128027	7.28
元氏县	74293	91597	8.52	108089	3.62	117005	13.77
赵　县	150068	195627	21.18	198029	10.77	209192	9.29
辛集市	306071	331446	7.45	346546	11.64	384913	8.24
藁城市	292564	357743	10.67	391248	11.32	412864	7.81
晋州市	169708	184622	4.60	179006	3.81	188590	3.30
新乐市	176189	176770	3.69	184509	6.99	195373	6.76
鹿泉市	133678	128701	-4.25	142142	12.45	146211	4.36

1995—2010 年分县（市）区农林牧渔业总产值（二）

计量单位：万元、%

行政单位	1999 年	增长速度	2000 年	增长速度	2001 年	增长速度
全　市	**2918680**	**5.48**	**2934472**	**4.96**	**3070012**	**4.24**
长安区					32494	
桥东区					9210	
桥西区					16565	
新华区					31269	
裕华区	72500	5.78	73926	4.67	34893	-56.45
矿　区	8931	5.80	9000	3.69	9356	3.99
高新区	5177		5311		5752	
井陉县	67868	0.55	70698	7.99	68812	-2.90
正定县	271820	5.95	274880	3.91	244053	-11.05
栾城县	206178	11.03	227496	12.59	229880	-1.65
行唐县	116743	0.86	118200	7.55	122225	4.00
灵寿县	84381	11.69	85361	3.98	88971	2.89
高邑县	81241	10.38	87594	10.77	89177	4.50
深泽县	74695	5.03	76655	8.99	85300	9.51
赞皇县	58108	5.33	62316	5.08	65028	5.32
无极县	158854	4.97	159714	6.63	165798	4.02
平山县	135706	6.21	132100	-3.52	139195	6.86
元氏县	123348	8.21	124245	7.32	132728	6.43
赵　县	215345	8.18	215758	6.05	208906	-4.71
辛集市	387792	5.35	374760	0.28	391303	2.99
藁城市	423133	4.12	396434	-2.73	416404	5.03
晋州市	192334	3.95	192629	4.54	197083	2.10
新乐市	202124	5.14	212100	5.02	211015	-0.60
鹿泉市	146756	4.94	149594	3.29	153852	6.76

1995—2010 年分县（市）区农林牧渔业总产值（三）

计量单位：万元、%

行政单位	2002 年	增长速度	2003 年	增长速度	2004 年	增长速度
全　市	**3119674**	**4.35**	**3529558**	**5.65**	**4260467**	**6.36**
长安区	31657	-1.52	33169	-0.31	37982	-2.37
桥东区	9305	0.78	8276	-4.31	10088	3.35
桥西区	16651	-0.10	15014	0.36	18487	11.83
新华区	31597	3.38	25829	-4.99	31395	0.37
裕华区	35083	0.52	36536	0.60	40222	-4.76
矿　区	9728	3.97	9230	4.04	10171	1.92
高新区	5588		2125			
井陉县	69449	1.56	69984	8.95	86721	9.19
正定县	253376	5.10	258522	2.24	296679	4.58
栾城县	243141	5.73	256011	7.27	293005	4.29
行唐县	126340	4.00	143582	3.71	171943	5.91
灵寿县	88117	-0.82	96565	30.36	119804	15.82
高邑县	93377	4.91	89498	-0.26	110317	3.40
深泽县	90927	6.91	82562	10.97	100366	6.06
赞皇县	65927	-2.51	74492	14.71	95470	10.08
无极县	169611	3.00	215779	3.33	246375	3.36
平山县	142678	2.52	186346	1.48	212069	4.48
元氏县	138860	4.72	150195	3.18	187608	4.19
赵　县	221714	7.45	214916	5.11	264314	5.26
辛集市	407063	3.97	358971	6.87	435801	6.63
藁城市	431434	4.33	507429	3.55	574451	2.88
晋州市	200456	2.97	196509	4.81	239640	8.07
新乐市	220360	4.86	233952	5.90	289669	6.20
鹿泉市	159194	3.48	160228	5.17	206716	11.93

1995—2010年分县（市）区农林牧渔业总产值（四）

计量单位：万元、%

行政单位	2005年	增长速度	2006年	增长速度	2007年	增长速度
全 市	**4569477**	**5.37**	**4731008**	**4.2**	**4931161**	**2.1**
长安区	38467	-0.78	39910	3.4	30522	-3.4
桥东区	10191	-0.32	10593	3.0	7994	-6.3
桥西区	18641	0.27	18542	-3.5	10522	-35.0
新华区	32504	-2.37	31526	-6.4	28021	9.9
裕华区	39484	-2.14	38516	-5.2	21548	-13.5
矿 区	10814	3.29	10828	0.0	8778	-8.5
高新区						
井陉县	95974	6.41	105237	7.2	112528	6.7
正定县	319891	3.44	344635	4.7	410945	2.3
栾城县	320011	5.50	336486	5.0	359137	-1.7
行唐县	186386	5.65	198067	4.7	237181	9.5
灵寿县	129835	6.40	136304	4.3	145305	2.9
高邑县	115473	1.31	118158	2.2	106953	-10.4
深泽县	112814	7.19	118394	5.0	131702	3.2
赞皇县	108186	9.83	111901	6.4	136477	5.3
无极县	253662	2.46	261197	2.3	295862	1.1
平山县	222149	3.65	231570	2.9	215969	4.6
元氏县	204239	3.90	216679	4.0	238669	3.4
赵 县	284806	4.52	302501	4.1	338277	3.9
辛集市	482007	5.38	527299	7.0	562856	1.5
藁城市	610803	1.33	633505	1.1	668148	1.1
晋州市	255292	3.98	278872	5.8	299852	-0.5
新乐市	322104	7.44	332768	2.1	323832	1.9
鹿泉市	229711	8.17	240714	4.8	234224	1.4

1995—2010年分县（市）区农林牧渔业总产值（五）

计量单位：万元、%

行政单位	2008年	增长速度	2009年	增长速度	2010年	增长速度
全 市	**5429731**	**3.3**	**5477617**	**0.7**	**6515543**	**3.1**
长安区	30813	-3.5	34323	3.61	37447	2.64
桥东区	8094	-3.3	8381	0.89	7223	-17.54
桥西区	14725	29.9	15273	6.02	15876	-6.85
新华区	25795	-12.2	24982	-1.71	24372	-11.52
裕华区	22672	-0.3	22942	0.64	10293	0.01
矿 区	10889	-4.2	10970	2.97	11981	2.04
高新区					22093	
井陉县	129881	5.9	123572	4.33	147616	3.03
正定县	459959	2.4	460943	2.48	492033	-0.03
栾城县	409025	4.6	428245	0.55	442135	2.49
行唐县	291985	6.5	282354	0.4	343944	3.06
灵寿县	174758	11.7	169852	3.39	205884	7.63
高邑县	118393	3.1	124557	1.32	141130	3.06
深泽县	152377	4.1	153769	4.3	188044	5.38
赞皇县	157171	2.6	162231	3.11	177562	2.66
无极县	332195	1.3	334468	2.67	376988	1.74
平山县	245096	3.1	249745	2.07	296195	4.89
元氏县	270922	1.6	275684	2.95	317249	3.3
赵 县	369953	6.6	387892	2.08	451498	1.63
辛集市	612567	1.6	617385	0.67	719857	3.94
藁城市	707021	1.0	766857	2.95	896390	1.75
晋州市	324787	-0.7	328272	2.81	390163	3.94
新乐市	343451	0.0	345383	0.87	379573	1.68
鹿泉市	249860	-1.0	260613	2.25	298363	0.56

1996—2010 年分县（市）区规模以上工业增加值（一）

计量单位：万元、%

行政单位	1996 年	增长速度	1997 年	增长速度	1998 年	增长速度
全　市	**1667573**	**20.57**	**1978658**	**16.71**	**1995840**	**2.39**
市　区	843632	8.82	940378	11.32	1011855	9.60
#长安区					11947	-9.26
桥东区					5521	-50.49
桥西区					8829	-18.06
新华区					15967	6.42
裕华区					100687	21.63
矿　区					12901	8.57
高新区					29539	
井陉县	17240	8.67	22570	30.92	16044	-37.16
正定县	76097	36.51	104952	37.92	103070	0.29
栾城县	34568	7.81	38532	11.47	31202	-3.71
行唐县	21738	42.30	30590	40.72	28617	-7.19
灵寿县	30311	62.09	40970	35.17	30142	-8.26
高邑县	31164	22.73	27003	-13.36	28041	15.46
深泽县	15564	29.75	22183	42.53	18070	-27.49
赞皇县	12437	2.04	13872	11.54	12029	-23.30
无极县	45985	35.42	62314	35.51	48500	-10.43
平山县	36498	1.70	47543	30.26	46442	-4.01
元氏县	46964	73.04	60091	27.95	27164	-32.94
赵　县	47596	41.43	60738	27.61	72428	11.19
辛集市	112441	39.44	144582	28.58	166449	13.94
藁城市	122630	28.61	153123	24.87	155317	13.94
晋州市	67585	75.46	83449	23.47	87550	0.41
新乐市	55606	21.71	63973	15.05	59234	-15.79
鹿泉市	48429	13.94	61796	27.6	53687	-17.35

注：1997 年及以前年度规模以上工业增加值统计范围为乡及乡以上工业企业；1998－2006 年为全部国有及主营业务收入 500 万元以上非国有工业法人企业；2007 年及以后年度为年主营业务收入 500 万元及以上工业法人企业。

1996—2010年分县（市）区规模以上工业增加值（二）

计量单位：万元、%

行政单位	1999年	增长速度	2000年	增长速度	2001年	增长速度
全　市	**2225697**	**15.23**	**2458470**	**11.22**	**2722676**	**12.94**
市　区	1171218	16.59	1393725	15.94	1470475	5.49
#长安区	13403	14.02	15055	11.20	67347	
桥东区	6350	16.79	7217	11.88	45907	
桥西区	8030	20.31	8142	-0.22	23242	
新华区	20096	21.42	26057	22.68	64913	
裕华区	120691	18.25	130553	15.52	43597	
矿　区	17953	8.66	17175	14.69	19455	
高新区	33142	72.53	39135	41.80	74449	
井陉县	23003	36.46	26676	20.35	30058	12.68
正定县	115939	20.43	128939	19.03	106317	
栾城县	36154	14.16	46392	28.53	42734	
行唐县	33236	19.99	44770	19.33	51956	16.05
灵寿县	29299	-3.73	24228	-3.99	30321	25.15
高邑县	29049	20.04	38544	29.36	44194	14.66
深泽县	19879	27.50	21231	13.14	27733	30.62
赞皇县	14921	23.00	16295	5.80	18338	12.53
无极县	63608	27.84	69125	19.92	96808	40.05
平山县	55219	18.48	63533	11.97	75456	18.77
元氏县	29990	19.55	38452	15.90	44396	15.46
赵　县	65941	10.89	58246	7.52	67799	16.4
辛集市	170904	6.71	162748	-1.07	191589	17.72
藁城市	165298	3.80	99199	-9.11	175123	76.54
晋州市	62427	9.91	70189	-12.96	83474	18.93
新乐市	65213	9.49	78072	17.16	78605	0.68
鹿泉市	74401	45.14	76551	8.01	87092	13.77

1996—2010年分县(市)区规模以上工业增加值(三)

计量单位:万元、%

行政单位	2002年	增长速度	2003年	增长速度	2004年	增长速度
全 市	**3129643**	**14.80**	**3690543**	**21.20**	**4497107**	**25.04**
市 区	1667623	13.40	1860034	—	2036054	—
#长安区	80287	19.21	102227	47.71	149859	60.25
桥东区	49327	7.45	42492	13.20	48135	30.01
桥西区	23713	2.03	23416	22.41	22455	43.93
新华区	77686	19.68	111911	47.71	147514	21.35
裕华区	45985	5.48	71457	37.53	167346	47.99
矿 区	24207	24.43	31896	23.24	58237	64.44
高新区	119085	59.96	134152	22.14		
井陉县	38815	29.13	47377	31.91	72804	40.34
正定县	138752	30.51	185661	33.85	229183	37.26
栾城县	49635	16.15	62602	33.95	100399	35.42
行唐县	62366	20.04	90464	35.78	128412	35.01
灵寿县	35501	17.08	46416	25.13	60514	35.23
高邑县	45759	3.54	57265	23.50	64367	27.94
深泽县	36826	32.79	41478	35.00	56134	26.25
赞皇县	20689	12.82	28106	35.20	45013	52.81
无极县	80629		111669	25.38	142366	36.32
平山县	83431	10.57	118511	34.68	222305	32.13
元氏县	53468	20.43	66420	25.60	96772	40.20
赵 县	79847	17.77	91072	18.61	155938	37.56
辛集市	230988	20.56	228807	16.77	308744	26.10
藁城市	215525	23.07	259141	26.95	277964	27.03
晋州市	90578	8.87	100952	24.55	122311	50.69
新乐市	90004	14.50	123787	41.97	151329	41.88
鹿泉市	109209	25.40	138887	18.17	226499	39.19

1996—2010年分县（市）区规模以上工业增加值（四）

计量单位：万元、%

行政单位	2005年	增长速度	2006年	增长速度	2007年	增长速度
全　市	**5715862**	**22.85**	**6793372**	**19.80**	**9093131**	**20.40**
市　区	2362135		2134535		2619414	
#长安区	205893	35.82	563108	10.67	662917	6.71
桥东区	50443	15.47	105659	12.25	106795	7.76
桥西区	27904	26.03	325565	7.59	487695	16.01
新华区	178732	16.51	221281	1.72	208474	7.62
裕华区	108061	27.48	242662	10.69	265034	4.10
矿　区	82887	39.06	96568	19.84	137637	20.64
高新区	104225	15.10	138692	17.79	167207	16.58
井陉县	113305	49.67	166036	30.43	249230	26.08
正定县	310336	40.49	436137	29.55	618060	29.50
栾城县	129541	44.94	168720	26.11	246312	29.09
行唐县	165628	38.21	241073	29.64	330805	27.32
灵寿县	81441	45.19	114352	33.19	157806	28.29
高邑县	89910	22.15	109832	18.53	110045	5.13
深泽县	77464	36.72	102891	32.48	143494	26.92
赞皇县	57949	34.68	112666	38.14	154777	28.60
无极县	199330	31.00	297406	37.39	390796	26.32
平山县	280619	50.40	447857	25.68	678107	25.71
元氏县	138781	40.13	197996	28.95	275833	20.17
赵　县	214134	31.18	276549	25.60	378235	22.42
辛集市	417413	47.45	505713	24.11	646091	26.96
藁城市	381845	37.53	533966	29.38	715901	29.38
晋州市	182542	37.49	234055	28.82	377238	29.18
新乐市	219447	41.14	283385	25.83	413496	28.53
鹿泉市	294043	24.22	430204	28.82	587491	29.59

1996—2010 年分县（市）区规模以上工业增加值（五）

计量单位：万元、%

行政单位	2008 年	增长速度	2009 年	增长速度	2010 年	增长速度
全　市	**10958092**	**13.20**	**11017300**	**13.0**	**13401037**	**16.5**
市　区	763531					
#长安区	624344	-4.38	385815	-8.9	346360	1.3
桥东区	97371	-4.25	89618	-9.1	59122	1.0
桥西区	568732	9.36	550904	-0.5	355217	24.1
新华区	199813	-17.64	78768	-12.2	79993	3.4
裕华区	260786	0.11	207139	-7.5	75103	1.1
矿　区	191300	11.92	210135	11.0	226375	17.0
高新区	191159	16.06	241746	19.0	289047	17.2
井陉县	319163	18.29	370351	18.2	353035	0.8
正定县	745574	19.75	884236	16.2	677580	16.8
栾城县	341042	26.56	412335	20.9	448563	18.4
行唐县	405371	25.42	484277	16.3	445091	18.0
灵寿县	211070	25.78	254000	19.6	264654	19.2
高邑县	114064	8.04	136102	19.4	139986	19.6
深泽县	171949	20.02	199244	19.4	221541	18.1
赞皇县	203325	26.69	243464	19.5	281219	19.7
无极县	420720	12.62	468826	14.7	535070	15.5
平山县	841816	8.80	861673	19.0	943466	17.1
元氏县	278461	9.04	310358	17.7	309249	19.2
赵　县	511917	22.67	618212	17.7	674939	17.6
辛集市	798490	20.83	941652	19.1	1242138	19.1
藁城市	994130	27.02	1172372	19.3	1491275	18.5
晋州市	481900	26.74	570696	20.0	574209	19.0
新乐市	461809	16.53	565520	19.0	504195	17.1
鹿泉市	760254	24.47	965075	20.0	973494	15.7

注：2008 年、2009 年、2010 年规模以上工业增加值为年快报数据。

1995—2010 年分县（市）区规模以上工业利税总额（一）

计量单位：万元、%

行政单位	1995 年	1996 年	增长速度	1997 年	增长速度	1998 年	增长速度
全　市	**527047**	**596468**	**13.17**	**686015**	**15.01**	**651668**	**-5.01**
市　区	373688	383745	2.69	402271	4.83		
#长安区						1587	
桥东区						728	
桥西区						3924	
新华区						7353	
裕华区						47292	
矿　区						3900	
高新区						9328	
井陉县	4317	3095	-28.31	5598	80.87	4200	-24.97
正定县	10705	18381	71.70	20989	14.19	22184	5.69
栾城县	6741	8343	23.77	10864	30.22	8666	-20.23
行唐县	4990	7581	51.92	11236	48.21	11576	3.03
灵寿县	3540	6290	77.68	9086	44.45	10545	16.06
高邑县	4774	6314	32.26	9498	50.43	11383	19.85
深泽县	1965	2700	37.40	3551	31.52	2345	-33.96
赞皇县	4032	4320	7.14	4810	11.34	4578	-4.82
无极县	7311	10628	45.37	14404	35.53	11307	-21.50
平山县	9537	10024	5.11	12305	22.76	12994	5.60
元氏县	6472	10441	61.33	12054	15.45	8198	-31.99
赵　县	8906	10731	20.49	13824	28.82	15576	12.67
辛集市	25438	36302	42.71	49149	35.39	47045	-4.28
藁城市	19098	30619	60.33	40578	32.53	44726	10.22
晋州市	12019	20631	71.65	28606	38.66	34841	21.80
新乐市	13228	13462	1.77	19413	44.21	18630	-4.03
鹿泉市	10285	12635	22.85	17781	40.73	15540	-12.60

注：1997 年及以前年度规模以上工业利税统计范围为乡及乡以上工业企业；1998 - 2006 年为全部国有及主营业务收入 500 万元以上非国有工业法人企业；2007 年及以后年度为年主营业务收入 500 万元及以上工业法人企业。

1995—2010年分县（市）区规模以上工业利税总额（二）

计量单位：万元、%

行政单位	1999年	增长速度	2000年	增长速度	2001年	增长速度
全 市	**756087**	**16.02**	**873544**	**15.53**	**1005332**	**15.09**
市 区	428397		528134	23.28	617078	16.84
#长安区	1874	18.08	2081	11.05	28867	1287.17
桥东区	1132	55.49	1326	17.14	15885	1097.96
桥西区	3481	-11.29	3611	3.73	11222	210.77
新华区	9578	30.26	11761	22.79	38351	226.09
裕华区	54510	15.26	63828	17.09	14227	-77.71
矿 区	3936	0.92	5251	33.41	6111	16.38
高新区	12220	31.00	13488	10.38	18709	38.71
井陉县	5514	31.29	6419	16.41	7405	15.36
正定县	27201	22.62	29966	10.17	25897	-13.58
栾城县	11367	31.17	13669	20.25	15584	14.01
行唐县	14376	24.19	16094	11.95	18501	14.96
灵寿县	9097	-13.73	9714	6.78	11067	13.93
高邑县	12524	10.02	14909	19.04	17444	17.00
深泽县	3678	56.84	4159	13.08	4196	0.89
赞皇县	6173	34.84	6716	8.80	7694	14.56
无极县	14979	32.48	15877	6.00	19280	21.43
平山县	15352	18.15	16951	10.42	18600	9.73
元氏县	10155	23.87	12091	19.06	14259	17.93
赵 县	16662	6.97	18396	10.41	21024	14.29
辛集市	51777	10.06	55481	7.15	63208	13.93
藁城市	49376	10.40	44996	-8.87	53163	18.15
晋州市	31812	-8.69	28243	-11.22	32583	15.37
新乐市	22448	20.49	24794	10.45	27075	9.20
鹿泉市	25199		26933	6.88	32305	19.95

1995—2010年分县（市）区规模以上工业利税总额（三）

计量单位：万元、%

行政单位	2002年	增长速度	2003年	增长速度	2004年	增长速度
全　市	**1190630**	**18.43**	**1509600**	**26.79**	**1747672**	**15.77**
市　区	702194	13.79	849612	20.99	806629	-5.06
#长安区	37837	31.07	38117	0.74	61571	61.53
桥东区	20748	30.62	19003	-8.41	28224	48.52
桥西区	12307	9.66	9708	-21.11	6244	-35.68
新华区	49727	29.66	72286	45.37	85311	18.02
裕华区	18491	29.97	25087	35.67	69930	178.75
矿　区	8042	31.60	12266	52.52	18302	49.22
高新区	21465	14.73	28873	34.52		
井陉县	9525	28.63	10264	7.76	18301	78.30
正定县	34698	33.98	43543	25.49	62454	43.43
栾城县	22790	46.24	33827	48.43	56236	66.25
行唐县	23320	26.04	36909	58.28	54943	48.86
灵寿县	13165	18.95	18150	37.87	25417	40.04
高邑县	22119	26.80	30348	37.20	39402	29.84
深泽县	5064	20.68	7340	44.95	8892	21.14
赞皇县	8564	11.31	12919	50.85	20992	62.49
无极县	22172	15.00	28776	29.78	43331	50.58
平山县	23377	25.68	45232	93.49	81664	80.54
元氏县	18012	26.32	24984	38.71	36604	46.51
赵　县	25477	21.18	34113	33.89	53084	55.61
辛集市	76546	21.10	82494	7.77	124089	50.42
藁城市	66279	24.67	83651	26.21	94583	13.07
晋州市	42198	29.51	50077	18.67	67672	35.14
新乐市	32674	20.68	49541	51.62	69448	40.18
鹿泉市	42457	31.43	55556	30.85	83932	51.08

1995—2010 年分县（市）区规模以上工业利税总额（四）

计量单位：万元、%

行政单位	2005 年	增长速度	2006 年	增长速度	2007 年	增长速度
全　　市	**2113133**	**20.91**	**2553333**	**20.83**	**3526798**	**38.13**
市　　区	816352	52.01	776609	-4.87	1067546	37.46
#长安区	86865	41.08	226925	19.35	287116	26.52
桥东区	8718	-69.11	21331	40.62	17994	-15.64
桥西区	9611	53.92	196784	11.31	278410	41.48
新华区	99269	16.36	92142	-13.44	76124	-17.38
裕华区	42836	-38.74	100697	12.53	104342	3.62
矿　区	28538	55.92	35149	23.17	50783	44.48
高新区	46249	25.50	59621	28.91	81607	36.88
井陉县	23982	31.04	34149	42.40	49489	44.92
正定县	85250	36.50	105963	24.30	154725	46.02
栾城县	77128	37.15	106163	37.65	154893	45.90
行唐县	77414	40.90	112626	45.49	153538	36.33
灵寿县	35266	38.75	49487	40.33	67714	36.83
高邑县	50808	28.95	60146	18.38	58564	-2.63
深泽县	13287	49.43	18651	40.37	26210	40.52
赞皇县	28922	37.78	39368	36.12	57112	45.07
无极县	57103	31.78	81129	42.07	109621	35.12
平山县	104598	28.08	185777	77.61	236550	27.33
元氏县	49886	36.29	71829	43.99	82215	14.46
赵　　县	65445	23.29	89768	37.17	130432	45.30
辛集市	171413	38.14	198017	15.52	284636	43.74
藁城市	137500	45.37	185390	34.83	261530	41.07
晋州市	102941	52.12	137657	33.72	202382	47.02
新乐市	96391	38.79	135323	40.35	194394	43.70
鹿泉市	119449	42.32	165281	38.37	235250	42.33

1995—2010年分县（市）区规模以上工业利税总额（五）

计量单位：万元、%

行政单位	2008年	增长速度	2009年	增长速度	2010年	增长速度
全　　市	**3834691**	**8.73**	**4776753**	**24.57**	**6348860**	**32.91**
市　　区	717598	-32.78	809743	12.84	1260720	55.69
#长安区	165816	-42.25	118926	-28.28	57841	-51.36
桥东区	20235	12.46	13230	-34.62	16360	23.66
桥西区	367953	32.16	149033	-59.50	166868	11.97
新华区	23200	-69.52	7749	-66.60	15847	104.49
裕华区	45797	-56.11	-61064	-233.34	72646	-218.97
矿　区	78448	54.48	73124	-6.79	93585	27.98
高新区	89871	10.13	131285	46.08	181776	38.46
井陉县	76369	54.31	114527	49.97	106448	-7.05
正定县	233783	51.10	279010	19.35	312593	12.04
栾城县	214898	38.74	252449	17.47	287832	14.02
行唐县	222620	44.99	268811	20.75	292196	8.70
灵寿县	97188	43.53	120008	23.48	168446	40.36
高邑县	43489	-25.74	50520	16.17	64563	27.80
深泽县	35530	35.56	42907	20.76	52236	21.74
赞皇县	78580	37.59	104906	33.50	181344	72.86
无极县	134303	22.52	138349	3.01	155368	12.30
平山县	136503	-42.29	133738	-2.03	152837	14.28
元氏县	106479	29.51	92522	-13.11	199584	115.72
赵　县	177538	36.11	208932	17.68	276488	32.33
辛集市	354022	24.38	429792	21.40	626459	45.76
藁城市	357492	36.69	683558	91.21	952760	39.38
晋州市	261031	28.98	313424	20.07	365987	16.77
新乐市	255986	31.68	297683	16.29	319009	7.16
鹿泉市	331282	40.82	435875	31.57	573990	31.69

1995—2010年分县（市）区社会消费品零售额（一）

计量单位：万元、%

行政单位	1995年	1996年	增长速度	1997年	增长速度	1998年	增长速度
全 市	**1652151**	**2011506**	**21.75**	**2380487**	**18.34**	**2680216**	**12.59**
市 区	882872	943119	6.82	1059334	12.32	1109504	4.74
#长安区						14513	
桥东区						8444	
桥西区						9784	
新华区						49338	
裕华区						47443	
矿 区						7818	
井陉县	26329	32266	22.55	33033	2.38	34124	3.30
正定县	80745	98870	22.45	137229	38.80	158230	15.30
栾城县	47502	71665	50.87	84901	18.47	101140	19.13
行唐县	20847	40401	93.80	43724	8.23	52711	20.55
灵寿县	13680	20110	47.00	31113	54.71	36864	18.48
高邑县	13975	17961	28.52	23368	30.10	29258	25.21
深泽县	14363	18963	32.03	31328	65.21	40105	28.02
赞皇县	15382	19921	29.51	26895	35.01	34790	29.35
无极县	45879	63723	38.89	83307	30.73	104090	24.95
平山县	25713	32984	28.28	36160	9.63	42703	18.09
元氏县	24680	34726	40.71	38411	10.61	48404	26.02
赵 县	50627	72499	43.20	90212	24.43	108937	20.76
辛集市	101141	188984	86.85	218763	15.76	263429	20.42
藁城市	83081	115102	38.54	152009	32.06	180191	18.54
晋州市	62415	72498	16.15	93708	29.26	107458	14.67
新乐市	82238	98425	19.68	110105	11.87	127203	15.53
鹿泉市	60682	69289	14.18	86889	25.40	101076	16.33

1995—2010年分县（市）区社会消费品零售额（二）

计量单位：万元、%

行政单位	1999年	增长速度	2000年	增长速度	2001年	增长速度
全　市	**2967588**	**10.72**	**3308804**	**11.50**	**3690981**	**11.55**
市　区	1171916	5.63	1269933	8.36	1560183	22.86
#长安区	16955	16.83	19769	16.60	25378	28.37
桥东区	8905	5.46	9800	10.05	16473	68.09
桥西区	10035	2.57	11216	11.77	38132	239.98
新华区	55270	12.02	63180	14.31	85771	35.76
裕华区	55100	16.14	63841	15.86	30192	-52.71
矿　区	7834	0.20	9533	21.69	10479	9.92
井陉县	39113	14.62	46068	17.78	51179	11.09
正定县	179321	13.33	202677	13.02	150638	-25.68
栾城县	120292	18.94	135651	12.77	96173	-29.10
行唐县	60230	14.26	68405	13.57	78553	14.84
灵寿县	42457	15.17	48092	13.27	54298	12.90
高邑县	34721	18.67	40391	16.33	44835	11.00
深泽县	44933	12.04	50800	13.06	56384	10.99
赞皇县	40643	16.82	45928	13.00	51256	11.60
无极县	121821	17.03	138956	14.07	156793	12.84
平山县	49963	17.00	56992	14.07	64400	13.00
元氏县	56177	16.06	63854	13.67	73606	15.27
赵　县	128299	17.77	145226	13.19	161202	11.00
辛集市	310354	17.81	352000	13.42	390742	11.01
藁城市	195539	8.52	219087	12.04	244117	11.42
晋州市	119726	11.42	134242	12.12	150169	11.86
新乐市	131973	3.75	148011	12.15	144061	-2.67
鹿泉市	120110	18.83	138143	15.01	159366	15.36

1995—2010年分县（市）区社会消费品零售额（三）

计量单位：万元、%

行政单位	2002年	增长速度	2003年	增长速度	2004年	增长速度
全　市	**4115390**	**11.50**	**4566056**	**10.95**	**5330762**	**16.75**
市　区	1725318	10.58	1843573	6.85	2062955	11.90
#长安区	28271	11.40	33783	19.50	45270	34.00
桥东区	18860	14.49	21142	12.10	28542	35.00
桥西区	42311	10.96	32605	-22.94	43513	33.45
新华区	91787	7.01	94586	3.05	122963	30.00
裕华区	33634	11.40	40192	19.50	53864	34.02
矿　区	11689	11.55	13227	13.16	16625	25.69
井陉县	57238	11.84	66058	15.41	82441	24.80
正定县	170222	13.00	196622	15.51	239976	22.05
栾城县	110557	14.96	128248	16.00	157527	22.83
行唐县	88675	12.89	103294	16.49	125915	21.90
灵寿县	60756	11.89	69411	14.25	83260	19.95
高邑县	51443	14.74	59285	15.24	72270	21.90
深泽县	62755	11.30	72482	15.50	89153	23.00
赞皇县	58037	13.23	67099	15.61	84217	25.51
无极县	176392	12.50	201087	14.00	247210	22.94
平山县	73582	14.26	85207	15.80	103101	21.00
元氏县	83379	13.28	96103	15.26	117019	21.76
赵　县	178934	11.00	198324	10.84	237994	20.00
辛集市	434897	11.30	487519	12.10	556260	14.10
藁城市	271334	11.15	305063	12.43	368906	20.93
晋州市	167911	11.81	191218	13.88	232478	21.58
新乐市	159937	11.02	181075	13.22	218860	20.87
鹿泉市	184025	15.47	214389	16.50	261555	22.00

1995—2010 年分县（市）区社会消费品零售额（四）

计量单位：万元、%

行政单位	2005 年	增长速度	2006 年	增长速度	2007 年	增长速度
全　市	**6061650**	**15.0**	**6988128**	**15.3**	**8210983**	**17.5**
市　区	2524497	13.4	2975285	17.9	3518397	18.3
#长安区	361052	15.4	418099	15.8	490003	17.2
桥东区	229888	15.0	266035	15.7	315783	18.7
桥西区	163102	15.1	188708	15.7	224185	18.8
新华区	529322	15.2	613458	15.9	702458	14.5
裕华区	267753	15.6	316361	15.8	370427	16.4
矿　区	28915	15.0	33264	15.0	38719	17.1
井陉县	97861	17.6	112638	15.1	131389	16.6
正定县	258128	17.6	297002	15.1	350462	18.0
栾城县	171578	17.3	197135	14.9	229859	16.6
行唐县	135973	16.7	156047	14.8	181222	16.1
灵寿县	90027	16.9	103358	14.8	119851	16.0
高邑县	77328	16.6	88355	14.3	101010	14.3
深泽县	96565	16.7	110776	14.7	128082	15.6
赞皇县	91349	17.2	104992	14.9	121965	16.2
无极县	264820	16.9	303580	14.6	351836	15.9
平山县	118174	17.8	136028	15.1	158230	16.3
元氏县	118870	16.7	136544	14.9	157959	15.7
赵　县	251625	14.6	288615	14.7	336295	16.5
辛集市	606146	14.1	676459	11.6	783340	15.8
藁城市	396788	15.7	456092	14.9	528609	15.9
晋州市	252523	16.8	290382	15.0	336834	16.0
新乐市	232701	15.8	267183	14.8	309935	16.0
鹿泉市	276697	17.0	317703	14.8	368408	16.0

1995—2010年分县（市）区社会消费品零售额（五）

计量单位：万元、%

行政单位	2008年	增长速度	2009年	增长速度	2010年	增长速度
全　市	**10051958**	**22.4**	**11905536**	**18.4**	**14098923**	**18.4**
市　区	4309705	22.5	4952250	14.9	5844284	19.3
#长安区	623302	27.2	769778	23.5	920660	19.6
桥东区	397571	25.9	491076	23.5	587925	19.7
桥西区	284602	26.9	351389	23.4	419910	19.5
新华区	834479	18.8	998907	19.7	1173716	17.5
裕华区	459903	24.2	567520	23.4	678158	19.5
矿　区	47470	22.6	57818	21.8	68341	18.2
井陉县	161476	22.9	197815	22.5	234213	18.4
正定县	429321	22.5	525715	22.5	623172	18.5
栾城县	281507	22.5	344925	22.5	408047	18.3
行唐县	221814	22.4	269896	21.6	318207	17.9
灵寿县	146937	22.6	179922	22.4	212308	18
高邑县	122354	21.1	148043	21.0	173507	17.2
深泽县	156262	22.0	190783	22.1	223789	17.3
赞皇县	149408	22.5	183648	22.0	216888	18.1
无极县	425854	21.0	519968	22.1	610483	17.4
平山县	197226	24.6	243032	23.2	289028	18.9
元氏县	193569	22.5	234095	20.9	274359	17.2
赵　县	411138	22.3	499957	21.6	585450	17.1
辛集市	960497	22.6	1165083	21.3	1372468	17.8
藁城市	643399	21.7	783099	21.7	920660	17.6
晋州市	412687	22.5	503417	22.0	593565	17.9
新乐市	381066	23.0	466431	22.4	550389	18
鹿泉市	451494	22.6	550642	22.0	648106	17.7

1997—2010年分县（市）区金融机构存款（一）

计量单位：万元、%

行政单位	1997年	1998年	增长速度	1999年	增长速度	2000年	增长速度
全 市	**8197859**	**9914433**	**20.94**	**12110368**	**22.15**	**13131544**	**8.43**
市 区	5025209	6148400	22.35	7691094	25.09	8493818	10.44
井陉县	191379	215788	12.75	231939	7.48	247259	6.61
正定县	313710	389673	24.21	462817	18.77	498586	7.73
栾城县	177334	205229	15.73	219680	7.04	234016	6.53
行唐县	121009	147173	21.62	160685	9.18	166336	3.52
灵寿县	99072	118041	19.15	135030	14.39	142748	5.72
高邑县	57225	65828	15.03	79496	20.76	86579	8.91
深泽县	147121	173069	17.64	202049	16.74	213251	5.54
赞皇县	79814	92932	16.44	99592	7.17	105755	6.19
无极县	187613	235926	25.75	265044	12.34	288630	8.90
平山县	159305	195618	22.79	214134	9.47	227082	6.05
元氏县	133462	149195	11.79	168143	12.70	176546	5.00
赵 县	151351	176390	16.54	192836	9.32	195676	1.47
辛集市	371629	456646	22.88	589592	29.11	604992	2.61
藁城市	299102	347306	16.12	433007	24.68	441138	1.88
晋州市	273354	311559	13.98	402973	29.34	414103	2.76
新乐市	134890	160716	19.15	198527	23.53	200580	1.03
鹿泉市	275280	324944	18.04	363730	11.94	394449	8.45

1997—2010 年分县（市）区金融机构存款（二）

计量单位：万元、%

行政单位	2001 年	增长速度	2002 年	增长速度	2003 年	增长速度
全　市	**14551507**	**10.81**	**16710618**	**14.84**	**19322801**	**15.63**
市　区	9562632	12.58	11311755	18.29	13310798	17.67
井陉县	260281	5.27	280407	7.73	302764	7.97
正定县	532530	6.81	572815	7.56	623868	8.91
栾城县	249706	6.70	264920	6.09	299586	13.09
行唐县	174296	4.79	181559	4.17	185398	2.11
灵寿县	156942	9.94	175513	11.83	193084	10.01
高邑县	92339	6.65	101114	9.50	115898	14.62
深泽县	222231	4.21	231762	4.29	250770	8.20
赞皇县	110260	4.26	119888	8.73	137210	14.45
无极县	311539	7.94	339969	9.13	382617	12.54
平山县	243371	7.17	257059	5.62	295394	14.91
元氏县	195650	10.82	215149	9.97	247578	15.07
赵　县	204950	4.74	221827	8.23	249063	12.28
辛集市	657860	8.74	721676	9.70	823439	14.10
藁城市	489755	11.02	549320	12.16	602771	9.73
晋州市	440922	6.48	471035	6.83	519084	10.20
新乐市	220957	10.16	241391	9.25	268222	11.12
鹿泉市	425288	7.82	453453	6.62	515257	13.63

1997—2010年分县（市）区金融机构存款（三）

计量单位：万元、%

行政单位	2004年	增长速度	2005年	增长速度	2006年	增长速度
全　市	**22088668**	**14.31**	**25741536**	**16.54**	**29684213**	**15.32**
市　区	15331653	15.18	18216740	18.82	21112978	15.90
井陉县	341850	12.91	378824	10.82	436511	15.23
正定县	702302	12.57	783093	11.50	890514	13.72
栾城县	351679	17.39	421827	19.95	456182	8.14
行唐县	215436	16.20	232852	8.08	281331	20.82
灵寿县	218317	13.07	244801	12.13	278099	13.60
高邑县	130076	12.23	143045	9.97	168780	17.99
深泽县	273089	8.90	274105	0.37	312537	14.02
赞皇县	155865	13.60	151546	-2.77	172826	14.04
无极县	403541	5.47	434532	7.68	477904	9.98
平山县	358449	21.35	422679	17.92	474505	12.26
元氏县	279073	12.72	297686	6.67	360227	21.01
赵　县	275234	10.51	311499	13.18	359549	15.43
辛集市	888022	7.84	1008502	13.57	1158499	14.87
藁城市	711798	18.09	747432	5.01	838214	12.15
晋州市	573267	10.44	641986	11.99	733340	14.23
新乐市	294824	9.92	321220	8.95	386121	20.20
鹿泉市	584191	13.38	649511	11.18	755617	16.34

1997—2010年分县（市）区金融机构存款（四）

计量单位：万元、%

行政单位	2007年	增长速度	2008年	增长速度
全　　市	**33313230**	**12.23**	**41115628**	**23.42**
市　　区	23677068	12.14	29354583	23.98
井 陉 县	505895	15.90	633495	25.22
正 定 县	954551	7.19	1166436	22.20
栾 城 县	498696	9.32	570405	14.38
行 唐 县	343051	21.94	447880	30.56
灵 寿 县	334197	20.17	437876	31.02
高 邑 县	186227	10.34	248267	33.31
深 泽 县	344208	10.13	426028	23.77
赞 皇 县	224108	29.67	268114	19.64
无 极 县	529512	10.80	655358	23.77
平 山 县	565302	19.14	682337	20.70
元 氏 县	406201	12.76	536028	31.96
赵　　县	408068	13.49	482435	18.22
辛 集 市	1284911	10.91	1552231	20.80
藁 城 市	930715	11.04	1124310	20.80
晋 州 市	826082	12.65	993135	20.22
新 乐 市	438083	13.46	535167	22.16
鹿 泉 市	856353	13.33	1001544	16.95

1997—2010年分县（市）区金融机构存款（五）

计量单位：万元、%

行政单位	2009年	增长速度	2010年	增长速度
全　　市	**51630561**	**25.57**	**61155028**	**18.45**
市　　区	37950523	29.28	42992706	13.29
井 陉 县	722930	14.12	786016	8.73
正 定 县	1474407	26.40	1800211	22.10
栾 城 县	716579	25.63	849075	18.49
行 唐 县	499390	11.50	591024	18.35
灵 寿 县	497998	13.73	582058	16.88
高 邑 县	301969	21.63	353955	17.22
深 泽 县	493897	15.93	566576	14.72
赞 皇 县	314729	17.39	387313	23.06
无 极 县	731779	11.66	841076	14.94
平 山 县	819265	20.07	964011	17.67
元 氏 县	595994	11.19	686310	15.15
赵　　县	569681	18.08	658086	15.52
辛 集 市	1683032	8.43	1868340	11.01
藁 城 市	1278988	13.76	1464389	14.50
晋 州 市	1100914	10.85	1248525	13.41
新 乐 市	612333	14.42	701097	14.50
鹿 泉 市	1266154	26.42	1489307	17.62

1997—2010年分县（市）区金融机构贷款（一）

计量单位：万元、%

行政单位	1997年	1998	增长速度	1999	增长速度
全　市	**5656900**	**6637592**	**17.34**	**9107667**	**37.21**
市　区	3292109	4053042	23.11	6237687	53.90
井陉县	101119	98918	-2.18	104284	5.42
正定县	206600	234528	13.52	276178	17.76
栾城县	159604	171165	7.24	182019	6.34
行唐县	80853	88229	9.12	91776	4.02
灵寿县	93162	98933	6.19	95962	-3.00
高邑县	64856	76786	18.39	86454	12.59
深泽县	78191	86178	10.21	102750	19.23
赞皇县	83167	88121	5.96	88532	0.47
无极县	144588	152741	5.64	162667	6.50
平山县	126540	142997	13.01	151675	6.07
元氏县	134209	145234	8.21	155686	7.20
赵　县	163922	181592	10.78	193445	6.53
辛集市	246974	283842	14.93	295226	4.01
藁城市	244997	266150	8.63	330137	24.04
晋州市	151278	158429	4.73	202921	28.08
新乐市	118745	123732	4.20	153769	24.28
鹿泉市	165986	186975	12.65	196499	5.09

1997—2010 年分县（市）区金融机构贷款（二）

计量单位：万元、%

行政单位	2000 年	增长速度	2001 年	增长速度	2002 年	增长速度
全　市	**9738267**	**6.92**	**10350991**	**6.29**	**13059556**	**26.17**
市　区	6939550	11.25	7450288	7.36	9981918	33.98
井陉县	97820	-6.20	103070	5.37	120950	17.35
正定县	271938	-1.54	279662	2.84	295437	5.64
栾城县	149602	-17.81	159284	6.47	173688	9.04
行唐县	91345	-0.47	102512	12.23	111165	8.44
灵寿县	89625	-6.60	92791	3.53	101323	9.19
高邑县	89803	3.87	91504	1.89	94887	3.70
深泽县	99741	-2.93	102128	2.39	109357	7.08
赞皇县	79156	-10.59	79181	0.03	87387	10.36
无极县	163742	0.66	175680	7.29	191869	9.22
平山县	144646	-4.63	149875	3.62	163959	9.40
元氏县	161580	3.79	159813	-1.09	172984	8.24
赵　县	200388	3.59	206674	3.14	211211	2.20
辛集市	281896	-4.52	283339	0.51	306937	8.33
藁城市	307626	-6.82	317394	3.18	301448	-5.02
晋州市	206264	1.65	212452	3.00	225886	6.32
新乐市	148917	-3.16	148668	-0.17	155049	4.29
鹿泉市	214628	9.23	236676	10.27	256130	8.22

1997—2010 年分县（市）区金融机构贷款（三）

计量单位：万元、%

行政单位	2003 年	增长速度	2004 年	增长速度	2005 年	增长速度
全　市	**13774386**	**5.47**	**14748123**	**7.07**	**15610128**	**5.84**
市　区	10547366	5.66	11352218	7.63	12446474	9.64
井陉县	126161	4.31	155372	23.15	151840	-2.27
正定县	311211	5.34	320787	3.08	279590	-12.84
栾城县	178549	2.80	200213	12.13	217991	8.88
行唐县	109102	-1.86	112476	3.09	96020	-14.63
灵寿县	100578	-0.74	109515	8.89	95452	-12.84
高邑县	94670	-0.23	101655	7.38	90442	-11.03
深泽县	107209	-1.96	105555	-1.54	101941	-3.42
赞皇县	91839	5.09	100934	9.90	79871	-20.87
无极县	192568	0.36	193203	0.33	174697	-9.58
平山县	188322	14.86	202902	7.74	193996	-4.39
元氏县	186632	7.89	188193	0.84	175843	-6.56
赵　县	197051	-6.70	198044	0.50	186565	-5.80
辛集市	312989	1.97	318432	1.74	276641	-13.12
藁城市	319196	5.89	332015	4.02	287035	-13.55
晋州市	226804	0.41	229126	1.02	214745	-6.28
新乐市	172388	11.18	184310	6.92	222816	20.89
鹿泉市	311751	21.72	343173	10.08	318169	-7.29

1997—2010 年分县（市）区金融机构贷款（四）

计量单位：万元、%

行政单位	2006 年	增长速度	2007 年	增长速度	2008 年	增长速度
全　市	**17315169**	**10.92**	**18393687**	**6.23**	**20799327**	**13.08**
市　区	13784691	10.75	14501558	5.20	17299183	19.29
井陉县	175806	15.78	189990	8.07	161771	-14.85
正定县	288082	3.04	346620	20.32	361448	4.28
栾城县	225670	3.52	230339	2.07	211095	-8.35
行唐县	105693	10.07	113085	6.99	101310	-10.41
灵寿县	107739	12.87	121263	12.55	117595	-3.03
高邑县	102023	12.80	101131	-0.87	81409	-19.50
深泽县	108902	6.83	113081	3.84	102782	-9.11
赞皇县	90723	13.59	100870	11.18	85514	-15.22
无极县	168688	-3.44	175450	4.01	153798	-12.34
平山县	213556	10.08	242021	13.33	175793	-27.36
元氏县	197353	12.23	197678	0.16	190986	-3.39
赵　县	222898	19.47	201686	-9.52	200139	-0.77
辛集市	305519	10.44	361664	18.38	306443	-15.27
藁城市	376522	31.18	457561	21.52	350154	-23.47
晋州市	227574	5.97	247896	8.93	257046	3.69
新乐市	244828	9.88	266960	9.04	215661	-19.22
鹿泉市	368902	15.95	424832	15.16	427200	0.56

1997—2010 年分县（市）区金融机构贷款（五）

计量单位：万元、%

行政单位	2009 年	增长速度	2010 年	增长速度
全　市	**28865696**	**38.78**	**32720979**	**13.36**
市　区	24231048	40.07	26219403	8.21
井 陉 县	267119	65.12	331011	23.92
正 定 县	478347	32.34	710170	48.46
栾 城 县	262050	24.14	314539	20.03
行 唐 县	125929	24.30	178851	42.03
灵 寿 县	148897	26.62	168737	13.32
高 邑 县	108653	33.47	142801	31.43
深 泽 县	116809	13.65	151307	29.53
赞 皇 县	106962	25.08	153612	43.61
无 极 县	186955	21.56	226115	20.95
平 山 县	218361	24.21	275416	26.13
元 氏 县	210053	9.98	251238	19.61
赵　县	230460	15.15	297605	29.14
辛 集 市	446132	45.58	553523	24.07
藁 城 市	478186	36.56	630210	31.79
晋 州 市	336320	30.84	441472	31.27
新 乐 市	265734	23.22	278099	4.65
鹿 泉 市	647678	51.61	808933	24.90

1996—2010年分县（市）区城乡居民储蓄存款（一）

计量单位：万元、%

行政单位	1996年	1997年	增长速度	1998年	增长速度	1999年	增长速度
全　市	**4223768**	**4857888**	**15.01**	**5941832**	**22.31**	**7092875**	**19.37**
市　区	1892453	2169085	14.62	2716587	25.24	3259295	19.98
井陉县	129507	150462	16.18	172827	14.86	192385	11.32
正定县	220307	256426	16.39	338198	31.89	411828	21.77
栾城县	130261	149094	14.46	173095	16.10	188394	8.84
行唐县	98437	112086	13.87	132786	18.47	145034	9.22
灵寿县	80690	87309	8.20	102662	17.58	118505	15.43
高邑县	43392	51315	18.26	60107	17.13	72029	19.83
深泽县	114732	132749	15.70	162650	22.52	191996	18.04
赞皇县	60793	68023	11.89	77969	14.62	85520	9.68
无极县	144437	175845	21.75	221033	25.70	243197	10.03
平山县	123624	141770	14.68	171660	21.08	180441	5.12
元氏县	107729	115407	7.13	132304	14.64	145923	10.29
赵　县	105390	125068	18.67	142532	13.96	174475	22.41
辛集市	252528	290868	15.18	363257	24.89	469422	29.23
藁城市	213575	244522	14.49	288149	17.84	377022	30.84
晋州市	197558	238395	20.67	266911	11.96	354866	32.95
新乐市	101655	116710	14.81	144509	23.82	178144	23.28
鹿泉市	206700	232754	12.60	274596	17.98	307399	11.95

1996—2010年分县（市）区城乡居民储蓄存款（二）

计量单位：万元、%

行政单位	2000年	增长速度	2001年	增长速度	2002年	增长速度
全 市	**7514860**	**5.95**	**8235602**	**9.59**	**9251029**	**12.33**
市 区	3929041	20.55	3943653	0.37	4658726	18.13
井陉县	202493	5.25	217003	7.17	233408	7.56
正定县	434413	5.48	459898	5.87	487313	5.96
栾城县	193949	2.95	204920	5.66	218220	6.49
行唐县	152711	5.29	161879	6.00	165108	1.99
灵寿县	127083	7.24	138584	9.05	155788	12.41
高邑县	78389	8.83	83705	6.78	92091	10.02
深泽县	201044	4.71	209272	4.09	220508	5.37
赞皇县	91669	7.19	97763	6.65	105805	8.23
无极县	266499	9.58	288318	8.19	311136	7.91
平山县	190674	5.67	200881	5.35	209772	4.43
元氏县	155133	6.31	169937	9.54	184328	8.47
赵 县	174653	0.10	184425	5.60	200265	8.59
辛集市	497188	5.91	550769	10.78	590380	7.19
藁城市	382872	1.55	415056	8.41	433776	4.51
晋州市	366679	3.33	391400	6.74	419175	7.10
新乐市	178555	0.23	192290	7.69	200237	4.13
鹿泉市	326028	6.06	325849	-0.05	364993	12.01

1996—2010 年分县（市）区城乡居民储蓄存款（三）

计量单位：万元、%

行政单位	2003 年	增长速度	2004 年	增长速度	2005 年	增长速度
全 市	**10444919**	**12.91**	**11894588**	**13.88**	**13551916**	**13.93**
市 区	5436477	16.69	6314369	16.15	7418651	17.49
井陉县	249483	6.89	275542	10.45	303792	10.25
正定县	527629	8.27	579859	9.90	633812	9.30
栾城县	245869	12.67	285131	15.97	310090	8.75
行唐县	165202	0.06	191407	15.86	208053	8.70
灵寿县	169063	8.52	186813	10.50	209050	11.90
高邑县	104068	13.01	116106	11.57	130750	12.61
深泽县	235009	6.58	252784	7.56	254864	0.82
赞皇县	120014	13.43	134628	12.18	132516	-1.57
无极县	337044	8.33	365607	8.47	383987	5.03
平山县	232835	10.99	273447	17.44	310792	13.66
元氏县	205982	11.75	235231	14.20	255387	8.57
赵 县	213825	6.77	237835	11.23	261973	10.15
辛集市	667569	13.07	735539	10.18	832469	13.18
藁城市	467139	7.69	530680	13.60	599963	13.06
晋州市	454340	8.39	503031	10.72	561204	11.56
新乐市	218368	9.05	237909	8.95	260700	9.58
鹿泉市	395003	8.22	438670	11.05	483864	10.30

1996—2010 年分县（市）区城乡居民储蓄存款（四）

计量单位：万元、%

行政单位	2006 年	增长速度	2007 年	增长速度	2008 年	增长速度
全　市	**15532428**	**14.61**	**16947183**	**9.11**	**21801690**	**28.64**
市　区	8549036	15.24	9115834	6.63	11982365	31.45
井陉县	339911	11.89	390372	14.85	499922	28.06
正定县	685058	8.09	736921	7.57	941836	27.81
栾城县	342677	10.51	371001	8.27	434484	17.11
行唐县	248660	19.52	303252	21.95	400343	32.02
灵寿县	235175	12.50	282455	20.10	382554	35.44
高邑县	149486	14.33	161695	8.17	216960	34.18
深泽县	283158	11.10	311422	9.98	391938	25.85
赞皇县	150544	13.60	177775	18.09	220247	23.89
无极县	432280	12.58	480424	11.14	598436	24.56
平山县	357692	15.09	417592	16.75	537691	28.76
元氏县	299038	17.09	335513	12.20	438137	30.59
赵　县	300836	14.83	335322	11.46	400258	19.37
辛集市	973656	16.96	1086292	11.57	1336554	23.04
藁城市	686323	14.39	763798	11.29	950779	24.48
晋州市	640164	14.07	716995	12.00	888400	23.91
新乐市	313728	20.34	356947	13.78	452934	26.89
鹿泉市	545007	12.64	603573	10.75	727853	20.59

1996—2010年分县（市）区城乡居民储蓄存款（五）

计量单位：万元、%

行政单位	2009年	增长速度	2010年	增长速度
全　市	**25674597**	**17.76**	**29203989**	**13.75**
市　区	14674605	22.47	16736357	14.05
井陉县	564372	12.89	611986	8.44
正定县	1119251	18.84	1301585	16.29
栾城县	480253	10.53	550039	14.53
行唐县	441452	10.27	517478	17.22
灵寿县	427193	11.67	479517	12.25
高邑县	257563	18.71	291375	13.13
深泽县	437578	11.64	487103	11.32
赞皇县	250941	13.94	301049	19.97
无极县	631828	5.58	721112	14.13
平山县	613920	14.18	700174	14.05
元氏县	476693	8.80	543225	13.96
赵　县	470748	17.61	539746	14.66
辛集市	1448975	8.41	1565905	8.07
藁城市	1034815	8.84	1136136	9.79
晋州市	958566	7.90	1041133	8.61
新乐市	514730	13.64	600659	16.69
鹿泉市	871114	19.68	1018725	16.95

1995—2010 年分县（市）区农民人均纯收入（一）

计量单位：元、%

行政单位	1995 年	1996 年	增长速度	1997 年	增长速度	1998 年	增长速度
全　市	**1995**	**2502**	**25.41**	**2837**	**13.39**	**2988**	**5.32**
矿　区	2511	3069	22.22	3481	13.42	3665	5.29
井陉县	1574	1821	15.69	2172	19.28	2410	10.96
正定县	2308	3004	30.16	3207	6.76	3335	3.99
栾城县	1998	2686	34.43	2900	7.97	3045	5.00
行唐县	1248	1850	48.24	2163	16.92	2361	9.15
灵寿县	998	1499	50.20	2016	34.49	2250	11.61
高邑县	1901	2366	24.46	2598	9.81	2800	7.78
深泽县	1863	2582	38.59	2789	8.02	2988	7.14
赞皇县	970	1203	24.02	1134	-5.74	1306	15.17
无极县	1863	2672	43.42	3045	13.96	3170	4.11
平山县	1554	1232	-20.72	2202	78.73	2371	7.67
元氏县	1759	2321	31.95	2552	9.95	2570	0.71
赵　县	1825	2579	41.32	2802	8.65	2942	5.00
辛集市	2579	2961	14.81	3207	8.31	3354	4.58
藁城市	2407	3048	26.63	3513	15.26	3508	-0.14
晋州市	2498	3001	20.14	3300	9.96	3386	2.61
新乐市	2497	3012	20.62	3418	13.48	3506	2.57
鹿泉市	2585	2121	-17.95	3566	68.13	3678	3.14

1995—2010 年分县（市）区农民人均纯收入（二）

计量单位：元、%

行政单位	1999 年	增长速度	2000 年	增长速度	2001 年	增长速度
全　市	**3071**	**2.78**	**3158**	**2.83**	**3149**	**-0.28**
矿　区	3736	1.94	3886	4.01	4019	3.42
井陉县	2506	3.98	2602	3.83	2680	3.00
正定县	3465	3.90	3605	4.04	3621	0.44
栾城县	3174	4.24	3305	4.13	3421	3.51
行唐县	2428	2.84	2468	1.65	2542	3.00
灵寿县	2308	2.58	2396	3.81	2397	0.04
高邑县	2860	2.14	3001	4.93	3125	4.13
深泽县	3060	2.41	3182	3.99	3308	3.96
赞皇县	1370	4.90	1652	20.58	1706	3.27
无极县	3240	2.21	3310	2.16	3429	3.60
平山县	2472	4.26	1992	-19.42	1999	0.35
元氏县	2617	1.83	2701	3.21	2812	4.11
赵　县	3059	3.98	3086	0.88	3049	-1.20
辛集市	3485	3.91	3235	-7.17	3365	4.02
藁城市	3576	1.94	3656	2.24	3805	4.08
晋州市	3449	1.86	3539	2.61	3667	3.62
新乐市	3574	1.94	3616	1.18	3688	1.99
鹿泉市	3747	1.88	3852	2.80	4008	4.05

1995—2010年分县（市）区农民人均纯收入（三）

计量单位：元、%

行政单位	2002年	增长速度	2003年	增长速度	2004年	增长速度
全　市	**3245**	**3.05**	**3394**	**4.59**	**3799**	**11.93**
矿　区	4140	3.01	4265	3.02	4854	13.81
井陉县	2787	3.99	2941	5.53	3342	13.63
正定县	3770	4.11	3885	3.05	4375	12.61
栾城县	3558	4.00	3755	5.54	4247	13.10
行唐县	2619	3.03	2698	3.02	2836	5.11
灵寿县	2428	1.29	2477	2.02	2599	4.93
高邑县	3250	4.00	3407	4.83	3680	8.01
深泽县	3408	3.02	3579	5.02	3956	10.53
赞皇县	1785	4.63	1878	5.21	2133	13.58
无极县	3497	1.98	3619	3.49	4107	13.48
平山县	2019	1.00	2080	3.02	2298	10.48
元氏县	2897	3.02	3021	4.28	3431	13.57
赵　县	3141	3.02	3283	4.52	3730	13.62
辛集市	3470	3.12	3609	4.01	4061	12.52
藁城市	3919	3.00	4086	4.26	4621	13.09
晋州市	3777	3.00	3892	3.04	4429	13.80
新乐市	3800	3.04	3961	4.24	4461	12.62
鹿泉市	4170	4.04	4387	5.20	4913	11.99

1995—2010 年分县（市）区农民人均纯收入（四）

计量单位：元、%

行政单位	2005 年	增长速度	2006 年	增长速度	2007 年	增长速度
全　市	**4118**	**8.40**	**4456**	**8.21**	**4954**	**11.18**
矿　区	5267	8.51	5740	8.98	6328	10.24
井陉县	3643	9.01	3993	9.61	4527	13.37
正定县	4797	9.65	5253	9.51	5952	13.31
栾城县	4667	9.89	5006	7.26	5788	15.62
行唐县	2929	3.28	3076	5.02	3287	6.86
灵寿县	2681	3.16	2787	3.95	2898	3.98
高邑县	3975	8.02	4293	8.00	4551	6.01
深泽县	4155	5.03	4350	4.69	4611	6.00
赞皇县	2316	8.60	2584	11.57	2798	8.28
无极县	4476	8.98	4875	8.91	5321	9.15
平山县	2430	5.74	2588	6.50	2842	9.81
元氏县	3726	8.60	4076	9.39	4658	14.28
赵　县	4110	10.19	4282	4.18	5005	16.88
辛集市	4467	10.00	4874	9.11	5514	13.13
藁城市	5060	9.50	5465	8.00	6184	13.16
晋州市	4828	9.01	5320	10.19	6012	13.01
新乐市	4872	9.21	5391	10.65	5984	11.00
鹿泉市	5313	8.14	5866	10.41	6460	10.13

1995—2010 年分县（市）区农民人均纯收入（五）

计量单位：元、%

行政单位	2008 年	增长速度	2009 年	增长速度	2010 年	增长速度
全　市	**5469**	**10.40**	**5977**	**9.29**	**6577**	**10.04**
矿　区	7025	11.01	7657	9.00	8461	10.50
井陉县	5051	11.57	5557	10.02	6006	8.08
正定县	6726	13.00	7399	10.01	8139	10.00
栾城县	6541	13.01	7215	10.30	7938	10.02
行唐县	3468	5.51	3470	0.06	3647	5.10
灵寿县	2956	2.00	2960	0.14	3167	6.99
高邑县	4970	9.21	5448	9.62	6105	12.06
深泽县	4920	6.70	5316	8.05	5745	8.07
赞皇县	2886	3.15	2910	0.83	3082	5.91
无极县	5806	9.11	6272	8.03	6790	8.26
平山县	2945	3.62	3312	12.46	3681	11.14
元氏县	5226	12.19	5878	12.48	6600	12.28
赵　县	5553	10.95	6116	10.14	6815	11.43
辛集市	6291	14.09	6890	9.52	7652	11.06
藁城市	6990	13.03	7731	10.60	8603	11.28
晋州市	6794	13.01	7495	10.32	8327	11.10
新乐市	6642	11.00	7360	10.81	8169	10.99
鹿泉市	7106	10.00	7834	10.24	8638	10.26